누가 나의 일자리를 빼앗았는가?

누가 나의 일자리를 빼앗았는가?

초판 1쇄 인쇄일_2015년 12월 17일
초판 1쇄 발행일_2015년 12월 24일

지은이_서동윤
펴낸이_최길주

펴낸곳_도서출판 BG북갤러리
등록일자_2003년 11월 5일(제2003-000130호)
주소_서울시 영등포구 국회대로 72길 6 아크로폴리스 405호
전화_02)761-7005(代) | 팩스_02)761-7995
홈페이지_http://www.bookgallery.co.kr
E-mail_cgjpower@hanmail.net

ⓒ 서동윤, 2015

ISBN 978-89-6495-088-3 03320

이 도서의 국립중앙도서관 출판시도서목록(CIP)은 e-CIP홈페이지(http://www.nl.go.kr/ecip)
와 국가자료공동목록시스템(http://www.nl.go.kr/kolisnet)에서 이용하실 수 있습니다.
(CIP제어번호 : CIP2015033620)

누가 나의 일자리를 빼앗았는가?

서동윤 지음

BㅂㅐㄱG 북갤러리

프롤로그

우리는 세상이 부당하다고 생각한다. 우리들 자신이 누구 못지않게 열심히 노력하고 있음에도 불구하고 삶이 여전히 고통스럽기 때문이다. 그리고 우리는 성실한 삶을 살고 있음에도 불구하고 여전히 고통스럽게 살고 있는 수많은 사람들을 알고 있다. 하지만 때때로 들려오는 성공스토리를 보면 어쩌면 우리의 현실이 단지 능력 부족이나 나약함 때문인 것 같기도 하다. 사실 우리는 세상이 부당한 것인지 정확히 말할 수 없다. 부당함을 설명하려고 해도 곧 수많은 반증이 나타나기 때문이다. 세상이 정말로 부당한지 여부에 대해 알기 위해서는 단편적인 예시가 아니라 사회시스템 전체를 아우르는 합당한 설명이 필요하다. 그러한 설명 없이 현실의 부당함만을 주장하는 것은 불평일 뿐이다.

현재 우리의 삶이 어려워진 가장 중요한 원인으로 지목되는 것은 일자리 부족 문제이다. 특히 많은 젊은이들이 적당한 일자리를 구하지 못해 오랫동안 '백수'로 지내는 것은 더 이상 낯선 풍경이 아니다. 어떤 사람들은 젊은이들의 눈높이가 높아서 문제가 발생했다고 한다. 그래서 환경이 바뀌었으니 한시적, 임시적 일자리 위주로 변화하는 세상에 적응하라고 한다. 그리고 그러한 변화를 디지털 노마드, 평평한 세상 같은 용어를 만들어내면서 찬양하기도 한다.

그러나 중요한 것은 일자리 부족이 아니다. 실제로 부족한 것은 '좋은 일자리'이다. 좋은 일자리는 생계 걱정 없이 만족감을 가지고 오랫동안 일할 수 있는 일자리이다. 충분한 자본이나 능력이 있는 자는 더 좋은 조건을 찾아 세상을 돌아다니면서 디지털 노마드처럼 일하는 것이 좋을지 모르나 우리들 중 대부분은 삶의 터전을 떠나지 못한다. 그리고 계속해서 새로운 일자리를 얻을 수 있는 능력도, 새로운 일자리를 느긋하게 기다릴 만한 여유도 가지고 있지 않다. 일자리를 잃었을 때 기다리는 것은 기회가 아니라 생계 걱정이다. 요즘과 같이 일자리가 불안정한 시대에는 일자리를 가지고 있는 사람들조차도 불안감을 느낀다. 일부만 행복하고 대부분의 사람이 불행한 사회는 결코 좋은 사회가 아니다. 이러한 점으로 인해 지금의 현실은 끊임없이 개혁과 문제해결을 요구받고 있다.

많은 사람들은 이러한 문제들이 신자유주의의 확산에서 비롯된 것이라고 말한다. 청년 일자리 문제가 심각하게 대두되기 시작한 것은 신자유주의가 확산된 2000년대 이후의 일일 뿐 아니라 양극화 문제, 비정규직 문제 등 오늘날 가장 중요한 것으로 여겨지는 많은 문제들이 신자유주의의 확산과 함께 나타났기 때문이다. 그 결과 우리 사회에는 자유주의에 적대감을 가지는 사람들이 점점 많아지게 되었고, 자유경쟁이나 효율성보다는 공평과 공정한 경쟁질서 수립이 가장 인기 있는 정치구호가 되었다. 이제는 보수주의자나 진보주의자나 할 것 없이 모두 비슷한 주장을 하고 있다. 그리고 그러한 주장에 따라 많은 정책들이 만들어졌다. 그러나 문제를 해결하기 위한 여러 차례의 시도에도 불구하고 문제는 여전히 해결되지 않고 있으며, 오히려 심화되고 있는 실정이다.

수많은 노력에도 불구하고 여전히 문제가 해결될 기미가 없는 이유는 해결책이 진지한 검토 없이 그때그때 상황에 따라 만들어지고 있기 때문으로 보인다. 제대로 된 논리의 뒷받침이 없는 정책은 포퓰리즘적 발상이라는 비난과 함께 국민들로부터 외면을 받고, 정권이 교체됨과 동시에 다른 정책으로 교체될 따름이다. 국민의 공감을 얻지 못하고, 효과를 내기도 전에 사라져버리는 정책은 아무리 많이 만들어져도 결코 현실을 바꿀 수 없다.

이 글은 많은 사람들이 말하는 '기득권이 실제로 존재하는가'라는 단순한 명제로부터 출발하였다. 많은 사람들은 기득권은 갈수록 잘 살고, 대중은 갈수록 가난해진다고 말한다. 하지만 현실을 보면 기득권 역시 일반 대중과 마찬가지로 모두 경쟁에 노출되어 쉴 새 없이 뛰고 있다. 어떻게 보면 부의 차이는 단순히 사람들이 가진 역량의 차이뿐일 수도 있다. 만약 모두 노력의 결과라면 현재의 빈부격차는 감수해야만 하는 정당한 결과이다. 그리고 기득권이라는 것은 단지 정당한 노력의 결과 얻은 성과를 누리는 자들에 대한 질투심에서 나온 말일 수도 있다.

하지만 기득권이 존재하지 않는다고 보기에는 현실적으로 너무나도 많은 부당함이 있다. 우리 사회에는 청소노동자, 식당종업원, 비정규직 근로자, 영세자영업자 등 아무리 열심히 일해도 삶이 나아지지 않는 워킹푸어들이 수없이 많이 존재한다. 어떤 사람들은 젊어서 공부를 많이 안하면 당연히 나이가 들어서 고생을 하는 것이라고 말한다. 하지만 요즘의 젊은이들을 보면 현재 높은 자리를 차지하고 있는 사람이 처음 일을 시작할 때와는 비교할 수 없을 정도로 많은 지식과 역량을 가지고 있다. 그리고 우리는 몇 개 국어를 말하고, 대학교에서 높은 학점과 스펙을 쌓았음에도 제대로 된 취직을 하지 못하는 많은 젊은이들을 보고 있다. 이것은 전 세계적인 문제이다. 열심히 노력하였음에도 아무것도 얻지 못한다면 그것은 개인이 잘못한 것이 아니라 사회가 잘못된 것이다. 많은 사람이 현재의 문제에 대해 공정성의 문제를 제기하며 해결을 요구하지만 수년이 지났음에도 오히려 상황은 점점 더 나빠지고 있다.

사실 대부분의 젊은이들은 '분배'가 아니라 일할 '기회'를 원하고 있다. 대부분의 젊은이들은 값싼 동정이나 복지제도를 통해 삶을 영위하기를 원하지 않으며, 일할 수 있는 기회를 부여받아 더 나은 삶을 얻을 수 있기를 바란다. 하지만 현재 나타나고 있는 문제의 원인이 자유주의의 확산과 이에 따른 빈부격차의 결과라고 생각하는 한 해결책은 평등주의에 입각한 분배정책이나 시장질서 재편 정책에 맞추어질 수밖에 없다. 그러나 그동안 보았다시피 이러한 정책들은 별다른 효과를 거두지 못했을 뿐 아니라 포퓰리즘이라는 비판에 따라 사회를 분열시키는 원인이 되어 왔다.

현재의 문제들은 이념의 문제가 아니라 사회의 근본적인 성격으로 인한 필연적인 문제이다. 몇몇 사람들의 주장처럼 현재의 문제들은 개개인의 경쟁력 부족이나 경기 침체로 인한 것이 아니다. 현재의 어려움은 사회에서 계급이 형성되고 있다는 사실에서 비롯한다. 명시적으로 사회적 계급의 존재는 부정되고 있지만 안정을 추구하고 경쟁을 회피하려는 인간의 속성상 사회가 계급화되는 것은 피할 수 없다. 이러한 계급화는 우리의 창의성과 능력이 제대로 발휘될 수 없게 하여 인간의 자유를 억압하고 인간의 가능성을 속박하는 원인이 된다. 오늘날 발전된 자본주의 사회에서 기득권이 되지 못한 사람들, 특히 무한한 가능성을 가진 청년들의 좌절과 분노가 커지고 있는 이유는 바로 가능성과 기회를 박탈당하고 있다는 인식 때문이다. 하지만 이러한 현실에 직면하고 있다고 하더라도 그러한 현실에 대해 저항하기는 쉽지 않다. 왜냐하면 암암리에 형성되고 있는 계급의 실체를 밝히거나 그러한 현실에 대한 해결책을 찾아내는 것은 매우 어려운 일이기 때문이다.

그동안에는 자본주의시스템의 결함을 국가의 개입 같은 이념의 수정을 통해서 해결할 수 있었다. 그러나 이제 더 이상 국가의 개입과 같은 수정주의를 통해서는 문제에 대한 해결책을 찾기 어렵다. 자본주의 사회가 이제 안정기에 들어섰기 때문이다. 안정기에 들어선 체제는 수정되기도 어렵고, 체제를 수정하려는 시도는 체제를 구성하는 근본적인 원칙과 배치되어 사회의 안정성을 저하시킨다. 안정화된 사회에서는 시스템을 기존대로 유지함으로써 이득을 보는 사람들이 너무도 많기 때문에 수정을 통해 해결하려는 시도는 사회의 분열과 갈등만을 가져올 뿐이다. 문제는 사회가 안정화되고 시스템이 자리 잡기 시작하면 사회는 점점 계급화된다는 것이다. 역사적 경험에서 보듯이 계급화된 사회에서는 기회가 공평하게 배분되지 않는다.

일할 수 있는 기회를 확대하기 위해서는 시장에 참여할 수 있는 기회가 계급에 따라 영향 받지 않도록 해야 한다. 특히 시장에 참여할 수 있는 기회를 확대하는 것은 자본주의가 정상적으로 작동하기 위한 기본적인 조건이 된다. 따라서 계급화의 영향을 최소화한다면 자본주의의 문제를 해결하고 시장을 복원할 수 있게 될 것이다. 이를 위해서는 권력이나 자본에 의해 시장참여 기회가 좌우되지 않도록 여건을 조성해야 한다. 그리고 기회의 확대를 최우선의 목표로 하는 합의된 원칙이 마련되어야 한다.

하지만 이러한 원칙을 만들기 위해서는 현실에 대해 명확히 설명하고, 그 해결책들을 정당화시켜줄 수 있는 논리가 필요하다. 그러한 논리를 만들어내는 것은 매우 어려운 일이지만 이론적 토대가 없다면 새로운 정책에 반대하는 자들에게 대항하는 것은 불가능하다. 합리적인 근거는 다른 사회 구성원들을 설득하여 지지를 이끌어 냄으로써 새로운 질서를 만들 수 있는 힘을 부여해 준다.

새로운 논리를 토대로 만들어진 사회는 이전의 사회와는 다른 형태를 취하고 있을 것이다. 그리고 새로운 질서를 만드는 일은 생소하고 어려운 일일 수도 있다. 그러나 새로운 논리에 기반을 둔 사회는 지금보다 더 정의롭고 만족스러운 사회가 될 것임에는 틀림없다. 왜냐하면 적어도 새로운 사회는 운이나 편법에 의해 좌우되는 사회가 아니라 노력만 하면 성공할 수 있는 예측 가능한 사회가 될 것이기 때문이다.

차례

프롤로그 4

1장 잃어버린 기회 : 일자리는 모두 어디로 갔는가?

1. 수요 중심 사회만이 가지는 문제 / 15
2. 잃어버린 기회 : 분노하는 청년들 / 23
3. 왜 일자리가 부족한가? : 기대와 일자리의 불일치(Mismatching) / 31
4. 문제는 어디에 있는가? / 37

2장 좋은 일자리는 왜 중요한가?

1. 좋은 일자리란 무엇인가? / 47
2. 좋은 일자리는 왜 중요한가? / 53

3장 왜 좋은 일자리가 없는가?

1. 자본주의의 내적 문제 / 65
  1) 성장의 한계 : 소비자 중심 경제의 도래와 창의성의 한계 / 66
  2) 자본에 의한 노동대체 : 자본생산성은 노동생산성보다 빨리 증가한다 / 69
  3) 마르크스적 문제 : 양극화와 독점증가의 문제 / 71
2. 자본주의의 근본적 한계 / 74
  1) 인간의 본성 : 경쟁을 싫어하고 안정을 좋아한다 / 76
  2) 경쟁의 계층화 : 경쟁은 동등하게 이루어지지 않는다 / 79

3) 경쟁의 역설 : 경쟁이 확대될수록 경쟁에서 벗어나려는 반시장적 행태는 많아진다 / 84

4장 현상유지형 사회는 어떤 사회인가?

1. 현상유지형 사회와 발전형 사회 / 91
2. 현상유지형 사회의 문제 / 99

5장 누가 일자리를 빼앗았는가?

1. 기득권은 어떻게 형성되는가? / 107
2. 기득권의 유형① : 정치가와 권력자 / 115
3. 기득권의 유형② : 자본가(근대사회에서의 기득권) / 124
4. 기득권의 유형③ : 직업군별 전문가(현대 사회의 기득권) / 132
5. 누가 나의 일자리를 빼앗았는가? / 149

6장 기회는 어떻게 착취되는가?

1. 합리적 도구로서의 법과 제도 / 161
2. 폭력적 도구로서의 비공식적인 수단 / 174
3. 문제는 해결될 수 있는가? / 185

7장 기회는 어떻게 되찾을 수 있는가?

1. 공정한 질서는 왜 만들어지기 어려운가? / 199

2. 경쟁화는 어떻게 기회를 확대하는가? / 217
　1) 경쟁화와 공정화의 차이 / 217
　2) 경쟁화와 자유화의 차이 / 224

8장 경쟁화 정책이란 무엇인가?

1. 경쟁우대정책 / 241
　1) 공동체 결합형 경제 : 트러스트와 산업연계망 / 244
　2) 창업이 아닌 성장 우선의 지원 / 259
　3) 지속가능한 교육투자시스템 / 266
2. 경쟁확대정책 / 273
　1) 국영 기업을 이용한 시장관리 / 277
　2) 해외 우수인재 도입 활성화를 통한 전문가들 간의 경쟁 확대 / 285
　3) 표준화된 기술창업지원 플랫폼 구축 / 289
　4) 직업교육의 정규교육화 : 과학자와 핵물리학자의 차이 / 294
3. 재진입정책 / 300
　1) 복지제도의 한계 : 재기 가능성의 한계 / 307
　2) 복지제도의 한계 : 국가 역할의 한계 / 311
　3) 선별적이고 집중적인 지원을 통한 성공사례의 확산 / 317
　4) 30대, 40대의 교육기회 확대를 위한 사회인장학제도 / 324
　5) 생계비를 최소화하기 위한 보편적 복지 / 329

에필로그 / 339

1장

잃어버린 기회 :
일자리는 모두 어디로 갔는가?

1.
수요 중심 사회만이 가지는 문제[1]

인류가 오늘날처럼 발전하기까지는 수많은 어려움이 있었지만 그 중 인류의 생존을 가장 크게 위협한 것은 질병과 굶주림이었다. 농경생활이 시작되고 국가가 형성되면서 식량을 생산할 수 있는 능력이 크게 높아지기는 하였지만 여전히 대부분의 인류는 굶주림에 시달렸다. 우리나라와 같이 기후조건이 양호한 곳에서조차 추수가 이루어지는 가을을 제외하고는 항상 먹을 것이 부족했고, 특히 겨울에서 이른 봄까지 생산되는 농산물이 없는 기간 - 보릿고개 - 에는 평소에 먹지 않던 나무껍질이나 이름 모를 풀조차 모두 식량이 되었다.

중국같이 넓은 평야가 있는 국가라 할지라도 먹을 것이 넉넉한 편이 아니어서 생산량이 조금이라도 줄어들어 기근이라도 발생한다면 수십만의 사람들이 식량을 찾아 고향을 떠나 이동하는 경우도 많았다. 펄벅의 《대지》라는 소

---

1) 수요 중심 사회의 개념은 J. K. Galbraith(1908~2006)의 저서 《풍요한 사회》(The Affluent Society, 1958년 작)를 모티브로 한 것이다.

설에는 이러한 광경이 잘 묘사되어 있다. 바로 주인공인 왕룽 일가가 중국에 대기근이 닥치자 남쪽으로 피난을 가게 되는 장면이다. 소설은 대기근이 일어난 시기에 나타난 식인풍습이라든지 남방에 피난을 갔던 사람들이 인력거를 끌거나 구걸을 하며 살아가는 모습, 혹은 생계를 위해 자식을 종으로 팔아넘기는 사람들에 대한 이야기를 생생하게 서술하고 있다.

한국과 중국뿐 아니라 인류 역사상 어떠한 국가도 기근으로부터 자유로울 수는 없었다.[2] 선진국에서나마 굶주림에서 해방될 수 있었던 것도 그리 오래된 일이 아니었다. 일례로 영국이 해가 지지 않는 나라로 전성기를 구가하던 시기에 발생했던 아일랜드 대기근(1845~1852) 당시에는 무려 100만 명 이상의 사람들이 굶주림으로 사망하기도 하였다. 그리고 이제는 세계의 식량생산력이 인류를 다 먹이고도 남을 정도이지만 여전히 세계인구의 3분의 2는 기근에 시달리고 있다.[3]

의식주 중 가장 기본적인 먹는 문제조차 최근에서야 해결의 가능성을 보여주고 있다면, 나머지 물품에 대해서는 말할 것도 없을 것이다. 몇 십 년 전까지만 해도 기본적인 생필품들 - 냄비, 가방, 구두, 우산 등 - 을 제대로 갖춘 가정은 거의 없었으며, 기타 사소한 사치품 - 장난감, 과자, 과일 같은 군것질거리 등 - 을 누리기는 더욱 어려웠다.

이러한 상황을 보면 귀족이나 왕들이 국민에게 부러움의 대상을 넘어 경외의 대상이 된 것은 놀랄 만한 일이 아니다. 그러한 극소수에 속하는 것은 평범한 노력이나 능력을 가지고는 절대 불가능한 일이었다. 이들은 태어났을 때부터 모든 것을 가지고 있었고 선택받은 자들이었다. 그러고 보면 옛날 사람들이 성공을 위해서는 능력을 넘어서는 '천명'이라고 불릴 만한 운명적인 무엇

---

2) 1800년대에 쓰인 고골리의 《외투》나 톨스토이의 《인간은 무엇으로 사는가》 같은 소설에서 알 수 있듯이 일반 국민들은 옷 한 벌 입는 것도 쉽지 않았다.

3) 《왜 세계는 아직도 굶주리는가》 p37, 장 지글러 지음, 갈라파고스, 2011년 7월

인가가 있을 것이라고 생각한 것은 당연한 것이었는지도 모르겠다.

일반인이 의식주나 생필품, 각종 사치품을 살 수 있게 된 것은 20세기 초 대량생산이 가능해지면서부터이다. 19세기 말 등장한 과학적인 관리법과 20세기 초 등장한 포디즘으로 인해 생산력은 극단적으로 증가할 수 있었다. 과학적 관리법을 주창한 프레드릭 테일러는 근로자의 동작을 하나하나 분석하여 각 동작에 대한 철저한 시간 관리를 통해 생산성을 극대화할 수 있다고 주장하였다. 그리고 숙련된 근로자가 생산할 수 있는 시간당 생산량을 목표로 하여 이를 달성할 경우에는 높은 급여를 주고, 그렇지 못한 경우 낮은 급여를 주는 인센티브를 적용했다. 이러한 방법은 산업현장에서 생산성을 획기적으로 증가시켰다. 그리고 헨리포드는 과학적인 관리법과 컨베이어 벨트를 적용하여 생산과정을 표준화함으로써 대량생산을 가능하게 만들었다.[4] 이러한 생산성 혁명에 따라 오늘날에는 생산이 확대되는 정도를 넘어서 상품이 넘쳐나는 지경에 이르게 되었다.

생산성 증가에 따른 변화는 자본주의의 패러다임을 바꾸었다. 시장이 공급 중심에서 수요 중심으로 바뀌게 된 것이다. 이전에는 사회에 전반적으로 물자가 부족했으므로 수요보다는 생산력을 증대시키는 데 경제정책의 초점이 맞추어져 있었다. 세계적으로 대부분의 국가가 가난한 시절이었으므로 개척 가능한 시장은 어디에나 널려 있었다. 우리나라 역시 1970년대까지만 하더라도 굶주림에서 완전히 벗어나지 못한 상태였고, 국가기간산업이나 중화학 공업 위주의 발전으로 인해 소비재 생산을 위한 경공업 발전 또한 취약했다. 여전히 TV나 냉장고 등의 생활가전이 보급되지 않은 가정이 수없이 많았고 품질만 지속적으로 개선시킬 수 있다면 상품을 파는 것은 그리 어려운 일이 아니었다.

하지만 1980년대 이후 TV나 냉장고 등의 가전제품이 급속도로 보급되었고,

---

4) 헨리포드는 "5퍼센트가 아니라 95퍼센트를 위한 물건을 만들어야 한다"는 그의 철학에 따라 당시까지 사치품이었던 자동차를 대량생산함으로써 대량소비시대를 열었다.

2000년대가 넘어서면서부터는 이러한 기본적인 가전제품을 갖추지 못한 가정은 거의 없어졌다. 뿐만 아니라 이미 보급된 백색가전은 충분한 품질을 가지고 있으므로 추가적인 판매도 여의치 않게 되었다. 컴퓨터, 핸드폰 등의 다른 상품도 사정은 마찬가지였으며, 플레이스테이션이나 아이폰 같이 소비욕구를 자극할 만한 혁신적인 제품이 아닌 한 대부분의 상품시장은 이미 포화상태였다. TV나 냉장고는 문화생활에 필수적인 것이었고, 그것은 상당한 수준까지는 고급화가 필요한 상품이기도 했다.

그러나 가전제품의 고급화가 상당 수준에 이른 후에는 이제 더 이상의 고급화는 필요하지 않았다. 이미 보급된 상품만으로도 충분히 문화생활을 누리는 것이 가능한데 굳이 추가적인 상품을 구매할 필요가 사라진 것이다. 그 결과 우리는 1980년대 이전과는 달리 수요가 창출되는 것이 아니라 수요를 만들어야만 하는 새로운 상황을 맞이하게 되었다. 추가적인 소비처를 만들어 내는 것이 생산하는 것보다 훨씬 어려워졌기 때문에 기업의 생존을 위해서는 생산성 향상이 아니라 수요창출에 역점을 두어야만 했다. 이제 경제활동의 중심은 생산에서 소비로 바뀌게 되었다. 공급 중심의 경제가 종말을 고하고 수요 중심경제가 등장하게 된 것이다.

수요창출이란 단순히 만들어진 물건을 홍보해야 한다는 것을 의미하지 않는다.[5] 수요창출은 필요가 없다고 여겨지는 물건을 필요한 것으로 여겨지게 해야 한다는 것을 의미한다. 하지만 이것은 쉬운 일이 아니다. 새로운 수요를 창출하기 위해서는 이전에는 없었던 창의적인 상품이나 서비스가 제공되어야 했다. 과거와 같은 생산기술이나 경영기법의 개선만으로는 더 이상 수익을 늘리기 어려워졌기 때문이다.

그러나 창의적인 무언가를 만들어내는 것은 매우 어려운 일이다. 창의적인

---

[5] 공급 중심경제에서도 광고는 항상 있었다. 하지만 이는 기껏해야 상품의 존재를 알리는 수준에 불과한 것이었다.

아이디어를 통한 혁신은 흔하게 일어나지 않는다. 몇몇 경우를 제외하고는 혁신이 일어나기를 기대하기는 어렵다. 페이스북이나 퀄컴, 아마존 같은 몇몇 혁신적인 기업들의 성공신화가 존재하기는 하지만 이러한 얼마 안 되는 성공 사례로는 수요가 축소되고 있는 상황을 반전시킬 수 없다.

창의적인 아이디어를 통해 혁신적인 상품이나 서비스를 제공할 수 있는 몇몇 기업들은 소비의 트렌드를 이끌며 비약적인 성공을 이룰 수 있었다. 그러나 대부분의 기업들은 그렇지 못했다. 이러한 기업들은 소비 축소의 추세를 이겨내지 못하고 도산하거나 어려움을 겪어야만 했다.

하지만 우리는 창조적인 생각을 만들어 내는 방법에 대해 잘 알지 못한다. 자유주의자들은 규제 철폐와 민영화 그리고 경제 개방이나 정부 불간섭을 통해 자유경쟁이 확대되면 창조성과 기업가 정신이 불러 일으켜질 수 있다고 주장하고 있다. 그러나 우리는 무분별한 자유화가 어떤 결과를 가져오는가에 대해 잘 알고 있다. 시장 자유화가 효율화와 혁신을 가져올 것이라는 기대 하에 우리는 시장을 개방하고 자유주의를 도입하였다. 그러나 신자유주의가 도입된 지 20년이 넘은 지금 문제가 해결되기는커녕 점점 더 많은 부작용이 나타나고 있다.

사회의 많은 기업들과 개인들이 어려움에 처한 지금 많은 사람들이 자유주의를 비판하고 정부의 지원과 복지를 지지하고 있다. 그리고 신자유주의가 도입된 이후 점점 커지는 대기업이나 부유층과의 역량 차이로 인해 기득권에 속하지 못한 자들의 불만이 분출하고 있다. 이러한 불만을 잠재우기 위해 정부는 많은 정책을 쏟아내고 있다. 그러나 이러한 정책들은 대부분 효과를 내지 못하고 있으며, 실업은 점점 심화되고 있다.

특히 2000년대 이후 나타난 전자혁명은 이러한 상황을 더 심각하게 만들고 있다. 모든 생산과정과 관리방법이 자동화되면서 생산과 관리에 필요한 인력은 현저하게 줄어들었다. 산업혁명 이후 기계가 노동자들을 대신함으로써 단순노무에 종사하는 근로자에 대한 수요는 지속적으로 감소했다.

　그러나 전자혁명 이후에는 전문 숙련공뿐 아니라 중간관리직을 포함한 사무인력에 대한 수요가 급격히 줄어들게 되었다. 디지털기기와 로봇에 의해 정확히 제어되는 생산시스템은 전문 숙련공보다 정확하고 빠른 생산을 가능하게 하였고, 엑셀이나 워드프로세서 등 사무자동화 프로그램은 사무직이나 중간관리자의 필요성을 크게 감소시켰다. 1980년대에는 은행 업무가 은행 창구에서만 가능했기 때문에 아무리 작은 은행 지점이라도 20명 이상의 창구원을 두고 있었다. 그러나 ATM기기가 발명되고, 인터넷 뱅킹이 발달한 지금은 도심 한 가운데의 큰 은행 지점도 겨우 10명 내외의 창구원을 두고 있을 뿐이다. 이러한 전자혁명은 그동안 상당한 급여와 대우를 받던 많은 좋은 일자리들을 상당부분 사라지게 만드는 중요한 요인이 되었다.

　이처럼 단순노무나 중간관리직 같은 좋은 일자리들이 상당부분 사라지고 창조적인 자들만이 살아남을 수 있게 된 현실은 사람들을 불안하게 만들었다. 대체될 수 없는 전문지식이나 창의성을 가질 수 있어야만 성공할 수 있는데, 대부분의 사람들은 이러한 능력을 갖출 수 없었다. 성공은커녕 현 생활수준을 유지할 수 있는 일자리조차 구하기 어렵게 되면서 사람들은 도전을 멈추고 소극적으로 변하게 되었다.

　좋은 일자리가 줄어들면서 사람들은 얼마 안 되는 좋은 일자리를 가지고 경쟁해야만 했으므로 경쟁은 점점 심화되어 갔다. 경쟁에서 살아남기 위해서는 각자 이용할 수 있는 모든 역량과 자원을 경쟁과정에 투입해야만 했다. 이러한 역량과 자원에는 일신 전속적이고 정당한 것뿐만 아니라 가족의 지원, 인맥 그리고 불법적인 수단까지 모두 포함되었다. 생존이 걸린 문제였기 때문에 양심이나 도덕은 부수적인 고려사항일 뿐이었다.

　경쟁이 가능한 모든 자원을 동원해야 하는 총력전 양상을 띠면서 경쟁에서 한 번 도태되면 원래 위치를 회복하기가 매우 어려워졌다. 특히 경쟁과정에 자신의 노력뿐 아니라 가족이나 인맥 등의 외적 요소들이 큰 영향을 미치게 되면서 개인의 힘만으로는 한 번 벌어진 격차를 줄이기 힘들게 되었다. 뿐만 아니라 개인의 능력 자체도 현재 가지고 있는 자원에 의해 크게 영향을 받게 되었다. 전문적인 지식이나 스포츠, 음악, 교양 등 고급역량을 쌓기 위해 많은 교육투자가 필요했기 때문이다. 더 큰 문제는 능력을 갖춘다고 하여도 인맥이나 자본 없이는 원하는 성과를 달성하기가 어려워졌다는 것이다. 이처럼 현재 보유한 자원이 경쟁력에 중대한 영향을 미치게 되면서 기득권이 고착화되는 현상이 나타났다. 사회가 계급화되기 시작한 것이다.

이런 상황에서 사람들이 느끼는 불안은 절대적 빈곤에 관한 것이 아니다. 현 시대의 대중들은 과거 어느 시대보다도 풍요하고 윤택한 생활을 누리고 있다. 현재 사람들이 느끼고 있는 불안감은 지금 경쟁에서 이기지 못하면 자신뿐 아니라 자신의 자녀 역시 영원히 성공의 기회를 가지지 못할 것이라는 생각에서 비롯한다. 지금은 빈곤하지 않지만 경쟁에서 앞서나가지 못하면 앞으로 빈곤해질 수 있다는 생각 때문에 사람들은 불안을 넘어 공포를 느끼고 있다.

과거에는 근면하고 성실하게 노력하면, 큰 부자는 될 수 없어도 작은 부자는 될 수 있었다. 그러나 이제는 근면하고 성실하기만 한 사람은 성공하기 어렵다. 아무리 열심히 만들어도 상품이 팔리지 않고, 특별하지 않으면 아무도 채용하려 하지 않기 때문이다. 기업에서도 근면하고 성실하기만 한 사람은 더 이상 선호하는 인재가 아니다. 현대에는 개인이든 기업이든 창의적인 상품을 만들거나 전문적인 지식을 갖추고 있어 아무나 대체할 수 없어야만 사회적으로 성공할 수 있다. 하지만 창의적인 상품을 만드는 것은 쉬운 일이 아니고 전문적인 지식 역시 교육에 비용이 많이 들 뿐 아니라 극소수를 제외하고는 그러한 능력을 갖추기는 힘들다. 이제 대체될 수 없는 능력을 갖추지 못한 자가 부를 쌓는 것은 거의 불가능한 상황이 되었다.

아무리 열심히 일을 해도 성공할 수 없는 사회는 과거에 한 번도 존재한 적이 없다. 성실과 근면, 근검절약이 부를 쌓기 위한 열쇠라는 것은 수 천년동안 믿어 온 진리였다. 그러나 이제는 아무리 성실하게 산다고 하여도 결코 부를 쌓기 어렵다. 모든 사람이 그 어느 시대보다도 열심히 노력하고 있지만 성공할 수 있는 가능성이 사라져 버린 상황은 바로 수요 중심 사회에서만 나타나는 문제인 것이다.

2.
잃어버린 기회 : 분노하는 청년들

2011년 8월 자본주의의 발상지인 영국(런던, 맨체스터, 버밍엄, 울버햄튼, 노팅엄 등)에서 이제까지 볼 수 없었던, 청년을 중심으로 한 대규모 폭동이 연이어 일어났다. 정부의 강경한 대응으로 인하여 폭동은 금방 진정되었지만, 다른 나라에서도 월가 시위나 그리스 사태 등 청년층을 중심으로 한 폭동은 여러 차례에 걸쳐 발생했다. 이러한 시위들은 대체로 오래가지 않고 진정되기는 하였다.

하지만 대부분의 사람들은 이러한 문제들이 여전히 해결되지 않고 남아있음을 알고 있다. 이 때문에 이러한 시위가 다른 나라에서 반복하여 일어난다고 하여도 그리 놀랄 만한 것은 아니라고 여겨진다.

이러한 폭동이 일어난 주된 이유는 청년들의 일자리가 없어졌기 때문이었다.

시위가 일어날 당시 OECD 국가들의 청년 실업률은 50%에도 미치지 못했다.[6] 청년들의 절반 이상이 일자리를 가지지 못했던 것이다. 일자리가 없다고 해서 청년들이 당장 굶어죽을 위기에 처한 것은 아니었지만, 일자리를 구하지 못함으로써 청년들은 미래를 위협받고 있었다.

일자리가 없어진다는 것은 생존을 위한 임금을 얻을 기회, 자기발전을 위한 기회, 나아가 신분상승을 위한 기회가 없어진다는 의미이다. 오랫동안 적합한 일자리를 가지지 못하면 자신이 가진 능력은 천천히 소멸된다. 그 결과 오랜 시간동안 공들여 쌓은 학문과 능력이 잊혀지고 낮은 수준의 일자리에 필요한 기능만이 남게 된다. 그리고 낮은 수준의 일자리에 오래 머문 사람일수록 더 많은 능력과 가능성을 잃게 된다. 비범함이 평범함으로 바뀌는 것, 그동안의 인내와 노력이 적정한 보상을 받지 못하게 되는 상황, 그리고 그러한 상황이 개선되지 않을 것이라는 두려움이 젊은이들을 폭동으로 몰고 갔던 것이다.[7]

한때 이러한 현상의 원인을 복지병 때문이라고 진단하는 사람들도 있었다. 최초로 시위가 발생했던 그리스의 경우 국가가 사회 일자리의 상당부분을 담당하고 있었을 뿐 아니라 복지지출도 GDP의 20%를 상회하는 등 높은 수준의 복지제도가 시행되고 있었기 때문이다. 뿐만 아니라 얼마 후 나타난 그리스 국가부도 사태와 포르투갈, 스페인 등 PIIGS 국가들의 부도사태에 따라 일자리 문제는 국가의 방만한 복지제도 운영으로 인해 발생한 것으로 여겨지기도 했다. 하지만 시위는 자유주의 국가인 미국이나 영국에서도 일어났고, 복지제도가 미미한 우리나라의 경우에도 마찬가지였다. 청년실업은 모든 선진 국가에서 중요한 문제가 되었다.

---

6) 2011년 당시의 주요 OECD 국가의 청년 고용률을 보면 가장 높은 독일이 48.2%, 미국이 45.5%, 일본이 39.1%, 한국이 23.1%로 평균 39.5%에 불과했다. 「OECD 통계자료」, 〈내일신문〉, 2012년 7월 4일자에서 발췌

7) 미국 컬럼비아대 틸 본 왓쳐(Watcher) 교수 등의 연구에 의하면 같은 학교를 졸업하고 IQ와 능력이 비슷한 두 젊은이 가운데, 곧장 취업한 사람과 1년간 실업상태였던 이가 경제생활을 할 때 10년 후 두 사람의 연봉 격차는 20%, 다시 10년이 지난 다음에는 15% 정도로 좁혀지지 않는다. 사회에 처음 진출할 때 기능 연마 기회를 박탈당하고 이후 생존 경쟁에서도 뒤지는 '낙인 효과(scarring effect)'에 평생 시달린다는 것이다. 「노벨상 피셔라이즈 교수의 통찰」, 〈조선비즈〉, 2012년 7월 14일자, 호경엽·이신영 기자

하지만 폭동이 발생한지 수년이 지난 지금도 청년실업 문제는 뚜렷한 해결책을 찾지 못하고 있다. 문제가 있다는 것은 알지만 어디서부터 잘못되었는지 알 수가 없고 수많은 해결방안이 제시되었지만 별 효과를 발휘하지 못했다. 그간의 경제학 상식에 따르면 정부의 재정투입을 통해 경기가 활성화되면 실업은 해결될 수 있었다. 그러나 아무리 재정을 투입하여도 경기는 활성화되지 못했고 실업도 해결되지 않았다.[8]

한편 일자리조차 갖지 못한 청년들과는 달리 어떤 사람들은 별다른 노력 없이도 큰 부를 누리고 있고 점점 더 부자가 되고 있다. 그러한 부가 노력의 산물이라는 확신이 있다면 이를 부당하다고 하지는 못할 것이다. 하지만 현실은 청년들에게 그러한 확신을 주지 못하고 있다. 어떤 사람들은 노력에 상관없이 높은 성과급을 받기도 하고 상속을 통해 하루아침에 부자가 되기도 한다. 반면, 어떤 사람들은 매일 쉬지 않고 일해도 먹고사는 일을 걱정하며 살아가야만 한다. 이러한 상황은 시간이 갈수록 심해지고 있다. 이런 현실은 우리가 알고 있는 상식에 위반되는 것이다. 성과는 노력에 따라 부여되어야 하는 것이며, 적어도 성실하고 열심히 살아가려고 노력한다면 최소한 그에 상응하는 행복을 누릴 수 있어야 하기 때문이다. 그러나 우리가 처한 현실에서는 이러한 상식은 통하지 않으며, 힘없는 자들에게는 능력을 발휘할 기회조차 주어지지 않고 있다.

이처럼 청년들이 분노하게 된 이유는 바로 정의롭지 못한 현실과 기회조차 주어지지 않는 막막함 때문이라고 할 수 있다. 하지만 자유주의자들은 이러한 현실을 부정하면서 가난과 실패를 개인의 책임으로만 돌리고 있다. 자유주의 경제학에 따르면 시장 활동은 개인의 자율에 맡겨져 있고 누구나 동등한 조건에서 경쟁을 한다. 따라서 일자리를 구하지 못하거나 시장에 적응하지 못하는

---

8) 우리나라의 경우에도 2013년의 재정적자는 46조 2천억 원으로 2011년 대비 재정적자가 1.4배 이상 증가하였음에도 불구하고 여전히 실업문제는 해결되지 않고 있다.

것은 개인의 책임이 된다. 그리고 정부조차도 청년실업의 원인을 개인의 눈높이 탓으로 돌리기도 한다.[9] 기존 경제학 논리에 익숙한 기성세대는 일자리를 구하기 어렵다는 청년들의 호소를 이해하지 못한다. 기성세대는 아무런 자본이나 능력도 없는 척박한 상황에서 힘든 노역과 굶주림을 견디면서 밤낮으로 일을 했고, 그 결과 오늘날과 같은 부와 경제발전을 이룩했다. 이들에 따르면 일자리가 없다는 청년들의 주장은 단지 일자리를 구하는 데 실패한 것에 대한 핑계로 들릴 뿐이다. 이러한 주장이 맞다면 청년들이 분노할 이유도 없을 것이다.

그러나 청년들이 일자리를 구하지 못하는 것은 단지 게으르기 때문이 아니다. 이들이 요구하는 것은 일을 하지 않겠다는 것이 아니라 일할 수 있도록 해달라는 것이기 때문이다. 물론 일자리를 얻기에 충분한 역량을 쌓지 못했다고 한다면 그에 대한 책임은 각자에게 있을 것이다. 그러나 외국에서 수년간 공부하여 박사학위를 취득한 사람이나 몇 개 국어에 능숙한 사람, 만점에 가까운 학점을 취득한 사람도 일자리를 가지지 못하고 있는 현실을 볼 때 능력이 없어서 일자리를 구하지 못한다는 주장은 설득력이 없다. 오히려 이들 중 상당수는 현재 높은 직위를 차지하고 있는 기성세대의 상당수보다 더 뛰어난 능력을 가지고 있다.

하지만 이러한 문제들이 명백히 개인의 책임이 아니라는 것을 설명할 수 있는 이론은 존재하지 않는다. 뿐만 아니라 현실의 문제가 개인의 능력 부족

---

9) 정부가 최악의 청년 고용률에 대한 원인을 '높은 눈높이'와 '대기업 일자리 선호' 등 청년에게서 찾았다. 반면, 추가경정예산, 고용률 70% 로드맵 등 정부의 정책은 긍정적으로 평가했다. 기획재정부는 16일 정부 세종청사에서 추경호 1차관 주재로 청년고용작업반 회의를 열었으며, 이런 내용의 '2013년 청년 고용동향과 특징'이라는 자료를 발표했다. 자료를 보면 청년층 고용 여건이 다른 연령층에 비해 어려운 이유는 높은 대학진학률에 따른 취업 눈높이 상승, 대기업·공기업 등 안정적 일자리 선호 심화 등 때문이었다. 대학진학률이 1990년 33.2%에서 2000년 68%, 2012년 71.3% 등으로 올라갔고, 언론·공기업교원·공무원시험 준비 비중도 2011년 40.1%에서 2013년 45.4%까지 상승했다는 것이 근거다. 또 근로여건 불만족에 의한 이직 확대 역시 2011년 42.3%에서 2013년 45.1%까지 오르는 등 인력수요와 공급간 미스매치도 지속되고 있다고 정부는 분석했다. 「정부, 최악의 청년고용률? 눈이 높기 때문」, 〈파이낸셜뉴스〉, 2014년 1월 16일자, 정지우 기자

인지 아니면 사회의 문제인지를 명확히 증명할 수 있는 근거를 찾기도 쉽지 않다. 능력 부족으로 일자리를 구하지 못한다는 세상의 비난에 대해 대꾸할 수 있는 마땅한 방법이 없는 것이다. 현실이 부당하다고 생각하지만[10] 이를 설명할 수 있는 방법도 없고, 현실에 대한 해결책도 제시되지 않으니 청년들 입장에서는 답답한 마음이 들 뿐이다. 현실이 부당하지만 이를 호소할 방법이 없으니 답답한 마음은 분노로 표출될 수밖에 없다.

자유주의 경제학에 따르면 시장에서 나타나는 성과는 노력의 산물이다. 물론 성과에는 행운이나 재능 같은 요소들이 작용한다는 것을 인정하기는 하지만 기본적으로 성과는 개인이 노력한 결과물이라고 보고 있다. 그러나 자본주의체제가 안정기에 접어들면서 우리는 성과가 노력에 따라 결정되지 않는 현실을 수도 없이 목격했다. 우리는 학교에서 열심히 노력하면 그에 상응하는 보상이 있다고 배웠지만 현실에서는 노력의 성과가 개인에 따라 너무나 다르게 나타난다. 무언가를 얻기 위해서는 많은 노력이 필요하지만 인맥이나 권력, 자본을 가진 사람들은 너무나도 쉽게 원하는 것을 얻고 있기 때문이다.[11] 이들이 부정한 방법으로 얻은 대부분의 것들은 다른 사람에게 돌아갈 몫을 빼앗은 것들이다. 그리고 새로운 시장을 개척하기 어려워지면서 사회 안에서 나타나는 쟁탈은 더욱 심해지고 있다. 이러한 일들이 많이 목격되면서 청년들의

---

10) 청년층일수록 사회적 실패의 원인을 개인의 책임이 아니라고 생각하는 경향이 높아지고 있다. 2012년 한국보건사회연구원의 가난 발생 원인에 대한 인식조사에 따르면 국민의 58.2%가 가난의 원인을 사회구조 탓이라고 응답했다. 그 외 원인으로는 노력 부족(33.1), 재능 부족(3.9%)이 뒤를 이었다. 연령대별로 보면 젊은 층일수록 그리고 학력이 높을수록 이러한 경향이 높게 나타난다. 60대 이상의 경우 가난의 원인이 사회구조 탓이라고 응답한 비율은 39.3%였으나 20대의 경우 64.8%가 사회구조 탓이라고 응답했으며, 중졸 이하의 경우 37.4%, 대졸 이상인 경우 67.7%가 가난의 원인을 사회구조 탓이라고 보았다. '공정사회를 위한 친서민정책 개선방안 보고서', 한국보건사회 연구원, 2011년 12월, 이태진 외 6명

11) 〈세계일보〉가 재단법인 아산정책연구원(원장 함재봉)과 만 19세 이상 성인남녀 1,000명을 대상으로 실시한 '연고주의에 대한 인식도' 설문조사에 따르면 20대의 92.8%, 30대의 86.7%, 40대의 83.4%가 우리 사회는 학연·혈연·지연에 좌우되고 있으며 공정하지 못하다고 생각하는 것으로 나타났다. 특히 이들이 불공정한 사회라고 판단한 데에는 '본인이나 지인이 최근 1년간 취업이나 승진, 업무 등에서 파벌로 인해 이익을 당한 적이 있다'는 응답률이 36.9%에 달한 것과도 무관하지 않다. 「청년 10명 중 9명 대한민국은 불공정」, 〈세계일보〉, 2014년 5월 2일자, 이강은 기자

반응은 크게 두 가지로 나타났다. 하나는 정의에 대한 인식이 높아졌다는 것이다. 담합이나 부정채용 등 힘 있는 자들이 다수의 평범한 사람들로부터 기회를 빼앗는 것을 많이 목격하게 되면서 사회정의에 대한 인식이 높아졌고 부정부패에 대한 거부감도 더 커지게 되었다. 또 다른 하나는 힘에 대한 갈망이 커졌다는 것이다. 힘이 없는 사람은 너무나도 쉽게 노력의 대가를 빼앗긴다는 것을 알기 때문에 젊은 층들 사이에서는 돈과 사회적 성공이 가장 중요한 가치로 자리 잡았다.[12]

경쟁 결과가 외적 요소의 영향을 많이 받게 되면서 한 번 나타난 경쟁의 결과는 자신뿐 아니라 자손에게까지 영향을 미치게 되었다. 부모세대가 가진 자원이 변변치 못하면 자녀세대에서 성공하기는 거의 불가능해졌다. 더 심각한 것은 노력의 산물로 여겨졌던 개인의 능력도 더 이상 노력의 결과물이 아니라는 것이다. 적절한 교육투자와 사회에서 무언가를 시작하기 위한 자본 혹은 인맥이 없다면 능력을 키울 수도, 그것을 발휘할 수도 없다. 노력의 결과가 세대 간에 승계되면서 사람들은 불안을 느끼기 시작했고, 이에 따라 경쟁은 더욱 격화되었다. 그 결과 요즈음에는 초등학생도 적게는 3개, 많게는 10개 이상의 학원에 다니며 치열한 경쟁을 하고 있다.

하지만 노력의 성과가 부존자원의 영향을 받는다고 하더라도 이것이 현실의 문제가 사회구조로 인한 것이라는 것을 증명할 수 있는 직접적인 근거가 되지는 않는다. 부존자원과 성과가 1대 1의 관계에 있는 것은 아니기 때문이다. 부존자원과 성과의 관련성은 매우 높지만 관련사례나 상관관계 정도만 확인할 수 있을 뿐 그 관계가 필연적이라는 것을 명확히 증명하기는 어렵다. 능력을 쌓기 위해서는 부존자원뿐만 아니라 노력도 추가적으로 요구된다. 다만,

---

12) 곽금주 서울대 교수가 2011~2014년 '흔들리는 20대' 강의를 듣는 신입생 가치관을 조사했더니 2012년부터 3년째 '돈'과 '성공'이 1, 2위를 차지하고 있다. 2011년까지 1, 2위였던 '행복'과 '열정은 올해엔 아예 순위권 바깥으로 추락해버렸다. 「青春이라고 쓰고, 절망이라고 읽는다」, 〈조선일보〉, 2014년 12월 13일자, 원선우 기자

부존자원이 많은 경우 더 적은 노력으로 더 높은 성과를 내거나 능력을 쌓기가 더 쉬울 뿐이다. 게다가 부존자원이 많은 사람들도 동급의 사람들과 경쟁을 하고 있다. 자신들도 힘든 경쟁을 하고 있으므로 이들은 자신들의 성과가 부존자원 때문이라는 것을 인정하지 않는다.

현 경쟁질서의 정당성은 자유주의 경제학이라는 강력한 이론에 의해 뒷받침된다. 자유주의 경제학에 따르면 일견 부당하게 보이는 현실도 자유로운 경쟁과 노력의 결과이므로 정당한 것이다. 하지만 오늘날 일자리가 없는 사회적 약자나 청년층들은 현실이 부당하다는 너무 많은 증거들을 보고 겪어왔다. 이들에게 자유주의 경제학의 설명은 설득력이 없다. 청년들은 자유주의적 설명을 뛰어넘어 현실이 부당하다는 것을 증명할 수 있는 수단을 가지고 있지는 못하지만 현실이 부당하다는 것을 경험적으로 알고 있다.

더 이상 2011년 같은 시위는 일어나지 않지만 청년들의 분노는 사라진 것이 아니다. 청년들은 이제 시위가 아니라 대학교 내의 대자보나 냉소적인 인터넷 댓글을 통해 분노를 표출한다. 그리고 기득권의 부정과 부패가 있을 때마다 표출되는 격한 비난은 분노가 아직 식지 않았음을 보여준다. 이제 청년들의 분노는 현실에 대한 냉소와 절망으로 바뀌고 있다. 아무리 호소해도 이러한 현실이 해결되지 않고 있을 뿐 아니라, 문제가 앞으로도 계속될 것이라는 비관적인 전망 때문이다.

우리는 이론적으로는 각자의 역량과 노력에 따라 무한한 성공 기회가 주어지는 체제 안에서 살아가고 있다. 그러나 실제로는 능력을 발휘할 수 있는 기회조차 얻을 수 없는 현실은 사람들에게 절망감을 심어주고 있다. 그리고 현실의 문제가 자신으로 끝나는 것이 아니라 자신의 자녀들에게까지 계속될 것이라는 사실은 절망감을 더 깊게 만든다. 노력이 정당한 대가를 받을 수 없을 때 사람들은 분노할 수밖에 없다. 이러한 사회는 정의롭지 못한 사회이다. 기회조차 주지 않는 사회라면 더 말할 나위도 없을 것이다. 청년들은 이러한 정의롭지 못한 현실에 대해 분노하고 있는 것이다. 정의롭지 못한 상황이 계속 되면 사람들은 체제에 등을 돌리게 된다. 사람들로부터 외면 받은 체제는 몰락할 수밖에 없다. 우리 사회가 유지되기 위해서는 시급히 사람들에게 기회를 돌려줄 수 있는 방법을 찾아야만 할 것이다.

3. 왜 일자리가 부족한가? : 기대와 일자리의 불일치(Mismatching)

현재 우리 사회에 나타나고 있는 일자리 문제의 특징은 구인난과 구직난이 동시에 발생하고 있다는 점이다. 청년들은 일자리가 없다고 아우성치지만 다른 한편에서는 필요한 인력을 구하지 못해 어려움을 겪고 있다. 인력난으로 인해 생활정보지나 구인 사이트에는 수많은 일자리정보가 넘쳐나고 1년에 수백 회씩 채용박람회가 열린다. 그러나 인력을 구하려는 노력에도 불구하고 중소기업들은 만성적인 생산인력 부족문제에 시달리고 있다. 부족한 생산인력은 연간 수십만 명에 이르는 외국인 근로자 유입을 통해 충당되는데, 그렇게 입국하여 체류 중인 외국인 근로자는 현재 60만 명을 넘어선다. 이제 중소기업들은 외국인 근로자 없이는 기업을 운영하는 것이 불가능할 정도다.

사실 수치상으로 보면 우리나라의 실업률은 다른 OECD 국가에 비해 그리 높은 편이 아니다. 2014년 10월 기준 우리나라의 실업률은 3.5%로 OECD 실업률 평균 7.2%보다 한참 낮은 수준이다. 다른 주요 회원국과 비교해 볼 때도 우리나라의 실업률은 낮은 편이라는 것을 알 수 있다. 같은 기간 기준 일본은 3.6%였으며, 미국은 5.8%, 유로지역의 평균 실업률은 11.5%였다. 만 15세~24세의 청년실업률 역시 우리나라는 10.1%로 OECD 평균인 14.7%보다 낮다. 이는 경제 위기가 계속되고 있는 그리스(49.3%), 스페인(53.8%), 이탈리아(43.3%)와 비교할 때에도 현저히 낮은 수준이다.[13]

하지만 만성적인 구인난과 높지 않은 실업률에도 불구하고 청년들은 일자리가 없다고 하소연한다. 높은 학점과 우수한 스펙, 다양한 인턴 경험 등 훌륭한 경력을 가지고 있다고 하더라도 일자리를 구하는 일은 쉽지 않다. 청년들의 구인난으로 인해 '3포 세대'(연애, 결혼, 출산)나 '4포 세대'(연애, 결혼, 출산, 인간관계)같은 자조 섞인 말이 만들어질 정도이다. 많은 청년들이 경력을 쌓기 위해 고군분투하고, 공부기간도 길어지면서 경제적인 어려움 또한 커지고 있다. 청년들의 학자금 대출이 늘어나면서 취업한 후에도 상당기간동안은 빚을 갚기 위해 온 힘을 기울여야만 한다.

그러나 이렇게 삶이 어렵다고 하면서도 청년들은 쉽게 일을 하려고 하지 않는다. 특히 생산직 근로자 같은 육체노동을 하는 일자리의 경우 청년들의 기피현상이 두드러지게 나타나고 있다. 매년 생산직 근로자의 비중은 낮아지고 있으며, 농업·어업, 건설업, 광공업 같은 분야에서는 청년들의 기피로 인해 매년 근로자 평균연령이 높아지고 있는 실정이다.[14] 일자리가 없다고 하소연하면서도 마음에 드는 일자리가 아니면 좀처럼 취업을 하지 않는 것이다. 이는 어려운 시절을 겪어온 중장년 세대에게는 이해하기 어려운 일이다. 지난

---

13) 주OECD 대한민국 대표부 OECD 통계, 한국직업능력개발원 홈페이지(http://www.nhrd.net) '2014년 10월 OECD 회원국 실업률 동향'에서 재인용

14) 2013년 무역협회의 자료에 따르면 30~49세의 생산직 근로자 비율은 2000년 59.1%에서 2013년 42.8%로 16.3%나 감소하였으며, 15~29세까지 역시 2000년 17.8%에서 2013년 8.8%로 감소하였다. 또한 농림어업 근로자는 55.4세(2000년)에서 62.0세(2013년), 건설업 근로자는 40.5세(2000년)에서 46.5세(2013년), 광공업 근로자는 37.8세(2000년)에서 41.9세(2013년)로 평균연령이 증가하였다. 「기름밥 싫고, 중소기업이라 싫고… 생산직도 사무직도 젊은이 없는 산업현장」, 〈국민일보〉, 2013년 10월 23일자, 선정수 기자

세월동안 중장년층은 부두나 건설현장 등에서 힘든 육체노동뿐 아니라 쉴 새 없이 많은 야근을 요하는 업무도 가리지 않고, 돈을 벌 수 있다면 무슨 일이든 열심히 하였다. 이들은 힘든 일뿐 아니라 파독 광부·간호사처럼 일자리가 있는 곳이면 외국에라도 마다하지 않았다. 이러한 노력 끝에 이들은 오늘과 같은 윤택한 가정과 국가경제의 발전을 이룩해 낼 수 있었다.

청년층의 일자리 기피현상 때문에 청년층 대신 은퇴를 준비해야 할 중·장년층은 다시 일자리로 내몰리고 있다.[15] 자녀들이 취업을 하지 않기 때문에 가족의 생계를 위해서 부모세대들이 일자리로 나서고 있는 것이다. 최근 통계에 따르면 이미 50대 이상 취업자 수는 20, 30대 취업자 수를 넘어 서고 있다.[16] 하지만 50대 이상의 고령자가 주로 채용되는 일자리는 택시나 마을버스 기사, 경비, 청소원 같이 소득수준은 낮고 업무는 고된 일자리이다. 이러한 일자리들은 저임금이며, 계약직 또는 단시간의 비정규직 일자리인 경우가 대부분이다.

현행법상 비정규직은 길어야 최대 2년까지만 채용이 가능하다. 따라서 이들은 얼마 지나지 않아 새로 일자리를 구해야만 한다. 뿐만 아니라 비정규직 일자리는 저임금이기도 하다.[17] 저임금이라는 것은 절대적인 임금수준뿐만 아니

---

15) 한국노동연구원에 따르면 청년층(15~29세)의 취업자는 꾸준히 줄어드는 반면, 50세 이상 고령층 취업자는 크게 늘어나고 있다. 특히 청년층의 핵심 연령대인 20~29세 취업자는 지난 2003년(-15만 2,000명) 이후 지난해(-4만 3,000명)까지 11년 연속 감소세다. 2000년 대비 2013년 연령별 고용률 역시 15~29세만 유일하게 뒷걸음질 쳤다. 전체 고용률은 2000년 58.4%에서 2013년 59.5%로 1.1%포인트 높아졌으나 15~29세 청년 고용률은 43.4%에서 39.7%로 되레 3.7%나 낮아졌다. 「좁은문 청년 취업… 청년 일자리 비중 6% 그쳐」, 〈이데일리〉, 2014년 10월 15일자, 김재은 기자

16) 통계청 발표에 따르면 2014년 2분기 전체 취업자 중 각 세대가 차지하는 비중은 40대(26.00%), 50대(22.79%), 30대(22.18%), 60세 이상(14.13%), 20대(14.01%)순이었다. 50대 이상이 36.92%로 20, 30대 합계 36.19%보다 많아진 것이다.

17) 최근 조사에서 비정규직 근로자의 생산성은 정규직에 비해 불과 22% 낮은 반면, 평균 임금은 정규직 근로자에 비해 무려 45%나 낮은 것으로 드러났다. 또한 정규직 근로자의 평균 재직기간은 6.5년임에 비해, 비정규직 근로자의 평균 재직기간은 2년에 지나지 않는다. 비정규직 근로자들은 사회보험제도의 수혜를 받지 못하고 있다는 점에서 이들을 고용할 경우 인건비가 절감된다. (중략) 한국의 임시고용 비중은 전체 고용의 21.3%를 차지하고 있으며, 이는 OECD국가 중에서 네 번째로 높다. '한국의 성장과 사회 통합을 위한 틀' p14, OECD보고서, 2011년 6월

라 근로의 양에 비해서도 임금이 낮다는 의미이다. 비정규직 일자리는 동일한 업무를 한다고 하더라도 훨씬 낮은 수준의 임금을 지급받는다. 그리고 비정규직은 정규직과는 달리 호봉제의 적용을 받지 못하며, 대다수는 직원복지혜택을 적용받지 못한다. 1년 미만 계약인 경우에는 퇴직금도 적용되지 않는다. 기업입장에서는 비정규직을 늘리는 것이 상당한 이득이 된다. 이 때문에 기업들은 가능하다면 비정규직의 비중을 늘리려고 한다.

하지만 특별한 전문성을 갖추지 못하고 생계로 인해 어쩔 수 없이 일터로 내몰린 중장년층이 질 높은 일자리에 취업하기를 기대하기는 힘들다. 이들은 대부분 남아도는 일자리인 비정규직에 취업한다. 결국 늘어나는 비정규직 일자리의 상당수는 중장년층으로 채워지고 있다. 그리고 중장년층의 취업이 늘어날수록 사회 전체적으로 일자리의 질이 점점 낮아지는 현상이 나타나고 있다.

중장년층이 생계를 위해 일자리로 내몰리는 사이 청년층도 놀고만 있는 것은 아니다. 이들은 더 좋은 일자리에 취업하기 위해 쉬지 않고 공부에 매진하고 있다. 공부에 대한 높은 열정으로 인해 우리나라에는 다른 어느 국가보다 고학력자의 수가 많다. 현재 우리나라 청년의 절반 이상은 대졸 이상의 학력을 가지고 있다. 이는 OECD 국가들의 평균에 비해 2배 가까운 수치이다.[18] 하지만 학력이 높아졌음에도 불구하고 사회에는 이들이 갈만한 일자리가 많지 않다.[19]

---

18) 한국노동연구원이 OECD의 '한눈에 보는 교육 2013년'을 분석한 바에 따르면 25~64세 인구 중 전문대와 4년제 대학 졸업자의 비중은 우리나라가 OECD 국가 중 5번째로 높은 40.4%였다. (중략) 우리나라는 특히 25~34세 청년층만 놓고 봤을 때는 10명 중 6명(63.8%)이 대학교육을 받아 OECD 국가들 중 1위를 차지했다. OECD 평균은 25~34세 38.6%, 25~64세 31.5%로 연령대에 따라 큰 차이가 없었지만 우리나라는 심각한 고학력화가 진행 중임을 알 수 있다. 「한국, 고학력화에 비해 임금수준 크게 낮아」, 〈세계일보〉, 2014년 7월 26일자, 윤지희 기자

19) 고용노동부와 한국고용정보원의 고용성장지수 청년층 분석 자료에 따르면 2008~2013년까지 최근 5년 새 고용이 증가한 종업원 100인 이상 기업에서 일자리가 총 56만 1,000개 늘어났다. 그러나 이 중 청년층 (15~29세) 일자리는 6.0%(3만 3,660개) 증가하는 데 그쳤다. 「좁은 문 청년 취업… 청년 일자리 비중 6% 그쳐」, 〈이데일리〉, 2014년 10월 15일자, 김재은 기자

높은 학력을 쌓는 주된 이유는 보다 높은 임금이나 쾌적한 환경 같은 보다 좋은 조건의 일자리를 얻기 위해서이다. 그러나 우리나라에서는 높은 학력을 가지고 있다고 하더라도 그에 상응하는 임금을 받기 어렵다.[20] 통계청에 따르면 저임금 근로자 중 대졸 이상 근로자 비중은 2014년 3월을 기준으로 21.6%에 달한다고 한다. 경제협력개발기구(OECD)가 정의한 저임금 근로자는 중위 임금의 3분의 2 미만을 받는 근로자를 의미한다.[21] 취업을 못한 청년층은 대학원에 진학하여 기회를 노리지만, 이는 구직기간만 연장시킬 뿐 대부분 더 나은 일자리를 얻지는 못한다. 설령 대학원에서 박사학위를 딴다고 하더라도 그 중 상당수는 백수로 지내야 한다.[22] 그리고 일자리를 갖는다고 하여도 기껏해야 시간강사나 계약직 연구원같은 비정규직에서 일하는 경우가 대부분이다.

고학력화된 청년들은 그에 상응하는 직업을 가질 때까지 취업하지 않는다. 고학력자는 유보임금이 높으므로 유보임금을 충족시킬만한 일자리가 많지 않다면 취업은 그만큼 늦어질 수밖에 없다. 중소기업들은 청년들의 유보임금이 너무 높아 이들을 기업으로 끌어들이기가 너무 어렵다고 한다.[23] 그러나 오랜 기간 교육에 투자한 청년들에게 교육수준에 상응하지 않는 일자리에 취업하도록 강요할 수도 없는 일이다. 그리고 비정규직만 늘어나고 대졸자나 그 이상의 학력을 가진 사람들이 갈만한 대기업, 공사, 공무원 같은 좋은 일자리가

20) 한국고용정보원에 따르면 2014년 6월 기준으로 대학원 졸업자 이상의 임금 충족률은 98.6을 기록한 것으로 나타났다. 임금 충족률은 구직자의 평균 희망임금 대비 채용 기업들이 제시한 임금의 비율로 100을 넘지 못한다는 것은 구직자가 원하는 임금 액수보다 실제 받는 급여가 적다는 뜻이다. 「가방끈 길어도 원하는 만큼 월급 못 받는다」, 〈해럴드경제〉, 2014년 8월 6일자, 하남현 기자

21) 위 동일 기사, 〈해럴드경제〉, 2014년 8월 6일자, 하남현 기자

22) 한국직업능력개발원에 따르면 2014년 국내 박사학위 신규 취득자는 1만 2,806명으로 2000년 6,141명에 비해 두 배 가량 늘었다. 이 중 순수 박사학위 취득자(직업을 갖지 않고 학위를 받은 사람)는 3,744명이었으며, 이들의 취업률은 남성 59.4%, 여성 55.8%로 절반가량에 그쳤다. 「2014년 박사 취득자 중 1,500명은 백수」, 〈동아일보〉, 2014년 10월 15일자, 전주영 기자

23) 2012년 한국고용정보원 조사에 따르면 기업 인사담당자들은 청년들이 취업을 하지 않는 원인으로 중소기업 기피(23.8%), 높은 유보임금(21.8%)을 꼽았다. 「청년 실업률 8%대, 그들 취업은 왜 더디기만 할까… 경기부진보다 中企 기피 취업지연 현상 주요 원인」, 〈국민일보〉, 2012년 3월 19일자, 조용래 기자

감소하는 상황에서 청년 실업 문제가 개선되기를 기대하기는 힘들 듯하다.[24]

일부 사람들은 청년들의 정신상태가 나약하기 때문에 힘든 일을 하지 않으려 한다고 말하기도 한다. 하지만 청년들이 힘든 일을 하지 않으려는 이유가 단지 나약하기 때문인지는 의문이다. 오늘날의 청년들도 과거 기성세대 못지않게 성실하며 도전적이다. 이들 대부분은 부모의 기대에 부응하기 위해 어린 시절부터 몇 개나 되는 학원에 다니고 늦은 시간까지 도서관에서 공부에 매진할 만큼 성실하다. 그리고 경력을 쌓기 위해 해외인턴을 지원하거나 사회봉사, 어학연수 등을 위해 많은 노력을 기울이고 있다. 그리고 영어성적이나 외국어 능력도 과거 어느 때의 인재들보다 우수하다.

일자리가 있음에도 청년들이 취업을 하지 않으려는 것은 단지 정신적인 문제 때문이 아니다. 이는 사회 구조적인 문제에 기인하는 것이다. 힘들고 어려운 일을 하지 않으려고 하는 것이 아니라 그러한 일을 하여서는 정상적인 삶을 살아갈 수 없는 환경이 그러한 일을 기피하도록 하는 것이다. 누구나 자신의 지식에 기반을 두고 문제를 파악하는 경향이 있기는 하지만 기성세대의 경험을 가지고 오늘날 청년실업 문제를 진단하려고 한다면 이는 세대 간 갈등만 불러올 뿐이다. 문제를 해결할 방법을 찾기 위해서는 청년들의 처한 현실을 청년들의 입장에서 바라보고 해결책을 강구해야만 할 것이다.

---

24) 2014년 8월 기준 비정규직의 비중은 32.4%에 달한다. '경제활동 인구조사 근로형태별 부가조사 결과', 통계청, 2014년 10월

4. 문제는 어디에 있는가?

　현대 젊은이들이 부딪히고 있는 현실을 좀 더 들여다보면 문제의 원인이 나타난다. 젊어 고생은 사서도 한다는 말처럼 아무런 기반이 없는 젊은이는 많은 도전과 그에 따른 실패를 극복하는 과정에서 성공의 밑거름을 얻게 된다. 특히 1960년대와 1970년대에는 도전의식을 바탕으로 무에서 유를 창조한 신화적인 기업인들이 많이 있었다. 이병철이나 정주영 같은 기업가는 폐허가 된 국가에서 고철장사나 소규모 공사업체를 창업하여 굴지의 대기업으로 성장시켰다. 이들의 일대기를 보면 가히 초인적이라 할 만큼 열심히 일을 하고 많은 노력을 기울였다. 당시에는 이들뿐 아니라 많은 기업인들이 유에서 무를 창조해냈다. 그래서인지 기성세대는 오늘날 젊은이들은 근성이 없다느니 부모에게 기대서 편하게만 살기를 좋아한다느니 하면서 현 세대의 무능함을 비난하곤 한다.

　하지만 이들은 무에서 유를 창조해 낼 수 있는 것은 사회가 역동적일 때뿐이라는 것을 모르는 듯하다. 1960, 70년대는 물자가 부족한 시대이므로 물건이 만들어지면 팔리는 SAY의 법칙이 적용되던 시절이었다. 이런 시절에는 의지와 노력만 있으면 성공하는 것이 가능했다. 시장이 포화상태가 아니었고, 시장 경제 주체 대부분의 힘이 비슷했기 때문이다.

모든 경제 주체에게는 다른 사람의 것을 빼앗는 것보다는 아직 충족되지 못한 시장 수요를 선점하는 것이 더 중요했다. 다른 사람의 것을 빼앗지 않아도 시장 수요는 충분했기 때문에 기업들은 효율적인 생산과 경영방법을 찾는 데 모든 힘을 기울였다. 당시에는 다른 사람이 기울이는 노력을 방해하는 자들도 거의 없었으므로 노력만 하면 원하는 성과를 얻을 수 있었다. 그러나 이제는 다른 누군가를 시장 밖으로 내몰거나 새로운 수요를 창출하지 못하면 성공이 불가능하다. 그리고 새로운 시장이라도 개척하려고 시도하면 금세 거대 자본이 이를 가로채거나 경쟁자들이 유사한 상품을 쏟아낸다. 모든 시장이 포화된 상태이기 때문에 이제는 성공하기가 과거와는 비교할 수 없을 정도로 어려워졌다.

시장이 포화상태에 이르면서 대기업들은 새로운 시장을 개척하기보다는 기존 시장에 대한 독점력을 강화하는 손쉬운 길을 택했다.[25] 특히 내수시장에서 대기업의 독점이 심화되면서 신규 기업의 성장은 점점 어려워졌다. 신규 기업이 성장하려면 일단 내수시장에 뿌리를 내린 후 해외시장으로 진출하는 수순을 밟아야 하는데 내수시장이 독점화되면서 그러기가 힘들어졌기 때문이다. 이에 따라 우리나라에서는 더 이상 새로운 대기업이나 부자가 등장하지 않게

25) 공정거래위원회는 통계청의 2011년 광업·제조업 조사 자료를 토대로 시장 구조를 분석한 결과, 상위 1개 사가 5년 연속 출하액 점유율 50%를 넘거나 상위 3개사가 75%를 넘는 '독과점 구조 유지 산업'은 정유, 승용차, 화물차, 담배, 설탕, 인삼, 맥주 등 59개에 달했다고 발표했다. 전체 광업·제조업에 속한 476개 산업 중 12.4%로, 한 해 전보다 12개나 늘어났다. (중략) 전체 광업·제조업에서 상위 기업에 생산이 쏠리는 정도를 나타내는 지표도 높아졌다. 산업별 상위 3개사의 시장점유율을 가중 평균한 산업 집중도(CR3)는 2011년 56.1%로 2010년(54.9%)보다 1.2% 상승했다. 독과점 구조 유지 산업의 내수 집중도(내수 출하액 ÷ 내수시장 규모)는 77.4%로 전체 평균 37.7%를 크게 웃돌았다. 「대기업 독과점 산업 구조 심화… 정유·승용차·타이어 등 59개 산업 독과점」, 〈한국경제〉, 2014년 3월 16일자, 〈한경닷컴〉 산업경제팀

되었다.[26][27] 그리고 새로운 시장 개척 또한 거의 일어나지 않게 되었다.

문제는 이러한 현실로 인해 우리 사회에 창업을 기피하는 분위기가 조성된 것이다. 부모들은 자녀들이 창업을 한다고 하면 이를 말리는 것이 보통이고, 아직 성공하지 못한 벤처사업가들은 결혼시장에서도 인기가 없다. 이러한 분위기는 벤처사업가가 선망의 대상으로 여겨지고 있는 미국과는 사뭇 다른 것이다. 모험성이 큰 사업을 시작하면서 성공 가능성도 없고, 사회적으로 인정도 받지 못한다면 창업에 뛰어드는 것은 무모한 짓이 아닐 수 없다.

새로운 시장을 개척하는 일이 어려워지면서 기존 시장 내의 지분을 차지하려는 경쟁은 더욱 치열하게 전개되었다. 그리고 이에 따라 시장에서 도태되는 사람들의 수도 점점 늘어났다. 살림이 어려워진 가계가 하나둘씩 늘어나고 불황이 장기화되면서 사람들의 소비행태는 소극적으로 변하게 되었다. 사람들은 가급적 소비를 최소화하기 위해 노력하였고, 꼭 구입해야 한다면 믿을 수 있는 상품만을 구입했다. 믿을 수 있는 상품이란 널리 알려지고 평판이 형성되어 있는 상품을 말하는데, 이런 상품은 대개 대기업이 만드는 상품들이다. 소비의 쏠림현상이 나타나면서 대기업의 독점력은 더욱 강화되었다. 그리고 그 결과 중소기업의 어려움은 가중되어 시장의 편중현상이 심화되는 악순환이 나타났다.

형편이 어려운 가계가 늘어나고 대기업과 중소기업 간의 양극화가 심각해지면서 불황도 점점 심화되었다. 정확히 말하면 불황이 심화되었다기보다는

---

26) 스위스 자산정보업체 웰스엑스(Wealth-X)와 UBS은행이 내놓은 '2013 슈퍼리치 보고서'에 따르면 지난해 말 기준 한국에서 자산 3,000만 달러(약 309억 원) 이상을 보유한 슈퍼리치는 1,390명으로, 전년보다 5명(0.4%) 늘어나는 데 그쳤다. 아시아 국가 중 가장 낮은 증가율이다. 보유 자산 규모도 2,650억 달러(약 273조 원)로 1년 전과 같았다. 「한국 슈퍼리치 3년째 제자리」, 〈헤럴드경제〉, 2014년 8월 6일자, 황혜진 기자

27) 전국경제인연합회가 24일 주요 3개 글로벌 기업 순위(포천 글로벌 500, 파이낸셜타임스 글로벌 500, 포브스 글로벌 2000)에 든 한국 기업의 수를 조사했더니 10년간 거의 변함이 없었다. 매출액 기준으로 순위를 매기는 포천 글로벌 500에는 2004년 11개 기업이 이름을 올렸고, 지난해에는 14개가 돼 단 3개 늘어나는 데 그쳤다. 「한국 글로벌 기업 수 10년째 정체」, 〈국민일보〉, 2014년 3월 25일자, 김찬희 기자

호황의 효과를 누리지 못하는 사람들이 대다수가 되었다는 것이 정확한 표현일 것이다. 언제부터인가 거시경제지표가 양호하고 수출도 증가하고 있는데 우리 주변에서 호황이라고 말하는 사람은 찾아볼 수 없게 되었다. 실제로 2002년부터 2008년 외환위기 전까지 약 60개월간 전 세계는 장기호황을 누렸으나 우리나라에서는 불황이 계속되고 있었다. 오히려 그 기간 동안 빈부격차가 심화되고 가계는 더욱 어려워지면서 내수 침체는 더 심각해졌다.

내수시장이 장기불황에 빠지면서 생활이 어려워진 가계들은 대출을 늘렸고, 그 결과 가계부채는 지속적으로 증가하였다.[28] 그리고 빈곤층 증가와 경기 불황에 따라 복지 확대와 경기 회복을 위한 정부 지출이 급증하면서 정부 부채 또한 크게 증가하게 되었다.[29] 또한 생계가 어려워진 가계들이 생활전선으로 내몰리면서 시장에는 식당이나 도소매업 같은 생계형 창업이 급증했다.[30] 생계형 창업으로는 시장경쟁에서 살아남기 어렵기 때문에 이들의 대부분은 얼마 지나지 않아 폐업하게 되었고, 이는 가계 경제를 더욱 악화시키는 원인이 되고 있다.

기업들의 상황도 마찬가지이다. 중소기업의 경영이 날로 어려워지고 성장도 멈추게 되면서 중소기업 일자리의 질은 날이 갈수록 대기업에 비해 나빠지고 있다. 중소기업의 수익 감소에 따라 직원복지는 감소하고, 임금인상도 어렵게 되었으며, 성과급을 지급할 수도 없게 되었다. 이에 따라 대기업과 중소

---

28) 한국은행 자료에 따르면 가계부채는 2011년 979.6조 원에서 2012년 993.6조 원, 2013년 1,021.3조 원으로 매년 증가하고 있다. 『(청년들이 앓고 있다)미래세대 떠받칠 자본이 없다』, 〈서울경제〉, 2014년 7월 14일자, 이연선 기자

29) 기획재정부 자료에 따르면 국가 부채는 2011년 773.5조 원에서 2012년 902.1조 원, 2013년 1,117.3조 원으로 매년 증가하였다. 위 동일 기사, 〈서울경제〉, 2014년 7월 14일자, 이연선 기자

30) '글로벌 기업가활동 모니터(GEM, Global Entrepreneurship Monitor)가 펴낸 '글로벌 리포트 2013'에 따르면 한국의 42개월 미만 초기 창업 가운데 생계형 창업 비중은 36.5%였다. 소득수준을 더욱 높이기 위한 기회추구형 창업은 51.1%로 집계됐다. (중략) GEM이 꼽은 26개 혁신경제국(Innovation-driven Economies)의 생계형 창업 비중 평균은 18.2%로 우리나라의 절반 수준이었다. 이들 가운데 30%를 넘는 곳은 한국이 유일하다. 『한국 생계형 창업 40% 육박… 주요 선진국 중 최고』, 〈MBN뉴스〉, 2014년 7월 28일자

기업의 임금수준과 직원복지 수준은 날로 격차가 벌어지고 있다.[31] 대부분의 일자리가 중소기업으로부터 나온다는 점을 감안하면 이는 전체 일자리의 질이 나빠지고 있음을 의미한다.[32] 현존하는 거의 모든 중소기업 일자리는 최저임금보다 조금 높은 수준의 임금을 지급하고 있다. 반면, 기업의 수익률 악화로 인해 신규채용이 줄고 1인당 담당해야 하는 업무량이 늘어나면서 연장근로는 필수가 되어버렸다. 임금은 거의 늘지 않으면서 근로양만 늘어나게 된 것이다.

그나마 정규직인 경우는 사정이 나은 편이다. 오늘날의 시장에서는 근로조건이 열악한 비정규직 일자리만 양산될 뿐 청년들이 일할 만한 좋은 일자리는 거의 만들어지지 않고 있다. 노동시장을 유연화한다는 명목으로 도입된 비정규직 일자리가 비용이 많이 드는 정규직을 대체하고 있기 때문이다. 이러한 고용구조로 인해 청년들은 점점 비정규직으로 내몰리고 있다.

비정규직은 정규직보다 근로조건이 매우 열악하다. 비정규직에서 얻는 수입은 정규직에 비해 턱없이 낮고 대우도 형편없다. 그리고 호봉제가 적용되지 않는 등 비정규직은 경력도 인정받지 못한다. 기업들은 비정규직을 기본적으로 낮은 비용으로 활용할 수 있는 소모품 정도로 인식하고 있으므로 정책적인 개선 노력에도 불구하고 이들의 처우는 쉽게 나아지지 않고 있다. 사실 기업 입장에서는 정규직과 동일한 임금과 처우가 보장되는 비정규직은 채용할 이유가 없다. 만일 그래야만 한다면 비용절감을 위해 꼭 필요한 최소한의 정규직만을 채용하여 정규직에게 좀 더 많은 일을 하도록 요구하는 편이 더 낫다.

31) 통계청 국가 주요 지표에 따르면 2013년 제조업 분야 중소기업의 임금은 대기업의 52.9% 수준이다. 이 비율은 2001년에는 65.9%에 달했다. (중략) 2012년 53.2%, 2013년 52.9% 등으로 소폭의 등락은 있지만 하락 추세다. 「중소기업 임금, 대기업 절반 수준 그쳐」, 〈연합뉴스〉, 2014년 5월 14일자, 김승욱·차지연 기자

32) 중소기업중앙회가 발간한 '2014 중소기업 위상지표'에 따르면 2007년~2012년 기간 중 우리 경제의 전체 산업종사자 수는 2,278명이 증가하였는데, 그 중 중소기업 고용 증가인원은 1,910천명으로 전체 고용 증가인원의 83.8%에 달했다고 한다. 중소기업중앙회 보도자료, 2014년 5월 13일

이렇게 되면 지금도 열악한 중소기업 정규직의 근로여건은 더 나빠지게 될 것이다.

평생 직업을 가지게 되는 연령대는 대개 20대에서 30대 사이이다. 40대가 넘어가면 가장으로서 책임이 따르기 때문에 수입이 적고 직업이 불안정한 비정규직을 전전할 수 없다. 신자유주의에서 말하는 것처럼 노동시장이 유연하여 하나의 일자리를 그만두어도 다른 일을 할 가능성이 크다면 굳이 정규직 일자리를 고집할 필요는 없다. 그리고 비정규직에서 얻는 수입이 다른 일자리를 얻기까지의 기간 동안을 충분히 커버할 수 있을 만큼이라면 직업을 옮기는 것이 두려운 일은 아닐 것이다.

그러나 현실에서는 한 번 일자리를 퇴사한 후 다시 새로운 일자리를 구하는 것은 매우 어려운 일이다. 대부분의 사람에게 퇴사 후 다시 일자리를 구할 수 있을지 여부는 매우 불확실하다. 결국 신자유주의가 말하는 노동시장 유연화는 경쟁력과 효율성을 높인다는 명목으로 소수의 자본가에게 더 낮은 비용으로 노동력을 사용할 수 있게 하는 논리를 제공할 뿐이다.

일자리는 단지 생계수단 이상의 의미를 가지고 있다. 일자리는 현재와 미래의 생활수준을 결정해 준다. 다른 일자리보다 상대적으로 나쁜 수준의 일자리를 가지게 된다는 것은 앞으로 더 많은 생활상의 불편을 겪게 된다는 것을 의미한다. 대기업과 중소기업, 정규직과 비정규직의 격차가 현격하게 벌어져버린 현실에서는 대기업 정규직과 중소기업 비정규직의 생활수준이 현저하게 다를 것이라는 것이 불 보듯 뻔하다. 더 많은 근로를 하면서 더 적은 수준의 임금을 받아야 한다면 개인적인 고통은 물론이고 배우자를 고르는 데에도 많은 어려움을 겪게 된다. 그리고 한 번 낮은 수준의 일자리를 가지게 되면 높은 수준의 일자리로 옮겨가는 것은 거의 불가능하기 때문에 다른 사람보다 낮은 수준의 삶은 평생토록 이어지게 된다. 취업을 할 경우 좋은 일자리를 구하기 어렵다면 창업이라도 해서 성공을 해야 한다. 그러나 시장이 포화되고 대기업의 독점이 심화된 상태에서 창업을 통해 성공하기는 거의 불가능하다.

이렇듯 현재의 젊은이들은 취업을 하려고 해도 저임금이나 비정규직 일자리밖에 가질 수 없으며, 창업을 하려고 해도 성공 가능성이 매우 희박한 상황에 처해 있다. 한 번 일자리를 얻게 되면 그 수준의 삶에 평생 머물러야만 한다. 이런 상황에서 눈높이를 낮추어 취업을 한다는 것은 앞으로 모든 삶의 기회를 포기한다는 것을 의미한다. 이 때문에 오늘날의 청년들은 좋은 일자리를 가질 때까지 끊임없이 취업준비만을 계속하면서 취업을 미룰 수밖에 없다. 성공 가능성이 희박한 창업은 아예 고려사항조차 되지 못한다.

흔히 '젊어 고생은 사서도 한다'거나 '아프니까 청춘'이라는 말로 젊은 시절의 불운과 고생을 감내하라고 하지만 아무런 희망이 보이지 않는다면 그러한 불운과 고생을 감내하기는 어렵다. 문제는 불운이나 고생이 아니다. 중요한 것은 그러한 고통에 대한 인내를 통해 장래에 더 나은 삶을 누릴 수 있다는 희망이다. 희망이 있다면 인간은 극심한 고통도 감내하고 겪어낼 수 있다. 고통이나 가난은 참을 수 있지만 미래가 보이지 않는 상황은 견딜 수 없다. 죽음에 이르는 병은 고통이나 가난이 아니라 절망이다. 청년들이 취업도 창업도 하지 않고 장기간 실업상태에 빠지거나 장기 취업준비생이 되는 이유는 바로 현재의 사회적 현실이 청년들에게 아무런 기회를 제공하지 않고 있기 때문이다. 대기업, 공무원, 공사 같은 좋은 일자리에 취업한 몇몇 소수를 제외하고는 노력한 만큼 대가를 얻을 수 없으며 대다수의 사람들은 효율적인 생산이라는 명목 하에 소모품으로 취급받는다. 이러한 절망적인 현실이 계속되는 한 청년 실업문제는 결코 해결되지 않을 것이다.

2장

좋은 일자리는 왜 중요한가?

1.
좋은 일자리란 무엇인가?

땀 흘리는 자의 손은 아름답다. 우리는 이렇게 배워왔다. 노동은 신성한 것으로 여겨져 왔으며, 열심히 노력하는 자에 대한 비난은 금기시되어 있다. 노동은 생산의 원천이며, 사회 발전의 필수요소이므로 노동을 장려하고 신성시하도록 교육받는 일이 전혀 비난받을 만한 일은 아니다.

그러나 이렇게 노동을 신성시하려는 노력에도 불구하고 우리는 노력 없이 영광을 얻는 삶을 동경한다. 드라마 속 재벌 2세가 단골메뉴로 등장하는 것이나 매주 복권당첨결과가 신문에 보도되는 것은 우리가 노동 없는 삶을 얼마나 갈망하고 있는가를 잘 보여준다. 이처럼 노동에 대한 우리의 태도는 이중적이다.

직업에는 귀천이 없다고 한다. 그러나 우리는 직업에 귀천이 있다는 것을 분명히 알고 있다. 사회적 필요에 의해 노동을 아무리 신성시하려고 노력해도 막상 그것이 자신의 일이 될 때에는 노동은 회피의 대상이 된다. 더럽고 위험하고 힘든 일[33]을 하는 사람일수록 그러한 일을 하면서 살아가야만 하는 삶을 어떻게든 벗어나고자 하는 강한 욕망을 가지고 있다. 이러한 노동이 회피의 대상이 되는 이유는 단지 그것이 더럽고 위험하고 힘들기 때문만은 아니다. 더 큰 이유는 그러한 직업에 종사함으로써 감수해야 하는 멸시와 모욕감 때문이다. 이러한 대우는 사회적 평가가 낮고 힘든 직업에 종사하는 사람을 더욱 힘들게 만든다. 특히 동양인의 경우 유교적 계급의식으로 인해 머리를 쓰는 선비계급(士)과 노동자계급(農, 工, 商)에 대한 차별의식은 더욱 크다. 육체노동을 하는 사람 스스로도 힘든 일에 종사하고 있다는 사실 자체를 수치스럽게 여긴다. 그리고 자식에게만은 그러한 삶에서 벗어나 머리를 쓰는 일을 하게 하기 위해서 자신의 삶을 모두 자식교육에 헌신하곤 한다. 교육열이 크다는 것은 좋은 직업을 가진 경우와 그렇지 못한 경우에 삶의 질의 차이가 매우 크다는 것을 반영한다. 이런 경우 사람들은 자녀의 희망이나 적성보다는 일단 자녀가 좋은 직업을 가지게 하는 데에만 관심을 기울인다.

뿐만 아니라 동양에는 높은 지위를 가지거나 좋은 직업을 가지고 있을 때 상대방보다 인격적으로도 우위에 있다는 인식이 존재한다. 이 때문에 서양과는 달리 직업적 관계와 사적 관계가 구별되지 않고 혼재된 경우가 많다. 회사 내에서 상급자가 근무시간 중에 개인적인 심부름을 시키는 것은 매우 흔하게 일어나는 일이다. 그리고 많은 경우 승진에 업무 능력보다 상급자와의 개인적인 친분이 더 큰 영향을 미치기 때문에 승진을 앞 둔 사람의 배우자가 인사권자의 집에 가서 김장이나 가사 일을 대신 해주었다는 웃지 못 할 얘기가 떠돌기도 한다.

직업이 업무 관계를 넘어서 감정적인 차원까지 이어지기 때문에 우리 사회에서는 좋지 못한 일자리를 가진 사람에게 매우 많은 불이익이 따른다. 우리

---

33) 흔히 이러한 노동을 3D(Dirty, Dangerous, Difficult)노동이라고 한다.

는 나이 많은 경비나 청소부를 하대하거나 회사의 창업주나 그 자녀들이 직원을 함부로 대하여 물의를 일으켰다는 뉴스를 수도 없이 많이 접해 왔다. 상대방보다 조금 더 높은 직위에 있거나 더 좋은 직업을 가지고 있으면 상대방을 무시하고 함부로 대하는 것이 우리 사회의 현실이다. 이처럼 우리나라에서는 직업적 위치가 인격적인 문제까지 야기하므로 얼마나 좋은 일자리에서 일하고 있는가는 삶의 질을 결정하는 매우 중요한 요소가 된다. 그리고 얼마나 좋은 일자리에서 시작하는지 여부에 따라 앞으로 자신이 도달할 수 있는 사회적 지위의 한계까지 결정된다. 대부분의 사람들이 이러한 현실을 알고 있기 때문에 좋은 일자리를 차지하기 위한 경쟁은 매우 치열하다.

그러면 좋은 일자리란 무엇인가. 좋은 일자리를 정의하기란 생각보다 어렵다. '좋은'이라는 말 자체가 상당히 주관적이기 때문이다. 하지만 대체적으로 좋은 일자리의 요소로는 보수, 낮은 노동 강도, 쾌적한 근무환경, 발전 가능성, 직업적 안정성 등을 들 수 있다.[34] 즉, 좋은 일자리는 높은 보수, 좋은 근무환경 등 삶의 질을 높이는 긍정적인 요소를 가진 일자리이다. 하지만 이러한 요소들을 모두 갖추지 못했다고 하여 나쁜 일자리는 아니다. 예를 들어 의사는 많은 육체적 노력이 필요함에도 높은 보수를 받기 때문에 좋은 일자리로 평가된다. 또한 직업 정치가 역시 선거에 따라 지속성이 결정되는 직업적 불안정성에도 불구하고 좋은 일자리로 여겨진다. 삶의 질을 낮추는 부정적인 요소가 포함되어 있다고 하여 나쁜 일자리가 되는 것은 아니라는 것이다. 즉, 이러한 외적 요소들이 좋은 일자리인지 나쁜 일자리인지를 결정하는 유일한 요소는

---

34) 상당수 연구도 이러한 요소를 중심으로 하여 이루어지고 있다. '좋은 일자리의 결정요인과 지역 간 분포의 변화에 관한 연구'(송영남, 2010)에서는 보수를 중심으로 좋은 일자리를 정의하고 있으며, '좋은 일자리의 개념구성 및 결정요인의 분석'(방하남 외, 2006)에서는 좋은 일자리를 일자리로부터 주어지는 결과로서의 보상(경제적 측면), 직업적 위세(사회적 측면), 근로자 자신의 직무만족도(주관적 측면)를 중심으로 하여 정의하고 있다. 대한 상공회의소(2004)에 따르면 20~30대를 대상으로 하는 조사에서 좋은 직장의 기준으로 비전, 근로에 대한 보수, 안정성 등을 꼽았다. 송영남, 지방행정연구 제24권(통권 83호), 2010년 12월, 재인용

아니다.

좋은 일자리인지 나쁜 일자리인지를 결정하는 데 보수나 근무환경 같은 요소들만큼 중요한 것은 일자리에 대한 사회적 평가이다. 다음 장에서 자세히 살펴보겠지만 좋은 일자리는 단순히 보수나 근무환경, 직업적 안정성 같은 외적 요소 이상의 많은 사회적 가치를 가지고 있다. 예를 들어 의사의 경우 육체적으로 매우 힘든 직업이나 그에 대한 보수가 매우 높고, 근무환경도 쾌적하다. 이에 더하여 의사는 높은 교육수준을 필요로 하기 때문에 앞에서 말한 것처럼 머리를 쓰는 선비계급(士)에 속하여 사회적 평가가 높아 좋은 일자리 중에서도 최상위를 차지한다. 반면, 별로 힘들지도 어렵지도 않으며 근무환경도 깨끗한 아파트 경비 같은 경우 보수뿐 아니라 사회적 평가도 매우 낮다. 아파트 경비는 좋은 일자리가 갖추어야 할 요소 중 보수를 제외한 대부분의 요소를 갖추고 있지만 좋은 일자리에 속하지 못한다.

한편 보수나 근무환경 같은 요소들과 사회적 평가 간에는 밀접한 관계가 있다. 사회적 평가가 높은 경우 대개 보수나 근무환경 등 물질적인 여건도 좋아진다. 그리고 물질적인 여건이 좋아지면 대개 사회적 평가도 높다. 하지만 선원 같은 직업의 경우는 예외이다. 선원의 보수는 3,000만 원부터 시작하나 연봉 2500만 원밖에 안 되는 공무원보다는 좋은 일자리가 아니다. 위험할 뿐만 아니라 사회적 평가도 낮기 때문이다. 즉, 좋은 일자리가 되기 위해서는 보수, 낮은 노동 강도, 쾌적한 근무환경, 발전 가능성, 직업적 안정성 등 삶의 질을 높이는 긍정적인 요소와 높은 사회적 평가를 모두 갖추고 있어야 한다.

하지만 이러한 여러 가지 요소를 모두 갖추어야만 한다면 좋은 일자리가 될 수 있는 직업은 매우 제한적일 것이다. 특히 정책적인 차원에서 이러한 여러 가지 요소를 모두 고려하여 해결방안을 만들어내는 것은 불가능하다. 정책적인 차원에서 문제를 해결하기 위해서는 가장 기본적이고 일반적인 요건을 갖춘 좋은 일자리의 정의가 필요하다.

좋은 일자리 역시 일자리라는 점을 고려하면 좋은 일자리가 되기 위한 최소한의 요건은 안정적으로 생계를 보장할 수 있어야 한다는 것이다. 안정적으로 생계를 보장할 수 없다면 사회적 평판이나 근무환경 등은 큰 의미를 가지지 못한다. 특히 오늘날과 같이 생계를 유지하는 것조차 힘에 겨운 현실에서는 안정성과 보수라는 요건은 좋은 일자리 여부를 결정하는 데 다른 요건보다 훨씬 중요한 요건이 된다.

요즘 들어 의사나 변호사, 공무원, 대기업 직원 같은 직업이 선호되는 이유도 삶을 안정적으로 유지할 수 있는 수입이 보장되는 직업이기 때문이다. 특히 좋은 일자리의 요건 중 직업적인 안정성은 매우 중요하다. 안정적인 직업을 가지고 있다면 앞으로의 수입과 생활수준을 예측할 수 있기 때문이다. 소득의 흐름을 예측할 수 있다면 현재의 소득이 크지 않더라도 저축 등을 통해 삶의 위험에 대비할 수 있다. 그리고 절약을 통해 미래의 발전에 대비할 수 있는 기회를 만들어낼 수도 있다. 소득을 안정적으로 확보할 수 없다면 삶을 예측할 수 없으므로 항상 불안에 시달려야 하고, 이 때문에 연애나 결혼, 자녀 양육 등의 활동을 하는 데 심각한 제약을 받는다.

1960, 1970년대에 우리 사회에 존재하는 거의 모든 일자리는 생계를 간신히 유지할 수 있을 만큼 낮은 보수를 받았다. 그럼에도 불구하고 당시에는 사람들이 결혼하고 출산하는 데 큰 어려움을 겪지 않았다. 당시에는 비정규직이라는 개념이 거의 없어 대부분의 사람들이 안정적인 수입을 확보할 수 있었기 때문이다. 일부 건설노동자를 제외하고는 비정규직은 거의 존재하지 않았으며, 건설경기가 호황이고 경제가 성장하는 중이었기 때문에 일용근로자들도 쉽게 일자리를 구할 수 있었다. 이 때문에 사람들은 성실하게 일하면 생계를 유지할 수 있을 만큼의 급여를 받을 수 있었고, 낮은 소득에도 불구하고 절약하면서 그럭저럭 사는 것이 가능했던 것이다.

이러한 점을 종합해 볼 때 정책적인 측면에서 좋은 일자리란 생계를 유지할 수 있는 수준의 보수가 지급되는 안정적인 일자리를 말한다. 좋은 일자리가 되기 위한 요건은 상당히 많지만 정책적인 측면에서 좋은 일자리 문제를 다루기 위해서는 좋은 일자리를 정의하는 요건은 모든 직업에 적용될 수 있는 일반적인 것이어야 한다. 근무환경 등 여타 요소의 경우에는 개별 일자리에 따라 다르게 판단될 수 있는 요소이므로, 그러한 요건에 초점을 맞추어 정책을 추진하기는 어렵다.

결국 청년실업문제를 해결하기 위해서는 생계를 유지해 줄 수 있는 상당한 수준의 보수가 지급되는 안정적인 일자리가 늘어나야만 한다. 그러나 이러한 일자리들은 경제 전체의 생산성을 높이지 않는 한 만들어내는 데 한계가 있다. 상당한 소득을 근로자에게 안정적으로 지급하려면 경제에 그만한 여력이 있어야 하기 때문이다. 이러한 관점에서 볼 때 좋은 일자리를 지속적으로 만들어내기 위해서는 일자리 나누기 같은 내부적 노력이 아니라 생산성 확대를 통해 더 많은 부를 지속적으로 창출할 수 있는 여건이 마련되어야만 한다. 다시 말해 좋은 일자리는 공무원 수 증대 같은 선심성 정책이나 기업에게 일자리 만들기를 강요해서 만들어질 수 있는 것이 아니라 생산성 확대를 위한 기술개발 같은 적극적인 노력을 통해서만 만들어질 수 있다. 하지만 수요 중심 사회에서 부를 지속적으로 창출하기란 말처럼 쉬운 일이 아니다. 청년실업을 해결하기 위한 다년간의 노력에도 불구하고 청년실업이 여전히 해결되지 않고 있는 이유는 여기에 있다.

2. 좋은 일자리는 왜 중요한가?

청년실업이 장기화되면서 많은 가정들은 50, 60대 가장들이 다시 직업전선에 뛰어들어야 할 만큼 사정이 어려워지게 되었다. 좋은 일자리가 아무리 중요하다고 한들 생계문제만큼 중요하지는 않을 것이다. 따라서 정상적인 상황에서는 가계상황이 더 어려워지고 생계에 대한 위협이 심각해지면 청년들도 좋은 일자리를 포기하고 생계를 위해 일자리를 구하게 되리라고 예상할 수 있다. 그러나 오늘날 가계부채가 증가하고 생계위협이 심화되고 있는 상황에서도 청년들은 여전히 취업준비만을 계속할 뿐 일자리 얻기를 주저하고 있다. 청년들이 좋은 일자리에 이토록 집착하는 이유는 무엇일까? 그 이유는 좋은 일자리가 가지는 사회적 의미 때문이다.

단순히 생계유지의 수단이라는 측면뿐 아니라 일자리는 사회생활을 영위하는 데 여러 가지로 중요한 의미를 내포하고 있다.

첫째, 좋은 일자리는 개인의 삶의 질을 결정하는 중요한 요소이다. 일자리의 질은 직장생활뿐 아니라 사생활이나 개인의 심리상태에까지 영향을 준다. 비정규직 같은 좋지 않은 일자리에서 일하는 사람은 직장 내에서도 최하위의 직급에 속한다. 이들은 대개 잡무와 보조적 업무를 맡거나 위험하고 힘든 일을 담당한다. 특히 최근에는 사내하도급이나 비정규직에게 위험하고 힘든 업무를 전가하는 경우가 많아지면서 이들의 근무조건은 점점 더 열악해지고 있다.[35] [36] 결정적으로 이러한 일자리들은 경력관리가 되지 않기 때문에 이러한 일자리에서 오래 일한다는 것은 생계 때문에 꿈을 포기하는 것이나 다를 바 없다. 아무리 오래 일해도 급여는 거의 오르지 않으며, 계약기간이 종료되면 그저 회사에서 내쳐질 뿐이다. 보상은커녕 항상 언제 그만둘지 모른다는 불안감에 시달려야 하고 재계약 시즌마다 마음을 졸여야 한다.

그리고 이러한 일자리들은 대부분 저임금이다. 이것은 이러한 일자리에서 일하는 사람들이 평생 빈곤에 시달려야 한다는 것을 의미한다. 빈곤은 생활에 큰 불편과 제약을 가져온다. 이들은 취미활동이나 여가활동은 물론 자기계발에 투자할 여유도 가지기 힘들다. 심지어 이들은 연애도 제대로 하기 힘들다.[37] 주어지는 임금은 대부분 최저임금 정도의 낮은 수준에 머무르기 때문에

---

35) 한국산업안전보건연구원에 따르면 2009년 국내 9대 조선사의 산재 사망자 중 원청 노동자는 3명, 하청 노동자는 10명으로 전체 사망자의 80% 정도가 하청업체였다. 2002년에는 원청 사망자가 18명, 하청 0 명이었지만 이후 하청 사망자 비율이 계속 늘었다. 2004년까지는 원청업체가 하청업체 노동자까지 산재보험에 가입했기 때문에 그 이전 하청 노동자 사망이 원청으로 집계됐을 가능성이 있으나, 2000년대 조선업에 사내하도급이 늘면서 위험한 업무가 하청 노동자들에게 전가되고 있는 추세를 보여준다. 「노동약자 덮치는 산재, 위험마저 영세 노동자에 하청하는 대한민국」, 〈한국일보〉, 2012년 4월 26일자, 남보라 기자

36) 국가인권위원회는 16일 오전 서울 중구 인권위 배움터에서 '산업재해 위험 직종 실태조사' 결과를 발표했다. (중략) 작업장 안에서 원청과 사내하청의 산재위험 정도를 물은 결과 '하청 노동자들의 산재위험이 더 높다'는 응답은 조선업 84.3%, 철강업 92.3%로 압도적으로 높게 나타났다. 「사내하청 노동자, '하청 노동자 산재위험 높다'」, 〈연합뉴스〉, 2014년 12월 16일자, 이대희 기자

37) 한국보건사회연구원이 2013년 11월~12월 18~49세 미혼남녀 1,500명을 대상으로 한 '결혼과 출산에 관한 국민의식조사'에 따르면 이성교제는 소득에 좌우되는 것으로 확인됐다. 소득별로 보면 연간 2,500만~3,500만 원을 버는 경우(남성 43.2%, 여성 52.8%) 이성교제를 하고 있다는 응답이 가장 많았다. 이성교제 비율이 가장 낮은 건 남녀 모두 연소득이 1,500만 원 미만인 경우였다(남성 27.3%, 여성 28.1%). (중략) 현재 이성친구가 없는 미혼 10명 중 5~6명은 '연애하고 싶다'고 응답했다(남성 64.9%, 여성 56.5%). 하지만 연애를 '꿈꾸는 것'도 소득의 영향을 받았다. 돈을 버는 남성은 69.6%가 '연애를 하고 싶다'

생활비에 충당하고 나면 남는 돈이 거의 없다. 평생 일을 한다고 하여도 단지 간신히 먹고 살 수 있을 뿐이며, 자기 투자나 문화생활을 누리기에는 턱없이 부족하다. 사람들은 삶의 많은 시간을 직장에서 보낸다. 직장에서 인정받지 못하는 덜 중요한 일과 다른 사람들이 맡기를 꺼리는 위험하고 힘든 업무를 평생 동안 계속하면서도 아무런 보상을 받을 수 없다면 삶의 질은 낮을 수밖에 없다.

뿐만 아니라 일자리의 질은 개인의 자존감에까지 영향을 미친다. 의식(衣食)이 넉넉해야 예절을 안다는 말처럼 경제적 문제는 개인의 인식까지 바꾼다. 자본주의 사회에서 임금은 노동력을 제공하는 것에 대한 대가일 뿐이다. 하지만 자본주의적 사고에 매몰된 많은 사람들은 노동력을 구매하면서 개인의 인격까지 구매했다고 생각하곤 한다. 이들은 좋지 않은 일자리에서 일하는 사람들을 무시하거나 모욕하면서도 이를 당연히 받아야 할 대접으로 여긴다. 이러한 믿음은 잘못된 것이지만 피고용자나 종업원 입장에서는 일자리를 잃게 될 위험 때문에 이러한 처우를 감수하지 않을 수 없다. 이는 고용주 - 피고용자간의 권력관계나 손님은 왕이라는 잘못된 관행의 결과이다. 그러나 약자의 입장에서는 이러한 피해에 대해 어디에도 호소하지 못한다. 이러한 억압적인 근무환경에 지속적으로 노출되면 심리적으로 위축될 수밖에 없다. 낮은 직위에서 어렵고 험한 일을 맡으면서도 사회적으로 인정받지 못하는 생활이 계속되면서 이들의 자존감은 점차 낮아지게 된다. 좋지 않은 일자리에서 일한다는 것이 죄를 저지른 것도 아니지만 그러한 일자리에서 일하는 사람들은 스스로 자신의 직업을 드러내기를 꺼린다.

둘째, 좋은 일자리는 결혼에 큰 영향을 미친다. 결혼에서 경제력은 매우 중

고 답했다. 반면, 돈을 벌지 못하는 남성은 57.9%만 연애를 꿈꿨다. 남성은 연봉 3,500만 원 이상인 경우 이성교제를 희망하는 비율(75.5%)이 가장 높았다. 「대졸·연봉 2,500만 원 이상·정규직 3포세대 연애의 3조건」, 〈국민일보〉, 2014년 7월 28일자, 문수정 기자

요한 고려요소이다. 삼국유사에 기록된 조신설화에서도 결혼 생활에서 경제력이 얼마나 중요한가에 대해 언급하고 있는 것을 보면 오래전부터 결혼에서 경제력이 중요한 요소였다는 것은 분명하다.[38] 하지만 지금은 결혼을 위해 과거와는 비교할 수 없을 정도로 많은 돈이 필요하다. 우선 일단 결혼을 하려면 주택, 혼수 등의 결혼비용이 든다. 보건복지부 조사에 따르면 2012년 기준 남자는 평균 9,588만 원, 여자는 평균 2,883만 원의 결혼비용이 소요된다고 한다.[39] 그 중 대부분은 매매나 전세 등의 신혼집 마련비용이다. 하지만 수입이 충분하지 않다면 1억 원에 가까운 결혼 비용을 단기간에 만들기는 어렵다. 이 때문에 초혼 연령은 점점 높아지고 혼기를 놓쳐 결국 결혼을 하지 못하는 경우가 점점 많아지고 있다.[40]

어렵게 결혼을 한다고 해도 결혼생활을 유지하기 위해서는 더 많은 비용이 필요하다. 그 중에서도 특히 중요한 것은 자녀양육과 교육에 필요한 비용이다. 과거에는 열심히 공부하기만 하면 공부를 잘 할 수 있었으나 요즈음에는 교육투자 없이는 공부를 잘하기 어렵다. 선행학습은 기본이고 해외 연수나 피아노 연주, 태권도 같은 특기교육도 흔하게 이루어지고 있다. 사회 여기저기서 창의적이고 특별한 능력을 갖춘 인재를 선호하기 때문에 공부만 잘 해서는 경쟁에서 살아남기 어렵다. 한 조사에 따르면 자녀 1인당 출생부터 대학졸업시까지 필요한 비용은 평균 3억 원이 넘는다고 한다.[41] 하지만 이는 평균일 뿐

---

38) 삼국유사에 실린 조신설화는 조신이라는 승려가 태수 김흔공의 딸을 사모하던 중 그녀가 결혼한다는 소문을 듣고 슬퍼하다가 잠든 사이에 꾼 꿈을 내용으로 하는 이야기이다. 조신은 꿈에서 김흔공의 딸과 결혼하여 5명의 자식을 두며 40년을 살았다. 하지만 가난으로 인해 아이가 굶어죽고 다쳐도 아무 것도 해줄 수 없게 되자 김낭자가 비참한 생활을 계속하느니 헤어지자고 하였고, 서로 동의하여 작별하다가 꿈에서 깨어보니 겨우 다음날 아침이었을 뿐이었다. 인생의 덧없음을 알게 된 조신은 이후 선행을 쌓으며 정토사에서 열심히 불도를 닦았다고 한다.

39) '2012년 전국 결혼 및 출산동향조사' p247, 보건사회연구원, 2012년 12월, 김승권 등 7인

40) 통계청과 통계개발원에 따르면 초혼연령은 1930년생의 경우 남성은 24.8세, 여성은 20.5세였으나 1970년생은 남성 28.8세, 여성 25.7세로 높아졌다고 한다. 통계청 보도자료 '생애주기별 주요 특성 분석', 2014년 11월 18일 발표

41) 보건복지부 발표에 따르면 지난 2012년 기준 자녀 1인당 대학졸업까지의 총 양육비는 3억 896만 4,000

정규교육에 필요한 비용 이외의 비용까지 감안하면 총 비용은 이보다 훨씬 크다. 충분한 교육투자 없이는 자녀가 좋지 못한 일자리에서 일할 가능성이 크다. 그렇지만 이러한 막대한 비용은 좋은 일자리가 아니면 감당하기 어렵다.

이처럼 결혼과 양육에 많은 비용이 필요하기 때문에 사람들은 좋은 일자리를 가진 배우자가 아니면 좀처럼 결혼하려고 하지 않는다. 그리고 스스로도 그러한 일자리를 구할 때까지 결혼을 늦추게 된다. 좋은 일자리에서 일하지 않는 사람은 원하는 배우자를 만나기도 어렵고 결혼을 한다고 해도 험난한 삶을 견뎌내야만 한다. 고생이 훤히 보이는 현실에서 결혼을 하려는 사람은 줄어들 수밖에 없다. 요즘같이 결혼을 필수로 여기지 않는 사람들이 많은 시대에는 더욱 그러하다.

셋째, 좋은 일자리는 개인이 가질 수 있는 발전 기회에 영향을 준다. 사람은 직업을 통해 생계를 유지할 뿐 아니라 자아실현의 기회를 얻는다. 수입만 많은 직업이 아니라 발전 기회가 더 큰 직업에서 일할 때 사람들은 더 큰 만족감을 느낀다. 취업 이후의 자기계발은 현재 직업에서의 성공뿐 아니라 더 나은 삶을 위해서도 중요하다. 하지만 현재 가진 직업의 수준에 따라 발전 기회는 현저하게 차이가 난다. 우선 직업 자체에서 일상적으로 사용하는 지식은 개인의 역량에 크게 영향을 미친다. 가령 외국어나 법률지식, 회계지식 등의 고급지식을 지속적으로 사용하는 일자리에서는 보유하고 있는 전문지식과 역량을 지속적으로 보유하고 키워나갈 수 있다. 그러나 단순노무나 단순사무만을 반복하는 일자리에서는 점차 가진 전문지식이 잊혀지게 된다. 이런 일자리에서 일하게 되면 얼마 지나지 않아 역량이 현저하게 저하된다. 그리고 새로운 일자리를 구하고자 하여도 낮은 수준의 일자리밖에는 구할 수 없다. 이 때문에 이들은 학창시절에 공부한 전문지식은 잊고 평생 동안 비전문가로서 낮

원이다. '2012년 전국 출산력 및 가족보건 · 복지실태조사' p844, 보건사회연구원, 2012년 12월, 김승권 등 9인

은 수준의 일자리만을 전전해야만 한다.

뿐만 아니라 좋지 않은 일자리에서는 교육 기회나 발전 기회가 제한된다. 좋은 일자리들은 직원들의 직업적 역량을 향상시키기 위해 많은 교육 기회를 제공한다. 전문직의 경우 세미나, 학회 등을 지속적으로 개최하고 해외연수의 기회를 제공하기도 한다. 이러한 교육을 통해 이들은 더 높은 수준의 고급인 재로 발돋움할 수 있다. 그러나 좋지 않은 일자리에서는 교육 기회가 훨씬 적고 기껏해야 낮은 수준의 지식만을 습득할 수 있을 뿐이다. 처음에는 능력이 비슷하다고 하더라도 시간이 지나면 양자의 능력은 현저하게 달라진다.

그리고 낮은 수준의 일자리일수록 교육은 고급 역량보다 기능적인 측면에 초점을 맞추어 이루어진다. 낮은 수준의 일자리에서 제공하는 기능적인 차원의 교육은 익힌다고 하여도 단지 업무 능률만 조금 향상시켜 줄 뿐이다. 이러한 지식은 아무리 많이 익힌다고 하여도 더 나은 삶으로 나아가는 데 거의 도움이 되지 않는다. 좋지 않은 일자리에서 일할수록 그곳에서 벗어나고픈 욕망이 더 큰 법이다. 하지만 이러한 일자리에는 발전 기회가 더 적게 부여되기 때문에 한 번 좋지 않은 일자리를 가지게 되면 그러한 수준의 삶에서 빠져나오기 힘들다.

넷째, 좋은 일자리는 자녀세대와 미래세대의 삶의 질에 영향을 미친다. 이는 단순히 적은 수입으로 인해 상대적으로 소비의 질이 낮아지는 것만을 의미하지 않는다. 다른 아이들이 가진 물건을 가지지 못한 것에 대한 불만이나 임대아파트 같은 빈곤층 밀집환경에서 살아가는 것은 사소한 문제에 속한다. 중요한 것은 좋은 일자리를 가지지 못함으로써 자녀세대의 성공 기회가 줄어든다는 것이다.

앞서 잠깐 언급한 바와 같이 교육투자 없이 공부를 잘하기는 점점 어려워지고 있다. 선행학습이나 학원교육은 거의 필수이며 악기나 스포츠 같은 특기교육 없이는 졸업을 한다고 하여도 취업경쟁 등 사회에서의 경쟁에서 뒤처지게 된다. 요즘에는 여기에서 더 나아가 해외연수뿐만 아니라 아예 외국에서 초등학교부터 대학교까지 교육을 받는 경우도 많다.

취업뿐 아니라 창업이나 무언가 새로운 시도를 하고자 할 때에도 부모의 경제적 여건은 매우 중요하다. 창업 등을 위해서는 최소한 아이디어를 실현시킬 때까지 만이라도 생계 문제를 해결할 수 있어야 한다. 그렇지 않으면 일에 집중할 수가 없기 때문이다. 요즘과 같이 창업을 위해 점점 더 많은 전문지식과 준비가 필요한 시대에는 경제적 뒷받침이 없으면 창업에 성공하기는커녕 창업을 시도하는 것조차 어렵다. 경제력이 없으면 한 번 실패할 경우 다시 일어서기가 거의 불가능하기 때문에 경제력이 없는 사람들은 창업보다는 취업 같은 안전한 길부터 먼저 고려하게 될 수밖에 없다. 특히 거대자본이 시장을 장악하고 있는 현대에는 성공 가능성이 더 낮으므로 창업에 더 신중해야 한다. 이처럼 부모세대의 경제력 차이는 자녀세대의 선택 가능성에 영향을 준다.

경쟁심화에 따라 사교육의 범위가 넓어지고 교육수준의 차이도 심화되면서 부의 차이는 아이들의 인식이나 생활패턴까지도 바꾸어 놓았다. 좋은 일자리에 다니는 부모를 가진 아이들은 방과 후 학원에서 많은 시간을 보내게 되었지만 그렇지 못한 아이들은 방과 후에 방치된다. 부모들은 생계를 위해 맞벌이를 해야만 하므로 방과 후에 아이들을 돌볼 수 없고, 비싼 학원에 보낼 수도 없다보니 아이들은 PC방에 가거나 온라인 게임을 하면서 시간을 허비하게 된다. 사정이 이렇다보니 학원에 다니는 아이들과 그렇지 못한 아이들은 서로 친해질 기회가 없어 점점 멀어지게 되기도 한다. 아이들 스스로도 방과 후에 교육을 받지 못하는 것이 미래에 부정적임을 알고 불안해 하지만 좋은 일자리에서 일하는 부모를 가지지 못하는 한 상황을 개선할 수 있는 방법은 없다.[42]

---

42) 한국청소년정책연구원의 '2013 아동·청소년 인권실태조사'에 따르면 가정의 경제적 수준이 낮아질수록 청소년의 삶의 질을 측정하는 지표 또한 낮아졌다. 특히 스트레스 인지 우울감, 자살생각 등 정신적·

이처럼 좋은 일자리를 가지지 못하면 현재와 미래의 삶, 자신과 이후세대의 삶까지 모두 불행하게 될 가능성이 크다. 노력을 통해 빈곤의 대물림을 극복할 수 있다고 보기에는 좋지 않은 일자리에서 일하는 사람들의 상황이 너무도 열악하다. 그날그날 생계를 유지하기도 어려운 상황에서 더 나은 미래를 위해 투자하고 자녀에게 가난을 대물림하지 않을 수 있는 교육환경을 제공하는 것은 거의 불가능한 일이다. 좋은 일자리가 갖는 이러한 중요성과 지속적인 영향 때문에 청년들은 늦게 취업하게 된다고 하더라도 좋은 일자리를 구할 때까지 취업을 보류할 수밖에 없다.

좋은 일자리를 가지지 못한 사람들은 2등 국민이 되어야만 한다. 2등 국민이 된다는 것은 가장 비참한 일 중의 하나이다. 우리는 식민지 시대의 경험과 1970년대까지 미국에서 유색인종이 겪어야 했던 차별 사례를 통해 2등 국민이 겪어야만 하는 비참한 삶에 대해 잘 알고 있다. 하지만 모두가 평등하다고 믿는 현대에 우리는 다시 한 번 원치 않는 차별과 멸시를 받을 위험에 직면해 있다. 차별과 멸시의 눈초리는 굶주림만큼이나 참기 힘든 것이다. 남보다 더 힘든 일을 하면서도 상대적 빈곤으로 인한 무시와 차별을 견디면서 평생 살아가야만 한다는 것은 비극이 아닐 수 없다.

2000년대 이후 실직이나 폐업 등으로 중산층이 빈곤층으로 전락하는 사례가 늘어나면서 우리는 열악한 경제상황이 가져오는 비극을 더 많이 보고 듣게 되었다. 불황으로 인해 사업에 실패하거나 실직하게 된 사람들은 생활고로 인해 점점 작은 집으로 이사하게 되거나 컨테이너박스 같은 열악한 거주환경에서 생활을 하고 있다. 이들은 정부에서 제공하는 기초노령연금이나 기초생활수급비에 기대어 의존해 살면서 보통사람들은 원치 않는 경비나 식당종업원,

---

심리적 영역에서 저소득층 청소년일수록 문제가 심각했다. (중략) 경제적 수준이 '하'인 청소년들 중에선 가정의 경제적 불안 및 자신의 장래에 대한 불안 때문에 행복하지 않다고 응답한 비율이 40.3%를 차지했다. 「청소년 계급사회, 행복은 잘사는 순이 맞아요」, 〈경향신문〉, 2014년 3월 5일자, 김태훈 기자

일용근로자 같은 일자리를 얻기 위해 애써야만 한다. 그나마도 나이가 들면 이러한 일자리조차 구할 수 없게 되어 생활은 더 어려워지게 된다.

안타깝게도 대부분의 사람들이 이러한 비극에 직면하게 될 가능성은 점점 커지고 있다. 생활을 적정하게 유지할 수 있는 일자리는 점점 줄어들고 창업에 성공할 수 있는 가능성이 작아지면서 평범한 사람들이 성공할 수 있는 기회가 점차 사라지고 있기 때문이다. 바로 지금 좋은 일자리를 가지지 못한다면 다시는 기회를 갖지 못할 수도 있다. 이처럼 오늘날의 청년들은 절망적일 뿐만 아니라 절박하기까지 한 현실에 직면해 있다. 하루라도 빨리 문제를 해결하지 못한다면 우리의 후손들은 아무런 기회가 주어지지 않는 좌절의 시대를 살아가야만 할지도 모른다.

3장

왜 좋은 일자리가 없는가?

자본주의의 내적 문제

자본주의가 해결해야 할 가장 중요한 문제 중의 하나는 실업문제이다. 자본주의 역사상 유래가 없을 정도로 실업 문제가 오래 지속되면서 실업은 이제 경제의 생존을 결정하는 가장 중요한 문제로 여겨지고 있다. 하지만 그동안 자본주의에서 실업이 중요한 문제로 제기되었던 시기는 불황일 때뿐이었다. 호황기에는 갈 수 있는 일자리가 얼마든지 있었기 때문에 실업은 큰 문제가 되지 않았다. 불황이 나타난다고 해도 정부가 개입하면 불황은 얼마 지나지 않아 호황으로 전환되었다.

케인즈의 주장에 따르면 불황의 주요한 원인은 투자심리의 위축 때문이었으므로 정부가 개입하여 투자전망을 밝게 만든다면 불황은 곧 해소될 수 있었다. 그리고 불황이 해소되면 실업문제 또한 자연스럽게 해결되었다. 대공황이나 석유파동 같은 위기가 있었지만 정부는 언제나 새로운 방식으로 개입하여 해결책을 찾아냈다.

그러나 현재의 상황은 과거와는 양상이 다르다. 불황은 오랫동안 해소되지 않고 있으며, 불황이 호황으로 전환된 후에도 실업문제는 결코 해결되지 않는다. 게다가 현재의 실업문제는 양극화 같은 자본주의의 다른 병폐문제와 복합적으로 나타나고 있어 더 심각한 문제로 여겨지고 있다. 실업이 경기상황에 관계없이 장기적으로 나타나고 있다는 점을 볼 때 현재 나타나고 있는 실업문제는 적어도 원유가격상승이나 투자심리 위축 같은 일시적인 현상에 기인한 것은 아닌 것으로 보인다. 실제로 최근 10여 년간 원유 등 원자재가격은 몇 번이나 등락을 계속했으며, 거시 경제적으로는 몇 번의 호황도 있었지만 여전히 실업은 해결되지 않은 채 남아 있다. 이보다는 현재의 실업은 시장 환경의 변화나 시장 자체의 문제 같은 근본적인 원인에 따른 것이라고 보는 편이 타당할 것이다.

이러한 관점에서 실업문제가 지속되고 있는 원인으로 생각해 볼 수 있는 것은 크게 세 가지이다. 첫 번째는 경제성장률이 낮아지고 있다는 점이고, 둘째는 자본의 노동 대체 현상이 심화되고 있다는 점이며, 셋째는 새로운 부를 만들어내는 자본주의의 선순환 과정이 중지되었다는 점이다.

1) 성장의 한계 : 소비자 중심 경제의 도래와 창의성의 한계

우선 실업의 원인으로 들 수 있는 것은 시장이 발전함에 따라 경제성장률이 낮아지고 있다는 점이다. 자본주의는 성장을 통해서만 일자리를 만들어낼 수 있다.

경제학의 핵심원리인 한계이론에 따르면 노동투입량은 노동의 한계생산성과 노동의 한계비용(임금)에 따라 결정된다. 즉, 완전경쟁시장에서 효율적인 기업은 노동의 한계생산성이 임금과 일치되는 수준에서 노동투입량을 결정한다. 임금수준이 일정하다고 가정할 때 현재 투입된 노동량보다 더 많은 노동을 투입하기 위해서는 노동의 한계 생산성이 증가해야 한다.[43] 일반적으로 노동의 한계생산성은 노동 1단위당 더 많은 자본투입, 기술진보 등이 있는 경우에 증가한다. 더 많은 자본투입과 기술진보가 있으면 재화와 서비스 생산이 증가한다. 더 많은 자본투입과 기술진보를 통해 재화와 서비스의 생산능력이 지속적으로 증가하는 일을 경제성장이라고 한다.

경제성장이 지속적으로 이루어지기 위해서는 생산능력이 증대해야 하는데 이를 위해서는 지속적으로 더 많은 자본투자나 기술진보가 이루어져야 한다. 더 많은 자본투자를 지속적으로 유도하기 위해서는 이윤이 지속적으로 발생할 수 있는 가능성이 있어야 한다. 즉, 투자자가 이윤 발생을 기대할 수 있어야만 새로운 투자가 이루어진다. 자본주의 하에서 이윤은 생산의 궁극적인 목표이다.

생산을 통해 이윤이 발생하면 자본가는 이를 소비하는 것이 아니라 더 큰 이윤을 위하여 발생한 이윤을 재투자한다. 일자리는 이러한 재투자 과정에서 만들어진다. 발생된 이윤이 재투자되는 과정이 지속되기 위해서는 이윤이 지속적으로 발생할 수 있는 가능성이 있어야 한다. 이윤 발생의 가능성 없이 재투자는 결코 일어나지 않는다.

하지만 현대 시장 환경에서 이윤을 지속적으로 발생시키는 것은 매우 어려운 일이다. 경제가 생산자 중심에서 소비자 중심으로 변화하면서 생산보다 판매의 중요성이 훨씬 커졌다. 생산자 중심 경제에서는 규모의 경제를 통해 낮은 비용으로 상품을 공급하면 충분했으나 소비자 중심 경제에서는 소비자의 욕구에 부합하는 상품이나 서비스가 아니면 판매되지 않는다. 개별 소비자의 욕구를 어떻게 충족시키느냐가 기업 성공의 핵심이 되면서 생산구조는 포스트 포디즘을 넘어서 DIY나 개인 맞춤형 생산방식으로 변화하고 있다. 소비자

---

43) 단기적으로 임금수준은 크게 변동하지 않으며, 임금을 낮추지 않는 한 노동량을 증가시키기 위해서는 한계생산성을 높여야 한다.

가 중요시 될수록 개인은 나만의 것과 개성을 중시하고 독창적인 아이템을 선호하게 되므로 이러한 경향은 더욱 심화될 전망이다. 기업은 생산뿐 아니라 판매과정에 이르기까지 모든 과정에 촉각을 곤두세우고 소비자의 기호를 정확히 파악할 수 있어야 성공할 수 있다. 이러한 시장상황 변화로 인해 현대에는 이윤을 창출시키기가 매우 어려우며 자본이 있다고 하더라도 쉽게 재투자되지 않는다.

기술진보의 경우에도 마찬가지이다. 개발도상국이라면 기존 기술을 흡수하고 생산과정을 효율화하는 등의 조직혁신을 통해서 빠르게 생산력을 높일 수 있다. 개발도상국인 중국, 인도, 브라질 등의 국가의 경제성장률이 높은 이유도 여기에 있다. 신규로 시장에 진출하는 개발도상국들은 임금이 낮고 개척되지 않은 내수시장이 크기 때문에 낮은 비용으로 생산하여 쉽게 판매할 수 있다. 빠르게 생산력을 높일 수 있고 쉽게 판매가 가능하다면 이윤발생 가능성도 그만큼 커진다.

그러나 이미 충분히 성장한 상태에 있는 선진국가의 경우에는 새로운 기술개발 없이 성장할 수 없다. 새로운 기술을 개발하려면 창의적인 아이디어가 필요하기 때문이다. 하지만 창의성은 쉽게 발휘할 수 있는 것이 아니다. 기술수준이 높아질수록 어떤 기술개발을 하기 위해서는 그만큼 더 많은 전문지식이 필요하고, 점점 더 오랜 기간 공부를 해야 한다. 기술수준이 높아지면 기술인력을 육성하기도 그만큼 더 어려워진다. 게다가 첨단기술을 개발하려면 그만큼 더 많은 비용과 시간이 투자되어야 한다. 게다가 상당수의 기술은 이미 개발되어 지적재산권에 의해 보호되고 있으므로 기존과 다른 새로운 기술을 개발하기는 점점 더 어려워지고 있다. 때문에 선진국에서 기술개발 속도는 경제를 충분히 성장시킬 만큼 빠르지 않다.

기술개발을 위해 창조적인 아이디어가 중요해지고, 소비자 중심 경제가 되면서 기업이 이윤을 내기는 점점 힘들어지고 있다. 이 때문에 자본주의가 성장하고 선진국으로 갈수록 경제성장률은 점차로 낮아지게 된다. 경제성장률이 낮아지면 투자가 그만큼 감소하게 되므로 불황이 심화되고 실업이 발생하게 될 수밖에 없다.

2) 자본에 의한 노동대체 : 자본생산성은 노동생산성보다 빨리 증가한다

실업문제의 두 번째 원인으로 제시될 수 있는 것은 자본의 노동 대체 현상이다. 경제학에서 자본과 노동은 경합관계이다. 공장주는 노동자와 공장 자동화 사이에서 어느 쪽의 투입을 늘릴지 결정해야 한다. 노동투입이 증가하기 위해서는 노동생산성이 자본생산성을 능가해야만 한다. 그러나 대체로 자본생산성은 노동생산성보다 높은 것이 보통이다. 기계는 지치지 않고 24시간 일할 수 있고, 불평하지 않고 더 저렴하기까지 하다. 노동자는 휴식을 취해야 하고, 노동조합을 결성해 불만을 제기하기도 하고, 적어도 최저생계비 이상의 임금이 지급되어야만 계속 일을 할 수 있다.

노동 대체 기술은 언제나 더 노동보다 효율적이다. 따라서 노동 대체 기술이 개발되는 즉시 이는 빠른 속도로 노동을 대체해 나갔다. 산업혁명 초기부터 노동자들은 기계 도입을 막기 위해 러다이트 운동[44]을 벌이기도 하고 노동조합을 결성하여 대항하기도 했지만 공장자동화의 추세를 막을 수는 없었다. 생산의 효율성을 높이기 위한 노력은 여전히 계속되고 있으며 노동 대체 기술의 발달에 따라 생산직이나 사무직원, 은행직원 등 일선 노동자의 수는 지속적으로 감소했다.[45] 엑셀 프로그램은 여러 명의 사무직원이 매달려야 했던 일

---

44) 18세기 말부터 19세기 초까지 영국에서 일어난 노동자들의 기계파괴운동을 말한다. 특히 J. 하그리브스에 의해 발명된 제니방적기 등의 방적기 보급이 확산되면서 방직업이나 양모 산업을 중심으로 일자리를 상실한 하급노동자들이 각 공장의 기계를 파괴하는 운동을 벌였다.

45) 페이스북에 10억 달러에 팔린 소셜네트워크서비스(SNS) 기업 인스타그램은 13명이 3,000만 명의 고객을 관리했다. 「로봇의 습격… 20년 내 현재 직업 47% 사라진다」, 〈한국경제〉, 2014년 2월 6일자, 남윤선·김보영 기자

을 한 명의 사무직원만으로도 더 빠르고 정확하게 처리할 수 있게 해 주었고, ATM기 1대는 여러 명의 은행원을 대신할 수 있었다. 그리고 컴퓨터가 보급되면서부터는 타이피스트 같은 직업이 사라졌고, 로봇이 개발되면서 많은 생산직 노동자들이 일자리를 잃기도 했다. 자동화된 현대 제조 공장에서는 불과 3~4명의 노동자들이 일을 하고 있을 뿐이지만 이전에 수백 명의 노동자가 일을 할 때보다 더 많은 것을 생산하고 있다.

한때 기술 찬양론자들은 기술이 발달하면 일자리가 사라지기도 하지만 생산성이 향상되면서 궁극적으로 노동자와 대중은 보다 값싼 재화, 더 큰 구매력, 보다 많은 일자리라는 혜택을 받게 될 것이라는 기술 확산(Trickle-down technology)이론을 주장하기도 하였다.[46] 그리고 한때 산업이 고도화되면서 금융이나 통신 등 서비스업 일자리가 늘어났기 때문에 이는 사실로 보이기도 했다. 그러나 상당한 수준의 산업 고도화가 이루어진 지금 기술발달이 일자리를 감소시키고 있다는 것은 확실해 보인다.[47]

기술이 발달하면서 가장 먼저 사라지는 것은 전문성이 필요하지 않는 단순노동 일자리이다. 그리고 기술발달 수준이 좀 더 높아지면 중간관리자의 일자리가 사라지게 된다. 실제로 컴퓨터의 발달과 공장자동화의 결과 일차적으로 감소한 것은 블루칼라 노동자들의 일자리였다. 그리고 전문가시스템(expert system), 재고관리시스템 등 사무관리 소프트웨어가 발달하면서 이제 중간관리자들의 일자리가 사라지고 있다. 중간관리자들의 일자리는 대부분 대졸 이상의 학력을 가진 사람들이 선호하는 좋은 일자리이다. 중간관리자는 고위직 일자리로 가기 위한 발판이 된다. 하지만 노동 대체 기술이 발달하면서 고급 인

---

46) 《노동의 종말》 p72, 제러미 리프킨 지음, 민음사, 2012년 5월 14일

47) 미국 언론계에서는 금융, 스포츠 등 다양한 분야에서 알고리즘을 활용하여 기사를 작성하고 있다. (중략) 맥킨지 글로벌 인스티튜트에 따르면 2025년 로봇은 전 세계 제조업 일자리 4,000만~7,500만 개를 뺏는 반면, 알고리즘은 1억 1,000만~1억 4,000만 명의 일을 대신할 것이라고 전망했다. 「2만 명 근무하던 중국 공장, 로봇 투입 뒤 100명만 남아」, 〈중앙일보〉, 2015년 3월 14일자, 이철재·곽재민 기자

력이 갈만한 중간관리자 일자리는 별로 남아있지 않다.

기술이 고도로 발달한 현재 상황에서 남아 있는 일자리는 아직 기계가 대체하지 못한 청소원, 건설일용직 같은 저임금 일자리나 기계를 조작하는 데 필요한 최소한의 인력 그리고 기계가 대체할 수 없는 최상층부의 고위직 일자리뿐이다. 그리고 앞으로 일자리 양극화는 더 심화될 것으로 보인다. 인터넷과 소프트웨어가 발달하기 시작한 2000년대 이후부터 좋은 일자리의 숫자가 감소하게 된 것도 상당부분은 기술발달로 인한 것이라고 할 수 있다.

3) 마르크스적 문제 : 양극화와 독점 증가의 문제

실업의 세 번째 원인으로 생각해 볼 수 있는 것은 독점심화와 양극화에 따라 자본주의의 선순환 과정이 사라지고 있다는 것이다. 생산과정에서 발생한 소득은 소비의 원천이 되며, 이를 통해 촉발된 새로운 수요는 더 많은 생산을 유도한다. 생산이 소득과 소비로 이어지고, 이것이 다시 생산을 촉진하는 자본주의의 선순환 과정을 통해 자본주의 시장은 유지되고 성장해 나간다.

일반적으로 소득이 높으면 한계소비성향이 낮다. 한계소비성향이란 전체 소득에서 소비가 차지하는 비율이다. 고소득층의 한계소비성향은 낮고 저소득층의 한계소비성향은 높기 때문에 양극화 현상이 나타나면 한계소비성향이 낮은 고소득층의 소득이 상대적으로 늘어나고 한계소비성향이 높은 저소득층의 소득이 줄어들면서 경제 전체의 소비가 감소한다. 양극화에 따라 경제 전체의 소비가 감소하면 상품이 판매되지 않으므로 투자전망이 악화되고 생산과 투자가 감소하면서 불황이 시작된다.

생산 중심 경제라면 사회의 한계소비성향이 감소한다고 하더라도 여전히 생산물을 필요로 하는 수요가 충분히 남아 있으므로 한계소비성향 감소가 곧바로 불황으로 이어지지는 않는다. 그러나 소비 중심 사회에서는 자본주의의 선순환 과정을 일으키는 핵심이 생산이 아니라 소비이므로 한계소비성향이 감소하면 순환과정이 원활하게 이루어지지 않는다. 양극화에 따라 소비가 감소하면 경제는 불황에 빠지게 되고 소비심리가 위축되어 투자수익성이 감소하면서 불황이 더욱 심화되는 악순환이 나타나게 된다.[48]

이러한 상황에서는 정부가 개입하여도 효과가 제대로 나타나지 않는다. 정부가 지출을 늘려도 투자가 유발되지 않기 때문이다. 정부 개입이 효과를 발휘하려면 정부 지출에 따라 늘어난 소득이 다시 재투자되어 다시 소득을 발생시키는 과정이 반복되어야 한다. 그러나 소비 심리가 위축된 상태에서는 투자 수익 자체가 낮기 때문에 재투자 과정이 원활하게 이루어지지 않는다.[49] 소비 심리 위축으로 투자가 잘 이루어지지 않을 뿐 아니라 정부가 지출을 늘린다고 하여도 양극화에 따라 감소된 소비가 정부 지출보다 더 크기 때문에 경제 전망은 쉽게 바뀌지 않는다. 이 때문에 소비심리가 위축된 상황에서는 정부 개입에도 불구하고 경제는 불황에서 쉽게 빠져나오지 못한다.

뿐만 아니라 시장이 포화된 상태에서 독점기업의 증가는 상황을 더 어렵게 만든다. 조지프 슘페터의 창조적 파괴이론에 따르면 독점이윤은 더 많은 수익을 확보할 수 있는 유인(誘因)을 제공하여 기업가 정신을 촉발시키는 중요한 원천이 된다. 기업가들이 더 많은 독점이윤을 확보하기 위해 모험적인 도전을 하게 되며, 이것이 자본주의를 발전시킨다는 것이다.

그러나 시장이 포화상태에 이르러 더 많은 수익을 얻을 수 있는 가능성이 낮아진다면 이미 독점적 지위를 차지하고 있는 기업은 혁신보다는 진입장벽

---

48) 불행하게도 우리 사회에서 양극화는 점점 심화되고 있는 실정이다. 한국보건사회연구원이 발표한 '2014년 한국 복지패널 기초분석 보고서'에 따르면 중산층에서 저소득층으로 추락한 비율은 2012년 6.14%에서 2014년 10.92%로 증가하였고, 저소득층이 중산층 이상으로 상승한 비율은 2012년 30.87%에서 2014년 22.64%로 감소하였다. 「수렁처럼.. 갈수록 가난 탈출 힘든 한국 사회」, 〈한국일보〉, 2015년 1월 27일자, 양진하 기자

49) 투자가 증가하거나 감소한 경우에 소비 등의 증감을 통해서 소득이 어느 비율로 증감하는가를 나타내는 것이다. 케인스의 소득 결정식에서는 투자승수는 1/(1 − 한계소비성향)로 표시된다. 표제어 '투자승수', 《매일경제용어사전》, 네이버 지식백과에서 재인용

을 구축하여 잠재적 도전자를 방어하는 것이 수익을 확보하는 데 더 유리하다. 혁신은 돈이 많이 들고 성공 여부도 불확실한 과정이다. 혁신과정은 매우 큰 비용이 들기 때문에 실패하면 큰 손해를 보거나 자칫 기업의 존립이 흔들릴 가능성까지 있다. 그럼에도 불구하고 기업이 혁신과 모험을 추구하는 이유는 성공하게 되면 그를 통해 큰 수익을 얻을 수 있기 때문이다.

하지만 새로운 수요를 만들어내기 어려운 시장 포화 상태라면 혁신의 성공 가능성은 매우 낮아진다. 혁신에는 위험부담이 따르기 때문에 시장에서 성공할 수 있는 가능성이 상당히 크지 않다면 혁신은 쉽게 일어나지 않는다. 이런 상황에서는 R&D나 신규투자보다는 독점적 지위를 이용하여 기존 시장에서의 수익을 높이는 것이 더 나은 선택이 된다. 성공 가능성이 크지 않은 시장에서는 기존 독점기업은 물론이고 혁신적인 신규 기업의 시장 진입도 줄어든다. 혁신적인 노력이 성공을 거두기 어려워질 때 독점화는 혁신을 촉진시켜 자본주의의 선순환을 일으키는 긍정적인 요인이 아니라 시장 진입장벽만 강화시켜 자본주의를 병들게 하는 부정적인 요인으로 작용하게 된다.

혁신이 일어나지 않고 새로운 시장이 개척되지 않는 상황에서 경제는 기껏해야 현상유지만을 할 수 있을 뿐 더 이상 성장하지 않게 된다. 시장이 성장하지 않는다면 일자리가 만들어지지 않고 이미 존재하는 일자리에 대한 경쟁만 치열해질 뿐이다. 오늘날 빅3의 원칙이 지배하는 대기업 중심의 시장에서 좋은 일자리가 더 이상 만들어지지 않고 대기업이나 공무원이 되기 위한 경쟁만 점점 치열해지고 있는 것도 이러한 관점에서 보면 당연한 결과라고 할 수 있다.

2. 자본주의의 근본적 한계

  현재 지속되고 있는 실업의 원인을 자본주의 자체의 문제로 보는 시각은 상당한 지지를 받고 있다. 그동안 사용되었던 어떠한 방법으로도 실업문제를 잠재울 수가 없기 때문이다. 뿐만 아니라 자유주의와 시장에 대한 적대적인 태도가 커지고 있다는 것도 이러한 시각을 지지하는 데 한 몫을 하고 있다. 실업문제가 심각해진 것은 신자유주의가 널리 확산되기 시작한 시점부터였기 때문에 자유주의와 시장에 대한 적대감이 커지는 것은 어쩌면 당연한 일일 수도 있다.

  물론 앞서 살펴본 논의들이 실업의 원인을 설명하는 데 상당한 설득력을 가지는 것은 사실이다. 경제성장률 저하에 따라 일자리가 만들어지지 않고 있다는 것도 사실이고, 기술의 발달에 따라 자본이 노동을 대체하는 기술실업의 문제가 심각해지고 있다는 것과 양극화나 독점화에 따라 소비심리와 투자심리가 위축되고 있는 것도 사실이다. 이러한 논의들은 학자들뿐 아니라 대중들로부터도 상당한 공감을 얻고 있다.

그러나 여기서 한 가지 의문이 든다. 실업의 원인이 자본주의의 내적 문제에 기인한 것이라면 이러한 문제가 자본주의가 발생한지 백년이 넘은 지금에서야 표출되었는가 하는 것이다. 선진국의 경제성장률은 이미 오래 전부터 한 자리 수였고, 자본주의가 시작한 이래 항상 자본은 노동을 대체해 왔으며, 1900년대 초반의 양극화나 독점화 문제는 지금보다 훨씬 심각했다. 과거보다 현재의 문제가 더 심각하게 여겨질지는 모르나 이러한 문제들은 항상 존재해 왔다. 자본주의가 체제의 논리적 모순으로 인해 붕괴되어야 했다면 진작 그렇게 되었어야만 할 것이다.[50] 현재의 실업이 자본주의의 내적 문제로부터 비롯된 것이라면 실업문제는 결코 해결되지 않을 것이다. 설령 일시적으로 해결기미가 보인다고 해도 곧 내적 문제로 인해 문제가 심화될 것이기 때문이다. 문제는 자본주의의 내적 문제가 존재한다는 사실이 아니라 이러한 문제에 대한 해결책을 찾아낼 수 없게 되었다는 데 있다.

그동안 자본주의는 숱한 위기를 겪어왔다. 1929년 대공황이나 그동안 크고 작은 경기변동, 공산주의와의 대립 등 수많은 위기를 겪어왔음에도 그동안 자본주의는 체제의 수정과 지속적인 혁신을 통해 이러한 위기를 극복해 왔다. 그 중에는 석유파동처럼 외적인 요인에 기인한 것도 있었고, 대공황처럼 자본주의 내적인 요인에 기인한 것도 있었다. 자본주의가 여태껏 살아남고 번영할 수 있었던 것은 그러한 문제들에 대한 해결책을 언제나 찾아낼 수 있었다는 데 있다. 그런데 현재 발생하고 있는 위기에 대해서는 갑자기 해결책을 찾아낼 수 없게 되어 버리고 말았다.

최근의 위기는 단지 실업문제에 그치지 않고 양극화에서 비롯한 구매력 감

---

50) 마르크스의 말대로 자본주의의 모순으로 인해 자본주의가 붕괴될 수밖에 없는 상황이라면 인류는 멸망을 기다리는 신세일 수밖에 없다. 마르크스에 따르면 자본주의가 붕괴되면 사회주의로 이행되는데, 우리는 사회주의체제가 결국 멸망으로 끝나게 되었다는 것을 알고 있기 때문이다. 그러한 주장에 따르면 인류는 사회주의를 거쳐 멸망하거나 혼돈의 시기로 접어들게 될 것이다.

소, 가계부채 증대 등 여러 가지 요인이 복합적으로 작용하고 있다. 그리고 과거와는 달리 수요 중심의 사회로 경제 패러다임 자체가 달라지기도 하였다. 그러나 상황이 변했다는 것만으로는 해결책이 나타나고 있지 않은 이유를 설명하기 어렵다. 상황이 바뀌었으면 그에 맞는 새로운 이론과 해결책을 만들어 내면 되는 것이기 때문이다.

결론부터 말하면 현재 자본주의가 위기를 맞고 있는 것은 자본주의의 내적인 문제가 아니라 외적인 요인에 근거한 것이다. 외적인 요인이란 석유 파동 같은 피상적인 문제가 아니라 인간의 본성이라는 보다 근본적인 차원에서 기인한 문제들을 말한다. 인간의 본성적인 문제로 인하여 자본주의가 혁신을 할 수 있는 조건이 소멸되고 있는 것이다.[51] 이러한 문제들은 개척 가능한 시장이 충분히 남아 있던 시기에는 크게 부각되지 않았으나 시장이 포화되고 자본주의체제가 안정화 단계에 들어서면서부터 비로소 심각성을 드러내게 되었다.

1) 인간의 본성 : 경쟁을 싫어하고 안정을 좋아한다

자본주의가 효율적으로 작동하기 위한 기본적인 전제조건은 경쟁 가능성이다. 자유경쟁시장이 효율적인 자원배분을 할 수 있는 이유는 다수의 경제 주체 간에 경쟁이 치열하게 전개되고 있기 때문이다. 경쟁시장 하에서는 가장 효율적인 기업만이 살아남을 수 있다. 비효율적인 경제 주체를 대체할 수 있는 다른 경제 주체들이 얼마든지 존재하기 때문에 경쟁에서 밀려나지 않기 위해서는 항상 가장 효율적인 방법으로 생산해야 한다. 그리고 다른 경제 주체에게 시장을 빼앗기지 않기 위해서는 항상 더 나은 기술 수준을 유지하기 위

---

51) 인간의 본성적인 문제이기 때문에 자본주의를 다른 체제로 대체한다고 하여도 언젠가 동일한 문제에 부딪히게 될 수밖에 없다. 공산주의가 자유를 추구하는 인간의 본성적인 문제를 도외시하여 붕괴된 것과 마찬가지로 본성적인 문제를 제대로 해결할 수 없다면 자본주의는 붕괴되거나 그에 못지않은 큰 위기를 맞게 될 것이다.

한 노력을 게을리 해서는 안 된다. 경쟁에서 밀려나지 않기 위한 치열한 노력이 자본주의가 성장할 수 있게 하는 기본적인 동기인 것이다.

그러나 자본주의가 상정하고 있는 바와는 달리 인간은 본질적으로 경쟁을 싫어한다. 경쟁은 사람들에게 고통과 괴로움을 주기 때문이다. 고통을 피하고자 하는 것은 모든 생물의 기본적인 속성이다. 한 실험에 따르면 아무런 의지나 생각이 없을 것 같은 아메바 등의 단세포 생물도 전기 자극 같은 불쾌한 자극을 주면 이를 피해서 달아난다고 한다. 더 고등생물의 경우는 말할 것도 없다. 경쟁 역시 고통스러운 과정이기 때문에 사람들은 이를 회피하기를 원한다.

경쟁을 위해서는 삶에서 누릴 수 있는 많은 행복을 포기해야만 한다. 대신 경쟁과정은 노력과 인내를 요구한다. 능력은 인내와 노력 없이는 향상될 수 없다. 혹자는 경쟁과정에서 나타나는 성취감과 자기만족감이 기쁨을 준다고 말한다. 그러나 이는 경쟁 압력이 높지 않은 상태에서나 느낄 수 있는 감정이다. 경쟁상황에서는 성취감 때문이 아니라 경쟁에서 살아남기 위해서 노력을 기울이는 것이다. 이는 자발적인 것이 아니라 강요된 행동이다. 따라서 이러한 노력이 사람에게 성취감과 만족감을 주기는 어렵다. 오히려 사람들은 이러한 상황에서 압박감과 스트레스를 느끼는 것이 보통이다.

이러한 압박감과 스트레스는 사람들에게 우울증이나 불안감, 강박증 같은 심리적인 문제를 일으킨다. 이러한 문제는 때로는 자살로 이어지기도 한다. 일례로 부와 명예를 거머쥐어 행복하기만 할 것처럼 보이는 할리우드 스타들도 인기를 유지하기 위해 겪어야 하는 높은 스트레스로 인해 정신병에 시달리거나 종종 자살하기도 한다. 경쟁상황이 주는 이러한 고통과 스트레스로 인해 사람들은 경쟁을 싫어한다.

만일 인간의 본성이 성실하고 근면하다면 경쟁상황에서 요구되는 노력과 어려움을 쉽게 수긍하고 견뎌낼 수 있을 것이다. 경쟁상황은 흔히 한계를 넘어서는 노력과 활동을 요구하므로 대개의 사람들은 이를 견디기 힘들어 한다. 보통 사람들은 경쟁이 요구하는 것들을 충족시킬 수 있을 만큼 성실하거나 근면하지 않다. 오히려 인간의 본성은 게으른 편에 속한다. 이 때문에 고대로부터 성실과 근면을 미덕으로 만들기 위해 많은 노력이 있어 왔다. 일하지 않는 자는 먹지도 말라고 하는 성경말씀이나 농사일은 안하고 낮잠만 자다가 소가 되어 고통을 겪는다는 전래동화 그리고 개미와 베짱이 같은 우화를 통해 끊임없이 성실과 근면의 중요성을 강조하는 세뇌가 이루어졌다. 그러나 세뇌를 통해서 본성을 바꿀 수는 없었으며, 인간의 일을 대신해 주는 로봇(Robot)이라는 개념의 등장이나 근로시간을 감축하려는 노동자들의 끊임없는 노력에서 알수 있듯이 일을 하지 않고 살고자 하는 욕망은 여전히 바뀌지 않고 있다.

경쟁을 싫어하는 본성으로 인하여 사람들은 동일한 결과를 얻을 수 있다면 경쟁을 피할 수 있는 방법을 선호한다. 이러한 본성의 결과는 안정화를 추구하는 경향이다. 경쟁은 힘들고 고통스러운 과정이므로 할 수만 있다면 누구나 경쟁에서 벗어나 자신의 지위를 안정적으로 유지할 수 있는 방법을 찾는다. 그 방법이란 새로운 도전자들의 등장을 막는 것이다. 지켜야 할 이익이 있는 모든 사람은 자신의 이익을 보호해야 할 유인이 있다. 그리고 재산이나 권력이 커질수록 그러한 유인은 더 커진다. 통제되지 않는 한 항상 먼저 시장에 진입하여 자리를 잡은 사람들은 동원 가능한 최대한의 역량을 이용하여 진입장벽을 만들어 내고자 애쓴다.

인간은 동물과는 달리 지위와 명성, 재산을 승계할 수 있기 때문에 이러한 경향은 세대가 거듭될수록 강해진다. 처음에는 경쟁을 통해 능력에 따른 결과가 나타나게 될지라도 그것이 승계되기 시작하면 시간이 지나면서 능력에 따른 결과라는 원칙은 무너지기 쉽다. 그리고 힘든 경쟁에서 벗어나기 위해 도덕성이나 원칙은 무시된다. 대부분의 사람들은 자신의 능력으로 얻은 것이 아니라고 할지라도 이용가능하다면 이를 최대한 이용하려고 한다. 그리고 이에서 더 나아가 이러한 가용자원이 능력의 일부로 포장되기도 한다.

그 결과 타고난 환경이 개인의 경쟁력에 미치는 영향은 점점 커진다. 물론 이러한 주변 환경이 항상 개인의 경쟁력을 절대적으로 결정하는 것은 아니다. 타고난 환경이 결과에 미치는 영향은 사회가 얼마나 역동적인가에 따라 결정된다. 그리고 그 영향은 계층 간 이동이 어려운 정체된 사회일수록 더 크다. 이는 근대 이전의 신분제 사회뿐 아니라 모든 사람이 경쟁에 참여하는 것을 원칙으로 하는 자본주의 사회에서도 마찬가지이다. 모든 사람이 경쟁하는 사회에서는 권력이 있는 사람도, 재산이 많은 사람도 모두가 치열하게 경쟁해야만 한다. 아무런 노력을 하지 않아도 지위가 승계되는 근대 이전의 왕이나 귀족과는 달리 현대에는 지위고하를 막론하고 모든 사람이 경쟁을 통해서만 지위를 획득하고 유지할 수 있다.

하지만 아무리 경쟁이 보편화된 사회라 해도 모든 사람들 간에 동등하게 경쟁이 이루어지지는 않는다. 힘을 가진 사람은 비슷한 힘을 가진 사람들 간에 경쟁을 하고, 힘이 없는 사람은 비슷하게 약한 자들과 경쟁을 하게 된다. 모든 사람은 경쟁을 하고 있지만 권력자나 재벌이 경비나 청소원과 경쟁하지는 않는다. 그리고 그들의 가족이나 자녀도 마찬가지이다. 이것이 자본주의의 문제 해결을 어렵게 만드는 두 번째 원인인 경쟁계층화의 문제이다.

2) 경쟁의 계층화 : 경쟁은 동등하게 이루어지지 않는다

자유주의 경제학에서는 시장 내에서 경쟁하는 자들 간의 힘이 동등한 것으로 상정한다.[52] 완전경쟁시장에서 시장참여자들은 각자의 능력에 따라 주어진

---

52) 완전경쟁시장의 전제조건은 동질적인 상품, 완전한 정보, 자유로운 진입과 탈퇴, 충분히 많은 수의 시장참여자이다. 이 중 동질적인 상품이라는 것은 경제 주체간의 능력이 유사하여 비슷한 수준의 상품이나 서비스를 제공하고, 충분히 많은 수의 시장참여자라는 것은 시장질서에 어느 한 경제 주체가 영향을 미쳐서는 안 된다는 것을 의미한다. 즉, 완전경쟁시장이 성립하기 위해서는 경제 주체 간에 힘이 대

조건하에서 생산을 할 뿐 시장가격이나 다른 경제 주체의 활동에 영향을 주지 못한다. 시장참여자간의 힘이 다르다면 더 강한 힘을 가진 자에 의해 시장질서가 왜곡되므로 자원은 효율적으로 배분될 수 없다. 그러나 현실의 시장에서는 각 경제 주체의 힘이 동등하지 않다.

이러한 현실에도 불구하고 신자유주의자들은 자유경쟁의 확대가 사회에 생산성 향상과 더 많은 부를 가져올 수 있다고 주장한다. 신자유주의는 자유경쟁을 통해 효율성이 극대화될 수 있다고 하는 자유주의 경제학의 논리에 따른 정책이념이다. 이러한 논리에 따라 신자유주의 확산 이후 대기업은 물론 중소기업과 일반 소상공인까지 모든 경제 주체가 경쟁에 노출되었으며, 변호사나 의사 등 안정적이고 선호되는 직업부터 심지어 공무원에 이르기까지 직업의 종류를 막론하고 경쟁을 통한 효율성의 확보가 제1의 가치가 되었다.

하지만 현실에서의 경쟁은 계층화되어 있다. 즉, 권력과 돈 같은 가용자원이 많은 사람은 많은 사람들끼리, 그렇지 않은 사람들은 그렇지 않은 사람들끼리 동원 가능한 힘의 수준이 동등한 경우에만 경쟁이 일어난다. 자유주의 경제학의 가정과는 달리 현실의 사람들은 사회적 지위, 재산, 인맥 등이 가지고 있는 경쟁자원이 모두 다르다. 능력이 똑같다고 할지라도 이러한 차이 때문에 각 경제 주체들이 발휘할 수 있는 역량은 달라질 수밖에 없다. 경쟁 참여자들이 동등하지 않기 때문에 실제로는 자유경쟁이 효율성을 가져다주지 못한다.

그러나 자유주의 경제학의 단순화된 모형에서는 각 경제 주체의 상황을 고려하지 않는다. 자유주의 경제학에서 경쟁 결과는 순수하게 각자의 능력을 통해서만 결정되고 경쟁 결과 가장 능력이 뛰어난 자가 시장에서 살아남게 된다고 한다. 그러나 현실에서는 경쟁 결과가 능력에 따라서만 결정되지 않는다.

등하여 어느 한 경제 주체에 의해 시장이 좌우될 수 없어야 한다.

경쟁력은 보유한 능력뿐 아니라 동원 가능한 인맥, 자본 등에 의해 결정된다. 그리고 때로는 사회적 성공에 능력보다 인간관계가 더 중요한 역할을 하기도 한다. 그래서 많은 사람들이 힘 있는 사람들과 친해지기 위해 많은 노력을 기울인다. 인맥의 중요성 때문에 어떤 이는 인간관계도 능력의 일부라고 주장하기도 한다. 하지만 이들조차도 파벌이나 인맥을 통해 경쟁 결과가 결정되는 것이 사회에 부정적인 영향을 미칠 것을 알고 있다. 능력이 아니라 인맥에 의해 경쟁 결과가 좌우되는 사회에서 자원이 효율적으로 배분되기를 기대할 수는 없을 것이다. 인맥은 개인에게는 경쟁력이 될지 모르나 기껏해야 내부시장에서 누가 지위나 자원을 차지할 것인지에만 영향을 미칠 뿐 시장을 효율적으로 만들거나 발전시키는 일과는 관계가 없다.

자본의 경우에도 마찬가지이다. 현실에서는 동원가능한 자본이 많을수록 그만큼 더 성공하기가 쉽다.[53] 일부 사람들은 인맥과 마찬가지로 이용할 수 있는 자본을 가지고 있는 것 또한 능력이라고 한다. 하지만 재벌이 재력을 이용해서 시장을 장악하는 것을 바람직한 일이라고 생각하는 사람은 없다. 이것이 사회에 부정적인 영향을 미칠 것이라는 것은 모두가 알고 있는 사실이다.

하지만 안타깝게도 현실에서는 이러한 가용자원의 동원 여부에 따라 경쟁 결과가 크게 영향을 받는다. 그리고 가용자원이 많을수록 경쟁에서 이길 확률이 더 커진다. 모두가 전력을 다해 경쟁하고 있는 상황에서 조금의 유리함만 있어도 결과는 쉽게 바뀔 수 있기 때문이다. 그리고 경쟁력의 차이는 경쟁과정이 반복되면서 점점 커진다.

뿐만 아니라 약자는 강자와의 거래과정에서도 불리한 위치에 있다. 동등한

---

53) 자본은 경쟁과정에 직접 투입되어 경쟁우위를 확보하게 해주기도 하지만 경쟁과정의 복잡한 문제를 단순하게 해줌으로써 경쟁력을 높여줄 수도 있다. 예를 들어 경영 전문성을 높이기 위해 전문 경영인을 채용하거나 회계, 법률, 판매 등 각 생산단계의 문제들을 아웃소싱함으로써 운영상의 문제를 쉽게 해결할 수 있다. 개인의 경우에도 마찬가지로 더 많은 비용을 투자하면 높은 수준의 교육이나 질 높은 정보 획득 등 능력향상을 위한 많은 도움을 받을 수 있다. 이는 단순히 불편한 문제를 해결하는 수준을 넘어 역량을 집중시킬 수 있게 함으로써 경쟁력을 높이게 되는 중요한 요소가 된다.

조건을 갖추지 못한 자들 간에는 능력이 아니라 정치적인 힘이 작용한다. 예를 들어 납품단가를 줄이고 높은 마진을 남기는 것은 기업의 효율화를 위해 바람직한 현상이다. 그러나 납품단가나 마진율을 결정할 때에는 정해진 적정 가격이 존재하는 것이 아니다. 결정은 납품하는 자와 받는 자의 협상력에 따라 이루어진다. 최소한의 원가라는 것이 존재하는 것이기는 하지만 원가를 상회하는 이익을 얼마나 남길 것인지는 거래하는 양자의 협상력에 따라 결정된다. 중요한 것은 원가를 상회하는 이익이다. 이러한 이익이 이윤의 크기를 결정하고, 이것이 재투자되어 기업을 성장시키기 때문이다. 그러나 협상력은 힘의 배분관계에 따라 결정된다. 그 결과 일반적인 경우 강자가 거래에서 더 많은 이익을 볼 가능성이 크다. 그리고 거래과정이 지속될수록 양자의 격차는 커진다. 결국 하위계층은 경쟁과정과 거래활동에서 얻는 부의 생성속도가 상위계층보다 느리기 때문에 그 차이는 점점 커지게 된다.

이러한 관계는 자본주의에서 여러 가지 논리로 합리화 된다. 첫 번째 능력 이외의 자원을 동원하는 것에 관해서는 이러한 자원을 이용할 수 있는 것 역시 능력의 일부라고 간주하거나 두 번째 납품단가를 최소화하거나 높은 마진을 남기는 거래행태를 효율적인 경영방식으로 포장하는 것이 그러한 예이다. 그러나 살펴본 바와 같이 두 가지 경우 모두 실제로는 부당한 경쟁 결과로 이어질 뿐이다. 자유경쟁체제에서는 강자와 약자의 경쟁이 정상적으로 이루어질 수 없다. 이것은 일반적으로 자유주의에서 관심을 가지는 경쟁과정의 효율성에 대한 문제가 아니라 경쟁이 일어나기 위한 전제조건에 관한 문제이다.

재벌과 소규모 기업, 대기업 이사와 일반 회사원이 동등한 경쟁을 할 수 있다고 여기는 사람은 아무도 없다. 역량이 현저하게 차이가 나는 사람들 간에는 자유경쟁이 나타날 수 없다. 자유경쟁을 할 수 있는 자들은 오직 힘과 역량이 비슷한 자들뿐이다. 자유방임상태에서는 오히려 자유로운 경쟁이 불가능하며 강자의 승리 확률이 더 높기 때문에 힘의 차이는 지속적으로 벌어진다.

물론 자본주의 사회에서는 재벌이나 권력자, 대기업 이사든 누구를 막론하고 전력을 다해 경쟁과정에 참여하고 있다. 이들 역시 자신의 위치에서 최선을 다하고 있으며 능력을 극대로 발휘하고 있다는 것은 의심할 여지가 없다. 그러나 경쟁이 계층화된 형태로 나타나는 이상 시장자유화는 동일한 힘을 가진 계층 간에만 경쟁을 심화시킬 뿐 다른 계층 사이의 경쟁을 촉진시킬 수 없다. 특히 최상층과 그 이하의 계층 사이에는 넘볼 수 없을 만큼 현격한 힘의 차이가 존재한다.

시간이 지나고 자본주의가 자리를 잡아갈수록 경쟁계층화의 문제는 점점 심각해질 수밖에 없다. 축적된 자본으로 인해 경쟁 결과가 달라지고 그에 따라 계층 간 격차가 점점 벌어지기 때문이다. 그러나 자유주의 경제학은 동등한 경쟁관계를 전제로 하고 있기 때문에 경쟁 계층화 문제에 대해서는 뚜렷한 해결책을 가지고 있지 않다. 기껏해야 자유화에 따라 경제가 성장되면서 일자리가 늘어나는 낙수효과(trickle-down effect)를 통해 하위계층도 자유화의 혜택을 볼 수 있을 것이라는 낙관적인 주장을 하고 있을 뿐이다. 전제조건 자체가 다르기 때문에 자유주의 경제학의 기존 논리체계 안에서는 현재 나타나고 있는 문제들을 해결하기 어렵다. 자유주의 경제학의 논리와는 달리 성숙단계에 이른 자본주의체제에서는 자유방임이 오히려 시장 경쟁을 해칠 가능성이 크다. 자유화에 따라 겉으로는 경쟁영역이 확대된 것으로 보일지라도 실상은 경쟁이 제한적으로만 일어나는 것이다.

하지만 경쟁 계층화의 문제에 따라 경쟁이 제한적으로 이루어진다는 사실만으로는 현재 자본주의가 처한 위기를 모두 설명해 주지는 못한다. 경쟁 계층화에 따라 경쟁이 제한되고 있기는 하지만 사실 경쟁 계층화의 문제는 자본주의가 등장한 초기부터 나타나는 문제였다. 오늘날의 위기에는 경쟁 계층화의 문제가 중요한 역할을 하고 있지만 이러한 문제를 심각하게 만드는 것은 세 번째로 살펴볼 '경쟁의 역설' 문제이다. 경쟁의 역설이란 자본주의가 성숙하고 경쟁이 전 영역으로 확대되면서 시장경쟁을 확산시키려는 노력이 도리어 반시장적인 행태를 불러오게 되는 문제를 말한다.

3) 경쟁의 역설 :
경쟁이 확대될수록 경쟁에서 벗어나려는 반시장적 행태는 더 많아진다

자본주의가 시작된 이래 시장은 끊임없이 활동영역을 확장해 왔다. 이는 자유주의자들이 시장의 지배영역을 넓히기 위해 지속적으로 노력한 결과물이다. 이들은 시장 개방이나 민영화를 통해 경쟁이 널리 확산되면 이익을 차지하려는 사람들이 자발적으로 노력하는 과정에서 효율적인 자원배분과 혁신이 나타날 것이라고 주장한다. 이러한 논리에 기반을 둔 자유주의자들은 시장에 대한 정부 개입을 반대하면서 시장의 자율성을 강조하는 한편, 공공영역을 축소시키고 경제를 개방하는 등 모든 부분에 시장 경쟁원리를 확산시키기 위해 노력해 왔다. 그 결과 자유주의가 득세하게 된 오늘날에는 대부분의 영역에서 경쟁이 이루어지고 있으며, 심지어는 사생활이나 전통적인 부분까지 시장에 편입되고 있다. 하지만 자유주의자들의 주장대로 경쟁 원리를 도입하는 분야가 늘어나면 시장이 더 경쟁적인 곳을 바뀌게 될까?

그에 대한 대답은 경우에 따라 다르게 나타난다. 자본주의 초기상황처럼 시장이 포화되지 않은 상태에서는 시장 경쟁을 도입하는 분야가 늘어날수록 시장 경쟁이 활성화된다. 시장이 포화되지 않았다는 것은 유효수효가 많이 남아 있어 노력 여하에 따라 이익을 얻을 수 있는 기회를 가질 수 있다는 것을 의미한다. 이러한 상황에서는 시장이 지배하는 영역이 늘어날수록 이익을 얻을 수 있는 영역 또한 넓어지게 된다. 능력만 있으면 새로운 시장으로부터 이익을 얻을 수 있기 때문에 능력있는 사람들이 이익을 찾아 시장으로 모여든다. 그 결과 시장경쟁이 활성화되면서 혁신과 효율성 향상 같은 긍정적인 효과가 발생한다.

그러나 자본주의가 성숙한 상황에서는 시장 경쟁을 도입하는 영역이 늘어난다고 해도 시장경쟁이 촉진되지 않을 가능성이 크다.

첫 번째 이유는 성숙한 자본주의 사회에서는 시장에서의 성공 가능성이 낮기 때문이다. 성숙한 자본주의 사회는 수요 중심 사회이다. 대부분의 시장이 포화된 상태에서는 시장에서 이익을 얻을 수 있는 가능성이 크지 않다. 포화된 시장에서 이익을 얻기 위해서는 새로운 수요를 만들어 내야 하기 때문이다. 하지만 시장 경쟁이 도입된다고 해서 새로운 수요를 창출해 낼 수 있는 것은 아니다. 시장 경쟁 도입은 단지 시장으로 새로운 인재들을 끌어들일 수 있는 가능성만 부여할 뿐이다. 새로운 수요를 창출해 내려면 시장에 유능한 인재가 유입되어 소비자 기호를 충족시킬 수 있는 창의적인 상품과 서비스가 만들어져야 한다. 그러나 창의성을 발휘하는 것 자체가 어려운데다가 소비자의 기호를 예측하기는 더 힘들다. 시장에서의 성공을 예측할 수 없는 상황에서는 유능한 인재를 유입시키기 위한 유인이 충분히 제공되기 어렵다. 뿐만 아니라 자본주의 초기와는 달리 성공 가능성이 낮은 상황에서는 시장 활동 영역이 확대된다고 해서 사람들이 시장으로 모여들지도 않는다. 시장 경쟁이 도입되어도 시장에서 이익을 얻을 수 있는 가능성이 높아지지 않는 한 시장이 활성화되기는 어려운 것이다.[54]

두 번째 이유는 성숙한 자본주의 하에서는 사람들이 자기 방어적으로 행동하기 때문이다. 노력 여하에 따라 성공할 수 있는 가능성이 있는 상황이라면 경쟁이 심화될 경우 사람들은 생존을 위해서 더 치열한 노력을 하게 될 것이다. 하지만 시장 전체의 성공 가능성이 낮아진 상황이라면 경쟁심화는 방어적인 행태만 유발한다. 시장에서 살아남을 수 있는 사람은 소수에 불과한데 모

---

54) 이런 상황에서 시장 경쟁 원리를 무분별하게 도입하는 것은 새로운 도전자를 끌어들이는 것이 아니라 기껏해야 기존 사업자들의 활동영역과 이익만 늘려줄 뿐이다.

두가 온 힘을 다해 경쟁을 하고 있는 상황에서 자신이 그 소수가 되리라는 보장이 없기 때문이다. 경쟁이 치열해지면 사람들의 능력이 극대로 발휘되므로 다른 사람들보다 앞서나가기 힘들고 설령 잠시 앞서나간다고 하더라도 비교우위를 지속시킬 수 있으리라는 보장이 없다. 때문에 경쟁이 심화될수록 사람들은 경쟁에서 도태될지 모른다는 불안감을 가지게 된다. 특히 성숙한 자본주의체제에서는 새로운 시도의 성공 가능성이 낮아 신규시장 개척이 잘 이루어지지 않고, 치열한 경쟁으로 인해 기존 시장의 수익성도 매우 낮다. 신규시장의 개척이 더디게 일어나므로 시장 경쟁을 확대하려는 노력은 사회 전체의 경쟁 압력만 더 높일 뿐이다. 수익성 악화로 시장에서 살아남는 것조차 어려워진 사람들에게 경쟁 영역의 확대는 기회가 아니라 생존에 대한 위협으로 받아들여진다. 결국 성숙한 자본주의 하에서 시장 경쟁을 확대하려는 노력은 도전정신보다는 자기방어적인 행태만 강화시키게 된다.

시장 경쟁을 통해 성공할 수 있는 가능성이 낮아지고 자기 방어적 행태가 강화되면서 사람들은 시장원리에 따라 정상적으로 경쟁하기보다는 정치적인 힘을 동원하여 보다 손쉽게 성공할 수 있는 경쟁 이외의 방법을 모색하게 된다. 힘이 있는 사람은 힘이 있는 대로, 그렇지 않은 사람은 그렇지 않은 대로 자신의 능력이 미치는 범위 안에서 최대한 자신의 이익을 확보할 수 있는 반시장적 방법을 찾는 것이다. 예를 들어 권력과 자본을 가진 사람은 인맥, 자금력, 사회적 영향력, 전문가 등을 동원하여 자신에게 유리한 법과 규칙을 만들거나[55] 승진, 인사이동 등에 개입하여 자신의 지지 세력을 확보하려고 노력한

---

55) 지난해 10월 헌법재판소 앞에서 전기통신법 규탄 기자회견이 열렸다. 환경단체와 밀양지역 주민이라는 이들은 "송전선을 땅으로 묻어달라고 했더니 국회가 해당 비용을 주민과 지방자치단체에 물리는 법을 만들었다"며 헌법소원을 냈다. 이 조항은 1년 반 전인 2013년 3월 국회가 전기사업법에 손을 대면서 만들어졌다. 원래 기존 72조 2는 '지자체와 주민은 전기사업자에게 전선로를 땅에 묻어달라고 요구할 수 있다'고만 돼 있었다. 전기사업자에 비해 지자체와 주민의 권리를 더 보장해준 것으로 해석될 수 있었다. 여기에 국회는 하나를 더 추가했다. '지중이설에 필요한 비용은 그 요청을 한 자가 부담한다'는 내용의 2항을 만든 것이다. 수익자 부담 조항이 추가되면서 전기사업자와 지자체, 주민의 관계는 역전됐다. '수익자 부담'이라는 게 자명한 원칙이라서 국회가 뒤늦게 추가한 것은 아니다. 여기에는 사업자들

다. 그리고 권력과 자본이 없는 사람들은 공동의 이익을 보호하기 위해 시위 등 집단행동을 하기도 한다.[56]

경쟁을 피하고자 하는 인간의 본성으로 인해 경쟁에서 벗어나고자 하는 유인은 항상 존재하고 있다. 그리고 이러한 유인에 따라 자본주의 사회에서는 항상 어느 정도의 진입장벽이 존재한다. 또한 가용자원이 다르다는 점 때문에 자유주의적 가정과는 달리 경쟁은 동등하게 이루어지지도 않는다. 하지만 자본주의 초기상태에서는 아직 충족되지 않은 시장수요가 충분히 존재하므로 기득권이 진출하지 않은 시장을 개척하면 비기득권에게도 많은 기회가 주어질 수 있다. 이 때문에 자본주의 초기에는 무에서 유를 일궈낸 많은 성공스토리가 존재하고, 가난한 가정에서도 어려움에도 불구하고 많은 사람들이 성공을 꿈꾸며 의지를 다진다.

그러나 자본주의가 성숙하면 사회는 대부분의 시장수요가 포화된 수요 중심 사회로 변한다. 이러한 사회에서는 존재하는 소비자의 욕구를 채워야 하는 것이 아니라 새로운 구매 욕구를 만들어 내야만 한다. 이는 매우 불확실하며 성공 가능성을 장담하기 어려운 일이다. 시장에서 성공하기가 어려워지는 반면, 경쟁은 더욱 심화되면서 사회 전체에는 정당한 경쟁과정에서 벗어나 정치적인 힘을 이용하여 자신의 이익을 보호하려는 반시장적 행태가 널리 퍼지게 된다. 그리고 이는 본래 제대로 이루어지지 않고 있던 계층 간 경쟁을 거의 불가능하게 만든다. 반시장적 행태가 강화되면서 능력 이외의 요소가 성공에 영향을 주는 것 정도가 아니라 하위 계층이 능력을 기르는 것 자체가 어려워지기 때문이다. 이러한 점으로 인해 성숙한 자본주의 사회에서는 능력이 아니라 현재 가지고 있는 자원이 성공을 위한 결정적인 요소가 되고, 시장에서는

의 집요한 설득과 로비가 있었다. 「모든 입법은 로펌으로 통한다」, 〈경향신문〉, 2015년 2월 7일자, 이범준 기자

56) 최근 문제가 되었던 대학교 기숙사 신축과 관련하여 하숙으로 먹고살던 인근 주민들이 신축을 반대하는 시위를 한 것이 그 예이다.

능력에 따른 경쟁이 사라지게 된다.

시장에서 경쟁이 사라지면 사회에는 현재의 지위가 고착화되면서 계급이 형성된다. 현재 자본주의가 문제를 해결하지 못하고 있는 이유는 자본주의가 성숙하면서 사회에 계급화가 진행되고 있기 때문이다. 계급화된 사회에서는 시장이 정상적으로 작동할 수 없기 때문에 아무리 시장을 활성화하려는 노력을 기울여도 효과를 보기 어렵다. 사회 계급화가 진행되면 사회 구성원들의 발전 의지가 쇠퇴하고 도전이나 모험보다는 현상유지가 중요한 가치가 됨으로써 사회가 현상유지형 사회로 전환된다.

4장

현상유지형 사회는 어떤 사회인가?

1.
현상유지형 사회와 발전형 사회

    사회는 그에 속한 사람들의 욕구를 충족시키기 위한 여러 가지 기능을 수행한다. 가장 기본적인 먹고 자고 입는 생존문제를 해결하는 것에서부터 외부로부터의 침략방어, 치안유지, 법률제정, 의료나 보건서비스 제공 등 사회는 사회 구성원들을 위한 많은 역할을 하고 있다. 사회는 이러한 기능들을 수행함으로써 유지되고 발전해 나갈 수 있게 된다.

    이러한 사회기능간의 비중은 사회의 발전 상황에 따라 다르게 나타난다. 가장 기본적인 욕구인 생존문제가 해결되지 못했던 근대 이전의 사회에서는 구성원들을 먹여 살리는 일이 가장 중요한 문제였다. '농업은 천하가 유지되기 위한 근본이다(農者天下之大本)'라는 말에서 알 수 있듯이 근대 이전의 사회에서는 식량문제를 해결하는 일이 가장 시급한 문제로 여겨졌다. 이 때문에 비가 오지 않으면 이는 임금이 부덕한 탓이라면서 기우제를 지내 하늘에 용서를 구하기도 했으며, 농사일을 제때 수행할 수 있도록 절기를 측정하고 정확한 달력을 만드는 것은 국가의 가장 중요한 임무 중 하나였다.

하지만 사회 규모가 커지면 사회기능의 중심은 식량생산기능에서 체제유지 기능으로 옮겨간다. 체제유지기능은 크게 두 가지로 분류될 수 있다. 하나는 통제기능이고, 다른 하나는 보충기능이다. 사회 규모가 커지면 사회 구성원간의 분쟁과 권리침해가 늘어난다. 분쟁이 지속되면 사회 구성원들이 원만하게 생업을 수행하는 것이 불가능하다. 그리고 신속한 분쟁 해결책이 마련되지 않으면 분쟁은 폭력과 범죄를 불러와 사회를 혼란에 빠뜨리게 될 가능성이 크다. 따라서 사회가 유지되기 위해서는 분쟁을 신속히 해결할 수 있도록 법률과 규칙을 만들고 집행하는 일이 매우 중요하다. 사회가 법률만으로 문제를 해결할 수 없다면 묵시적인 사회적 관습을 통해서라도 분쟁은 신속하게 해결되어야만 한다. 국가기능이 미약했던 시기에는 분쟁이 종종 개인 간 결투를 통해 해결되기도 했으며, 이러한 풍습은 19세기까지도 계속되었다. 예를 들어 역사상 가장 유명한 결투 중 하나인 에런 버와 알렉산더 해밀턴 사이의 대결도 1804년에 이루어진 것이었다.[57]

체제유지를 위한 또 다른 기능은 보충기능으로, 이는 사회 구성원들이 원활하게 생활을 유지하고 생업에 종사할 수 있도록 돕는 기능이다. 여기에는 질병이나 사고로 생업이 중단되지 않도록 의료나 안전서비스를 제공하고 생활을 유지할 수 있도록 생필품을 제공하는 일이 포함된다. 사회 규모가 커지면 인구밀도가 높아지게 된다. 그리고 인구 밀집지역에서는 전염성이 약한 질병이라도 대규모 전염병으로 발전할 위험이 증가한다. 따라서 규모가 큰 사회에서는 일반적인 질병이 대규모 전염병으로 발전하지 않도록 질병 발생 시 신속히 처리할 수 있어야 한다. 그리고 사회가 발전하면서 업무공정이 복잡해지고

---

57) 대통령 후보이자 당시 부통령이었던 에런 버는 재무부장관을 지낸 알렉산더 해밀턴이 다른 대통령 선거 후보인 토머스 제퍼슨을 지지하여 대통령 선거에서 낙선하게 되자 해밀턴에게 결투를 신청한다. 이 결투는 당시까지 결투가 합법이었던 뉴저지주에서 이루어졌으며, 해밀턴은 결투에서 패배하여 다음날 사망했다.

기계가 도입되면서 사고위험 또한 커진다. 사고나 질병으로 근무를 지속할 수 없는 상황이 자주 나타나면 생산성이 떨어지고 사회 구성원들을 부양할 수 있는 능력이 감소하면서 사회가 유지될 수 없게 된다. 뿐만 아니라 사회 규모가 커지면 인구가 많아지기 때문에 생활필수품에 대한 수요가 늘어날 수밖에 없다. 생필품이 원활히 공급될 수 없으면 생활에 불편을 겪게 되고 지하경제가 커지면서 범죄가 증가하는 등 여러 가지 사회문제가 발생하게 된다. 이 때문에 사회 규모가 커질수록 의료, 보건, 소방 등의 기본적인 삶을 유지하는 데 필요한 서비스와 생필품을 공급하는 산업의 중요성이 커지게 된다.

통제기능은 국가의 권력을 전제로 한 것이고, 보충기능 또한 국가의 유지를 위해 필수적인 서비스이므로, 이러한 기능은 대개 국가가 직접 수행하거나 국가에 의해 통제를 받는다. 통제기능을 수행하는 대표적인 직업군은 공무원과 군인, 경찰이다. 이들은 법률을 만들고 집행하는 기능을 통해 사회 구성원간의 분쟁을 조정하고 사회질서를 유지하여 사회가 원활하게 발전할 수 있도록 도와준다. 사회가 발전할수록, 특히 현대사회에서처럼 정부의 역할이 중요한 사회에서는 공무원, 군인, 경찰 등 일련의 관료제도는 끊임없이 역할을 재생산하고 구조를 확대시켜 나간다.[58] 이에 따라 사회가 발전하면 국가가 통제하는 범위도 점점 넓어지게 된다.

통제기능이 확대되면 통제기능을 원활하게 수행하기 위해 점점 높은 전문성이 요구된다. 이에 따라 통제기능이 원활하게 수행될 수 있도록 법률의 제정과 운영을 보조하는 직업들이 발달한다. 변호사나 회계사, 변리사 등의 법률 전문가들이 바로 이러한 직업에 속한다. 이들은 전문성을 필요로 하는 민간과 공공부문에 서비스를 제공해주고 서로의 법적 의사를 명확하게 표현할 수 있게 도와줌으로써 이익을 얻는다. 그리고 이들은 때로는 법률의 제정과

---

58) 이를 파킨슨의 법칙(Parkinson's Law)이라고 한다.

운영에 직접 관여하기도 한다. 법률 전문가는 지식 획득에 많은 노력이 필요하고 자격증을 통해 지위가 보호되므로 공급이 제한되어 있다. 또한 법률자문을 필요로 하는 자들은 일반적인 수요자에 비해 긴급한 수요를 가지고 있다. 그 결과 이들은 상당한 독점력을 행사할 수 있고, 이에 따라 높은 이익을 얻는 것이 가능하며, 사회적으로도 높은 지위를 누린다.

한편 자본주의 하에서는 상품이나 서비스의 생산을 민간이 주도하므로 보충기능은 주로 민간부문에서 수행한다. 다만, 이들이 가지는 높은 사회적 필요 때문에 다른 산업보다 국가에 의해 많은 통제를 받는다. 보충기능을 수행하는 대표적인 직업군은 의사이다. 의료서비스는 생명과 직결된 서비스이므로 많은 현대국가에서는 나름의 의료제도를 수립하여 의료서비스를 통제하고 있다. 의료서비스를 제공하기 위해서는 높은 전문성이 필요하므로 이러한 직업은 자격증제도에 의해 진입이 제한되어 있다. 반면, 의료서비스를 이용하는 수요자는 매우 긴급한 필요를 가지고 있다. 공급은 제한되어 있으나 수요가 매우 긴급을 요하므로 직업의 독점력이 매우 높다. 국가가 간섭하지 않을 경우 의료서비스의 가격은 천정부지로 높아질 수밖에 없기 때문에 각 국가는 서비스가 원활히 공급될 수 있도록 의료서비스 제공에 대해 많은 통제를 가하고 있다. 의료서비스에 대한 제한이 거의 없는 미국의 경우 의료비용이 매우 높고, 공산주의 국가나 의료서비스에 대한 제한이 큰 국가일수록 의료비용이 매우 낮거나 무료에 가까운 것도 이러한 이유 때문이다.

보충기능을 수행하는 또 다른 자들로는 생활필수품을 공급하는 산업 종사자들을 들 수 있다. 식료품, 통신, 교통 등 생활에 필수적인 상품이나 서비스를 제공하는 산업들은 높은 독점력을 가지며, 역시 공공성으로 인해 많은 제한을 받는다. 대중교통비, 통신료, 석유가격 등이 물가안정이라는 명목으로 제한될 수 있는 것도 이러한 공공성 때문이다. 이러한 산업은 수요와 공급이 큰 변화 없이 안정적으로 유지된다는 특징이 있다. 수요 측면에서는 상시적으로 소비되는 상품과 서비스를 제공한다는 점에서 수요가 일정수준에서 안정화되어 있다. 휘발유 가격이 내렸다고 해서 자동차에 휘발유를 무한정 채울 수는 없으며, 휘발유 가격이 올랐다고 자동차를 타지 않을 수는 없는 것이다. 공급 측면에서도 획기적인 기술발전이 어려울 뿐 아니라 기술개발이 이루어진다고 해도 수요가 크게 늘지 않으므로 공급량 또한 크게 변화하지 않는다. 이러한 산업에서는 기술 개발이 이루어진다고 해도 생활의 편의성이 약간 높아지는 정도에 그칠 뿐 이러한 산업으로부터 사회의 발전방향을 전환시킬 만큼의 결정적인 발전이 나타나기는 어렵다.

이와 같은 통제기능과 보충기능은 사회 규모가 커지고 사회가 복잡해짐에 따라 강화된다. 그리고 체제유지기능이 강화되면 이를 수행하기 위한 일자리들의 권한과 역할 또한 커지게 된다. 이에 따라 체제유지기능으로 분배되는 자원은 증가하고 상대적으로 사회발전기능으로 돌아가는 자원은 감소한다. 사회발전기능은 새로운 이익 창출의 원천을 만들고 이를 확산시키는 기능이다. 사회발전기능은 사회 구성원들이 지속적으로 이익을 확보할 수 있게 만들어 사회의 지배영역을 확장시키는 역할을 한다. 과거에는 새로운 이익은 주로 미개척지에 대한 탐험이나 정복 같은 파괴적인 행위를 바탕으로 만들어졌다. 하지만 현대에는 주로 지식, 기술의 개발과 확산 같은 생산적인 활동을 통해 이익이 창출되고 있다. 학자나 연구원, 발명가, 벤처기업가 등이 사회발전기능을 수행하는 일자리의 예이다.

사회 규모가 커지고 사회가 복잡해질수록 체제유지기능이 강화되고 사회발전기능이 약화되는 이유는 다음과 같다.

첫째, 사회가 복잡해지면 체제유지기능을 수행하는 데 더 많은 지식과 전문성이 필요해진다. 관리해야 할 대상과 범위가 늘어나기 때문이다. 더 복잡해진 사회는 더 정교하게 구성된 법규와 관리체계를 요구한다. 이에 따라 통제기능을 수행하는 관료나 법률전문가들도 오랜 시간 교육을 받고 노력하지 않으면 역할을 제대로 수행할 수 없게 된다. 그리고 보충기능 역시 오랫동안 지식이 축적되면서 요구되는 전문성이 점점 높아진다. 그 결과 마찬가지로 오랜 시간의 교육과 노력이 요구된다. 필요한 지식이 높아지면서 이러한 기능을 수행하는 일자리는 다른 직업에 비해 높은 지적 수준을 갖춘 엘리트로 채워진다. 이들은 지식을 쌓는 데 소요되는 노력에 대한 보상심리로 인해 더 높은 보수를 요구하게 되고, 사회적으로는 노력의 대가라는 차원에서 그러한 높은 보수가 정당화되면서 다른 직업에 비해 더 좋은 사회적 대우를 받을 수 있게 된다.

둘째, 사회발전기능 수행 시 수반되는 위험부담에 대한 보상이 상대적으로 감소하기 때문이다. 사회발전기능에는 기본적으로 위험이 수반된다. 사회발전기능은 전례가 없는 새로운 영역을 개척하는 것이므로 실행방법이 알려져 있지 않고 성공 여부도 불확실하다. 사회적인 보호 장치가 없다면 실패 시 개인이 모든 책임을 감수해야 하기 때문에 어떤 일자리보다도 위험부담이 크다. 그럼에도 불구하고 사람들이 모험을 감수하는 이유는 성공 시 받게 될 높은 보수와 이러한 일자리에 부여되는 높은 사회적 가치 때문이다. 이러한 일자리들은 위험은 있지만 성공하면 다른 어떤 일자리와 비교할 수 없을 정도로 높은 수익을 얻을 수 있다. 어떤 사회든 높은 위험부담은 높은 수익을 가져오기 때문에 사회적으로 큰 성공을 원한다면 체제유지기능을 수행하는 일자리보다는 사회발전기능을 수행하는 일자리에 종사하는 것이 낫다. 어떤 일자리가 다른 일자리보다 더 큰 수익을 얻을 수 있는 가능성이 있다면 위험도가 크더라도 인재는 모여들기 마련이다. 마치 수익이 확실하지 않지만 큰 수익을 얻을 수 있다는 가능성만으로 현재 가지고 있는 확실한 돈을 포기하고 복권을 구입하는 것과 같은 이치이다. 일자리가 주는 기대 수익의 상대적 크기는 어떤 일자리를 선택할지를 결정하는 중요한 요소이다.

하지만 사회가 복잡해질수록 발전형 일자리와 체제유지형 일자리 간의 상대적 보수 차이는 줄어든다. 사회가 복잡해지면 시장상황을 예측하기가 더 어려워지므로 위험도가 커질 뿐 아니라 기술발전으로 성공하는 데 더 많은 노력이 필요하기 때문이다. 위험도가 커진다는 것은 성공확률이 낮아진다는 의미이므로 위험도가 커지면 기대보수(성공확률 × 성공 시 보수)는 낮아진다. 게다가 무언가 새로운 시도에서 성공하기 위해서는 기존의 것을 뛰어넘는 새로운 발상이 필요하다. 하지만 사회가 복잡해지면 기존의 것과 완전히 다르거나 기존의 기술보다 나은 것을 만들어내기 어려워지므로 발전형 일자리에서 성공하기는 점점 어려워진다. 반면, 앞에서 본 대로 체제유지형 일자리에서의 보수는 사회가 발전할수록 점점 커진다. 그 결과 사회 규모가 커지면 발전형 일자리와 체제유지기능을 수행하는 일자리의 상대적 보수 차이가 감소하여 체제유지기능을 수행하는 일자리에 대한 선호가 높아지고 발전형 일자리에 대한 선호가 낮아지게 된다.

셋째, 사회가 성장하면 사회발전 의지가 약화된다. 사회가 성장하고 안정기에 접어들면 위험을 무릅쓰고 모험을 해야 할 절박함이 사라지기 때문이다. 개인의 경우에도 급박한 의식주 문제가 해결되면 근로의욕이 감소하게 된다. 일례로 첨단 장비를 가지고도 해체하는 데 몇 주가 소요되는 낡은 비행기도 아프리카 한복판에 가져다 놓으면 부품을 고철로 팔려고 모여든 사람들이 장비도 없이 불과 2, 3시간 내에 해체한다고 한다. 이처럼 생계의 절박함은 강력한 근로의지를 이끌어낸다. 하지만 어느 정도 삶이 풍요해지면 사람들은 현재의 삶에 안주하려고 할 뿐 모험을 하기를 기피하게 된다. 자칫 삶의 기반을 잃게 될 수 있을 뿐 아니라 굳이 모험을 하지 않더라도 현재의 삶만 유지된다면 여생을 행복하게 보낼 수 있기 때문이다. 물론 개인에 따라 자아실현을 위해 끊임없는 도전과 새로운 시도를 하려는 경우도 있다. 그러나 이는 예외적인 경우로 일단 의식주 문제가 해결되고 어느 정도 삶이 풍요해지면 현재의 삶을 누리려는 욕구로 인해 이러한 의지는 약해지고, 그러한 강한 의지를 가진 사람도 줄어들 수밖에 없다. 사회가 안정화되고 풍요로워지면 이러한 사람들이 늘어나고 사회는 점점 나태해지기 십상이다.

이러한 요인들로 인해 사회의 체제유지기능이 강화되고 발전기능이 약화되면 사회는 발전형 사회에서 현상유지형 사회로 전환된다. 현상유지형 사회란 도전이나 모험 같은 발전적 가치보다 현재 상태를 유지하려는 정태적 가치가 더 중요하게 여겨지는 사회를 말한다. 현상유지형 사회에서는 발전형 일자리에 대한 보수보다 체제유지기능을 수행하는 일자리에 대한 보수가 상대적으로 높아지면서 발전형 일자리에 대한 선호가 낮아지고 인재가 모여들지 않게 된다. 그리고 발전기능이 약화되면서 새로운 이익창출의 원천이 줄어들게 되면 권력을 가진 체제유지기능을 수행하는 직업군을 중심으로 방어적 행태가 확산되어 사회적 진입장벽이 구축된다. 그 결과 지대를 확보하게 된 체제유지기능 일자리들의 보수와 안정성은 더욱 높아지면서 발전형 일자리에 대한 선호는 더욱 감소한다.

사회가 현상유지형 사회로 전환되면 사회에는 위기가 찾아온다. 이익의 원천이 감소하면서 이익분배를 둘러싼 사회의 내부갈등이 심화되고, 부패가 증가하며 더 이상 혁신이 불가능한 환경이 조성되기 때문이다. 성장이 멈춘 사회는 결국 다른 사회에 의해 추월당하면서 쇠락의 길을 걷게 된다. 오늘날 자본주의가 위기를 맞고 있는 이유도 바로 발전기능이 쇠퇴하고 혁신이 감소하면서 현상유지형 사회로 이행되고 있기 때문이다. 자본주의는 끊임없이 성장하는 듯이 보이지만 이러한 위기의 징후는 곳곳에서 나타나고 있다.

2. 현상유지형 사회의 문제

최근 우리나라에서 0.1%의 상위권 인재는 모두 의료 산업이나 법조계로 몰리고 있다. 이러한 직업군에는 가장 높은 보수와 사회적 대우가 주어지기 때문이다. 자본주의에서 어떤 산업이 발전하고 어떤 일자리에 사람들이 모여들 것인가는 해당 산업에서 얻을 수 있는 보수와 성공 가능성에 따라 결정된다. 특정산업이 지나치게 발전하고 쏠림이 많다는 것은 해당 산업의 보수나 성공 가능성이 높다는 것이다.

특정산업으로의 인재 쏠림현상은 사회적으로는 물론이고 개인적으로도 재능을 낭비하게 만든다. 인재들은 각자 특화된 영역이 있어서 어떤 사람은 수학 방면으로 뛰어난 재능을 가지기도 하고, 또 어떤 사람은 글쓰기를 잘하기도 한다. 하지만 특정 부류의 직업이 선호되는 현상이 확산되면 재능은 무시되고, 능력은 단지 특정부류의 직업으로 가기 위한 도구로 이용된다. 예를 들어 특정부류의 직업이 선호되면 반도체 방면에 관심과 재능이 있는 인재도 본인의 의사와는 달리 반도체 분야가 아닌 의료 분야로 진로를 결정하게 된다.[59] 그는 재능이 있는 인재이므로 의료 분야로 갈 수는 있겠지만 그가 의료 분야에서 두각을 나타내기는 힘들다. 그에게 의료인은 관심을 가지고 헌신해야 하는 직업이 아니라 단지 편안하게 잘 살기 위한 생계수단 이상의 의미를 가지지 못하기 때문이다. 해당 분야에 흥미도가 떨어져 자발적인 노력이 일어나기 어려울 뿐만 아니라 아무리 뛰어난 인재라 하더라도 잘하는 분야는 특정되어 있어서 특화된 분야가 아니면 두각을 드러낼 만큼 능력을 발휘하기는 어렵다. 이러한 이유로 특정분야만 선호되는 사회에서는 다양한 방면의 뛰어난 인재들이 단지 남들보다 좀 더 풍족한 삶을 사는 평범한 인재로 전락하게 된다.

현상유지형 사회에서는 이러한 특정산업으로의 쏠림현상이 나타난다. 특히 그러한 특정산업은 대부분 체제유지형 직업군에 속한다. 앞에서 본 바와 같이 현상유지형 사회에서는 체제유지형 일자리의 전문성이 높아지면서 보수가 증가한다. 반면, 발전형 일자리는 위험성 증가와 창조활동을 위해 필요한 역량이 많아짐에 따라 성공이 어려워지면서 매력이 감소하게 된다. 또한 사회가 풍요해짐에 따라 발전 의지가 약화되면서 모험과 도전을 요하는 발전형 일자리에 대한 선호도는 더욱 낮아진다. 체제유지형 일자리를 중심으로 한 특정산업으로의 쏠림현상이 나타나면 다른 산업에 특화된 인재까지 특정산업으로 이동함으로써 특정산업만 발전하는 기형적 산업구조가 나타나고 상대적으로 다른 산업들은 발전이 더뎌지게 된다.

특정한 산업 분야만 성장하는 기형적 산업구조는 다른 분야에서 혁신과 시장개척이 나타날 수 없게 만든다. 물론 높은 보수가 지급되고 근무환경이 좋은 대기업의 경우 여전히 많은 연구와 혁신이 이루어지고 있다. 그리고 의료

---

59) 2000년대 이후 이과 수석들은 절대 다수가 의사의 길을 택했다. 2000학년도 이후 수석 16명 중 3명(서울대 수학과 2명, 서울대 자유전공 1명)을 제외한 13명이 의치대에 진학했다. 이 중 한 명은 90년대 말 서울대 이공계에 진학했지만 2000년대 중반 수능을 다시 보고 서울대 의대에 입학했다. 『청춘리포트 – 수능 수석 45인 추적해 보니』, 〈중앙일보〉, 2014년 12월 3일자, 청춘리포트 팀 이서준·윤정민 기자

분야나 법조계에서도 외국 소비자 유입이나 해외진출로 새로운 수익 창출을 위해 많은 노력을 기울인다. 그러나 외견상 이러한 몇몇 기업이나 시장에서 혁신이 일어나고 있다고 하더라도 다른 분야에서 새로운 기업이 나타나지 않는다면 사회는 발전할 수 없다. 현존하는 몇몇 분야에서 발전과 시장 개척이 이루어진다고 하여도 이는 기존 시장에서 파생된 시장을 만드는 것에 불과하다. 시장 파생을 통한 성장은 단기적으로는 가능할 수 있으나 해당 분야에서 지속적으로 새로운 시장을 만들 수 없어 곧 한계에 부딪힌다. 뿐만 아니라 단순한 시장생태계에서는 몇몇 기업이나 시장의 실적 부진이 시장 전체의 위기로 이어지기 쉽다. 자본주의의 혁신이 지속되기 위해서는 특정시장이나 기업의 혁신에 의한 혁신이 아니라, 다양한 분야에서 시장이 개척될 수 있는 시장생태계 조성이 필요하다.

단순한 시장생태계로 인해 특정분야를 제외한 나머지 분야에서 시장이 개척되지 않게 되면 내부시장에서의 경쟁이 격화될 수밖에 없다. 생존을 위해 무엇인가를 해야 하지만 새로 시장이 개척되지 않으므로 남아 있는 선택지는 기존 시장으로 들어가는 것뿐이기 때문이다. 이러한 상황에서는 더 이상 새로운 좋은 일자리가 만들어지지 않으므로 사람들은 기존에 존재하는 몇 안 되는 좋은 일자리를 놓고 더욱 치열하게 경쟁해야 한다. 그리고 기존 시장에서만 창업이 이루어지므로 시장에서 생존하기는 그만큼 더 어려워지게 된다. 최근 몇 년 사이에 공무원시험의 인기가 치솟고, 삼성 등 대기업으로의 입사가 점점 힘들어지는 것도 이러한 이유 때문이다. 특히 창업의 경우에는 신규시장 개척 없이 기존 시장으로 뛰어드는 생계형 자영업자만 늘어나면서 자영업의 영업이익률이 크게 감소하고 폐업률만 높아지고 있는 실정이다.[60]

---

60) 정부의 2013년 〈국세통계연보〉에 의하면 2011년에 신규 창업한 자영업이 99만 4,000개, 폐업한 자영업이 84만 5,000개로 나타났다. 폐업률이 무려 85%를 기록했다. 업종별로는 음식업 폐업률이 94%로 1위를 차지했다. 소매업은 89.3%, 도매업은 87.4%로 그 뒤를 이었고, 부동산 업종은 64.3%로 가장 낮은 수치를 보였다. 「인구 80명당 1곳·폐업률 94%·마이너스 수익 배고픈 식당」, 〈헤럴드경제〉, 2014년 9월 15

새로운 시장이 만들어지지 않는 사회에서는 체제유지형 일자리를 차지한 '뛰어난' 몇몇 사람을 제외하고는 살아가기가 힘들어진다. 그 결과 체제유지형 일자리로의 인재 쏠림현상이 나타나고 도전을 필요로 하는 분야로는 인재가 모여들지 않게 된다. 이에 따라 새로운 시장 개척이 감소하면서 경제성장은 느려지고 시장에서의 성공이 더 어려워져 사람들이 도전을 기피하게 되는 악순환이 나타나게 된다. 이러한 악순환은 혁신이 나타날 수 있는 환경을 파괴하고 시장 내부의 경쟁을 심화시켜 삶을 더욱 어렵게 만든다. 경제가 성장하지 않으니 사업을 해도 성공하기 어렵고 기존 시장에서의 경쟁이 심화되면서 평범한 일자리조차 얻기 어렵게 되어버리는 것이다.

경제가 어려워지면 정의에 관한 감각이 무뎌지고 위에서 아래까지 부패가 만연하게 된다. 생존에 대한 절박함이 스스로 규칙을 어기는 것에 대해 정당성을 부여하기 때문이다. 경쟁과정이 주는 고통은 '좋은 성적을 받고, 좋은 직장을 가지려면 어쩔 수 없었어. 남들도 다 그렇게 해'라는 사고방식을 가지게 만든다. 그리고 규칙을 어기고 남보다 앞서나가는 사람이 생기면서 누구나 규칙을 준수하기보다는 성공할 수 있는 방법을 모색하게 된다. 규칙이 무너지고 성공만이 중요시된 상황에서는 성공을 위해 가능한 모든 수단이 동원된다. 개인이 가진 외모, 키 같은 신체적 조건은 물론이고 학벌, 인맥, 집안 배경 등의 외적인 요소에 이르기까지 경쟁을 위해 모든 수단이 이용된다. 상황이 이렇게 되면 성공을 위해 더 많은 수단을 동원할 수 있는 사람일수록 성공에 유리하게 되리라는 것을 예상할 수 있다.

조금이라도 더 많은 자원을 가진 사람이 경쟁에서 우위에 서게 되고 그렇게 얻은 자원은 새로운 경쟁수단이 된다. 한 번 생긴 경쟁우위가 지속적으로 후속 경쟁과정에 영향을 미치게 되므로 경쟁에서 살아남으려면 바로 현재 가

일자, 이정환 기자

능한 많은 이익을 확보해야만 한다. 능력에 따른 정당한 경쟁을 위해서는 많은 노력과 자원이 필요하다. 결과만이 중요한 사회에서 자원을 가진 사람이 남들과 똑같이 능력에 따라 경쟁하고 시장규칙에 따라 정당한 결과가 나타나기를 기다리는 것은 어리석은 행동이다. 누구든지 경쟁에서 지속적으로 우위를 점하려면 최소한의 노력으로 경쟁에서 이길 수 있는 방법을 마련해야만 한다. 보유하고 있는 자원과 영향력을 행사하여 자신에게 유리한 경쟁조건을 만들 수 있다면 그렇게 하는 것이 최선의 선택이 된다. 경쟁에서 살아남으려면 권력과 자본을 이용하여 법률과 제도를 자신에게 유리하게 고치고 다른 사람을 착취해서라도 이익을 더 크게 만들어야 하는 것이다. 그 결과 현상유지형 사회에서는 능력에 따른 경쟁이 점차 자취를 감추게 되고 시장에 반시장적 행태가 확산되게 된다.

이러한 반시장적 행태는 법률이나 제도 같은 공식적인 형식을 띠기도 하고 거절하기 힘든 무언의 압박 같은 은밀한 형태로 이루어지기도 한다. 현재 조금이라도 더 많은 자원을 동원할 수 있는 사람은 보유하고 있는 자원을 활용하여 새로운 경쟁자를 방어하고 조금이라도 높은 수익의 가능성이 있으면 시장을 선점하여 수익을 가로채면서 자신들의 이익을 늘려간다. 이러한 반시장적 행태가 시장 전체에 만연하게 되면 시장으로의 신규 진출이 어려워지면서 시장에는 모험과 도전이 사라지게 된다. 그 결과 약자가 사회에서 성공하기는 점점 힘들어지고 계층 간 이동은 감소한다. 결국 이익을 지키려는 노력과 더 많은 수익을 얻기 위한 욕구는 기득권을 고착화시켜 사회에는 계급이 형성된다.

5장

누가 일자리를 빼앗았는가?

1. 기득권은 어떻게 형성되는가?

일자리가 늘어나려면 감소하는 일자리보다 늘어나는 일자리가 많아져야 한다. 소비자 중심 경제의 도래, 노동생산성 감소 같은 자본주의의 내적 문제에 따라 필연적으로 일자리가 감소할 수밖에 없다고 하더라도 일자리 창출능력이 충분하다면 일자리는 늘어난다.[61]

하지만 시장에 반시장적 행태가 늘어나게 되면 일자리 창출에 악영향을 미치게 된다. 반시장적 행태로 인하여 시장메커니즘이 정상적으로 작동할 수 없게 되기 때문이다. 능력에 따른 경쟁보다 권력과 자본, 인맥 등 외적인 요소가 더 큰 영향을 미치면 시장에는 경쟁이 사라지게 된다. 능력에 따른 자유로운 경쟁은 자본주의가 성장하는 데 필요한 원동력이다. 시장에서 경쟁이 사라지

---

61) 일자리 창출능력이 일자리 감소추세를 압도한 대표적인 예로는 1990년대 후반의 미국의 신경제현상을 들 수 있다. 신경제란 고성장·저물가의 경제정보기술(IT) 혁명과 지식산업이 이끄는 고성장·저물가의 새로운 경제체제를 이르는 말이다. 표제어 '신경제' 《시사상식사전》, 박문각, 2013년, 네이버 지식백과에서 '신경제' 정의부분 재인용

게 된다는 것은 자본주의의 역동성이 사라지게 된다는 말과 같다. 자본주의의 역동성이 사라지게 되면 자본주의의 최대 장점인 효율성이 감소하게 되고, 결국 이는 일자리 창출능력 감소로 이어진다. 현재와 같이 반시장적 행태가 팽배한 상황을 방치한다면 일자리 창출능력이 감소되어 일자리 문제는 더욱 심화될 것임에 틀림없다.

일자리 문제가 심화되면 소득이 감소하고 이에 따라 구매력도 줄어든다. 그리고 구매력 감소는 경기불황을 야기하여 다시 일자리 감소를 심화시키게 되는 악순환에 빠지게 된다. 불황이 장기화되면 사회전반에 미래에 대한 불안감이 확산될 수밖에 없다. 자본주의의 내적 문제에 따라 일자리가 감소할 수밖에 없다면 일자리 창출능력이라도 커져야 하는데, 자본주의의 역동성이 사라지게 되면 위와 같은 악순환에 빠지게 되면서 사회에는 미래에 대한 불안감만이 확산된다.

현재 불안감을 확산시키는 가장 큰 원인은 일자리 감소 그 자체가 아니라 이러한 악순환이 계속될 것이라는 비관적인 전망이다. 긍정적인 전망을 통해 소비증가와 경기호황이 일자리 증가로 이어지는 선순환 과정을 이끌어 내야 하는데 긍정적인 전망을 이끌어 낼 수 있는 방안이 뚜렷하지 않기 때문에 미래에 대한 불안감은 계속될 수밖에 없다.

그리고 사회의 불안감이 확산될 때, 그리고 그에 대한 뚜렷한 해결책이 보이지 않을 때 가장 먼저 비난을 받는 것은 기득권이다. 왜냐하면 기득권은 사회지도층이므로 사회가 위기에 처할 때 해결책을 제시해야 하는 책임이 있다고 여겨지기 때문이다. 특히 한국과 같이 정부에 대한 사회와 시장의 의존도나 기대가 큰 국가에서는 정부 엘리트에 대한 기대가 매우 크다. 또한 한국의 경제엘리트인 재벌 역시 고도성장에 따른 혜택으로 인하여 부를 창출했다는 인식이 강하기 때문에 국민들은 항상 재벌들이 그러한 빚을 갚아야 한다는 생각을 가지고 있다. 따라서 한국에서는 정치엘리트뿐 아니라 경제엘리트를 포함한 전체 엘리트 계층의 역할에 대한 기대감이 매우 높다. 때문에 문제가 발생하게 되면 시장 스스로 해결하려고 하기보다는 기득권 세력에 대하여 해결책을 요구하는 경우가 많다. 그리고 기득권이 문제를 제대로 해결하지 못하게 되면 기득권의 무능을 비난하게 되는데, 다른 국가보다 기득권에 대해 해결을 요구하는 빈도가 높으므로 기득권을 비난하는 빈도 역시 매우 잦다.

하지만 사회가 불안할 때마다 비난의 화살을 기득권에게 돌리는 것이 과연 타당한 일인가? 아니면 단지 대중이 처한 현실의 어려움에 대한 비난의 대상이 필요하기 때문에 막연하게 기득권을 비난하고 있는 것인가?

사회가 불안할 때 우리는 막연하게 기득권을 지목하면서 비난을 하고 있지만 사실 기득권의 정의 자체는 그다지 명확하지 않다. 오늘날 경제위기에 대해 경제영역의 지배계층인 재벌이나 다국적 기업을 비난하지만 어느 정도의 규모가 되어야 재벌인지, 몇 개 국가에 진출해야 다국적 기업인지도 명확하지 않다. 오늘날과 같은 개방경제에서는 중소기업이라 할지라도 상당수의 기업은 다른 국가에 지점을 세우거나 다른 국가에서 거래를 하는 경우가 많고, 삼성이나 현대, CJ 같은 거대 기업 이외에 이보다 상대적으로 규모가 작으나 상당수의 계열사를 거느린 웅진그룹, 삼양사, 코오롱 같은 중견기업까지 재벌에 포함해야 하는 것인지 여부도 불확실하다. 따라서 기득권을 비난하는 것이 과연 정당한 것인지에 관한 문제에 대해 답하기 위해서는 먼저 구체적으로 기득권이 누구인가에 대해 정의할 필요가 있다.

기득권이라는 말에는 크게 두 가지 의미가 포함되어 있다. 그 중 하나는 특정한 자연인이나 법인(法人)이 정당한 절차를 밟아 이미 획득한 법률상의 권리를 뜻하는데 흔히 재산권과 관련되어 사용된다. 권리로서의 기득권에는 특허권, 상표권 등이 포함되어 있으며 법적인 의미에서 정당한 권리를 주장할 때 주로 사용된다.

다른 하나는 기득권 세력의 줄임말로 보통 부정적인 의미가 내포되어 있다.

기득권 세력이라는 의미로 사용될 때 기득권의 의미는 일반 대중이나 국민의 대척점에 있는 엘리트 세력[62]을 의미한다. 기득권이라는 말은 흔히 엘리트라는 말과 유사하게 생각되기는 하지만 엘리트라는 말보다는 훨씬 부정적인 의미를 담고 있다. 기득권이라는 말은 주로 일반 대중이나 국민의 이익에 반하는 행위를 비난하거나 노블레스 오블리주로 대표되는 엘리트의 사회적인 의무를 강조할 때 주로 사용된다.

여기서 살펴볼 기득권 역시 사전적인 의미에서의 권리를 의미하는 것이 아니라 부정적인 의미에서 기득권 세력 혹은 기득권 세력의 권리를 의미한다. 기득권하면 생각나는 대표적인 부류는 정치가나 재벌이다. 흔히 사회적 성공을 달리 이르는 말로 부와 권력을 얻었다고 하는데, 기득권이 되기 위해서는 대중이 가지지 못하는 권력과 부를 가지고 있어야 한다.

부와 권력 중 기득권을 특징짓는 것은 권력이다. 기득권이라는 개념은 사회적인 의미를 포함하고 있다. '부(富)'가 개인적인 수요를 충족하기 위해서만 사용된다면 '부(富)'는 사회적인 의미를 갖지 못한다. '부'는 개인적인 풍요가 아니라 제3자에 대한 영향력을 통해 원하는 바를 관철시킬 수 있을 때[63] 사회적으로 의미있는 것이 된다. 바꾸어 말하면 '부'는 권력과 결합할 때만 사회적으로 의미를 가진다. 따라서 '부' 역시 권력의 원천이라는 관점에서 해석되어야 하며, 기득권에서 중요한 것은 '부'가 아니라 권력이다.

기득권이 되기 위해서는 공식적이고 합법적인 방법으로 권력을 행사할 수

---

62) 엘리트가 정치가나 자본가 등의 '지배자'를 의미하는 경우가 있다. 지배자들은 권력을 사용하여 정책결정을 일방적으로 좌우할 수 있는 힘을 가진 자들이다. 이때 정책결정은 합리적 과정이나 대중의 이익과 관계없이 이루어진다. 하지만 기득권은 '지배자'들뿐 아니라 정책결정을 자신들에게 유리한 방향으로 만들 수 있는 권력을 가진 자들을 포함하는 더 넓은 개념이다. '지배자'가 비합리적인 힘을 사용하여 의사결정과정을 변화시킨다면, '기득권'은 의사결정이 합리적으로 이루어지더라도 여전히 의사결정을 자신들에게 유리하게 바꿀 수 있다.

63) 권력에 대한 베버(Weber)의 고전적인 정의에 의하면, 권력이란 사회적 관계에서 한 행위자의 저항에도 불구하고 자신의 의지를 관철시킬 수 있는 위치에 있게 되는 확률(가능성)을 말한다. 표제어 '권력' 《사회학사전》, 사회문화연구소, 2000년, 네이버 지식백과에서 재인용

있어야 한다. 간혹 비공식적이고 비합법적인 방법으로 권력을 행사하는 경우도 있지만 이는 보조적인 권력행사 방법에 지나지 않는다. 왜냐하면 공식적이고 합법적인 방법으로 행사할 수 없는 권력은 지속될 수 없기 때문이다. 공식적으로 인정받지 못하는 권력은 '폭력'일 뿐이므로 사회체제 유지를 위해 얼마가지 않아 축출되고 만다. 따라서 기득권은 그들의 권력행사를 정당화하는 법과 제도가 구축되고 나서야 비로소 형성된다.

공식적이고 합법적인 방법으로 권력을 행사하기 위해서는 사회적인 지위를 가져야 한다. 지위에 따라서는 모든 분야의 권력을 모두 행사할 수 있는 경우도 있지만 직위와 권한이 분산되는 경우 그에 따라 행사할 수 있는 권력의 범위가 달라진다. 예를 들어 고대나 중세시대 왕은 국가 내에서 정치적으로 최고의 위치에 있었으며, 대개 가장 부유하였다. 그래서 군사, 세금 등 정치적인 분야는 물론이고, 상업이나 문화 등 모든 분야에서 최고의 권력을 행사할 수 있었다. 물론 황제보다 부유한 것으로 알려진 위진남북조시대 석숭이나[64] 16세기에 왕위계승에 절대적인 영향력을 미쳤던 푸거가[65]와 같은 예외가 있기는 하였다. 그러나 예외가 존재한다고 하더라도 모든 국가에서 왕이 최고의 권력

---

64) 석숭에 대해서는 다음과 같은 일화가 전해진다. "황제의 외척이던 왕개는 석숭과 누가 더 재물이 많은가를 겨루었으나 석숭을 이길 수가 없게 되자 황제에게 도움을 청했다. 황제는 궁궐 안에 놓아두었던 두 자 높이의 거대한 산호나무를 주었다. 황제의 도움까지 받게 된 왕개는 기분이 좋아져서 석숭과 다른 관원들을 자기 집으로 초대하였다. 술이 서너 순배쯤 돌자 왕개가 우리집에 보기 드문 산호나무가 한 그루 있다며 자랑을 하였다. 모두 천하의 보배라며 감탄하였으나 석숭만은 코웃음을 치고는 산호나무를 부숴버렸다. 왕개는 격분하였으나 석숭은 아무 일도 없었다는 듯이 시종들에게 집에 있는 산호나무 수십 그루를 가져오게 했다. 그 중 가장 큰 것은 왕개의 것보다 곱절이나 더 컸다." 《중국상하오천년사》, 풍국초 지음, 신원문화사, 2008년 4월 25일

65) 스페인의 카를로스 5세와 프랑스의 프랑수아 1세가 신성로마제국의 왕관을 쓰기 위해 다툴 때 카를로스 5세에게 자금을 대출하여 신성로마제국의 왕관을 쓰게 도와주었던 야콥 푸거는 카를로스가 진 빚의 상환이 늦어졌을 때 카를로스에게 다음과 같은 편지를 썼다. "우리는 폐하의 대리인들에게 거액의 돈을 빌려주었는데, 우리는 그 대부분을 우리 후원자들에게서 마련해야 합니다. 제가 지원하지 않았다면, 황제 폐하가 로마제국의 왕관을 쓸 수 없었다는 것은 잘 알려져 있는 일이며, 저는 폐하의 대리인들이 직접 써 보낸 편지로 그것을 증명할 수 있습니다. (중략) 제가 오스트리아 왕가와 손을 끊고 프랑스를 돕고자 했다면 저는 당시 제게 제안된 많은 돈과 재산을 얻었을 것이기 때문입니다. 이 경우 폐하와 오스트리아 왕가에 얼마나 중대한 불이익이 생겼을지는 황제 폐하께서 잘 아실 것입니다."《자본주의의 역사 바로알기》p121, 리오휴버먼 지음, 번역 장상환, 책벌레, 2011년

을 행사한다는 사실에는 변함이 없었다. 석숭의 경우에도 조왕(趙王) 사마륜 (司馬倫, ?~301)과의 권력다툼 끝에 거세되었고, 푸거가의 경우에도 부의 원천이 왕들과의 거래에 의존하고 있었기 때문에 지지하던 스페인 왕 펠리페 2세의 패전과 함께 몰락할 수밖에 없었다.

하지만 사회가 복잡해지면서 특정분야에서 행사할 수 있는 권력의 범위는 제한적이게 되었다. 고대나 중세의 왕은 국민의 재산은 물론이고 필요한 경우 생명까지 빼앗을 수 있는 절대적인 권력을 행사할 수 있었지만, 오늘날에는 왕을 포함하여 어떤 국가원수도 무제한적으로 권력을 행사하지는 못한다.

오늘날의 국가원수는 정치 분야에서만 최고의 권력을 행사할 수 있을 뿐이다. 경제 분야에서는 재벌총수나 스티브잡스 같은 뛰어난 기업가가 대통령보다 더 큰 힘을 행사하며, 문화 분야에서는 저스틴 비버같이 유명한 가수나 이외수 같은 유명작가의 한마디가 최고의 영향력을 발휘하고 있다. 과거와는 달리 더 이상 정치권력이 모든 분야에서 절대적인 힘을 가지기는 어려워진 것이다. 이처럼 현대에 이르러 분야별로 행사할 수 있는 권력의 범위가 제한되고 영향력 있는 사람이 달라지는 이유는 각 분야별로 권력의 원천이 다르기 때문이다.

고대나 중세에는 사회가 별로 분화되지 않아 분야별 권력의 원천이 다양하지 않았으나 현대에는 분야별로 권력의 원천이 다르다는 점이 점점 뚜렷하게 드러나기 시작했다. 예를 들어 정치 분야에서 영향력을 행사하기 위해서는 국민의 지지라든지 카리스마 등이 필요하고, 경제 분야에서는 국민의 지지보다는 자본의 집중이 권력의 원천이 되기 때문에 대통령이 부를 축적하여 경제를 좌우하거나 재벌이 국가원수가 되는 일은 점점 힘들어지고 있다. 예외적으로 아프리카의 모부투나 인도네시아의 수하르토 같은 독재자의 경우에는 부정축재를 통해 재벌이 되는 경우도 있고, 이탈리아의 베를루스코니 총리같이 재벌이 국가원수가 되는 경우도 있으나 정치가 선진화되고 사회에 권력이 고루 분산된 국가에서는 그러한 일이 더 이상 일어나지 않는다.

권력의 원천이 다르기 때문에 정치, 경제, 문화 등 각 분야별로 권력행사가 제한되고 있기는 하지만 특정분야에서 권력을 가지고 있다면 제한적이나마 다른 분야에도 어느 정도 영향을 미치는 것이 가능하다. 그 이유는 권력의 원천이 다르다고 할지라도 각 분야가 완전히 서로 독립된 것이 아니라 어느 정도는 상호 관련성을 가지고 있기 때문이다. 예를 들어 유명가수의 행동이나 발언은 정치적으로 큰 파장을 불러올 수 있으며, 대통령 같은 영향력 있는 정치가가 일으키는 사건은 경제 전망에 영향을 미쳐 주가를 요동치게 할 수 있다. 하지만 이는 다른 분야에 영향을 미칠 수 있는 수준에 그칠 뿐이며, 그 분야에서 직접 활동하는 기득권만큼 절대적인 영향력을 가지거나 지속적으로 권력을 행사할 수 있는 수준은 아니다.

기득권이 가지는 또 다른 특징은 세습 가능성[66]이다. 기득권이 되기 위해서는 해당 분야에서 권력을 가지는 것만으로는 부족하고 그것을 세습할 수 있어야 한다. 특정분야에서 권력을 선점하고 있다면 세습하는 것 역시 별로 어려운 일이 아니다. 권력의 범위만이 다를 뿐 어느 분야든 권력을 선점하면 세습이 어렵지 않다는 점은 옛날이나 지금이나 동일하다. 대개의 경우 특정분야에서 권력을 가지고 있는 부모는 지위를 승계하려고 노력하는 것이 보통이다. 그리고 기득권은 혼인을 통해 상호 연결되어 있는 경우가 많다. 또한 부모가 직접적으로 권력승계에 관여하지 않는다고 하더라도 특정분야에서 부모가 쌓아올린 명성, 인맥, 주변사람들의 관심 등은 후손이 그 자리를 승계하는 데 유리한 조건으로 작용한다. 따라서 특정분야에서 권력을 선점하였다면 대개 권력은 승계된다. 그리고 권력을 선점한 사람들이 기득권의 토대가 된다.

---

66) 여기서 '세습'이 아니라 '세습 가능성'이라고 한 것은 기득권이 스스로 원하지 않아 고의로 세습을 거부한다고 하더라도 그가 생존하는 동안에는 여전히 세습을 원하는 다른 대부분의 기득권과 마찬가지로 권력을 행사할 수가 있는 기득권에 속한다는 점은 변함이 없기 때문이다.

이처럼 기득권이 되기 위해서는 권력을 선점하는 것이 가장 중요하며, 그에 부수적으로 세습 가능성이라는 조건이 필요하다. 살펴 본 바와 같이 분야별로 권력의 원천이 다르고 그에 따라 각 분야별로 권력을 선점한 자들이 기득권이 되는 것이므로, 결국 기득권의 유형은 특정분야를 선점하고 지배하기 위해 필요한 권력의 유형과 일치한다고 할 수 있다. 즉, 기득권의 유형은 권력의 원천에 따라 분류해 볼 수 있는데, 인류 역사를 볼 때 초기에 권력은 물리적 폭력으로부터 나왔으며, 이후에는 자본을 원천으로 하였고, 현대에는 앞의 두 가지뿐 아니라 주로 전문성에 기반을 둔 대중에 대한 설득력으로부터 권력이 나온다. 초기의 권력이 물리적 폭력으로부터 나왔던 이유는 폭력이 권력을 행사할수 있는 가장 손쉬운 방법이었기 때문이다. 그럴 마음만 있다면 권력자는 폭력을 이용하여 언제라도 다른 권력의 원천을 통제할 수 있었고, 이런 상황은 근대 직전까지 계속되었다.

2. 기득권의 유형① : 정치가와 권력자

　권력의 원천이 분화되지 않은 근대 이전의 세계에서의 기득권은 물리적 폭력을 힘의 기반으로 하는 정치가들이었다. 정치가의 정점에는 왕이 있었고, 권력은 왕을 중심으로 한 귀족과 이들을 보좌하는 고위관료를 통해 행사되었다.

　근대 이전의 사회에서 기득권이 권력을 유지하기 위해 가장 자주 사용하던 방법은 권력에 대한 도전에 대해 공포를 보여주는 것이었다. 아무리 자비로운 왕이라 할지라도 권력에 도전하는 자에 대한 처벌은 냉혹하기 이를 데 없었다. 미셸 푸코의 《감옥의 역사》라는 책에는 절대왕정시대의 반역자 처형 장면을 다음과 같이 묘사하면서 권력이 폭력과 공포를 통해 어떻게 유지되고 있는가를 보여주고 있다.[67]

---

67) 《감시와 처벌 : 감옥의 역사》 p25~26, 미셸 푸코, 오생근 역, 나남, 1994년

"1957년 3월 2일 루이 15세를 살해하려다 실패, 체포된 다미엥은 다음과 같이 처형되었다. 말들은 제각기 수형자의 사지를 똑바로 힘껏 끌어당겼다. 말 한 마리에 사형 집행인 한 사람이 붙어 있었다. 한 15분 동안 같은 의식이 되풀이되었다. 그런 일을 반복하더니 급기야는 다른 방법으로 말을 끌어 잡아당겼다. 오른쪽 팔을 담당한 말은 그대로 선두에서 끌게 하고 두 다리를 담당한 두 마리의 말은 양팔 쪽으로 방향을 돌린 것이다. 그러자 팔의 관절이 잘려나갔다. 또 다시 첫 번째처럼 견인이 몇 차례 반복되었지만 성공하지 못했다. 수형자는 머리를 쳐들어 자신의 모습을 내려 보았다. (중략) 전과 같은 두세 번의 시도가 있은 후 사형 집행인 상송과 쇠 집게를 잡고 있던 사람은 그들 주머니에서 칼을 꺼내 관절 부분의 다리대신 넓적다리의 윗부분을 도려냈다. 네 마리의 말이 전력을 다해 끌어당기자 처음에는 오른쪽 다리, 다음에는 왼쪽 다리가 떨어져 나갔다. 뒤이어 양팔, 어깨와 겨드랑이, 사지도 똑같이 칼질했다. (중략) 사형집행인 중 한 사람이 죄수의 동체를 집어 들고 장작더미 위에 던져 넣으라고 했을 때까지 그 죄수는 아직 살아 있었다."

공포를 통해 도전을 막아보려는 시도는 왕뿐만 아니라 귀족을 포함한 모든 특권계급에 일반적이었다. 특권계급이 피지배계급에게 보여주는 공포는 너무나도 일상적인 것이어서 누구나 반항의 결과가 어떠하리라는 것은 쉽게 짐작할 수 있었다.

사회하층민일수록 왕이나 특권계급이 보여주는 공포에 더 자주 노출되었다. 고대 경제의 기반을 이루는 노예계급의 경우 그 수가 특권계급에 비해 비교할 수 없을 정도로 많았고, 노예에 대한 대우는 지각이 있는 사람이라면 견디기 어려울 만큼 비인간적인 것이었음에도 불구하고 노예 반란이 거의 없었다는 것은 일상에서 노예계급이 직면하는 공포가 얼마나 극심한 것이었던가를 보여준다.

노예에 대한 체벌은 매우 일상적이어서 노예는 목욕물을 늦게 가져왔다는 이유로 수백 대의 체벌을 당하거나 손질한 주인의 머리털이 부풀었다는 이유로 채찍을 맞기도 했다.[68] 도망노예들은 얼굴에 자자형을 받았고 그 자리에서 즉결처형을 당하거나 화형, 십자가형 혹은 산채로 짐승에게 던져져 죽임을 당했다. 로마시대 최대 노예 반란인 스파르타쿠스의 반란을 진압했을 때에는 무려 6,000명의 반란 노예들이 아피아 가도에서 십자가형에 처해지기도 했다. 이러한 공포로 인하여 대다수의 대중이 왕이나 귀족에게 대든다는 것은 상상하기 어려웠으며, 왕이나 귀족이 하인이나 노예를 짐승이나 물건을 다루듯이 하여도 아무도 이의를 제기할 수 없었다.

동양에서도 권력을 유지하는 방식은 동일하였는데 다만, 권력을 행사하는 주체만 서양과 조금 달랐다. 동양에서는 귀족보다는 고위 관료가 권력의 중심이었는데, 그 이유는 서양과는 달리 귀족 중심이 아니라 왕을 중심으로 한 정치가 발달해 있었기 때문이다. 고대 로마나 중세시대에 이르기까지 서양의 정치는 절대자인 왕이 아닌 원로회 같은 귀족정을 중심으로 발달해왔다. 왕정이 성립한 경우에도 중요한 것은 '왕' 개인이 아니라 '왕가'라는 가문이었다.

서양에서 절대적인 왕권행사가 늦어진 이유는 서양에서는 왕의 절대성을 보장할 만한 이념적 토대가 없었기 때문이다. 동양에서는 기원전 1세기경 이미 유교의 국교화가 이루어진 데 비해, 서양에서는 17세기에 이르러서야 절대왕정의 토대가 되는 왕권신수설이 등장할 수 있었다.

이념적인 토대가 불충분하였기 때문에 귀족이 사병을 가지고 있는 경우가 일반적이었고, 단순히 왕권을 보호하기 위해 별다른 이유 없이 귀족의 사병해체나 재산헌납을 요구하는 것은 거의 불가능했다. 그러한 요구는 오히려 다른 귀족세력의 반발을 불러와 오히려 왕권을 위협받는 경우까지 있었다. 예를 들

---

68) '처녀노예들은 평생 맷돌질을 했다. 주인의 마음에 들지 않으면 등줄기에 매질은 다반사였다. (중략) 처녀들이 손질한 머리털이 조금 부풀었다싶으면 가죽 채찍질이 뒤따랐다. 잘못한 것도 없는 어린 플레쿠사 주인의 곱슬머리에 꽂은 핀이 빠져나갔다. 거울을 보고 주인은 그 자리에서 소녀를 죽여 버렸다.' 《서양(위대한 창조자들의 역사)》 p187, 저자 아바르리스너, 역자 김동수, 살림, 2005년

어 최초의 권리장전이었던 마그나카르타(대헌장) 역시 왕의 요구에 대한 귀족들의 반발에 왕이 굴복하게 된 결과로 만들어진 것이다. 당시 영국 왕이었던 존 왕(John, 1167~1216)은 프랑스와의 전쟁을 위해 귀족들에게 과도한 과세와 징병을 요구하였는데 이에 반발한 귀족들과 왕이 충돌하였고, 왕이 패하게 되면서 법률에 의한 과세와 합법적 재판에 의하지 않는 체포·감금 금지 등 귀족의 권리를 규정한 대헌장이 만들어지게 되었다.[69]

한편 동양에서는 일찌감치 유교를 채택하여 절대왕권을 수립할 수 있었다. 동양의 중심적인 정치이념인 유교는 귀족보다는 왕권을 옹호하는 이론으로 과거제도를 통해 유교적인 소양과 전문적인 지식을 갖춘 인재를 선발하고, 이들이 중앙정계를 장악하였기 때문에 귀족보다는 고위 관료 중심의 권력체계가 형성될 수 있었다.

하지만 동양에서 전문적인 지식을 통해 보다 다수의 사람에게 권력자가 될 수 있는 길이 열려 있다고 할지라도 이는 관료가 귀족의 역할을 대신한 것일 뿐이었고, 실제로 권력자가 될 수 있는 자는 소수에 불과했으므로 결과는 마찬가지였다. 동양에서도 다수의 민중을 착취하고 공포를 통해 반역자들을 잔인하고 혹독하게 다루었는데, 처형방식은 오히려 서양보다 더 잔인하였다. 동양에서 반역자들에게 내리는 처벌은 다음과 같은 것이었다.[70]

"1904년 가을 베이징 시내 채소시장 입구 교차로. 왕웨이친과 그의 부하들 처형장에 수많은 사람들이 모여들었다. 이윽고 관리 한 명이 법전인 '대청율례'에 정한 죄목을 읽어 내렸다. 뒤이어 병사 두 명이 왕웨이친과 그의 수하들 윗옷을 모두 벗기고 변발을 삼각대에 묶었다.

회자수(망나니)가 죄수의 가슴 부위부터 시작해 이두박근과 허벅지 살을 차

---

69) 마그나카르타는 17세기에 왕권과 의회가 대립하게 되었을 때 국민의 권리를 옹호하기 위한 근거로 이용되면서 근대 헌법의 토대가 된다.
70) 《능지처참 - 중국의 잔혹성과 서구의 시선》, 티머시 브룩 외 지음·박소현 옮김, 너머북스, 2010년

례대로 조각조각 도려내기 시작했다. 작업 도중 회자수가 신속한 손놀림으로 왕씨의 심장을 단번에 찔러 목숨을 끊었다. 신체절단 작업은 계속됐다. 팔목과 발목, 그다음 팔꿈치와 무릎, 마지막으로 어깨와 엉덩이 부분을 잘라냈다. 숙련된 회자수는 순식간에 죄수의 신체를 머리 등 서른여섯 개 남짓으로 해체해버렸다. 그가 관리들 쪽으로 몸을 돌려 외쳤다. '샤런러! 사람을 죽였다!' 조수가 칼을 모아 조심스럽게 바구니에 다시 집어넣자, 기다리던 흰 두루마기 차림의 장의사들이 신체조각들을 모았다.

푸닝현 거인(향시 합격자)으로 지현(현 최고 벼슬아치)과 막역한 사이였던 왕웨이친은 그 3년 전 수하들을 데리고 재산 소유권 때문에 다투던 다른 집안 가족 열두 명을 몰살했다가 '동일 가문 사람들을 3명 이상 살해'할 경우 능지형에 처하는 대청율례에 따라 처형당했다. 몇 달 뒤인 1905년 4월 청조는 능지형을 폐지했다. 하지만 능지형 최후의 희생자는 그가 아니라 그달 9일 몽골 왕자를 살해한 만주인 하인 푸주리였다."

서양이든 동양이든 반역자에 대한 처형은 반드시 시장같이 다수의 사람이 볼 수 있는 공개된 장소에서 이루어졌는데, 이는 반역자에 대한 잔인한 처형의

〈로마 시대 목욕장〉, 위베르 로베르 작, 1796년[71]

---

71) 《세상의 모든 지식》 p19, 김홍식 지음, 서해문집, 2007년 6월 25일, 네이버에서 재인용

목적이 대중에 대한 경고에 있음을 반증하는 것이라 할 수 있다.

이러한 공포를 통해 유지된 권력은 감히 침해되기 어려운 것이었으므로, 귀족 같은 권력자들이 누리는 사치 역시 상상을 초월하는 수준으로 이루어졌다. 대표적인 예로 고대의 향락도시로 유명한 폼페이에서 이루어졌던 귀족들의 사치스러운 삶을 들 수 있다. 당시 폼페이는 사치스러운 목욕탕과 아름다운 정원, 벽화가 그려진 포파에아 사비나 왕비의 별장과 12,000명 이상을 수용할 수 있는 원형경기장, 공중목욕탕 등 귀족들을 위한 사치스러운 건물로 가득했던 도시였다.

그리고 그 건물 안에는 카우치에 누워서 신선한 포도나 아프리카 및 아시아 등에서 공수된 진귀한 음식을 먹는 귀족, 우유로 목욕하는 귀부인들과 그들을 시중들고 있는 노예들이 살고 있었고, 새의 깃털을 목구멍에 넣어 먹은 음식을 토해내고 먹고를 반복하는 파티가 매일 열리고 있었다. 당시 폼페이 귀족의 일상에 대해 역사소설 《폼페이 최후의 날》은 다음과 같이 묘사하고 있다.

"독자들에게 고대인들의 가장 중요한 호사였던 공공목욕탕이 어떻게 생겼는지 제대로 알리기 위하여 당시 막 유행에서 제외된 냉탕 외에는 전체 목욕 과정을 모두 거치는 레피두스를 따라 동행해 보도록 하자. (중략) 몸을 조금 식힌 레피두스는 신선한 향료를 듬뿍 뿌려 놓은 욕탕으로 들어가고, 그곳의 반대편에서 시원한 물로 머리와 몸을 식힌다. (중략) 노예들이 금, 설화석고, 또는 수정에다 보석을 잔뜩 박은 병에서 세상 각지에서 구해 온 희귀한 기름을 따라 목욕하는 이들에게 발라준다. 부자들이 쓰는 이 향유의 종류를 모두 적자면 요즈음 책 한 권은 너끈히 될 것이다. 특히 유행에 민감한 출판사에서 낸 책이라면 말이다. 아마라키눔(마조람 오일), 메갈리움, 나르둠(나드오일) 등 '움(UM)'자로 끝나는 온갖 것들. 옆방에서 조용한 음악이 연주되는 동안 목욕을 적당히 즐긴 사람들은 이 상쾌한 의식의 도움으로 심신이 개운해져서 생기를 되찾고 쾌활하게 담소를 나누었다."[72]

권력은 폭력을 통해 유지될 뿐 국민으로부터 나오는 것은 아니었기 때문에 군대만 적절히 유지할 수 있다면 왕이나 귀족이 일반 대중의 삶에 귀를 기울일 이유는 없었다. 그들은 하인이나 대중의 삶을 살펴볼 기회도 없었고, 이해할 필요도 없었기 때문에 그들의 삶은 대중과는 전혀 달랐다. 서진 황제 사마충(司馬衷, 259~306)이 흉년으로 백성들이 굶어죽고 있다는 보고를 받고 "곡식이 없다면 왜 고기죽을 먹지 않느냐"고 물었다는 일화도 놀랄 만한 일만은 아니다.[73]

근대 이전에는 모든 권력을 국가가 장악하고 있었으므로 엘리트는 정부 관료에 국한된 경우가 많았고, 정부 관료의 대부분은 부자였다. 엘리트가 소수였으므로 이들이 누리는 특권은 지금과는 비교할 수 없을 정도로 막강하였고, 유교 등의 이데올로기를 통해 옹호되는 왕을 중심으로 한 계급사회였으므로 이들은 이념적으로도 지배계층으로 인정받았다.

관료나 귀족의 부는 녹봉보다는 매관매직 같은 비리나 강탈을 통해 축적되었는데, 이 중 대중의 삶을 더욱 고통스럽게 한 것은 비리보다는 강탈이었다. 역사적으로 토지나 재산 강탈이 일반화되는 시점에는 반드시 혁명이 일어나거나 국가가 멸망하는 일이 발생했다는 점은 강탈이 대중에게 비리로 야기되는 착취보다 더 괴로운 일이었다는 것을 반증한다.

이처럼 근대 이전의 왕이나 귀족, 고위관료 같은 소수의 지배계층이 다수의 대중을 지배하고 부를 누릴 수 있었던 것은 극심한 공포를 통해 권력이 보호되고 있었다는 점, 왕이나 귀족들의 권력이 신이나 하늘로부터 위임받거나 그들 자신이 신으로 간주되어서 이들이 누리는 권력이 대중에게 당연한 것으로

---

72) 《폼페이 최후의 날》 p98, 에드워드 불워 리턴 저·이나경 역, 황금가지(2003년 6월 26일)
73) 유사한 일화로 프랑스 혁명이 일어나기 직전에 마리앙뜨와네트가 빵을 달라고 요구하는 대중들의 요구에 "빵이 없으면 과자를 먹지"라고 했다는 일화가 있다.

받아들여지고 있었다는 점, 그리고 그러한 대우를 당연하게 여기고 이에 대해 부당함을 주장할 수 없을 만큼 대다수의 대중이 무지하였기 때문이었다.

이러한 상황은 대중의 지적 수준이 올라가고, 사회가 복잡해져 귀족이나 극소수의 관료만으로는 더 이상 대중을 통제하고 효과적으로 통치하는 것이 불가능한 사회가 도래할 때까지 계속되었다. 그리고 그러한 사회는 근대에 이르러서야 실현되었다.

근대 이후 대중의 지적 수준이 올라가고 사회가 복잡해지면서 대중을 공포로만 통치하는 것은 어려웠다. 이에 따라 대중을 통제하기 위해 많은 법률이 생겨났는데, 왕이나 귀족의 절대성에 기해 무조건적인 폭력을 허용하는 지배보다는 적어도 합리적인 구조를 가진 법률에 의해 통치되는 것은 이전보다 훨씬 자비로운 사회를 만들어냈다.

근대 이후 이러한 법률이 필요하게 된 이유는 특히 경제 분야에서 자본계급이 생겨났기 때문이다. 봉건사회에는 본래 시장이 존재하지 않았다. 하지만 십자군 원정 이후 동방으로부터 많은 물건이 소개되고, 동방과의 무역이 활발해지면서 점차 상업이 발달하게 되었다. 처음에는 15일이나 20일마다 한 번씩 열리는 정기시(定期市)가 성 외곽에 생겨났고, 교류가 활발해지면서 시장은 점차 상설화되었다. 시장을 중심으로 사람들이 모여들면서 시장을 중심으로 새로운 도시가 생겨났다.

시장을 중심으로 형성된 도시는 처음에는 인근 봉건영주에게 세금을 바치다가 봉건영주의 간섭이 심해지자 점차 봉건영주가 아닌 왕에게 세금을 바치게 되었고, 왕은 자신의 세력을 확대하기 위하여 도시에 자치권[74]을 부여하고 자유로운 무역을 할 수 있게 도왔다. 점점 많은 자유민들이 도시로 모여들고, 시장도시 간에 무역이 이루어지면서 기존의 장원경제를 중심으로 한 봉건사

---

74) "도시의 공기는 인간을 자유롭게 한다."는 옛 독일 속담처럼 상업발달을 위해서는 자유가 필수적이었기 때문에 도시민들은 자유를 갈망하였고, 왕에게 세금을 바침으로써 그러한 자유를 얻었다.

회는 더 이상 유지될 수 없었다. 왕의 힘이 강해지면서 점차 봉건영주는 왕에게 복종하는 신하로 편입되고, 봉건사회는 해체되었다. 그리고 힘이 강해진 왕을 중심으로 한 절대왕정이 성립되었다. 절대왕정의 설립과 함께 나타난 세력이 바로 자본가이다.

기득권의 유형② : 자본가(근대사회에서의 기득권)

자본가가 역사의 전면에 등장하기 위해서는 몇 가지 넘어야 할 문제가 있었다. 우선 봉건영주로부터 벗어나 자유를 얻어야만 했고, 둘째 역사적으로 계속되어온 자본가에 대한 부정적인 인식을 개선하여 보다 많은 사람들이 상공업에 종사하고 자본을 축적할 수 있도록 유도해야만 했다.

자유 획득 문제는 앞 장에서 본 바와 같이 상인을 중심으로 한 도시민들이 봉건영주로부터 자유를 사들이거나 봉건영주가 아닌 왕에게 세금을 바침으로써 해결되었다. 하지만 부정적인 인식을 개선하는 문제는 정치적인 문제를 포함하고 있었으므로 그 해결을 위해서는 종교개혁이라는 유혈사태를 거쳐야만 했다.

동서양을 막론하고 상인이나 공인은 사회적으로 천시되는 계급이었다. 일반적인 인식과는 달리 서양에서 상공인의 위상이 오늘날과 같이 높아진 것은 얼마 되지 않았다.

동양에서는 말할 것도 없고[75] 서양에서도 상공인, 특히 부유한 상공인은 부정적인 존재로 인식되고 있었다. 적어도 종교개혁과 국부론을 통해 상공인의 도덕적인 정당성이 확보되기 전까지는 그러했다. 《베니스의 상인》에 나오는 샤일록이나 《크리스마스 캐롤》의 스크루지 등 대부분의 문학 작품에서 상인이 피도 눈물도 없는 수전노로 묘사되고 있는 것은 우연이 아니다. 일반인의 인식 속에서 부유한 상인은 수전노였으며, 착한 상공인으로 묘사되려면 피노키오의 제페토 할아버지처럼 가난해야만 했다. 당신의 사고에 따르면 강철왕 카네기나 빌게이츠처럼 존경받는 부자란 결코 존재할 수 없었다.

이러한 부유한 상공인에 대한 부정적인 인식은 '부자가 천국에 들어가는 것은 낙타가 바늘구멍에 들어가기보다 어렵다'는 성경의 태도에서 비롯된다. 성경은 부유한 자를 악인으로 규정함으로써 자본축적을 죄악으로 여겼다. 예를 들어 중세의 한 저자는 "먹고 사는 데 충분한 것을 갖고 있는데도 더 높은 사회적 지위를 얻으려고, 또는 나중에 일하지 않고 살 수 있을 만큼 충분한 것을 가지려고, 또는 자식들을 부유하고 중요한 인물로 만들려고 부를 얻기 위해 끊임없이 일하는 모든 사람은 사악한 탐욕, 육욕, 자기과시 때문에 그렇게 하는 것이다."[76]라고 표현하기도 하였다.

자본주의의 발달을 위해서는 금융업의 발달이 필수적이다. 상업자본이 공업자본으로 전환되기 위해서는 금융업이 발달해야만 했다. 하지만 금융업에 대한 인식은 상공업에 대한 일반적인 인식보다 훨씬 부정적이었다. 금융업은 그 자체로 죄악으로 여겨졌다. 교회는 이자를 받고 돈을 빌려주는 것은 고리대금이고, 고리대금은 죄라고 말했다.[77] 중세유럽에서 돈은 그 자체로는 아무 것도 생산하지 않는 것으로 여겨졌는데, 돈을 빌려주고 이자를 받는다는 것은

---

75) 사농공상이라는 계급분류에서 보듯 동양에서 상공인은 가장 낮은 계급에 속했다.
76) 《자본주의의 역사 바로알기》 p58, 리오휴버먼 지음·번역 장상환, 책벌레, 2011년
77) 《자본주의의 역사 바로알기》 p56, 리오휴버먼 지음·번역 장상환, 책벌레, 2011년

일하지 않고 수입을 얻는 것을 의미했다. 당시에 유일한 생산요소는 노동력이었다. 심지어 애덤스미스의 《국부론》이 출간되던 시대에서조차 자본은 생산수단으로 여겨지지 않았다.[78] 애덤스미스의 《국부론》은 자본주의의 발달을 위한 조건이 상당히 성숙한 이후에 출간된 책이다. 금융업에 대한 이러한 부정적인 인식은 금융업의 발달을 가로막았다.

도시가 생겨나고 상업이 발달하면서 상업을 통해 돈을 버는 자들 역시 크게 늘어나고 있었으나 중세적인 관점에서 보면 이들은 자본을 축적함으로써 천국으로 가는 길로부터 멀어지고 있는 자들일 뿐이었다.[79] 이러한 부정적인 인식은 종교개혁을 통해 칼뱅이나 마르틴 루터 같은 개신교 지도자들이 자신의 재능을 활용하여 열심히 일해서 돈을 버는 것이 부도덕한 일이 아니라는 주장이 인정될 때까지 계속되었다.[80]

본격적인 종교개혁은 마르틴 루터가 1517년 10월 31일에 비텐베르크대학교 부속 교회당 정문에 '95개조'를 못 박아 붙임으로써 시작되었다. 그전에도 위클리프 등 종교개혁을 위한 시도는 있었지만 실제로 성공을 한 것은 마르틴 루터가 처음이었다. 마르틴 루터는 교회가 금욕적인 규칙을 강조하면서도 면죄부 판매를 통해[81] 점차 부유해지는 것을 비판하고 죄는 금전이 아니라 회개함으로써 사하여지는 것이라고 주장하였다.

칼뱅은 이에서 더 나아가 자본주의 기업가 정신을 옹호하는 데까지 이르렀다. 칼뱅은 "상인의 이윤이 그 자신의 근면과 부지런함에서 오는 것이 아니라

---

78) 애덤스미스의 《자본론》은 노동가치설에 기반을 두고 쓰였다. 노동가치설이란 상품의 실체는 인간노동이며, 상품의 가치는 그 생산에 필요한 노동시간으로 결정된다는 학설이다.

79) 카톨릭 교회는 상인을 '이익욕'이라는 죄를 짓는 자라고 의심하였다(《자본주의의 역사 바로알기》 p213).

80) 하지만 이러한 부정적인 인식에도 불구하고, 절대왕정이 시작되던 16세기부터 자본은 권력을 움직이는 힘으로 작동했다. 메디치가나 푸거가, 로스차일드 등 각 시대별로 권력을 좌우하는 유력 자본가가 있었으며, 상업이 발달하면서 자본은 실질적으로 권력을 지배하기 시작하였다.

81) 면죄부는 중세에 로마 가톨릭교회가 금전이나 재물을 바친 사람에게 그 죄를 면한다는 뜻으로 발행하던 증서이다. 15세기 말기에 산 피에트로 대성당 재건 자금을 조달하기 위해 대량으로 발행하여 루터의 비판을 불러일으키고 종교개혁의 실마리가 되었다. (출처 : 네이버 국어사전)

면 대체 어디서 오는 것이란 말인가?"[82]라고 함으로써 상인들이 부자가 되는 이유를 근면과 부지런함에서 찾았다. 칼뱅주의를 믿는 사람들(청교도)은 근검과 절약을 신조로 삼아 부를 축적함으로써 신흥 부르주아지로 성장했다.

그리고 18세기에 청교도들은 미국의 뉴잉글랜드 지방으로 건너가 청교도의 종교적 이상에 가장 적합한 국가를 건설했다. 그 중 한 사람이었던 벤자민 프랭클린은 "부에 이르는 길은… 근면과 절약이라는 두 단어에 달려있다. 돈도 시간도 낭비하지 말라. …… 정직하게 벌 수 있는 모든 것을 벌고 저축할 수 있는 모든 것을 저축하는 사람은 틀림없이 부자가 될 것이다."라고 하면서 청교도적 생활을 찬양하기도 했다.[83]

이러한 마르틴 루터의 주장이나 칼뱅의 주장은 면죄부 판매에 부정적인 영향을 미쳐 가톨릭교회의 자금줄을 묶어두는 것이었으며, 탐욕을 금지한 기존의 가르침에도 어긋나는 것이었다. 새로운 주장에 대한 거부감은 결국 30년 전쟁이라는 신교와 구교간의 전쟁을 일으켰다. 하지만 변화에 저항하려던 기득권의 노력에도 불구하고 상업발달은 거스를 수 없는 추세였다. 30년 전쟁의 결과 루터교나 칼뱅의 장로교는 결국 신교로 공인을 받아 가톨릭과 어깨를 나란히 하게 되었다.

칼뱅주의를 통해 비로소 상공업 종사자들이 부자가 되는 것은 더 이상 비도덕적인 일이 아니게 되었고, 종교적인 죄의식에서도 벗어날 수 있게 되었다. 그에 더하여 칼뱅주의에서 강조한 근면과 절약정신은 자본주의 발달에 반드시 필요한 투자를 위한 저축을 가능하게 함으로써 자본주의 발달을 앞당겼다.

상업활동이 종교적 제약에서 벗어나면서 상업은 한층 활기를 띠게 되었다. 종교적 죄책감 없이 부를 축적하는 것이 가능해졌기 때문에 더 많은 이익을

---

82) 《자본주의의 역사 바로알기》 p213, 리오휴버먼 지음·번역 장상환, 책벌레, 2011년
83) 《자본주의의 역사 바로알기》 p214, 리오휴버먼 지음·번역 장상환, 책벌레, 2011년

향한 욕구를 제약하는 것은 없었다. 그리고 더 많은 이익을 얻으려는 욕심은 미지에 대한 더 많은 도전을 이끌어 냈고, 새로운 항로 개척을 가능하게 했다. 알려져 있다시피 콜럼버스의 신대륙 발견은 인도에 이르는 더 짧은 항로를 개척하려는 것이었다.

역사적인 차원에서 상업발달이 상업자본가 등장으로 이어지게 만들어 준 것은 16세기 상업혁명이었다. 콜럼버스의 신대륙 발견은 상업혁명이 일어나는 계기를 마련했다. 신대륙으로부터 막대한 양의 은이 유입되었던 것이다. 이는 대규모 거래가 이루어질 수 있게 함으로써 자본이 축적되는 것을 가능하게 만들었다. 그리고 콜럼버스 이외에도 수많은 모험가를 통해 다양한 무역항로가 개척되면서 국제 무역이 활발하게 이루어졌다. 하지만 아직 자본주의가 등장한 것은 아니었다.

자본가는 크게 상업자본가와 공업자본가로 나뉜다. 자본주의 시대가 개막하기 위해서는 공업자본가가 등장해야만 했다. 자본주의 시대가 개막하기 전에 자본은 주로 상업을 통해 축적되었다.[84] 앞에서 본 바와 같이 중세 이후 먼저 자본가의 대열에 합류한 것은 상업자본가였다. 무역을 통한 자본축적이 가능해지면서 먼저 자본가로서의 지위를 획득한 상업자본가들이 공인들을 지배하기 시작했다. 자본주의 시대가 도래하기 위해서는 자본축적뿐 아니라 자본이 더 큰 이윤을 위해 투자되어야만 했다. 그리고 무역을 통해 자본이 축적되자 더 큰 이윤을 위해 자본이 생산과정에 투입되기 시작했다.

중세의 생산은 가내수공업이나 길드제도에 의존하였다. 지역수공업자들은 스스로의 이익을 보호하기 위해 길드를 조직했다. 길드에 속한 장인들은 한두 명의 도제를 고용하여 생산을 하기도 하고 보통 스스로 판매를 했다. 하지만 16세기에 이르러 중간상인이 길드제도에 개입하게 되었다. 중간상인은 장인들

---

84) 《자본주의의 역사 바로알기》 p199, 리오휴버먼 지음·번역 장상환, 책벌레, 2011년

이 스스로 수행하던 원자재 구입 및 판매를 담당했다. 중간상인은 장인들을 고용하여 생산규모를 키우고 전문화와 분업을 통해 더 많은 이익을 확보하게 되었다. 기존의 장인이 중간상인이 되는 경우도 있었지만 중간상인은 대부분 부유한 상인이었다. 상업혁명의 혜택을 먼저 받게 된 사람들은 공인이 아니고 상인이었기 때문이다. 이후 중세의 독립수공업자는 사라지고 자본가이자 상인, 중간상인인 기업가가 상공업을 장악하게 되었다. 길드제도에 의존한 생산방식도 선대제도를 거쳐 공장제 수공업으로 발전하게 되었다.

상업혁명을 통해 축적되기에 충분한 자본이 시장에 존재하기는 했지만, 수공업에 의존한 생산방식으로는 공업을 통한 자본축적을 기대하기는 어려운 일이었다. 공업자본가가 등장하기 위해서는 생산성 혁명을 통해 제조업자가 상인의 지배에서 벗어나 독자적으로 자본을 축적할 수 있어야 했다. 공업자본가의 등장을 가능하게 한 생산성 혁명은 널리 알려져 있듯 바로 산업혁명이었다. 동력으로 가동되는 기계를 갖춘 공장제도는 수공 생산방식보다 훨씬 저렴하고 빠르게 생산할 수 있었다. 대규모의 효율적인 조직과 분업을 갖춘 대규모 공장제도가 마련되면서 생산은 크게 증대되었다. 당시는 "공급은 수요를 창출한다."는 세이의 법칙이 작용하던 시기로 수요보다는 생산이 더욱 중요했던 시기였다. 생필품은 항상 부족하였고, 수요가 도처에 존재하였기 때문에 생산성 혁명은 공인들이 부를 쌓을 수 있는 기회를 제공했다.[85] 산업혁명을 통해 자본을 축적할 수 있게 된 공인들은 자금줄을 쥐고 있던 상업자본가의 지배에서 벗어나 비로소 상업자본가와 대등한 위치에서 거래를 할 수 있게 되었다.

산업혁명에 따라 마침내 생산, 유통, 판매에 이르는 시장 전 과정에서 자본

---

85) 경제공황은 공업화에 따라 과잉생산이 일어난 국가에서만 존재한다. 과잉생산에 따른 최초의 경제공황은 최초로 공업화를 이룩한 영국에서 1825년에 일어났으며, 당시에는 공업화된 국가가 없었기 때문에 경제공황은 세계공황으로 발전하지는 않았다.

가가 등장하게 되었지만 자본가들의 활동에는 여전히 제약이 많았다. 자본주의 성장을 위한 토대는 마련되었으나 시장은 여전히 왕이나 귀족 같은 정치가들의 힘에 의해 지배되고 있었기 때문이다. 자본주의의 발전을 위해서는 더 많은 자유가 필요했고, 시민혁명을 통해서만 자본주의에 적합한 사회구조가 마련될 수 있었다. 상업혁명이나 산업혁명이 일어날 당시는 절대왕정시대로 여전히 신분제가 자유를 억압하던 시기였다. 절대왕정이 상업혁명이나 산업혁명을 지지한 이유는 오로지 '국부' 때문이었다. 국부를 통해 더 강한 군대를 마련하고, 왕권을 강화하는 것이 본래 목적이었던 것이다.

상업자본가든 공업자본가든 모두 국부를 위해 봉사하는 존재였는데, 당시 국부란 왕이나 귀족의 이익을 의미하는 것이었으므로 왕이나 귀족의 이익에 봉사하는 자만이 부유해질 수 있었다. 대표적인 예가 로스차일드 가문의 시조 마이어 암셀 로스차일드이다. 그는 원래 오스트리아 왕실의 지지를 받아 정부와 거래하는 상인이었다. 그는 절대왕정국가간의 전쟁과정에서 엄청난 부를 축적하였고, 그 결과 오늘날 세계 최대의 부자 가문으로 알려진 로스차일드 가문의 기초를 마련할 수 있었다.

하지만 자본주의가 등장하기 위해서는 이러한 관치 자본가에게만 부의 축적 기회가 한정되어서는 안 되었다. 절대왕정시대는 중상주의가 지배하던 시대였다. 중상주의자들은 한 국가에 존재하는 금과 은이 많을수록 더 부유해진다고 믿었으므로 금과 은을 방출하지 않도록 자유무역을 금지하여야 한다고 주장했다. 그러나 자본주의가 발달하기 위해서는 규제가 아니라 자유무역을 통해 더 많은 상공인들에게 자본을 축적할 수 있는 기회가 열려 있어야만 했다.

이런 상황에서 상공인들을 자본가라는 계급으로 묶어주고 활동에 날개를 달아준 것은 경제학 혁명이었다. 자본주의는 이윤추구를 목적으로 하는 자본이 지배하는 경제체제이다. 이윤추구는 자본주의가 지향하는 유일한 목적이다. 이윤추구가 유일한 목적이 되기 위해서는 종교적 죄책감에서 벗어나는 것을 넘어서 이윤추구를 합리화하는 다른 논리가 필요했다.

이것을 가능하게 해준 것이 바로 경제학이다. 경제학이 등장하면서 효율적인 생산이 바로 공공선의 실현이라는 논리를 통해 상공업 활동에 대한 부정적인 인식은 일소되고, 상공인들은 사회에 공헌하는 자로서 도덕적인 정당성까지 가지게 되었다.

18세기에 나타난 산업혁명과 경제학 혁명에 따라 자본가의 저변은 크게 확대될 수 있었다. 그리고 이에 따라 자본가는 정치가를 넘어서 명실공히 실질적인 기득권으로 자리 잡았다. 엘리트 이론가 중 랄프 밀리반드(Ralph Miliband)에 따르면 현대의 실질적인 엘리트는 자본가[86]라고 한다. 그리고 또 다른 학자인 밀즈는 미국의 권력엘리트는 거대기업체의 간부, 군의 장성, 정치집단의 정치가 등 세 영역에서 최고정상에 있는 인사들로 구성되어 있다고 주장한다.[87] 이러한 분석은 자본주의 사회에서는 자본가가 실질적으로 사회를 움직이는 세력 중 하나가 되었음을 보여준다.

86) 《재벌과 권력》 p138, 김윤태 저, 새로운 사람들, 2000년
87) 《정책학원론》 p221, 정정길·최종원·이시원·정준금 공저, 대명출판사, 2005년

기득권의 유형③ :
직업군별 전문가(현대사회의 기득권)

앞 장에서 본 바와 같이 종교개혁과 시민혁명, 그리고 경제학혁명을 거치면서 자본가는 기득권을 구성하는 중심세력 중 하나가 될 수 있었다. 자본주의가 확산되면서 자본이 지배하는 영역은 점점 넓어져 갔다. 자본주의가 널리 퍼져 있는 오늘날에는 마치 자본이 모든 영역을 지배하고 있는 것처럼 보이기도 한다. 자본이 모든 영역을 지배한다는 인식은 마르크스의 영향이 크다. 마르크스는 경제구조를 사회의 하부구조라고 보고 상부구조인 국가기구, 법체계, 인습, 이데올로기 등이 형성되는 것을 제약하고 규정한다고 하였다. 그리고 경제구조를 지배하고 있는 자본가들이 상부구조인 국가기구, 법체계 등을 모두 지배한다고 보았다. 게다가 오늘날 사회의 기득권이라는 자들은 대부분 부유하므로 마치 사회에서 성공하고 기득권으로 진입하기 위해서는 자본이 핵심적인 요소인 것으로 여겨지기도 한다.

하지만 현대의 권력관계를 들여다보면 자본이 기득권이 되기 위한 핵심적인 요소가 아님을 금방 알 수가 있다. 기업가나 부자들이 정치를 하려고 하는 경우 대부분의 사람은 거부감을 느끼며, 자본력을 바탕으로 문화나 학문 분야에 영향력을 행사하려고 하는 경우 심한 반발에 부딪히기도 한다. 기업가나 부자가 자본력만을 가지고 문화나 음악, 종교, 의료, 법률 등 다른 분야를 지배하는 것은 거의 불가능하다.

물론 자본을 많이 가지고 있으면 다른 분야에서도 성공하기가 훨씬 쉽다. 그리고 자본이 있는 사람이 다른 분야에 영향력을 미치는 경우도 비일비재하다. 그러나 자본이 있다고 하더라도 다른 분야에서 성공하기 위해서는 별도로 공부를 하고 전문성을 쌓아서 해당 분야의 인정을 받아야 한다. 전문성이 없이 자본만 가지고 있다면 단지 그 분야에 영향력을 가진 후견인으로 여겨질 뿐이다.

자본의 영향력이 제한적이라는 점은 고대나 중세에 정치권력이 가진 영향력과 비교해보면 더 뚜렷해진다. 고대나 중세에는 자본가나 예술가, 의사 등 모든 분야의 전문가는 단지 왕이나 귀족에 봉사하는 자일 뿐 어떤 분야든지 왕이나 귀족의 명령에 거역하거나 그들 이상의 영향력을 행사할 수는 없었다. 하지만 오늘날 핵심권력이라고 여겨지는 자본력만으로는 단지 영향력을 미칠 수 있을 뿐 해당 분야의 지배권은 여전히 해당 분야의 전문가들에게 남겨져 있다. 자본을 가지고 경제 이외의 다른 분야를 지배하기 위해서는 과거의 정치권력과 같은 직접적인 방식이 아니라 해당 분야의 전문가 혹은 기득권자를 거쳐야만 한다. 흔히 생각하는 바와는 달리 오늘날 모든 분야의 기득권이 부자인 이유도 기득권이 되면서 자본력을 확보하게 되었을 뿐이지 자본력을 바탕으로 기득권이 될 수 있었던 것은 아니다. 이처럼 자본은 간접적인 힘만 가지고 있을 뿐 경제 분야를 제외하고는 직접적으로는 기득권이 되는 데 필요한 요인이 아니다.

현대의 권력관계는 정치권력이나 자본력에 한정된 것이 아니라 훨씬 다양한 힘을 바탕으로 형성되어 있다. 정치권력이나 자본력의 영향이 제한되고, 권력의 원천이 다양화된 이유는 크게 두 가지로 나누어 생각해 볼 수 있다. 첫 번째는 평등주의의 확산 때문이며, 두 번째는 합리주의의 확산 때문이다.

근대에 나타난 평등주의적 사고의 확산은 신분제를 부정하고 성공의 기회를 대중에게 부여함으로써 권력을 획득할 수 있는 경로를 다양화시켰다. 현대사회에서 평등주의적 사고는 이제 상식이 되어 있다. 그리고 평등주의는 이제 단순히 선천적 신분을 부정하는 논리에 그치는 것이 아니라 국가에 적극적으로 평등을 실현해 줄 것을 요구하는 논거를 제공해 주고 있다. 현대사회에서 이 같은 평등주의적 사고가 널리 확산될 수 있었던 이유는 근대 이후부터 나타난 사상적 변화 때문이었다.

평등은 크게 정치적 평등과 경제적 평등으로 나뉜다. 둘 중 먼저 나타난 것은 정치적 평등에 대한 요구였다. 정치적 평등이 확산되는 과정은 곧 민주화가 이루어지는 과정이다. 민주화란 민주주의 정권이 수립되는 것을 넘어서 민주주의가 모든 계층에 차별 없이 실현되는 것을 의미한다. 민주주의 정권수립의 계기가 된 시민혁명이 자유를 획득하기 위한 과정이었다면 민주화는 자유가 확산되는 과정이라고 할 수 있다. 오늘날 당연하게 여겨지는 정치적 평등은 바로 자유를 확산하기 위한 오랜 민주화 투쟁과정에서 얻어진 것이었다. 정치적 평등이 확산된 과정은 다음과 같이 요약해 볼 수 있다.

현대 민주주의는 사회계약론을 사상적 기반으로 하고 있다. 유교나 왕권신수설 같은 정치권력의 정당성에 관한 근대 이전의 이론에 따르면 왕권은 하늘이나 신으로부터 부여받은 것이었다. 따라서 왕권에 도전하는 것은 신에게 도전하는 것으로 간주되었다. 하지만 이러한 이론은 합리성을 결여한 것이었으므로 자발적인 복종을 이끌어 내는 데는 한계가 있었다. 이 때문에 앞서 본 바와 같이 권력유지를 위해서는 폭력과 공포를 동원해야만 했다.

반면, 사회계약론은 정치권력이 평등하고 이성적인 국민간의 계약에 기초한다고 함으로써 권력의 원천이 권력행사의 대상자인 국민이라고 하고 있다. 사회계약론에 따르면 정치권력은 신이나 하늘같은 추상적이고 비과학적인 존재가 아니라 국민의 '이성'적인 판단에 의존한다. 하지만 국민은 추상적인 존재이기 때문에 이성적인 정치적 판단을 얻기 위해서는 다양한 정치 주체간의 토론이 필요하다. 국민 간에 차별이 존재하지 않는다면 누구나 정치과정에 참여할 권리가 있고, 그를 통해 이성적인 판단이 가능하다고 한 것이다.

이렇듯 사회계약론은 비과학적인 논리에 근거한 왕권의 절대성을 부정하고, 이성에 따른 정치를 옹호하는 이론이다.[88] 사회계약론에 따르면 정부가 국민간의 계약을 위반하고 자연권을 침해할 경우 국민은 정부를 타도하고 새로운 정부를 구성할 권리를 가진다. 이러한 사회계약론의 논리는 기아와 귀족이 핍박에 시달리던 국민들이 무능한 왕과 귀족의 정부는 국민과의 계약을 위반한 정부로 타도의 대상이 될 수 있다는 논거가 되어 시민혁명에 정당성을 부여해 주었다.

하지만 사회계약론에서 예정하고 있는 것은 '이성적인 국민'간의 계약이었다. 당시의 이성적인 국민은 모든 인간이 아니라 교육을 받은 성인백인남자에 한정된 것이었다. '이성'에 초점을 맞추었기 때문에 교육을 제대로 받지 못했던 여성과 인간이라기보다는 동물에 가까운 것으로 여겨지던 흑인은 사회계약의 주체가 아닌 것으로 치부되었다. '이성'적인 국민을 중시하던 사회계약론에 따라 성립된 사회에서는 모든 국민간의 정치적 평등이 동시에 획득될 수 없었다. 모든 국민의 정치적 평등이 획득되기 위해서는 오랜 시간과 투쟁이 필요했다.[89]

---

88) 사회계약론이 국민의 단합된 '힘'이 아니라 이성에 의존하고 있는 것은 사회계약론을 만든 사람들이 절대왕정시대의 계몽주의자들이었다는 것과 무관하지 않다. 당시는 산업혁명, 과학혁명과 함께 합리주의적인 사고의 중요성이 커지게 된 시기로 산업혁명과 과학혁명에서 나타난 과학적 사고는 모든 지식인 층을 매료시켜 점성술같은 비과학적인 학문을 몰아내고 학문의 주류로 자리 잡게 된다.

89) 시민혁명 이후 모든 국민이 정치적 자유를 획득하기까지는 거의 200년이 걸렸다. 여성의 참정권은 1920년에 이르러서야 비로소 성취되었다. 흑인 참정권은 인정과 박탈을 거듭하는 진통 끝에 성취되었는데

여성이나 흑인이 정치적 평등을 획득하는 과정에서 눈여겨 볼 것은 여성과 흑인의 정치적 평등 획득이 여성과 흑인의 교육수준향상과 궤를 같이한다는 것이다. 이전에 여성은 한정된 분야의 교육만 받을 수 있었지만[90] 교육 기회가 확대되고 우수한 여성인재가 많아지면서 여성지식인들을 중심으로 페미니즘운동과 여성참정권운동이 일어날 수 있었다. 그리고 흑인의 경우에도 노예에서 벗어나 교육받은 흑인이 점차 늘어나면서 마틴 루터킹 목사 등 흑인 지식인층을 중심으로 흑인의 참정권운동과 차별철폐운동이 일어날 수 있게 되었다. 이러한 여성과 흑인의 노력은 결국 그들에게 참정권과 정치적 평등을 부여하는 성과를 거두었다.

처음 사회계약론이 예정하였던 것은 교육받은 백인 남성간의 정치적 평등 뿐이었으나 교육받은 국민이 늘어나면서 비로소 사회계약론이 모든 국민의 정치적 평등을 지지하는 논리로 확대되었다. 사회계약은 이성적인 국민간의 계약이었으므로 이성적인 국민이 늘어나면서 자연스럽게 사회계약론의 논리가 이들의 정치적 권리를 인정하는 논거가 된 것이다. 이렇게 볼 때 민주화는 후술하는 합리주의의 확산과 일정한 관련성이 있다고 할 수 있다.

시민혁명을 통해 등장한 근대국가는 계급사회를 부정하고 국민의 정치적 평등을 지지하였기 때문에 기존에 특권을 누리던 대부분의 귀족계급은 모두 몰락하게 되었다. 그리고 영국이나 스웨덴처럼 귀족제도가 살아남은 국가라고 할지라도 법 앞에서는 귀족도 일반시민과 동등하게 취급받게 되었다. 왕정과 귀족제도가 몰락하면서 마침내 국민들은 계급사회의 속박에서 벗어나 정치적

1868년 수정헌법 제15조에 명문화되었다가 1898년 '윌리엄스 대 미시시피 판결'에서 참정권이 박탈된 후 오랜 투쟁을 거쳐 거의 70년이 지난 1965년이 되어서야 비로소 실현될 수 있었다. 이는 링컨의 노예해방선언 이후 100년 이상의 시간이 경과된 후의 일이다.

90) 시민혁명 이후에도 여성과 흑인은 능력에 따라 평가받을 수 없었으며, 능력을 발휘할 기회는 물론 능력을 습득할 기회 자체가 거의 주어지지 않았다. 17세기와 18세기에 여성이 받을 수 있는 교육은 읽기와 쓰기, 음악 그리고 무용에만 한정되었다. 〈인포피디아 USA〉, 2004년, 미국 국무부 / 주한 미국대사관 공보과, 네이버 '미국의 역사'에서 재인용

자유를 획득할 수 있었다. 하지만 모든 국민들이 실제로도 평등하게 된 것은 아니었다. 진정한 민주화가 이루어지기 위해서는 자유 이상의 것이 필요했다.

정치적 자유가 '이성적인 모든 국민'에게까지 확산되면서 경제적 평등의 중요성은 점점 커졌다. 시민혁명 결과 귀족제도는 사라지게 되었지만 시민혁명 이후 시민혁명을 진두지휘한 지식인이나 자본가들이 귀족의 지위를 대신하게 되었으므로 일반 국민의 삶은 크게 나아질 것이 없었다. 오히려 경제적 불평등은 점점 심각해지고 있었다. 지식인이나 자본가들은 평등이 아니라 자신들의 활동범위를 넓히기 위한 자유에만 관심이 있었다. 그들은 자유로운 시장 활동을 주장하는 자유주의 경제학을 지지했다. 그리고 이에 따라 자유주의 경제학이 득세를 하게 되면서 자유주의 경제학을 통해 정당화된 강력한 새로운 경제체제 — 자본주의 — 가 세상을 지배하게 되었다.

자유주의 경제학에 따르면 자유방임은 자원배분을 최적으로 만들어 효율성을 극대화함으로써 공익을 극대화할 수 있는 최상의 방법이었다. 따라서 자유주의에 기초하여 등장한 근대 민주주의 국가에서 시장의 자유를 침해하는 행위는 공익에 반하는 것으로 간주되었다. 자유방임에 대한 강력한 신뢰 때문에 국가가 시장에 간섭하는 것은 공익에 반하는 것으로 비난을 받았다. 국가는 오로지 자유주의 경제학에 부합하게 시장의 자유를 보호해야만 했다. 때문에 근대국가에서는 자본의 자유를 확대하는 방향으로만 강제력을 사용했다.[91]

사회에는 계속 불평등이 확대되고 있었으나 국가는 불평등을 막기 위해 어떠한 노력도 하지 않았다. 한 기록에 따르면 1800년대에는 심지어 6세 미만의 어린이들조차도 탄광에서 10시간씩 노동을 하고 있었다고 한다.[92] '일손구함, 2

---

91) 생존을 위한 노동조합활동은 자유로운 임금형성을 방해하는 불법적인 행위로 간주되어 처벌을 받았다. 그럼에도 불구하고 노동조합은 생존권을 위해 계속하여 구성되고 활동하였다. 《자본주의의 역사 바로알기》 p241, 리오휴버먼 지음·번역 장상환, 책벌레, 2011년

92) 《누구나 말하지만 아무도 모르는 자본주의》 p45, 조준현 지음, 카르페디엠, 2011년

살짜리도 상관없음'이라는 광고가 공공연하게 나붙었으며[93] 대다수의 국민은 1일 18시간에 달하는 장시간 근로와 생계곤란에 시달렸다. 자유주의 경제학은 자유방임이 공익의 극대화로 이어질 것이라고 예견하였다. 그리고 노동시장에서도 수요와 공급 원리에 따라 적정한 수준으로 임금이 결정되고, 적정한 노동력이 공급될 것이라고 주장하였다. 하지만 자유방임은 저임금과 장시간 노동을 불러올 뿐이었다.

이러한 심각한 불평등에도 불구하고 자유주의자들은 자유로운 활동의 결과로 나타난 불평등은 자유의 결과이므로 그에 대해서는 개인이 책임을 져야 한다고 주장했다. 이러한 주장에 따르면 자유경쟁을 통해 쟁취된 성과는 노력이나 인내의 결과로 간주되었다. 이러한 주장의 일부는 사실이었지만 상당한 부분에서는 사실이 아니었다. 왜냐하면 이미 기득권을 장악한 부르주아들은 일반 국민보다 더 많은 기회를 얻을 수 있었고, 경쟁에서 더 유리한 조건을 선점할 수 있었기 때문이다. 기득권을 장악한 부르주아들은 일반 국민과 대등한 조건에서 경쟁하지 않았으므로 자유경쟁을 통해 일반 국민보다 더 많은 성과를 얻을 수 있었다. 경쟁의 전제조건이 이미 동등하지 않은 상황에서 자유주의는 부르주아가 가진 기득권에 정당성을 부여할 뿐이었고, 더 이상 사회의 효율성을 극대화하여 공익을 보호하는 이론이 아니었다. 정치적으로는 모두가 평등하고 자유로웠으나 시민혁명을 통해 자유로워진 것은 부르주아들뿐이었다.

하지만 이처럼 경제적 불평등이 심화되고 있음에도 불구하고 경제적 불평등을 바로잡을 수 있는 이론적 근거가 충분하지 않았다. 정치적 자유 확대에 따라 평등주의 의식은 확산되었으나 자유주의 논리에 따라 경제적 불평등은 개인의 책임이었다. 이를 바로잡기 위해서는 새로운 논리와 이론이 필요했다.

---

93) 《자본주의의 역사 바로알기》 p140, 리오휴버먼 지음, 번역 장상환, 책벌레, 2011년

자유주의의 문제를 해결하기 위해 등장한 이론들의 흐름은 크게 두 가지로 나타났다. 첫 번째는 자본주의를 대체하려는 마르크스주의이고, 두 번째는 케인즈 주의로 대표되는 수정자본주의 이론들이다.

마르크스주의의 경우 가장 많은 착취를 당하고 있던 제조업 분야의 노동자들이나 농민들의 지지를 받아 사회주의 국가건설의 이론적 토대가 되었다. 하지만 그것은 자본주의 국가로부터의 이탈을 추구하는 이론이었으므로 산업화가 이루어진 대부분의 자본주의 국가에서는 중심이론이 되지 못했다. 다만, 산업화가 아직 이루어지지 않거나 불완전하게 이루어진 러시아와 같은 농업국가에서만 공산주의 국가를 건설하는 데 성공할 수 있었을 뿐이다.

자본주의 국가에서 경제적 불평등을 해소하려는 움직임은 자본주의가 가장 발달해 있던 미국에서부터 나타났다. 흔히 두 번째 흐름인 수정자본주의는 케인즈 주의[94]라는 경제정책의 변화를 통해 등장한 것으로 생각하기 쉬운데 자본주의를 수정하려는 움직임은 그 전부터 지속적으로 있어 왔다. 케인즈 주의는 그런 움직임을 이론화한 것이다. 이러한 움직임들은 주로 자유방임에 따른 시장 권력의 집중 문제를 해결하는 것을 목적으로 하고 있었다.

그 이유는 19세기에 들어서 산업자본주의가 독점자본주의로 변모하면서 시장이 특정가문에 의해 지배되는 문제가 나타났기 때문이었다. 금융 분야의 JP모건, 철강 분야의 카네기, 석유 분야의 록펠러 등 자본주의 역사상 가장 강력한 독점기업가들은 모두 이 시기에 등장한 자들이었다. 독점은 자유주의에서 예정하고 있는 자유경쟁에 위반되는 것이었으므로 시장을 다시 경쟁시장으로 되돌리기 위해 19세기 말부터 반독점법이 제정되기 시작했다. 최초로 제정된 반독점법은 1890년의 셔먼법인데, 이 법은 석유왕 록펠러 소유의 스탠더드 오

---

94) 케인즈는 《고용, 이자 및 화폐에 관한 일반이론》(1936)이라는 저서를 통해 자본주의는 실업을 스스로 해결할 수 없으며, 정부가 투자자로 나서 수요를 늘려야 한다고 함으로써 시장에 대한 국가의 개입을 정당화시켰다.

일을 해체하는 데 결정적인 역할을 했다. 이후 서먼법은 독점 규제법의 모델로 자리 잡아 각 국가의 독점문제 해결에 기여했다. 1914년에는 서먼법을 보완하는 클레이턴법과 연방거래위원회법이 각각 제정되었으며, 연방거래위원회가 설립되면서 비로소 독점을 규제할 수 있는 기본적인 제도적 장치가 마련될 수 있었다.

다음으로 나타난 것은 단편적인 법률제정이나 기관 설립을 넘어서 자본주의를 위한 공정한 질서를 세우고자 하는 정책 차원의 움직임이었다. 대표적인 것이 1901~1909까지 재임한 시어도어 루스벨트의 '스퀘어딜' 정책이다. 시어도어 루스벨트는 우리에게는 잘 알려지지 않았지만 유명한 러시모어산에 있는 4명의 대통령 조각상 인물 중 한 명이다. 시어도어 루스벨트는 재임기간 중 자본가나 노동자에 치우치지 않는 공정한 정책 수행을 통해 미국 자본주의 정신을 확립하였다는 평가를 받고 있다. 시어도어 루스벨트는 '스퀘어 딜'이라고 불리는 일련의 정책[95]을 통해 광범위한 분야의 재벌 해체를 가져왔고, 강성노조의 무리한 요구에 단호하게 대처함으로써 공정한 시장질서 확립을 위해 노력하였다.

이후 시장질서 확립에서 더 나아가 경제적 평등을 직접적으로 확보하려는 노력이 나타났는데 사회보장법(Social Security Act) 제정(1935년)이나 누진세제도 확립(2차 대전 이후) 등이 그것이다. 이러한 일련의 정책은 기존의 자유방

---

95) 루스벨트는 재벌의 리베이트 관행을 저지하는 엘킨스법(1903), 철도회사 운임의 독점적 형성을 막는 헵번법(1906), 식육업체를 비롯한 식품재벌들의 비리를 차단하는 육류검사법 및 식품의약규제법(1906) 등을 입법했고, 1902년에는 무연탄 광산의 파업에 개입해 노동자들의 편에 서서 재벌을 굴복시켰다. 그리고 1890년에 제정되었으나 잠자고 있던 서먼법에 근거하여 노던 증권, 모건 철강, 스탠더드 오일 등의 트러스트들을 상대로 45건의 소송을 제기했는데, 그 중 가장 주목 받은 소송은 1907년부터 1911년까지 이어진 스탠더드 오일 상대의 소송전이었다. 이는 당시 최대의 트러스트를 해체하는 데 성공함으로써 미국 기업 역사에 이정표를 세웠다. 그러나 록펠러를 비롯한 당사자들은 그리 슬퍼하지 않았는데, 기존 지분이 인정되고 보상이 주어짐으로써 대주주들은 일확천금을 했기 때문이다. 하지만 트러스트 자체는 39개로 해체되었으며, '기업연합'을 통해 하나의 기업 또는 경영자가 동종업계를 지배해서는 안 된다'는 원칙은 굳어져서 이후 트러스트들의 연속 해체를 가져왔다. 재벌과의 싸움은 루스벨트 행정부의 확고한 의지, 언론이 일으킨 국민의 반재벌 정서, 그리고 기득권자들이 나름대로 대가를 챙길 수 있는 출구의 마련을 통해 성공할 수 있었다. 네이버 인물세계사, 《시어도어 루스벨트》, 함규진 지음

임정책에서 벗어나 공정한 경쟁조건을 마련하고 사회정의를 확립하려는 움직임으로 자유방임이 아닌 공정성 관점에서 자본주의 질서를 재정립하는 것을 목표로 하는 정책들이었다.[96]

이러한 움직임을 통해 자본주의 질서가 자유방임에서 벗어나기는 했지만 그렇다고 이러한 정책들로 인해 시장에 대한 국가 개입이 인정받을 수 있었던 것은 아니다. 자유주의 경제학의 영향으로 여전히 시장의 자율성은 절대적인 지지를 받고 있었고, 국가의 개입은 문제의 심각성이 확실한 지극히 제한적인 경우에만 가능했다.

시장에 대한 국가 개입이 본격화된 것은 케인즈 주의가 등장한 이후의 일이다. 1929년 대공황이 발생하면서 미국은 장기 침체를 겪고 있었는데, 대공황을 극복하고 자본주의를 재건하기 위해 프랭클린 루스벨트 대통령은 뉴딜정책이라는 이름으로 일련의 정책실험을 하게 된다. 테네시강 유역개발 사업으로 잘 알려진 뉴딜정책은 은행에 대한 긴급 자금원조, 농업 생산 제한 및 농민에 대한 자금지원 등 다양한 정부개입정책을 시도하며 큰 성과를 거두었다. 뉴딜정책의 성공으로 케인즈 주의의 유효성이 인정되면서 자유방임주의는 포기되고 경제 패러다임은 시장 주도에서 정부 주도로 바뀌게 되었다. 그리고 이후 신자유주의가 등장하기 전까지 상당기간동안 정부가 시장에 개입하는 것이 당연시되었으며, 시장은 '보이지 않는 손'보다는 정부에 의해 통제를 받게 되었다. 케인즈 주의의 등장으로 정부가 적극적으로 경제에 개입하는 것이 가능해지면서 불평등을 해소하고자 하는 요구들이 경제정책에 반영될 수 있었다. 그리고 케인즈 주의가 받아들여진 후 자본주의의 황금기가 도래하면서 최저임금제, 노동3권(단결권, 단체교섭권, 단체행동권), 실업보험 실시 등 근로자의 권리를 보호하는 제도들이 속속 실시되었다. 이는 케인즈 주의가 경제 개

---

96) 20세기 초에 미국에서 시어도어 루스벨트(스퀘어딜), 우드로 윌슨(뉴프리덤) 등으로 이어지는 대통령들이 모두 공정성을 중시하는 공약을 통해 당선되었다.

입과 평등주의적 요구에 대한 이념적 토대를 제공한 결과이다.

　권력의 원천이 다양화된 두 번째 이유인 합리주의의 확산은 다음과 같은 과정을 통해 나타났다. 합리주의란 비합리적이거나 우연적인 것을 배척하고 이성적이고 논리적, 필연적인 것을 중시하는 태도를 말한다.[97] 합리주의적인 사고방식이 확고히 자리 잡은 오늘날에는 대중을 선전물, 광고, 저작물 등 합리적인 방법을 통해 이해시켜야만 권력을 획득하고 유지할 수 있다. 합리주의에 익숙한 오늘날의 대중은 이해할 수 있는 것만을 믿으며, 스스로 믿는 것에 대해서만 복종을 하게 된다. 오늘날에는 옛날과 같이 초자연적이거나 추상적인 대상에 기대어 권력 획득을 합리화하거나 폭력이나 공포를 통해 대중을 지배할 수 없다.

　하지만 불과 200~300년 전만 하더라도 합리주의적인 사고방식은 일반적인 것이 아니었다. 오히려 합리적인 설명보다는 신이나 영(靈)과 같은 초자연적인 존재에 기댄 설명방식이 일반적이었다. 그리고 학문영역에서조차 과학보다는 종교의 지배가 일반적이었다. 예를 들어 서양의 경우 천문학에서는 지구를 우주의 중심으로 보는 천동설, 생물학에서는 성서의 창세기에 근거하여 신이 모든 생물을 만들었다는 창조론이 지배하고 있었다. 그리고 동양의 경우에는 뚜렷한 과학적 근거를 가지고 있지 않는 64괘[98]를 바탕으로 쓰여진 주역이 유교의 핵심 경전으로 받아들여지고 있었고, 일반인은 물론 지식인들조차도 샤

---

97) 표제어 '합리주의' 《두산백과》, 네이버에서 재인용

98) 64괘(卦)는 복희나 하나라 우왕, 주의 문왕 등 중국 역사의 전설상의 인물들이 만들었다고 하는 설이 있는데, 그 중 복희씨에 관한 설에 따르면 복희씨가 나라를 다스릴 때 황하에서 용마가 나타났는데 그 등에 점으로 된 그림을 가지고 있었다고 하며, 이를 바탕으로 복희씨가 8괘를 만들어 냈다고 한다. 그리고 하나라 우왕에 관한 설에 따르면 우왕이 낙수를 치수할 때 거북이가 떠올라 왔는데 그 등 껍데기에도 역시 글씨가 있었다고 하며, 이를 바탕으로 8괘가 만들어졌다고 한다. 그때 거북이 등에 쓰여 있던 문자를 '하도낙서(河圖洛書)'라고 부른다. '괘(卦)'라는 말 자체가 '복(卜)'과 '규(圭)'의 합성어로 '복은 거북 껍질을 불에 태워 점을 칠 때 나타나는 균열의 모양에서 유래한 문자이다. 이러한 점으로 미루어 64괘는 고대에 거북이 등을 태워 점을 치던 문화에서 비롯된 것을 알 수 있다.

머니즘 같은 미신을 신봉하고 있었다. 하지만 고대에서 현대에 이르면서 비합리적인 설명과 종교적 사고방식은 점점 배척되고 과학과 합리주의에 근거한 사고방식이 자리 잡게 되었다.

그러면 왜 현대에 이르러 비로소 합리주의적인 사고방식이 종교적 사고방식을 대체할 수 있게 된 것일까? 현대에 이르러 합리주의가 널리 확산되게 된 배경은 다음과 같다. 우선 16세기와 18세기에 과학혁명을 거치면서 많은 종교적 주장이 과학적 주장으로 대체되어 종교적 주장이 힘을 잃게 되었다. 과학혁명은 16세기부터 18세기 사이에 과학, 기술 분야에 나타난 혁명적 변화를 이르는 말이다. 과학혁명을 거치면서 코페르니쿠스와 갈릴레오 갈릴레이 등 천문학자들의 노력에 따라 종교적 주장인 천동설은 지구가 태양의 주변을 공전한다는 지동설로 대체되었고, 뉴턴에 의해 물리학, 광학이 크게 발전하였으며, 미적분 개념 발견 등 수학 분야에서도 큰 변화가 있었다.

이러한 변화는 계몽주의가 실증주의를 받아들이면서 널리 확산되었다. 계몽주의는 인간의 합리적 이성과 과학기술이 문명의 발전을 이루게 된다는 믿음이다. 초기에 계몽주의 흐름을 주도한 자들은 볼테르, 몽테스키외, 콩도르세 등 몇몇 지식계층들이었다. 즉, 계몽주의자들은 이성과 합리주의를 통해 구시대의 부조리, 미신, 무질서를 타파하고자 하였다.

당시 계몽주의자들은 인간의 이성을 신뢰하고 이성을 가진 사람들의 판단에 따라 정치가 이루어져야 한다고 주장했다. 즉, 계몽주의자들은 봉건사회의 형이상학적, 신학적 세계관을 거부하고 객관성과 과학성을 바탕으로 형성된 이론에 의거하여 정치가 이루어져야 한다고 생각한 것이다. 하지만 당시 계몽주의자들이 가진 지식은 그다지 객관적이지 못한 것이었다. 예를 들어 사회계약론은 인간의 초기상태에 대한 가정을 통해 이론을 도출해 내었는데, 이러한 방식의 이론도출은 상상에 근거한 것일 뿐 입증되기는 어려운 것이었다. 이론이 객관적이 되기 위해서는 상상이 아니라 누구나 받아들일 수 있는 지식이나 관찰을 바탕으로 한 것이어야만 했다.

이런 상황에서 등장한 실증주의는 계몽주의자들의 고민을 해소할 수 있는 연구방법론을 제시해 주었다. 실증주의는 19세기 후반 서유럽에서 나타난 철학적 경향이다. 실증주의에 따르면 형이상학적 사변과 경험적 근거를 지니지 않는 개념은 비과학적이고 주관적인 것으로 학문적 연구가치가 없으며, 관찰과 경험을 통해 획득한 사실만을 지식의 원천이 될 수 있다고 한다. 실증주의는 사회에 대한 관찰을 통해 현상 등을 수치화하고, 이를 바탕으로 이론을 구성함으로써 검증 가능하고 정교한 이론들을 만들어 냈다. 계몽주의가 실증주의적 연구방법을 도입하면서 비로소 실증주의자들은 보다 정교하고 객관적인 이론을 만들 수 있게 된 것이다.

이처럼 시민혁명의 결과, 시민혁명의 토대가 된 계몽주의 사상은 사람들에게 널리 알려지게 되었다. 그리고 계몽주의자들이 사회과학연구에 관찰과 경험을 중시하는 실증주의를 받아들이면서 과학성을 중시하는 합리주의적 사고방식은 모든 학문 분야로 퍼져 나갔다. 과학혁명은 과학과 기술 분야에 국한된 것이었지만 과학혁명 과정에서 나타난 '관찰과 실험에 의거한 이론형성'이라는 방법론은 다른 학문에도 충분히 적용될 수 있었으며, 더 객관적인 연구를 가능하게 만들어 주었다. 이에 따라 과학성을 중시하는 연구방법론은 다른 사회과학 분야에까지 영향을 미칠 수 있었고, 이후 정치사상 등 사회 전반의 연구 성향과 사고방식을 바꾸어 놓게 되었다.

게다가 의무교육 실시는 합리주의적 사고방식 확산을 더욱 가속화시켰다. 그 결과 마침내 일반시민까지 합리주의적 사고에 익숙해질 수 있게 되었는데 의무교육이 실시되면서 과학기술의 발달과 실증주의를 바탕으로 성립된 이론들은 일반시민에게까지 널리 알려질 수 있었다. 그리고 교육을 통해 일반시민의 지적 수준이 향상되면서 인식의 폭이 넓어져 일반시민이 정치적 이슈에 대해 판단하는 것이 가능해졌다. 교육의 확대는 지식인 계층의 저변을 확대함으로써 사회 전체의 지능을 한 단계 높여 놓았다.

합리주의의 확산은 크게 두 가지 차원에서 권력관계[99]를 변화시켰다. 우선 대중이 권력의 객체가 아니라 권력의 주체가 되었다. 비록 대중이 스스로 권력을 행사할 수는 없었지만 엘리트는 더 이상 자신의 목적에 따라서 대중을 임의로 움직일 수 없었다. 교육은 대중의 지적 수준을 향상시켜 엘리트계층의 판단에만 의존하지 않도록 대중에게 주체성을 부여해 주었다. 그리고 이러한 변화에 따라 엘리트들은 대중을 계몽시키는 것이 아니라 이해시켜야 했다. 다음으로 엘리트 충원 방식에서 대중의 지지가 중요한 요소가 되었다. 대중의 영향력은 이전의 어느 시대보다 향상되었으며, 대중의 지지를 얻은 자만이 권력을 얻을 수 있게 되었다.

오늘날 대중은 각 분야별로 전문성과 기능을 갖춘 사람만이 해당 분야의 지도력을 갖추었다고 판단한다. 그리고 충분한 지도력을 갖추었다고 판단되는 경우에만 권력 획득이 정당한 것으로 인정한다. 이에 따라 어떤 분야의 엘리트가 되기 위해서는 초자연적, 미신적 요소가 아닌 대중이 권력 획득의 정당성을 인정할 수 있을 만큼의 전문성을 갖추어야만 했다. 합리주의의 확산 결과 사회는 마침내 합리성을 최우선의 권력 원천으로 삼게 된 것이다.

이처럼 평등주의 확산은 누구나 정치에 참여하고 영향력을 미칠 수 있는 가능성을 만들어 주었다. 그리고 합리주의의 확산은 지적 수준이 높은 시민사회를 등장시켜 실제로 일반시민이 정치 주체로 활동할 수 있는 지적능력을 부여하였다. 평등주의와 합리주의의 확산에 따라 비로소 이성에 의한 정치를 소망했던 계몽주의자들의 이상이 실현될 수 있게 된 것이다. 그리고 모든 시민이 서로 평등하다는 인식을 갖게 되면서 적어도 이념적으로나마 권력상층부나 기득권에 대한 신비감이나 절대성은 깨어지게 되었다.

---

99) 지배–피지배 관계를 말한다.

이러한 변화가 가져온 결과는 누구나 능력만 입증되면 권력을 가질 수 있게 되었다는 것이다. 시민혁명 이전에는 특정한 신분이나 혈연관계에 속한다는 사실만으로 권력을 정당화하기에 충분했다. 그러나 합리주의가 지배하는 사회에서는 대중이 납득할 수 있는 합리적인 근거가 없는 한 어떠한 권력이나 특권도 인정되지 않는다. 모든 사람이 평등해진 사회에서 다른 사람보다 우월한 지위를 인정받기 위해서는 그럴만한 자격이 있음을 대중으로부터 인정받아야 한다. 현대사회에서 대중은 스스로 타당하다고 인정하고 자발적으로 복종하기로 결정한 대상 이외에는 복종하지 않기 때문이다. 그러한 자격은 대개 다른 사람보다 뛰어난 전문성과 정치력을 갖춘 사람에게만 부여된다. 만약 능력이 미치지 못하면 일시적으로 권력이나 특권을 가지게 된다고 하여도 대중의 비난에 부딪혀 지위를 오래 유지하기 어렵다.

그러한 능력은 개인의 사회적 성공 여부로 평가된다. 사회적 성공이란 바로 직업적 성공을 의미한다. 왜냐하면 모든 사회 구성원은 사회적 기능을 직업을 통해 수행하기 때문이다. 사회적으로 성공했다는 것은 사회가 개인에게 부여한 기능을 다른 사람보다 성공적으로 수행했다는 뜻이다. 그리고 남보다 성공적인 수행을 위해서는 통상 그들보다 뛰어난 능력과 자질이 요구된다. 따라서 직업적으로 성공했다는 것은 그 사람이 가진 능력의 우수성과 전문성을 반영하는 중요한 증거가 된다.[100] 능력이 입증되면 그 사람은 자신의 전문분야에 대해 권위와 명성을 가진다. 그리고 해당 분야의 의사결정에 대한 그 사람의 발언과 행동은 의사결정시 영향력을 발휘한다.

또한 직업적으로 성공했다는 것은 사회적 기능을 효과적으로 수행하여 다른 사람보다 사회에 대한 기여도가 더 높다는 것을 뜻하기도 한다. 사회에 대한 기여도가 크다면 당연히 사회에서의 발언권 또한 높아질 수밖에 없다. 마

---

100) 사회적으로 성공했다는 것은 그 사람이 최고의 능력을 가진 사람이라는 증거가 되지는 못해도 적어도 그 사람이 상당한 자질을 갖춘 사람 중 하나라는 것을 분명하게 보여주는 증거가 된다.

치 로마시대에 잦은 전쟁으로 인해 전쟁을 수행한 일반시민들의 입지가 높아짐으로써 귀족에 대항할 수 있는 호민관이라는 직책을 요구할 수 있었고, 남북전쟁시기에 무시당하던 흑인들이 북군에 참전하여 싸움으로써 발언권을 가지게 되었던 것과 마찬가지이다. 사회에 대한 기여도가 높아지면 발언권 역시 커지기 마련이다. 결국 직업적 성공은 개인의 능력을 증명하는 척도인 동시에 사회에 대한 기여도를 입증하는 증거가 됨으로써 그 사람이 지도자로서 사회의 의사결정권을 행사하는 것을 정당화시켜 준다. 지도자로서 의사결정권을 가진다는 것은 바로 권력을 가지게 된다는 의미이다. 따라서 현대의 기득권은 각 직업군에서 능력을 인정받아 성공한 사람들로부터 나타나게 된다.

이처럼 권력이나 자본이 아니라 다양한 직업적 능력이 권력의 원천이 되면서 현대에는 권력자나 대자본가를 대신해서 직업적 전문가들이 기득권을 구성하는 주류로 자리 잡게 되었다. 하지만 이러한 관점에서 볼 때 오늘날에는 권력을 얻는 수단이 개인의 직업적 능력에 의존하고 있으므로 권력이나 지위가 승계될 여지가 없다고 생각할 수 있다. 승계 가능성이 없다면 기득권은 형성될 수 없다. 그러나 현실에서는 특정한 부류의 사람들이 오랫동안 명성과 지위를 유지하면서 지속적으로 권력을 행사하고 그들의 자녀에게 이러한 지위를 승계하는 경우가 많다. 대기업 회장의 아들은 능력과 무관하게 초고속 승진을 하면서 회사를 이어받으며, 유명 연예인의 자녀는 실력을 검증받지 않아도 부모의 후광으로 쉽게 연예계에 진출할 수 있다. 부모와 동일한 분야가 아니더라도 성공한 부모의 자녀는 그렇지 않은 경우보다 직업적으로 성공을 거두는 경우가 많다. 의사나 변호사의 자녀는 빈민층의 자녀보다 더 높은 수준의 교육과 지원을 통해 더 많은 지식과 경험을 쌓아 더 높은 확률로 직업적 성공을 거둔다.

실력 위주의 사회라면 직업적으로 성공한 사람들이 권력과 지위를 승계할 가능성이 없어야 함에도 불구하고 현실에서는 대부분 권력과 지위가 승계되고 있다. 권력과 지위가 승계될 수 있다면 직업적으로 성공한 사람들은 기득권으로 성장할 수 있게 된다. 다음 편에서는 실력주의 사회가 된 현대에서도 여전히 권력과 지위가 승계되고 기득권이 형성되고 있는 이유에 대해 살펴보기로 한다.

누가 나의 일자리를 빼앗았는가?

앞서 본 바와 같이 현대의 기득권은 왕이나 귀족, 관료 등 정치 권력자들의 후예인 정치가, 근대 이후 형성된 자본가, 직업군별 전문가로 구성되어 있다. 어떤 사람은 현대에는 기득권이 없다고 주장하기도 한다. 모두가 평등한 상황에서 실력을 통해서 지위를 얻은 것이지 근대 이전처럼 지위의 승계를 통해 지위를 얻은 것이 아니라는 것이다. 하지만 모든 사회에는 필연적으로 기득권이 존재할 수밖에 없다. 오늘날처럼 실력주의에 기반을 둔 사회라고 하더라도 그것은 마찬가지이다.

실력주의 사회에서조차 기득권이 존재할 수밖에 없는 이유는 크게 두 가지이다.

첫째는 앞에서 살펴보았던 경쟁을 싫어하고 안정을 좋아하는 인간의 본성 때문이다. 이러한 본성으로 인하여 경쟁시장에 참여하는 모든 사람은 겉으로는 공정한 경쟁을 지지한다고 하더라도 자신이 경쟁을 피할 수 있는 상황이 되면 가능한 그것을 피하고자 한다. 시장경쟁에서 승리하려면 자신이 가진 능력을 한계치까지 사용하는 극한의 노력을 기울여야만 한다. 이러한 경쟁과정에 지속적으로 노출되는 것은 매우 힘들고 피곤한 일이 아닐 수 없다. 따라서 인간은 일단 권력을 사용할 수 있는 지위가 확보된 후에는 기존과 같은 방식으로 전문성이나 기술만으로 경쟁하려고 하기보다는 권력과 지위를 사용하여 경쟁에서 유리한 고지를 얻고자 한다.

어떤 면에서는 해당 분야의 전문가로 인정받고, 기득권이 된 이후에도 처음 시장에 진입한 사람과 똑같이 경쟁해야만 한다면 이는 오히려 부당한 일로 여겨질 수 있다. 수십 년간의 노력에 대해 어느 정도의 지위와 권리를 보장해 주는 것은 노력을 이끌어내는 '유인'이 될 수 있다. 하지만 기득권의 특권을 보장하는 것은 거기까지여야 한다. 기득권의 특권 때문에 실력주의의 근간을 해하게 된다면 그것은 대중이 부여한 권리를 남용하는 것이다. 그러나 대부분의 경우 특권은 남용되기 마련이다. 주류경제학에 따르면 효율성을 극대화하기 위해서는 오로지 동등한 조건에서 경쟁을 해야만 한다. 경쟁은 능력을 극한으로 끌어올리는 수단이므로 그 외의 수단을 통해 경쟁우위를 확보하는 것이 가능하다면 효율성을 극대화하기 어렵다. 실력주의에 기반을 둔 사회에서 예전에 노력을 했었다는 이유로 안정적인 지위를 보장해 주는 것은 부당한 일이 아닐 수 없다.

인간은 경쟁을 싫어하고 안정을 좋아하는 본성을 가지고 있으므로 일단 권력을 사용할 수 있는 지위가 확보된 후에는 더 쉬운 경쟁력 확보수단인 권력을 사용하여 경쟁에서 유리한 고지를 얻는다. 새로 전문성과 기술을 익히고, 그것만으로 경쟁하는 것은 너무나 고통스러운 일이기 때문이다. 기득권을 획득함으로써 확보된 권력과 지위는 다시 경쟁을 위한 자원으로 활용된다. 여기서 말하는 권력은 근대 이전처럼 폭력을 의미하는 것이 아니라 합법적인 권한, 그리고 권력과 지위를 바탕으로 형성된 관계로부터 파생되는 영향력을 의미한다. 기득권은 직접적인 영향력을 통해 자신에게 유리하도록 법률이나 제도를 형성하고, 합법적인 방법으로 불가능하다면 압력을 행사하기도 한다. 그리고 때로는 지위를 바탕으로 형성된 인맥을 활용한다. 경쟁과정 속에 있는 자는 합법적인 수단은 물론 불법이 아니기만 하면 모든 수단을 동원하여 경쟁을 하게 된다.

시장에서는 자신이 이용할 수 있는 모든 자원을 최대한 동원하여 경쟁을 해야만 승리할 수 있다. 기득권 스스로도 경쟁을 하고 있으므로 사용가능한 모든 수단을 사용하여 도전자를 막아야 하고, 다른 기득권 세력과도 경쟁을 해야 한다. 일반적인 기득권은 물론 심지어 기득권의 정점에 서 있는 자조차도 항상 경쟁에 노출되어 있으므로 자신이 가진 권력과 지위를 통해 사용할 수 있는 수단은 언제나 동원되고 있다고 보아도 무방하다. 게다가 권력은 남용되기 쉬우므로 권력이 제대로 통제되지 못한다면 불법적인 수단이 동원될 가능성은 더 커진다.

이처럼 실력주의에서 예정하고 있는 것과는 달리 경쟁은 해당 분야의 전문성과 기술만을 바탕으로 이루어지지 않으며 언제나 동원가능한 모든 수단이 사용된다. 어떤 사람은 영향력이나 인맥 등도 실력이라고 얘기하기도 하지만 그러한 수단을 가지지 못한 자들로서는 이러한 방법을 동원하여 경쟁하는 것은 부당한 경쟁으로 여겨질 수밖에 없다. 이런 상황에서는 기회만 있다면 시장경쟁에 참여하는 기득권을 포함한 모든 사람은 자신을 위해서, 그리고 자신의 가족이나 친족 등을 위해서 동원가능한 자원의 하나로서 그리고 경쟁에서의 승리를 더 쉽게 만드는 수단으로서 권력을 사용할 수밖에 없다.

둘째, 현대사회에서는 경쟁이 개인이 아니라 가족단위로 이루어지고 있기 때문이다. 앞서 말한 바와 같이 현대사회에서 전문성이 기득권 형성의 중요한 원천으로 자리 잡은 이유는 평등주의와 합리주의 때문이다. 모두가 평등한 사회에서 지도자로서 갖추어야 할 전문성을 갖추고 있어야만 대중이 그들이 누리는 부와 권력을 정당한 것으로 인정하는 것이다.[101] 이처럼 합리주의가 지배하는 사회에서는 상당한 불평등이 있더라도 성과가 정당한 경쟁과 개인의 노력을 통해 얻어진 것이라면 그것은 합리적인 차별로 인정된다. 일례로 미국이나 프랑스, 영국 등 유럽선진국의 경우 한국보다 지니계수가 훨씬 큼에도 불구하고 한국보다 불평등에 대한 불만이 적다. 주류경제학이 평등주의와 합리주의가 지배하는 현대사회에서 공산주의를 제치고 살아남을 수 있었던 이유는 바로 여기에 있다.

주류경제학에서는 개인 간 정당한 경쟁을 통해 각 개인의 능력이 최대로 발휘됨으로써 사회의 이익을 극대화할 수 있다고 주장한다. 이러한 주장은 미국과 같이 가족주의가 덜 발달하고 개인주의가 극대화된 사회일수록 더 쉽게 받아들여졌다. 이런 사회에서는 말 그대로 개인의 능력에 따라서만 경쟁이 이루어지고 있었기 때문에 주류경제학 – 다시 말해 자유주의 경제학 – 이 받아들여지기 적합한 조건을 갖추고 있었다. 따라서 주류경제학은 미국 등 현대화된 국가들에서 신속하게 받아들여져 사회의 주된 이념으로 자리 잡을 수 있었다. 그리고 제2차 세계대전 이후 한국과 같은 많은 식민지 국가들이 농촌사회에서 벗어나 도시화되기 시작하면서 자본주의는 급격히 세력을 팽창시켜 나갔다. 도시화가 진행되면 바쁜 도시생활과 익명성으로 인해 농촌사회의 공동체 문화가 파괴되고 개인주의가 발달하여 자유주의 경제학을 받아들이기에 더 적합한 토양이 조성된다.

---

101) 주류경제학에서 경쟁을 통해 나타나는 불평등을 인정하는 이유는 불평등이 거시적으로는 효율성을 극대화하여 사회의 이익을 커지게 해 줄 것이라는 믿음 때문이다. 주류경제학을 바탕으로 한 현대자본주의를 공산주의가 삼켜버리지 못하는 이유 역시 이러한 믿음으로 인해 자본주의 국가들의 국민들이 그러한 사회를 인정해주고 있기 때문이다. 만일 그러한 믿음이 없다면 대중은 언제라도 부자로부터 재산을 빼앗아 부자들을 없애버리고 말 것이다. 즉, 민주주의 사회에서 현재 거대자본가의 권리를 인정해 주는 것 역시 결국 대중의 용인 때문이라고 할 수 있다. 일례로 주류경제학에만 따른다면 경쟁을 통한 성과인 록펠러 등의 독점자본이 여전히 존재해야 하고 누진세나 사회보장제도는 시장질서에 반하는 것으로 여겨져야 하나, 부당함에 대한 대중의 의지로 인해 독점자본은 해체되고 부자들이 더 많은 의무를 지게 되는 사회가 형성되게 된 것이다. 오늘날 모든 권력이나 특권의 원천은 대중이며, 대중이 인정하는 범위 내에서만 권력이나 특권이 인정될 수 있는 것이다.

하지만 도시화가 완성되고, 사회가 안정되기 시작한 시점에서는 개인주의보다 가족주의가 우세해진다. 근대사회, 농업사회에서는 대가족을 이루고 있었기 때문에 가족 내에서도 형제들 간에 알아서 살아남아야 했고, 부모 역시 먹고살기도 어려워 자녀의 교육문제나 구직문제 등에 관여하기는 매우 어려웠다. 부모가 가업을 전수하고 자녀의 교육에 투자하기 위해서는 경제력이 상당해야 하는데 일부 재벌 말고는 그렇게 할 수 있는 사람은 거의 없었다. 그러나 현대사회에서는 자녀가 얼마 되지 않아 가족 간에 우애가 돈독해지고, 부모 역시 자녀 교육에 투자할 수 있는 경제력이나 심적 여유도 넉넉해져 점차 가족 간에 서로 지원하고 투자를 하는 것이 가능해졌다.

이에 따라 자본주의가 완숙기에 들어선 시기 – 도시화가 널리 확산된 시기 – 에는 주류경제학에서 예정하고 있는 것과는 달리 경쟁이 개인이 아니라 가족 단위로 이루어진다. 가족은 심리적으로 상호 이익을 고려하지 않고 물적 이익을 공유하는 최소 경제단위이다. 때문에 감정적 유인이 경제적 유인을 압도하는 가족관계에 있어서는 때에 따라 손해를 감수하기도 하며, 필요시 서로 협력하며 편의를 봐주기도 한다. 그리고 가족 간에 서로 돕는 것이 가족 구성원 서로의 이익을 증진시키는 방법이기 때문에 그동안 모든 사회에서 가족 간의 협력은 일반적으로 일어났고 당연시되어 왔다.

그러나 모든 경제활동은 가족을 중심으로 일어나는 것임에도 불구하고 그동안에는 주류경제학에서 가정하는 개인주의 모델로 인해 경제활동은 개인별로 일어나는 독립적인 활동으로 오인되었다. 물론 가족을 도울 수 있는 개인의 경제적 여력이나 공동체적 특성의 강도 등 사회 특성에 따라 그러한 특성이 강하게 나타나기도 하고 약하게 나타나기도 한다. 하지만 자본주의가 완숙기에 들어서면 개인의 경제적인 여력이 커져 서로를 돌볼 수 있는 여유가 생긴다. 뿐만 아니라 도시화가 널리 확산된 사회에서는 익명성이 강화되고 타인과의 관계가 소원해져 기댈 곳이 가족밖에 없기 때문에 가족주의적인 특성은 더욱 강하게 나타날 수밖에 없다.

　이러한 특성으로 인해 성공한 사람 본인에게만 귀속되어야 하는 특권과 이익을 그의 가족이나 친족까지 공유하게 되었다. 오늘날 기득권의 자녀는 더 많은 교육투자를 통해 더 좋은 교육 기회를 부여받는다. 그리고 높은 학력 혹은 기득권자의 인맥 등을 바탕으로 좋은 일자리를 가질 수 있는 더 많은 도전 기회를 얻는다. 재산이 상속되지 않는다고 하더라도 그들은 부모가 가진 인맥과 영향력 등 경쟁과정에서 활용 가능한 더 많은 자원을 통해 비기득권 자녀와의 경쟁에서도 유리한 고지를 점할 수 있다. 결국 자본주의가 안정화된 사회에서는 시간이 갈수록 기득권의 가족이나 친족이 비기득권과의 경쟁에서 우위를 점하는 경우가 많아진다. 이러한 상황이 반복되면 기득권과 비기득권 간에는 계층이 만들어진다.

　이처럼 주류경제학이 아무리 실력주의를 강조하고 있다고 할지라도 사회가 안정화단계에 들어서면 결국 계층이 형성될 수밖에 없다. 앞서 말한 바와 같이 현대사회에서는 각 직업군 별로 기득권이 형성된다. 하지만 직업군은 매우 다양하기 때문에 기득권의 범위나 유형 또한 매우 다양하다. 따라서 누가 기득권인지 정확히 특정하기는 매우 어려운 일이다. 그러나 그럼에도 불구하고 경쟁을 싫어하는 인간의 본성과 경쟁이 가족 중심으로 이루어진다는 특성 때문에 모든 사회에는 항상 기득권이 존재한다. 기득권에 먼저 진입한 자들은 스스로도 경쟁에서 유리한 고지에 서게 될 뿐 아니라 그러한 경쟁우위는 자신의 가족과 후손으로 계속하여 이어지며 지위를 승계시켜 나간다. 공기가 보이지 않는다고 존재하지 않는 것이 아닌 것처럼 기득권을 특정 짓기 어렵다는 이유로 기득권이 존재하지 않는다고 할 수는 없다. 다만, 현대에는 그들을 특정 지을 만한 적당한 이론이 존재하지 않아 그들을 명확히 인식할 수 없을 뿐이다.

　하지만 그들을 특정하기 어렵다고 할지라도 누구나 현실이 부당하다는 것을 인지하고 이를 비난하고 있다면 분명히 부당함은 존재하는 것이다. 그리고 대기업과 동네 슈퍼, 유명 정치가와 일반 대중, 회사 중역과 일반사원이 동등한 힘을 가지고 동등하게 경쟁할 수 있다고 말할 수 없는 한 분명히 경쟁과정이 공정하지 않은 것이다. 또한 대기업이나 유명 정치가 가문, 부자가문이 아버지에서 아들로, 아들에서 손자로 재산이나 지위를 승계하고 있다면 분명 기득권이 존재하고 있는 것이다. 그것은 '권력'과 '승계'라는 기득권의 형성의 조건이 모두 존재하고 있기 때문이다. 다만, 오늘날에는 기득권의 범위가 너무 넓어서 기득권의 범위를 특정 하기가 어렵고 기득권들 역시 경쟁과정 속에 속하고 있어 희박하나마 몰락 가능성이 있다는 점에서, 이들도 마치 비기득권과 동등하게 경쟁하는 것처럼 보이기 때문에 이러한 점을 인식할 수 없을 뿐이다. 현대에도 과거와 마찬가지로 기득권이 존재하고 시간이 지나면서 이들의 지위는 점점 공고해지고 있다.

실력주의[102]가 지배하는 사회에서는 모두에게 기득권에 진입할 수 있는 '가능성'이 주어진다. 하지만 계층별로 이용가능한 자원이 다른 상황에서, 그리고 특정한 부류의 사람이 더 많은 자원을 가지고 경쟁하고 있는 사회에서 실력주의만을 강조하는 것은 오히려 부당한 일이 될 수도 있다. 이러한 사회에서는 실력주의가 이론적인 '가능성'만을 내재할 뿐이고 오히려 불공정한 경쟁을 방치하고 기득권의 이익을 보장하는 이념이 될 수도 있는 것이다.

그리고 이러한 상황에서 경쟁 결과가 개인의 책임이라는 주장은 경쟁 결과의 일부만을 설명해 줄 뿐이다. 안정화된 사회에서 실패는 개인만의 책임이 아니라 공정한 질서를 만들지 못한 사회의 책임일 수도 있다. 시장을 선점하지 못하였다는 이유로 비기득권의 기회가 착취되고 있는 사회에서는 실력주

---

102) 물론 각 개인에게 장학금이나 교육기간 중 생활비를 국가가 부담하는 등의 방법을 통해 교육 기회가 충분하게 주어지고, 경쟁 결과가 후광이나 청탁이 아니라 오로지 공정한 심사와 측정 가능하고 공개된 평가지표를 통해 이루어지는, 지극히 개인주의적 사회에서 실력주의는 가장 공정한 경쟁방식이다.

의가 제대로 작동할 수 없다. 이것이 실력주의에 기반을 둔 사회가 불공정한 경쟁이 팽배한 사회로 전락할 수밖에 없게 되는 이유이다.[103]

어느 사회에나 기득권은 필연적으로 존재할 수밖에 없다. 그리고 그들의 특권과 이익을 인정하는 것은 성공을 위해 노력을 해야 하는 '유인'을 제공한다는 점에서 필요한 일이기도 하다. 하지만 이러한 특권이 남용되고 이들이 자신과 가족의 영달만을 위하여 지나치게 보호주의적인 행태를 보인다면 사회는 정체될 수밖에 없다. 오늘날 기득권이 문제되는 이유는 거의 모든 사회영역에서 너무나 많은 수의 기득권 일족이 관찰하기도 통제하기도 어려운 수단을 사용하여 경쟁을 불공정하게 만듦으로써 역량 있는 인재들에게 좌절감을 주고 있기 때문이다. 최선을 다해도 성공할 수 없다는 좌절감, 이것이 도전을 멈추게 하고 사회를 보호주의적으로 만든다. 그리고 이러한 좌절감이 사회를 현상유지형 사회로 만들어 불황을 심화시키고 좋은 일자리를 없애고 있다는 점에서 기득권은 마땅히 비난받아야 하는 것이다.

기득권 문제는 안정과 편안함을 좋아하는 인간의 본성과 가족주의 그리고 실력주의의 한계로 인해 발생하는 필연적인 결과이다. 특히 무엇이 실력에 속하는지에 대한 경계가 모호한 상황에서는 실력 이외의 부수적인 요인에 따라 경쟁 결과가 달라진다고 하여도 그것이 부당하다고 주장할 수조차 없다. 이는 기득권 개인의 문제가 아니므로 기득권 개인의 도덕성이나 자비심으로는 결코 해결될 수 없다.

그동안 많은 사람들이 이러한 문제를 해결하기 위해 무수한 시도를 했다. 마르크스주의를 포함하여 평등주의에 의거한 이론들과 수많은 통계자료들이

---

103) 결코 이루어질 수 없는 동등한 경쟁조건이라는 전제하에 무한경쟁과 실력주의를 설파하는 주류경제학은 계층이 형성되고 있는 오늘날의 상황에서 설득력을 잃을 수밖에 없다. 개인별로만 볼 때는 실력주의를 반박하기는 어렵고 실패의 책임은 개인 탓으로만 돌려지고 있지만, 기득권이 계층을 형성해 가고 있는 상황에서 부당한 현실에 대한 반박이 불가능하다는 사실은 오히려 비기득권 층의 불만을 불러올 뿐이다. 현실에 대한 논리적 해결이 어려우므로 갈등은 대화로 해결되지 않으며, 불만은 폭력이나 시위로 이어지게 된다.

경쟁 결과가 부당하다는 것을 증명하기 위한 근거로 제시되었다. 그러나 그동안 이 중 어떠한 시도도 문제를 해결하는 데 성공하지 못했다. 이러한 시도는 모두 현재의 경쟁질서가 자유주의라는 이데올로기에 따라 형성된 것이라는 인식에 기반하고 있다. 경쟁 결과의 부당성을 지적했던 사람들은 자유주의를 부인하고 새로운 경쟁질서를 만듦으로써 문제가 해결될 수 있으리라고 생각했다. 하지만 자유주의를 대체할 수 있는 새로운 이념을 만들어내는 것은 거의 불가능한 일일 뿐만 아니라 새로운 이념에 따라 새로운 질서가 만들어진다고 하여도 문제는 결코 해결되지 않는다. 기득권 문제는 인간의 본성과 거의 본능적인 감정인 가족주의에 기반을 두어 나타나는 문제이기 때문이다.

새로운 이데올로기를 통해 현재의 기득권을 부정하고 새로운 질서를 만드는 개혁에 성공한다고 할지라도 이는 일시적인 것일 뿐 개혁이 이루어진 이후에는 반드시 새로운 질서를 토대로 한 새로운 기득권이 발생한다. 그리고 이들은 얼마 지나지 않아 개혁이념이 추구하는 이상이 아니라 자신과 자신의 가족의 이익을 위해 행동하게 된다. 오늘날 발생하는 부당한 경쟁 결과는 자유주의나 평등주의 같은 이데올로기적 차원이 아니라 기득권 자체의 문제에서 비롯한 것이다. 따라서 오늘날의 문제는 이데올로기적 관점이 아니라 기득권 자체의 문제라는 관점에서 접근해야만 해결될 수 있을 것이다.

다음 장에서는 기득권이 어떻게 비기득권의 성공 기회를 빼앗고 경쟁질서를 왜곡시키고 있는지를 살펴봄으로써 기득권 문제를 근본적으로 해결할 수 있는 방법을 찾아보기로 한다.

6장

기회는 어떻게 착취되는가?

1.

합리적 도구로서의 법과 제도

권력은 폭력을 수반한다. 권력에 관해 연구하는 사람들은 항상 폭력의 역사와 마주하게 된다. 근대 이전의 계급사회에서 왕이나 귀족이 폭력을 통해 평민들의 권리나 재산을 빼앗은 예는 수도 없이 많이 찾아볼 수 있다. 그 대표적인 예로 고려 후기의 '수정목 공문(水精木 公文)'에 관한 기록을 들 수 있다. 고려사 《간신열전》은 고려 후기 우왕을 세우는 데 공을 세웠던 이인임 등이 '수정목 공문'을 통해 국민들의 토지를 빼앗았다고 기록하고 있는데, 수정목 공문이란 땅주인을 두들겨 패서 땅을 빼앗기 위해 사용하는 나무 몽둥이를 말한다.[104] [105] 상황이 이러한데 왕이나 귀족이 반기라도 들었다가 실패하는 날에는

---

104) 고려 후기 이인임과 그 심복들은 좋은 토지를 가진 사람들을 덮어놓고 수정목(水精木·물푸레나무)으로 곤장을 쳐 토지를 빼앗았다. 빼앗고자 하는 토지의 주인이 있다는 점을 증명하는 공적 문서가 있어도 상관하지 않았고, 그들의 권력을 두려워해 시비를 거는 사람조차 없었다. 당시 사람들은 이를 두고 '수정목 공문'이라고 불렀다

105) 그 외의 예로 '도미의 처' 설화(백제 개루왕이 도미 처의 미색을 보고 빼앗으려고 했다는 내용의 설화)라든지 다윗 왕에 관한 성경 이야기(다윗 왕이 부하 우리야의 아내 밧세바를 탐하여 우리야를 전장

말 그대로 집안이 풍비박산이 났다. '구족을 멸한다'는 말에서 알 수 있듯 고조에서 현손에 이르는 모든 남자는 죽게 되고, 처와 딸들은 노비로 전락하여 비참한 삶을 살게 되었다. 이러한 상황을 자주 목격했기 때문에 대중은 왕이나 귀족에 저항하는 것이 어떠한 결과를 가져올 것이지 잘 알고 있었다. 이처럼 근대 이전의 사회에서는 폭력과 공포가 일상화되어 있었다.

하지만 오늘날 기득권이 가진 이미지는 이러한 폭력적 이미지와는 조금 거리가 있다. 오늘날의 기득권이라고 하면 유전무죄, 무전유죄라는 말에서 묘사하는 바와 같이 법위에 군림하거나 평등한 법적용을 받지 않는 자들, 특히 다국적 기업이나 대기업의 소유주나 경영자를 떠올린다. 그리고 기득권의 부당한 행태에 대한 구체적인 이미지로는 적대적 인수합병, 대자본을 이용한 물량 공세나 광고 등을 통해 소자본을 고사시키는 행위, 개인이나 중소기업이 만든 특허기술을 헐값에 빼앗는 행위 등을 떠올리는 경우가 많다. 이처럼 오늘날 기득권의 이미지에 자본이 중요한 부분을 차지하게 된 이유는 자본주의 사회에서 거대자본은 지위를 유지하기 위한 주요 수단임과 동시에 성공을 측정하기 위한 하나의 척도가 되고 있기 때문이다.

이러한 폭력이나 자본 등은 기득권 세력들이 기득권 유지를 위해 사용했던 중요한 수단이었다. 그러나 오늘날 그러한 수단들은 더 이상 기득권 보호를 위한 주요수단으로 이용되고 있지 않다. 현대사회에서는 폭력이나 불합리한 방식으로 기득권을 유지하는 것은 불가능하다. 모든 폭력과 비합리적인 수단은 가능한 법에 의해 철저하게 통제되고 있다. 오늘날 사용되고 있는 기득권 보호수단은 가시적이거나 명백하지 않다. 게다가 현대에는 고대나 근대 사회에서처럼 비기득권의 이익을 직접적으로 착취하지 않는다. 현대의 기득권은 단지 기득권으로 올라갈 수 있는 '기회'만을 착취할 뿐이다.

에 보내 죽게 한 후 밧세바를 취하였다는 내용) 등을 들 수 있다.

현대사회에서 기득권 세력은 합리주의체계 내에서 만들어진 법과 제도의 틀 내에서 경쟁과정을 왜곡시킴으로써 이익을 얻는다. 그들은 결코 사회가 비합리적인 방식으로 움직이기를 원치 않으며 스스로도 비합리적으로 행동하지 않는다. 경쟁과정 자체를 장악하여 공정한 경쟁을 어렵게 함으로써 비기득권이 기득권에 진입하지 못하도록 막을 뿐이다. 오늘날 기득권이 사용하는 수단은 시장에서 진입장벽이라고 부르는 것과 유사한 속성을 가지고 있다. 이러한 관점에서 오늘날의 기득권은 기득권 보호를 위해 일종의 '사회적 진입장벽'[106]을 사용한다고 할 수 있다.

현대사회에서 기득권이 사용하는 사회적 진입장벽은 크게 두 가지 유형으로 나누어 볼 수 있다. 첫 번째는 법과 제도라는 공식적인 수단이며, 두 번째는 법과 제도로 규율되지 않은 영역에서 나타나는 비공식적인 수단들이다.

사회적 진입장벽으로서의 법과 제도의 역사

공식적 수단으로서 이데올로기 틀 내에서 만들어진 법과 제도는 기득권 보호를 위한 가장 중요한 도구가 된다. 오늘날 폭력이나 자본이 아니라 법과 제도가 기득권 보호의 주요 수단이 된 이유는 다음과 같다. 근대 이전 왕이 통치하던 계급사회에서는 법이나 제도보다는 왕의 권위가 우선이었다. 법률은 단지 왕의 통치를 공식화하고 전국에 일관되게 적용될 수 있게 하는 도구[107]일 뿐이었다. '진리가 아니라 권위가 법을 만든다'[108]는 말처럼 왕이 국민보다 우

---

106) 사회적 진입장벽에는 시설투자 같은 산업투자뿐 아니라 교육투자를 포함하는 투자규모의 차이, 전문지식이나 노하우, 해당 산업 분야 진출에 필요한 각종 인적네트워크, 특정 직업의 전문성과 지위에 대한 사회적 편견(예를 들어 의사는 간호사보다 높은 보수와 대우를 받아야 한다든지, 판사나 검사, 변호사는 세무사, 변리사 같은 그 외의 직업군보다 뛰어나다는 생각) 등이 포함된다.

107) 특히 법률은 절대왕정시대에 중시되었는데, 이는 봉건영주가 특정지역만을 지배하였던 중세와는 달리 절대왕정시대에는 국가라는 훨씬 넓은 지역을 다스리기 위해 전 국가에 통일적으로 적용할 수 있는 법률이 필요해졌기 때문이다.

108) 《정의(GERECHTIGKEIT)》 p50, 오트프리트 회페 지음·번역 박종대, 이제이북스, 2006년

선시되었던 시대에는 논리가 아니라 힘이 기득권을 보호하는 수단이었다.

하지만 절대왕정이 붕괴되고 시민혁명을 통해 평등사회가 도래하자 법률은 왕의 권위를 대신하여 절대적인 지위를 차지하게 되었다. 합리주의와 평등주의가 지배하는 근대 이후의 사회에서는 대중이 인정할 수 없는 사회적 권위란 존재할 수 없었다. 왕과 계급이 사라지고 평등한 대중만이 존재하는 사회에서는 대중만이 권력을 부여할 수 있는 유일한 주체가 되었다. 그리고 이에 따라 대중으로부터 위임받은 의회를 통해 만들어진 법률이 왕의 권위를 대신하게 되었다. 평등주의가 지배하는 사회에서 법률은 대중 스스로를 통제할 수 있는 유일한 수단이었다.

법률의 지배가 시작된 이후에 가장 먼저 혜택을 보기 시작한 것은 상공업자들이었다. 봉건영주와 관습에 의해 보호받고 있던 농민과는 달리 특정 봉건영주에 속해 있지 않았던 상인, 장인, 노동자 등으로 구성된 도시민들은 봉건영주의 약탈로부터 벗어나고 자유를 보장받기 위하여 국왕과 손을 잡았다. 상공업자들은 국왕에게 대출이나 기부를 통해 자금을 대고 그 대가로 자신들에게 유리한 법률을 만들어 줄 것을 요구하였다.[109] 예를 들어 14세기 잉글랜드에서 나타난 도량형 통일법 같은 것이 그것이다.

"1389년에 중앙정부가 통과시킨 다음과 같은 법률은 사업에 결정적으로 유리했다. '다음을 규정하고 승인한다. 잉글랜드 왕국 전역에서 도량형을 하나로 통일한다. … 그리고 이와 다른 도량형을 가지거나 사용하는 죄를 지은 사람은 6개월 동안 감옥에 가둔다.'"[110]

상공업자들은 자신들의 권리를 보호하기 위해 법률이라는 도구를 한껏 활

---

109) 오늘날에도 마찬가지로 정치인이나 정부에 로비 혹은 압력을 행사하여 자신들에게 유리한 법률을 만들도록 요구하는 경우를 흔히 볼 수 있다. 오늘날에도 이러한 법률은 특정인 혹은 특정 집단에 유리한 것이지만 적당한 논리만 제공되면 정당화될 수 있기 때문에 법, 제도는 비용이 별로 들지 않으면서도 손쉽게 기득권에 유리한 질서를 만들어 낼 수 있는 수단이 된다.

110) 《자본주의의 역사 바로알기》 p97, 리오휴버먼 지음·번역 장상환, 책벌레, 2011년

용하였다. 국왕과 상인공업자간의 상호 필요에 의해 절대왕정시기에 이르러서는 상공업 관련 법률제정이 폭발적으로 증가하였고,[111] 일부 대규모 상공업자들은 각료로 채용되어 국가운영에 직접 관여하기도 하였다.[112]

그리고 근대 이후부터 기득권을 보호하기 위한 수단으로서 법률과 제도의 중요성은 더욱 커졌다. 근대 이후 무역 확대와 상공업 발달, 산업혁명 등으로 보호해야 할 재산의 양이 급격히 늘어나고, 재산의 보유방식이 다양해지게 되었다. 근대 이후 기득권의 척도는 재산의 양(부)이 되었는데 축적된 재산이 많아지면서 보호해야 할 재산 역시 많아지게 된 것이다. 하지만 근대 이후에는 고대나 중세처럼 합리적 근거 없이, 그리고 재산이나 권력이 침해받을 때마다 물리력을 동원할 수는 없었다.

이 때문에 근대 이후부터 기득권세력은 기득권 보호를 위한 수단으로서 법률에 주목하게 되었다. 합리주의와 평등주의가 지배하는 근대 이후의 사회에서 대중을 움직이기 위해서는 대중을 설득해야 한다. 법률은 적당한 논리와 합리성을 제공하여 대중을 움직일 수 있는 수단이 되었기 때문에 기득권 보호를 위한 중요한 수단이 될 수 있었다. 법률에 저항하는 것은 곧 국가의 권위에 도전하는 것으로 간주되었기 때문에 법률은 그 자체로 강제력을 동원할 수 있는 정당한 근거가 되었다.

이러한 점으로 인하여 기득권 계층들[113]은 기득권에 유리한 질서를 법률로

---

111) 1665년에서 1690년 사이에 루이 14세는 민사·형사 재판의 절차, 산림과 하천의 관리, 해운업 및 항해, 흑인 노예무역 등과 같은 다양한 사안들과 관련하여 프랑스 전체에 걸쳐 균일하게 적용될 왕령과 법령들을 반포하였다. 프로이센에 있어서도 경찰 조례의 형식을 빌려 지배자의 이름으로 엄청난 양의 전국적인 규칙들이 만들어졌다. '신자유주의(Neoliberalism)', 동아대학교 정치학 석사논문, 서동국, '네이버 블로그 http://blog.daum.net/gangseo/7795508'에서 재인용

112) 15세기 프랑스 최고 부자 가운데 한 사람인 자크쾨르는 국왕의 고문이 되었고, 영국 튜더왕조시대에는 포목상 토머스그래셤이 각료로 채용되었다.

113) 절대왕정시대가 무너지면서 사회의 기득권이 된 것은 잘 알려져 있다시피 부르주아지였다. 부르주아지는 상공업자들과 그들을 보호하는 법률가 등 지식인들로 구성되어 있었다. 즉, 근대 이후 최초로 기득권자가 된 것은 상공업자들이었던 것이다.

규정한다면 기득권에 유리한 결과를 가져올 수 있다는 것을 금방 알아챘다. 법률을 통해 보호받는 것은 자칫 반발을 불러올 수 있는 권력에 의존하여 보호받는 것보다 더욱 확실하고 안전한 방법이었다. 이에 따라 기득권들은 근대 이후부터 폭력이 아니라 법률과 제도를 통해 기득권 보호를 공식화하려고 노력하게 되었다.

그리고 합리주의 시대가 오면서 기득권 계층이 자신들에게 유리한 법률을 만드는 것은 더 쉬워졌다. 근대 이전의 상공업자들이 국왕을 움직여 법률과 제도를 만들어야 했다면 절대왕정이 붕괴된 이후에는 상공업자들 스스로 의회에 진출하여 자신들에게 유리한 법률과 제도를 만들어 낼 수 있게 된 것이다.

18세기 이후 귀족 이외의 신분으로는 최초로 기득권자의 지위를 획득한 상공업자 등의 부르주아 세력들은 의회를 장악함으로써 자신들에게 유리한 법질서를 빠르게 구축해 나갔다. 그 결과 19세기 후반부터 20세기 초반에 이르는 기간 동안 부르주아 세력들의 지지를 받고 있는 고전적 자유주의에 입각하여 수많은 법률과 제도가 만들어졌다.

자유주의 이념에 따라 새로 구축된 질서 하에서는 자유로운 상업과 무역활동에 따라 상공업자들은 부를 축적할 수 있는 많은 기회를 가질 수 있었다. 하지만 자유주의는 국가의 간섭을 철저히 배제하였기 때문에 아직 자생력이 부족하여 국가의 보호가 필요한 비기득권들에게는 불리한 결과를 가져왔다. '보이지 않는 손'의 힘을 믿었던 당시 시장에서 자유로이 형성된 가격 – 특히 임금수준 – 은 최저생계비에도 미치지 못할 만큼 형편없는 것[114]이어서 길거리에는 굶어 죽는 사람과 부랑자들로 넘쳐났다. 그럼에도 불구하고 자유주의를

---

114) "맨체스터 부근 한 공장의 방적공들은 물 마시러 가는 것조차 금지당한 채 섭씨 27~29도의 고온에서 하루 14시간동안 노동해야 했다. (중략) 노동자인 부모의 벌이가 가족을 부양할 만큼 충분하지 않았기 때문에 가정에서 생활하는 어린이들도 공장과 광산에 들어가야 했다."《자본주의의 역사 바로알기》 p223~224, 리오휴버먼 지음 · 번역 장상환, 책벌레, 2011년

뱅센의 사냥꾼, 알프레드 스티븐스 작, 1855년 파리 근교 뱅센에서 거리를 떠도는 부랑민을 쫓아내는 광경을 담은 작품이다.

능가하는 정당한 논리가 존재하지 않았기 때문에 누진세, 사회보장제도는 물론 최소한의 빈민구휼조차 이루어질 수 없었다. 자유주의 사회는 절대다수인 대중에게 불리한 결과를 가져왔음에도 자유주의가 국가의 부를 증대시킬 수 있다는 정당성으로 인해 20세기 이후 스퀘어딜, 케인즈주의, 복지국가론 등에 의해 자유주의에 대한 수정이 정당화되기 전까지 오랜 기간 그러한 질서를 유지할 수 있었다.

법률과 제도가 활용되는 방법

이처럼 합리주의 시대가 도래하면서 법률과 제도는 기득권 보호의 주요 수단으로 자리 잡게 되었다. 오늘날 기득권 세력들은 기득권 보호를 위해 법률과 제도를 크게 세 가지 방식으로 활용하고 있다.

첫째, 기득권들은 주류 이데올로기에 기반을 둔 법과 제도를 구성함으로써 기득권의 이익을 보장해 줄 수 있는 일련의 질서를 만들어낸다. 법과 제도는 이데올로기를 실현할 수 있는 거의 유일한 도구라고 할 수 있다. 일단 주류 이데올로기가 선택되고 나면 그것이 지향하는 이상향에 도달하기 위해 필요한 수단들은 법과 제도라는 수단을 통해 공식화된다. 이러한 예는 종교혁명 이후 청교도주의를 지도이념으로 받아들인 1500년대 중반의 제네바에서 찾아볼 수 있다. 당시 제네바에서 만들어진 법률과 제도들은 오늘날의 관점에서는 이해하기 힘들 정도로 지나친 것이었지만 칼뱅의 사상은 청교도주의를 지지하는 사람들에 의해 일련의 법률과 제도로 공식화되어 시민의 일상생활까지 통제했다.

"칼뱅은 제네바에 짐을 풀자마자 새로운 교회법 초안을 작성해서 시의회에 넘겼으며, 승인을 받았다. 그는 제네바의 세속법 개정위원회에도 참석하여 자신의 개혁안을 반영하는 법 개정을 추진했으며, 이 역시 성공했다.

그리고 이후 근 20년 동안, 제네바에서는 일종의 '신정정치(神政政治)'가 행해졌다. 칼뱅이 직접 통치를 했던 것은 아니었다. 세속 권력은 여전히 시의회의 손에 있었고, 칼뱅은 1559년이 되기까지는 제네바 시민권조차 없었다. 그러나 그는 '장로회'의 일원이자 지도자였고, 이 장로회는 그가 이미 1536년에 시의회에 요구했던 권한, '불성실한 신도를 파문하고, 죄질이 나쁠 경우 이를 시의회에 고발해 처벌받도록 한다'는 권한을 이용해 모든 시민의 생활을 통제했다.

불성실의 기준은 어이없을 정도의 경건주의였다. 세례식 때 하품을 하면 구속, 예배 도중에 졸아도 구속, 스케이트를 타면 벌금, 악기를 연주하면 추방, 도박이나 음주는 중죄였다. 모든 술집은 철거되었고, 축제는 폐지되었으며, 식당에서는 기도를 올리고 성서를 읽기 전에는 음식을 주문할 수 없었다. 이런 신정정치적 제도개혁 말고도 거리에 오물을 버려서는 안 된다, 발코니에는 아이가 추락하지 않도록 난간을 달아야 한다, 상품 가격을 과도히 올려서는 안 된다 등등 실생활을 개선하는 개혁도 적지 않았으나, 칼뱅의 위세가 떨칠 때의 제네바 시민들은 삶의 소소한 재미조차도 마음 놓고 누릴 수가 없었다. 이런 극도의 경건주의는 칼뱅의 사후에 영국의 청교도에게 계승되고, 미국에까지 이어진다."[115]

자유주의 역시 주류 이데올로기로 채택된 이후 마찬가지 경향이 나타났다. 개별 법률과 제도의 타당성에 대한 별다른 검토 없이 혹은 검토가 이루어진 후에도 그 부작용에 아랑곳하지 않고 자유주의의 영향에 따른 일련의 법체계가 무더기로 만들어졌다.[116] 자유주의가 받아들여지면서 무역은 자유화되고 시장에 대한 모든 제약은 자유주의 이름하에 파괴되고, 거래규칙은 재구성되었다. 그리고 자유주의 이념에 따라 국가 개입은 죄악시되었다. 이러한 갑작스런 변화가 가능해진 이유는 모두 자유주의라는 거대한 이데올로기의 존재 때문이다. 자유주의 이념에 따르면 국가 같은 외부세력이 사회에 개입하는 것은 개개인의 창의성과 자율성을 해치게 되어 결국 공익에 부합하지 않는 결과를 가져온다. 외부 개입은 게임의 규칙을 왜곡시켜 공정한 경쟁을 불가능하게 한다는 것이다. 이러한 정당화 논리를 통해 자유주의는 외부 개입을 죄악시하는 일련의 법·제도체계를 구축할 수 있었다.

하지만 실제를 들여다보면 기득권이 이미 존재하고 있는 상황에서 공정한 경쟁 자체가 불가능하다. 경쟁의 시작지점에서부터 보유하고 있는 자원이 다르기 때문이다. 서로 대등하지 않은 경제 주체가 경쟁할 경우 대부분의 경쟁

---

115) 네이버캐스트 《장칼뱅》(http://navercast.naver.com/contents.nhn?rid=75&contents_id=5591), 함규진 저술

116) 오늘날에도 이러한 경향은 마찬가지인데 대표적인 예로 비정규직 문제를 들 수 있다. 단기간만 계약되는 형태의 일자리는 과거 어느 시대에도 공식화되지 않았다. 과거에는 채용되면 해고되기 전까지 모두 동등한 근로자로 대우받았다. 하지만 오늘날에는 기업 비용 감소와 효율성 추구라는 이유로 사회 전체가 비정규직의 계약 형태를 받아들이게 되었다. 이데올로기에 기반을 둔 일련의 질서가 만들어지면 기득권 스스로도 이를 변경할 수 없다. 모든 사람이 경쟁에 참여하고 있으므로 노동유연화를 거부하면 기득권에서 탈락하거나 도태될 따름이다. 일단 합리적 근거가 형성되면 그 이후에 법과 제도는 검토 없이 혹은 검토에도 불구하고 기계적으로 만들어진다. 그 결과 영세한 업체, 중소기업에서 대기업에 이르기까지 모두 비정규직을 채용한다. 영세한 업체를 포함하여 대부분의 기업은 스스로도 어쩔 수 없다고 항변한다. 그들이 주장하는 것은 사실 맞다. 영세업체는 비용을 절감하지 않으면 살아남을 수 없다. 하지만 그들이 절감한 비용의 수익은 누가 얻는가? 이는 경쟁의 정점에 서 있는 자, 특히 수출을 통해 외국기업과 경쟁할 수 있는 대기업들이 그 최종적인 수익을 얻는다. 대기업 역시 아우성치기는 하지만 그렇게 얻은 경쟁력으로, 최종적으로는 대기업은 막대한 수익을 얻는다. 이런 것이 지배 이데올로기에 의해 기계적으로 형성된 질서의 결과라고 할 수 있다.

에서 기득권에게 유리한 결과가 나타날 수밖에 없다. 대등한 경제 주체간의 경쟁이라는 조건에서만 자유주의가 효율성을 발휘할 수 있음에도 불구하고 기득권들은 자유주의가 효율적이 되기 위한 전제조건에 대해서는 외면하였다. 기득권들은 지속적으로 효율성이라는 자유주의의 이점만을 강조하면서 자유주의에 따른 법률과 제도를 계속 만들어 자유주의 사회를 만들어나갔다. 그리고 자유주의적 법률과 제도를 통해 반대세력의 저항을 누르고 자신들의 이익을 계속 실현시켜 나갔다.

둘째, 기득권들은 법과 제도를 남용함으로써 기득권을 보호한다. 법과 제도는 그에 순응하는 활동에 정당성을 부여해 주는 기능을 한다. 단지 합법적인 활동에 정당성을 부여한다는 사실은 별로 중요하지 않다. 합법적인 활동이 정당하다는 것은 당연하기 때문이다. 중요한 것은 '위법하지 않은' 행위에 정당성을 부여해 준다는 것이다. 이데올로기가 체제를 통일해 주는 전체적인 합리성을 제공해 주는 도구라면 법과 제도는 개별행위에 정당성을 부여한다는 의미에서 부분적 합리성을 제공해 주는 도구라고 할 수 있다. 위법만 아니라면 법과 제도를 만든 처음의 의도와는 무관하게 법과 제도가 특정이익을 보장하기 위해 남용되고 있다고 하여도 그것은 정당한 행위로 보호된다. 일단 법과 제도가 만들어지면 그 안에서 행해지는 행위는 정당성을 반박하기 어려운 행위가 된다. 설령 본래의 의도와는 달리 공익을 해한다는 명백한 증거가 있더라도 마찬가지이다. 이데올로기적인 법과 제도는 엄격한 합리적 기준에 따라 만들어지고 적용되지 않는다. 이데올로기적인 법과 제도는 제정 또는 적용과정에서 자주 남용된다.

그 대표적인 예가 지적재산권 문제이다. 지적재산권은 원래 개발자에게 일정기간동안 독점권을 인정해 주어 보다 많은 발명이 이루어지도록 유인을 제공하는 제도이다. 하지만 최근 들어 지적재산권제도는 이러한 공익적 목적이 아닌 기존 시장진입자가 새로운 시장진입자의 진입을 막거나 기존 개발자의 이익을 독점화할 목적으로 변질되어 사용되고 있다. 예를 들어 미키마우스의 저작권은 1998년 미국 저작권 보호기간 연장법에 따라 '저자 생존 시와 사망 후 50년, 법인에 의한 저작물인 경우에는 75년'이던 저작권 보호기간이 디즈니 사의 저작권 연장로비에 따라 '저자 생존 시와 사망 후 70년, 법인에 의한 저 작물인 경우에는 95년'으로 연장되었다. 이는 1790년의 미국 저작권법 규정상 저작권 보호기간 14년에 14년 추가연장이 가능하던 것에 비하면 엄청나게 늘 어난 것이다. 알다시피 이미 만들어진 저작물에 보호기간을 연장한다고 하여 도 사회적 편익이 늘어나는 것은 아니다. 그럼에도 불구하고 디즈니사는 자신 들의 이익 확대를 위해 저작권보호기간을 연장했다.[117] 또한 삼성전자와 애플 의 특허소송에서 보듯이 특허권은 새로운 발명의 기회비용을 높이고, 오히려 발명을 가로막는 장애물로 변질되고 있다. 일단 형성되기만 하면 최초의 정당 성을 근거로 하여 위법이 아닌 범위 내에서 그것의 혜택을 보는 자들의 이익 을 극대화할 수 있다는 점이 기득권 보호수단으로서 법률과 제도가 가진 가장 유용한 점 가운데 하나인 것이다.

끝으로 기득권 세력은 법과 제도를 통해 사전에 행위의 가이드라인을 제시 함으로써 기득권에 대한 저항을 최소화한다. 법과 제도는 모든 사람에게 행위 의 한계가 어디까지인지를 미리 알려준다. 기득권이 자신들의 이익을 관철시 키기 위해 매번 명령하고 힘을 행사해야만 한다면 기득권 스스로도 기득권을 유지하는 것이 매우 어렵고 고통스러운 일이 될 것이다. 하지만 법과 제도는 일반 대중에게 일일이 명령하지 않고도 대중이 기득권의 의도에 따르도록 유 도하여 기득권 세력의 힘이 낭비되는 것을 막아준다. 일반 대중이 법과 제도 에 따르는 이유는 법과 제도 이면에 남아있는 강제력 때문이기도 하지만 더 큰 이유는 법과 제도가 가지고 있는 정당성 때문이다. 특히 합리주의 사회에

---

117) 《나쁜 사마리아인들》 p207, 장하준 지음 · 이순희 옮김, 도서출판 부키, 2008년

서 법과 제도는 여러 차원에서 대중을 복종시킬 수 있는 정당성을 가지고 있다. 우선 사회계약론의 관점에서 대중은 계약을 통해 스스로 국가에 복종하기를 약속하였다고 보고 있다. 법과 제도는 국가의 의사를 표현하는 수단이므로 대중은 계약에 따라 법과 제도에 복종해야만 하는 것이다. 또한 도덕이라는 차원에서 보면 법은 도덕의 최소한이라고 여겨진다. 이에 따라 대중은 법을 따르는 것이 선량한 시민이 될 수 있는 길이라고 믿는다.[118] 우리가 도덕시간에 배운 '악법도 법'이라는 말은 법과 제도에 대한 충성심을 강조하기 위해 흔히 인용된다. 물론 법이 만들어진 이상 그에 따라야만 사회를 안정적으로 유지할 수 있다. 하지만 법과 제도 자체가 잘못되었고 잘못된 길로 가고 있다면 우리는 그에 저항하고 법과 제도를 변화시켜야 옳을 것이다. 그러나 법과 제도가 잘못되었다는 것이 명백하지 않은 한 우리는 선량한 시민으로서 법과 제도에 따를 수밖에 없다.

법과 제도가 가지고 있는 이와 같은 권위로 인하여 법·제도가 일단 만들어지면 대중은 이에 복종해야만 한다. 그 결과 법과 제도에 의해 지배되는 오늘날의 합리주의 사회는 분쟁을 탈폭력화하고 체제전복 가능성을 최소화하여 사회를 더 쉽게 안정시킬 수 있게 된다. 사회가 안정화된다는 것은 대중에게도 좋은 일이기는 하지만, 이는 사회변화를 어렵게 한다는 뜻을 포함하고 있기도 하다. 변화가 어려워짐에 따라 기득권에게 유리한 질서가 계속 유지되도

---

118) 일부의 법률은 도덕의 최소한이지만 현대에 만들어지는 대부분의 법률은 도덕과는 무관하다. 형법을 제외하고 현대 법률은 대부분 이익을 조정하는 기능을 수행한다. 이익을 '조정'하는 것이므로 법과 제도가 잘못되었다고 하더라도 부당하다는 사실 자체를 명확히 밝혀내기 어렵다. 대표적인 예가 미국의 의료보장체계이다. 의료보장제도가 없으면 저소득층과 노인들에게 심각한 생활의 불안과 위험을 초래한다. 하지만 의료보장제도를 만들 경우 상당수의 부자들은 의료보험료로 소득의 많은 부분을 납부해야 한다. 의료보장제도가 저소득층과 노인들이 겪는 심각한 불안과 심지어는 죽음에 이르는 위험을 방지함으로써 공리주의적 관점에서 사회의 편익을 더 크게 증가시킨다는 것은 명백하다(후생경제학에 따르면 낮은 소득수준의 사람이 더 많은 혜택을 누릴수록, 즉 사회 불평등도가 낮을수록 사회후생은 증가한다). 그럼에도 불구하고 의료보장제도를 만들려는 시도는 자유를 침해하려는 시도로서 공산주의로 매도되어 현재까지 미국은 제대로 된 공공의료제도를 가지고 있지 못하다. 이처럼 오늘날의 법과 제도체계는 단지 이익을 조정하는 역할을 할 뿐이어서 법과 제도에 순응하는 것만이 도덕적인 행위라고 볼 수는 없다.

록 함으로써 결국 보이지 않는 계급이 만들어지게 되는 것이다.

이처럼 현대사회에서 법과 제도는 기득권 보호를 위한 가장 중요한 도구 중 하나이다. 이 때문에 자유주의가 등장한 이래 기득권은 자유주의를 앞세워 자신들에게 불리한 법과 제도가 만들어지는 것을 막고 자신들에게 유리한 법과 질서를 끊임없이 재생산하여 자신들의 이익을 보호해 왔다.

폭력적 도구로서의 비공식적인 수단 **2.**

    기득권 세력들이 사용하는 또 다른 사회적 진입장벽은 법과 제도로 규율할 수 없는 영역에서 나타나는 비공식적인 수단들이다. 합리주의 사회인 현대에서도 법과 제도로 규율할 수 없는 비공식적 영역에서 폭력은 여전히 비기득권의 이익을 착취하는 주요 수단이다. 물론 현대의 폭력은 과거와 같이 공포를 일으키는 물리력 행사를 의미하지 않는다. 현대적 의미에서의 폭력은 논리나 설득에 기반을 두지 않고 약자에게 비합리적인 방식으로 권력을 사용하는 것을 말한다. 법과 제도 같은 공식적인 수단은 합리성에 기반을 두어 국민의 자발적인 복종을 이끌어 냄으로써 이익을 관철시킨다. 법과 제도를 포함한 모든 공식적인 과정은 주류 이데올로기를 통해 정당화되어 있다. 반면, 비공식적인 수단들은 비합리적인 '권력관계'를 이용하여 상대를 복종케 함으로써 이익을 관철시킨다. 이러한 비공식적인 수단들은 비난 가능성으로 인해 공개적으로는 행해지지 않는다. 단지 특정대상에 대해서만 개별적으로 행해지거나 대중이 알아채지 못하도록 암암리에 행해질 뿐이다. 과거에 이용되던 비합리적이며 폭력적인 수단들은 모두 기득권과 비기득권이 함께 일하는 과정 속으로 숨어 버렸다.

비공식적인 수단을 법으로 규정하는 것은 매우 어렵다. 비공식적인 수단이 사용되는 사례가 너무 개별적인데다가 변형과 예외가 많기 때문이다. 이것이 오늘날과 같은 합리주의 시대에도 여전히 비공식적인 수단이 남아있을 수 있었던 이유이다.

하지만 합리주의 시대에 법으로 규정되지 않는 비공식적인 수단이 존재한 다는 것은 용납할 수 없는 일이다. 따라서 규제하기 어려움에도 불구하고 비공식적인 수단을 규제하고자 하는 시도는 계속되어 왔다. 특히 정의에 대한 관심이 높아지고 있는 요즘에는 비공식적인 수단들을 법으로 규정하려는 시도가 늘어나고 있다. 그러나 이러한 시도는 피상적인 미봉책에만 그칠 뿐 근본적인 해결에까지 이르지 못한 채 끝나 버리는 경우가 대부분이다.

대표적인 예로 소위 '밀어내기 판매' 사례를 들 수 있다. '밀어내기 판매'란 본사에서 대리점주들에게 주문하지 않은 물량을 강제로 떠넘기고 반품을 거절하는 강압적인 판매방식을 말한다.

대기업의 대리점에 대한 소위 '밀어내기 판매' 문제가 불거지면서 대중의 지대한 관심을 받고, 이러한 관계는 '갑을관계'라는 이름으로 통칭되어 유사한 사례가 수없이 쏟아져 나오기도 했다. 당시 해당 대기업은 본사의 손해를 대리점주들에게 떠맡기는 불공정 거래를 하였다는 이유로 '독점규제 및 공정거래에 관한 법률'에 따라 처벌을 받게 되었고, 얼마 후 이러한 관행을 없애기 위해 기준까지 마련되었다. 공정거래위원회는 2013년 11월 17일 '유제품 업체와 대리점간 모범거래기준'을 제정하여 유통기간이 얼마 남지 않아 판매하기 어려운 제품을 대리점에 떠넘기는 관행, 판매가 부진한 비인기 제품을 본사가 대리점에 강제로 공급하거나 본사 판촉비용 등을 대리점에 미루는 행위 등을 금지하도록 했다.[119] 하지만 여전히 다른 업종의 대기업에서도 특약 점주에게 매출목표를 할당하거나 대리점주가 아닌 영업사원에게 밀어내기를 하는 형태로 밀어내기 판매가 이루어지고 있다는 사실이 드러났다. 그러나 화장품 등 다른 업종 혹은 다른 형태의 밀어내기 관행에 대해서는 아직 관련 기준이 마련되지 않아 여전히 분쟁이 계속되고 있는 상황이다.[120] 이처럼 비공식적인 수단은 법이나 제도로 규정할 수는 있지만 완전히 근절하기 위해서는 수많은 예외적인 경우를 파악해야 하고, 그러기 위해서는 시행착오와 시간이 필요하다.

비공식적인 수단에 의한 피해를 근절하기 위해서는 그것을 유형화하여 일반적인 형태의 규제방식을 만들어야 한다. 하지만 비공식적인 수단은 광범위한 분야에서 다양한 방식으로 나타나기 때문에 그것을 유형화하는 것은 거의 불가능하다. 최근 주목을 받은 직접적인 거래관계에 있는 경우 ─ 소위 '갑을관계'라 불리는 ─ 에 대해서도 많은 제보와 실례가 쏟아지고 있어 일반적으로 규제하기가 어려운 실정이다. 아마도 상당한 시간이 지나면 직접적인 거래관계에 대해서는 어느 정도 규제가 가능할지도 모른다.[121] 그러나 대부분 문제가 해결되기까지 매우 오랜 시간이 걸리기 때문에 그동안에 피해자들은 그 고통을 감내해야만 한다. 그리고 아마도 해결책을 찾았을 때에는 돌이킬 수 없을 정도로 경쟁질서가 훼손되어 있을 가능성도 크다.

---

119) 「공정위 '유통기한 절반 지난 유제품, 대리점에 강제 공급 금지'」, 〈조선비즈〉, 2013년 11월 17일자. 연선옥 기자

120) 이러한 '갑을관계'는 사회 곳곳에 만연해 있어 2013년만 해도 가맹사업거래의 공정화에 관한 법률, 상가건물임대차 보호법, 일감몰아주기 제한법 등 비공식적인 수단들을 공식적으로 규제하기 위한 많은 법률이 만들어졌지만 여전히 문제는 해결되지 않고 있다.

121) 대표적인 예로 앞에서 본 대기업-대리점간의 관계나 대형마트에서 납품거래처에 대해 행사진행시 직원 파견을 요청하거나 할인행사에 사은품 제공을 요청하는 등의 행위를 들 수 있다. 그리고 그 외에도 잘 알려진 대기업이 협력업체에 무리한 납품단가 인하를 강요하는 '단가 후려치기'와 대형병원-제약사간에 나타나는 리베이트 관행 등이 개선과정 중에 있는 갑을관계의 예라고 할 수 있다.

비공식적 수단을 통제하기 어려운 이유

게다가 비공식적인 수단은 그 실체를 파악하는 일 자체가 매우 어렵다. 특히 상대가 불특정 다수이거나 불명확한 경우에는 더욱 그러하다. 이런 경우 실제로 비공식적인 수단을 통해 이익이 착취되고 있는지, 그렇다면 어떤 방법으로 비공식적인 수단이 사용되고 있는지조차 파악하기 어렵다. 비공식적인 수단의 실체를 파악하는 일이 어려운 이유는 다음과 같다.

첫째, 비공식적인 수단은 대부분 음성적으로 행해진다. 예를 들어 대기업간 담합을 통해 암암리에 상품이나 서비스의 가격을 올리는 경우가 있다. 이러한 담합은 주로 라면, 정유 등 주로 생필품 위주로 이루어진다. 이러한 형태의 비공식적인 수단은 다수 국민의 이익을 착취하는 것이므로 그 이익이 매우 크다. 하지만 내부고발이 아니면 담합이 이루어지고 있다는 사실을 밝혀내기가 매우 힘들다. 설령 대기업이 부당한 이익을 보고 있다는 것이 외관상 명백하고 국민 대다수가 그 부당성을 알고 있는 경우라고 할지라도[122] 그 위법성을 증명하기가 어렵다. 때문에 간혹 발각되어 과징금을 부과 받는 경우가 있다고 하더라고 이러한 행위는 계속 반복하여 나타난다.

둘째, 비공식적인 수단은 공식적인 수단이 이루어지는 과정과 병행하여 이루어진다. 합리주의 사회에서 모든 행위는 공식적인 법과 제도의 틀 내에서 이루어진다. 하지만 그러한 공식적인 과정 내에서 이루어지는 행위라고 할지라도 그 규칙이 왜곡되어 적용되고 있다면 그 행위에 관심을 두고 지속적으로 감시하지 않는 한 위반 여부를 파악하는 것은 매우 어렵다. 특히 피해자가 불명확한 경우라면 더욱 그렇다. 예를 들어 채용이나 승진과정은 공식적인 절차

---

122) 삼성경제연구소가 2012년에 발간한 '한국 소비자 물가구조의 특징과 물가안정 과제' 보고서에 따르면 두바이유의 가격이 10% 상승하면, 20주 뒤 우리나라 휘발유 값이 8.6% 상승하는 것으로 나타났다. 반대로 두바이유 가격이 10% 하락할 때 휘발유 값은 20주 뒤 5.5%만 내렸다. 이에 따라 휘발유 가격 변동의 비대칭 정도는 1.91로 조사대상 13개 국가 가운데 가장 높았다. 비대칭 정도가 1보다 커질수록 휘발유 값이 유가 상승에 민감하게 반응한다. 『휘발유 값 빨리 오르고 더디게 내렸다』, 〈노컷뉴스〉, 2012년 1월 30일자, 장규석 기자

에 따라 이루어지지만 종종 기득권의 영향력을 통해 그 규칙이 왜곡되어 결과가 다르게 나타나는 경우가 있다.

사기업의 경우라도 채용이나 승진과정은 공개적으로 공정한 기준에 따라 이루어진다. 하지만 이러한 기준은 오너의 친족에게는 적용되지 않는다. 재벌 2세나 3세는 오너의 친족이라는 이유로 입사과정을 거치지 않고 소위 경영수업이라는 명목으로 취업을 하였다가 초고속 승진을 통해 관리자가 되어 기업을 승계하는 경우를 흔히 볼 수 있다. 국민들이 그러한 승계과정이 부당하다는 것을 알고 있다고 하더라도 사기업에 대해서는 통제가 어려우므로 그러한 승계과정은 보란 듯이 거의 공개적으로 행해진다.

하지만 공공영역의 경우 채용이나 승진과정에서 이러한 공개적인 형태의 왜곡은 거의 불가능하다. 그러나 우리는 공공영역에서도 채용이나 승진과정이 공정한 형태로만 이루어지지 않는다는 것을 알고 있다. 공공영역의 경우 이러한 과정은 암암리에 이루어진다. 채용이나 승진과정에서 혈연, 지연, 학연 등이 동원되거나 개인적인 친분에 따라 이른바 '라인'이 형성되어 성과와 관계없이 채용 승진이 이루어지는 경우도 비일비재하다.[123] [124] 학연이나 지연, 인맥 같은 관찰 가능한 수단에 의한 왜곡은 수십 년간의 노력을 통해 많이 사라졌지만 여전히 개인적인 친분에 따라 채용이나 승진과정을 왜곡하는 경우는 거의 통제되지 않고 있기 때문에 여전히 만연해 있는 실정이다. 특히 승진의 경우에는 관찰하기가 어렵기 때문에 비리가 일어나는 경우가 다반사이다. 채용은 시험이라는 공식적인 절차를 거치기 때문에 상대적으로 비리를 관찰하기 쉽고, 사후적으로도 적발이 가능하다. 물론 채용의 경우에도 시험이 면접이나 주관적인 방식으로 이루어지면 개인적인 친분이나 영향력을 활용하여 결과가

---

123) 「성적위조… 기준변경… 공공기관 채용 비리 여전, 감사원 66건 적발」, 〈한국일보〉, 2013년 12월 12일자, 사정원 기자

124) 「사위에 며느리까지… 사립학교 낙하산 교사 급증」, 〈SBS뉴스〉, 2013년 10월 26일자, 이강 기자

왜곡되는 경우가 있으나 승진보다는 비리가 덜 하다. 외부에서 관찰이 가능한 채용의 경우에도 비리가 일어나는데, 승진과정의 경우에는 비리가 더 많을 것이라는 것을 쉽게 짐작할 수 있다. 채용과정의 정당성을 감시하는 경우는 많으나 대개 채용 이후의 과정에는 별로 관심을 두지 않는데다가 채용 이후 승진이나 배치과정에는 주관적인 기준이 적용되는 경우가 대부분이기 때문이다. 승진과정에 있어서는 실적을 부풀려 기재하거나 인사관리 능력같이 객관적으로 측정이 불가능한 부분의 점수를 높이면 쉽게 원하는 사람을 승진시킬 수 있다. 관찰하거나 증명하기 어렵지 않느냐고 반박할지 모르나 우리는 이러한 왜곡이 수없이 일어나고 있다는 것을 알고 있다. 굳이 증명할 필요도 없이 우리는 직장생활에서 이른바 '라인'이라는 것이 얼마나 중요한 역할을 하는지 잘 알고 있기 때문이다.

이처럼 채용이나 승진과정은 객관적인 실적을 통해서만 이루어지지 않는다. 그 과정은 인간관계를 통해 수없이 영향을 받을 수밖에 없으며, 이를 통해 기득권 세력의 친족이나 가까운 사람이 유리한 결과를 얻게 되는 경우가 많다. 사기업의 경우 이러한 형태의 왜곡은 수없이 일어나고 있으며, 공공부문에서도 안면이나 소개를 통해 채용, 승진 혹은 좋은 자리를 우선 배정받는 경우는 수없이 많다.[125]

세 번째 비공식적인 수단은 그 실체가 파악된다고 하여도 그것이 위법하다는 것을 입증하기 어렵다. 비공식적인 수단에 의한 착취가 규제까지 이어지기 위해서는 위법성을 증명할 수 있는 명백한 증거가 있어야 한다. 하지만 비공식적인 수단은 관찰하기 힘든 음성적인 방법으로 행해지므로 위법의 증거를

---

125) 통계청의 2011년 5월 경제활동인구조사에 따르면 15~29세 사이의 청년 중 21.2%가 가족, 친지, 친구의 소개로 직장을 구한 것으로 조사되었다. 그리고 한국고용정보원의 조사에서도 남성의 56.4%가 구직 시 친구, 친척 등 개인, 사회적 인맥을 활용하는 것으로 나타났다. 「취업전쟁은 인맥전쟁?」, 《아시아경제》, 2011년 7월 31일자, 박현준 기자. 모든 사람은 자신의 권력범위 내에서 영향력을 행사하는데 인맥 같은 경로를 통해 상층계급의 기득권은 더 좋은 일자리를 선점하고, 그 다음계급은 그 다음 수준의 일자리를 가지게 된다.

모으는 것이 쉽지 않다. 그 예로 거대자본이나 시장선점세력에 의한 횡포를 들 수 있다. 이 경우 이미 가지고 있는 자원을 이용한다는 점에서 정당한 수단을 사용하는 것으로 보일 수 있으나, 자세히 보면 독점력을 이용한 횡포인 경우가 많다. 그러한 횡포에 대해서는 상당부분 불법으로 규정되어 있기는 하나 실제 사례에서는 그 위법성의 정황만이 포착될 뿐 위법성을 밝히는 것이 쉽지 않다. 다시 말해 단순히 시장선점자에 의해 형성된 진입장벽인지 아니면 정말로 독점력을 이용한 불법적인 횡포인지를 구별하기가 어렵다는 말이다. 이러한 횡포는 거대자본이나 시장선점자의 독점력을 제대로 통제하지 못하는 시장일수록 더 자주 나타난다. 그러한 시장에서는 자본력이나 독점적 지위를 이용하여 잠재적 경쟁자들을 제거하거나, 기업이나 기술을 헐값에 매입하는 등의 부당한 사례를 흔히 볼 수 있다. 교묘한 방법을 통해 벤처기업이나 수익성 있는 기업을 헐값에 매입하거나[126], 기술 판매처를 막아 혁신적인 기술[127]이나 디자인[128], 아이디어 등을 탈취하는 등이 그 대표적인 예이다. 그리고 상대방이 매각을 끝내 거부하는 경우에는 원료공급처나 판매처를 압박하여 생산이나 판매를 어렵게 함으로써 중소기업을 팔지 않을 수 없게 하거나 중소기업과 유사한 기술을 개발하여 중소기업의 기술을 쓸모없게 만들기도 한다.

---

126) 전남 나주의 A사는 하루에 닭과 오리 11만 마리를 판매하는 국내 1위의 가금류 가공업체이다. 2011년 매출만 1천억 원에 달하는 우량 중소기업이나 조류독감의 피해를 입으며 2010년 말 파산선고를 받았다. 이에 대해 모 대기업에서 사료를 납품받으면 회생을 도와주겠다고 접근한 후 A사의 담보채권 256억 원 중 170억원 을 사들였고, 채권자 70%가 찬성해야 하는 회생법을 악용해 A사의 회생에 반대표를 냈다. 파산이 확정되면 헐값에 인수하려는 의도인 것이다. 「대기업, 중소기업 헐값인수 꼼수」, 〈광주일보〉·〈채널A〉, 2012년 3월 10일자, 임동률 기자

127) 중소기업청이 올해 3월 조사한 바로는 중소기업의 12.1%가 최근 3년 내 대기업에 의한 기술유출 피해를 경험했고, 피해액은 건당 15억 원에 이르는 것으로 추산됐다. 「공정위, 이런 것이 하도급 기술탈취…가이드라인 제정」, 〈EBN〉, 2013년 10월 23일자, 황세준 기자

128) 한 영세업체가 개발한 의류 캐릭터가 입소문을 타고 좋은 평가를 받자, 유명의류업체가 영세업체에 상표권 계약을 제안했습니다. 하지만 계약 후 의류기업의 태도는 바뀌었습니다. 의류 8종에만 쓰겠다더니 계약에 없던 아동복 등에 마구 사용하고 등록된 캐릭터를 마음대로 변형한 것입니다. 영세업체는 의류업체를 상대로 소송을 준비 중입니다. 기업이 제값을 주지 않고 창작캐릭터를 사용하려는 관행에 안주하는 한 상표권법이나 저작권법은 현실과 동떨어진 공허한 법일 뿐입니다. 「애써 개발해 놨더니…의류업계도 갑의 횡포」, 〈SBS〉, 2013년 6월 29일자, 박아름 기자

그러나 이러한 행태는 표면적으로는 낮은 가격에 기업이나 기술을 구입한 것으로 보일 뿐이다. 그 과정에서 부당한 방법이 사용되었다고 하더라도 가격을 낮추는 방법 자체는 단지 일반적인 진입장벽에 불과한 것으로 대개 합법적인 것이다. 그리고 대체로 가격을 낮추는 과정에서 사용된 비공식적인 수단들은 우회적인 것이어서 증거를 찾기도 힘들다. 위법성을 입증하려면 수단과 결과물의 인과관계를 입증하여야 하나, 이를 입증하는 것 역시 쉬운 일이 아니다. 이 때문에 거대자본이나 시장선점세력의 횡포를 통해 피해를 입은 경우 즉시 처벌되는 경우는 별로 없고, 시위를 통한 항의나 소송 같은 장기간의 분쟁으로 이어지는 경우가 대부분이다.

이처럼 비공식적인 수단은 법으로 규정하기도 어렵고, 관찰하거나 위법성을 입증할 수 없어 통제하기는 더욱 어렵다는 특징이 있다. 이 때문에 현대 합리주의 사회에서도 비공식적인 수단은 여전히 기득권 보호를 위한 주요 수단으로 남아 있을 수 있었다. 개개인의 기득권자들이 위에서 말한 모든 비공식적인 수단을 사용한 적이 있거나 이를 상시적으로 사용하여 지속적인 이익을 얻고 있다고 할 수는 없다. 하지만 기득권자들이 비공식적인 수단을 전혀 사용하지 않은 경우는 거의 없다. 비공식적인 수단 없이 공정한 방법만으로 자신을 비롯한 일족의 기득권 지위를 유지하는 것은 거의 불가능한 일이기 때문이다. 이러한 비공식적인 수단들은 필요에 따라 개별적으로 혹은 복합적으로 사용되어 기득권자들이 경쟁에서 유리한 고지를 점할 수 있게 해 준다.

비공식적인 수단의 악영향

법과 제도에 의해 통제되지 못하는 영역에서 기득권들은 법과 제도를 위반하지 않는 한 비공식적인 수단을 사용하여 최대한 비기득권에게 린치를 가한다. 비공식적인 수단에 의한 린치는 일관되고 정형화되어 있지 않다. 그리고 특정한 유형의 린치가 대규모로 이루어지는 경우도 거의 없다. 하지만 그러한 린치는 모든 기득권 세력에 광범위하게 나타난다. 비공식적인 수단을 사용하여 얻을 수 있는 이익은 매우 큰 반면, 그에 대한 처벌은 이루어지기 어렵기 때문이다. 처벌이 이루어진다고 하더라도 처벌로 인한 타격은 별로 크지 않다. 이 때문에 비공식적인 수단에 의한 린치는 반복적이고 지속적으로 나타난다. 기득권 스스로 위법하고 불공정하다는 것을 알지라도 그것은 마찬가지이다. 그것은 편하게 더 큰 이익을 얻고자 하는 인간 본성의 문제이지 양심의 문제가 아니기 때문이다.

비공식적인 수단이 반복적으로 사용됨으로써 나타나는 가장 큰 문제는 이로 인해 비기득권의 삶의 질과 희망이 현저하게 낮아진다는 데 있다. 비공식적인 수단들은 구조화되어 있지는 않으나 자잘한 이익을 착취하고 지속적으로 비기득권을 괴롭히면서 기득권에게 이익을 부여해 준다. 이는 비기득권의 수익을 악화시켜 비기득권의 발전과 기득권으로의 진입을 어렵게 만드는 원인이 된다. 비공식적인 수단이 주는 삶의 괴로움으로 인해 비기득권은 기득권을 원망하고 미워하면서도 스스로는 기득권이 되기를 더욱 갈망하게 된다. 이러한 비공식적인 수단에 의한 착취는 일관된 형태로 나타나지는 않지만 공정한 경쟁과정을 왜곡시켜 공식적인 수단과 함께 비기득권이 기득권으로 나아가기 위한 발판을 마련할 수 없게 만든다.

현대사회에서는 과거와 같이 폭력이나 자본력만으로는 기득권을 유지할 수 없다. 현대사회는 합리주의와 평등주의가 지배하고 있기 때문이다. 따라서 오늘날에는 기득권을 유지하기 위해 반드시 대중을 설득하여 대중의 동의를 얻어야만 한다. 적어도 공식적인 영역에서는 임의로 질서가 형성되지 않으며, 그에 대한 합리화 과정이 필요하다. 그러한 역할을 하는 것이 주류 이데올로기이다. 주류 이데올로기는 공식적인 영역에서 법과 제도를 만들어내는 기초원리가 된다. 이론적인 측면에서 볼 때 주류 이데올로기는 공정하고 중립적이며, 동시대에서는 반박하기 어려울 만큼 고도의 합리성을 갖추고 있다. 하지만 자세히 들여다보면 기득권에 의해 채택된 주류 이데올로기는 그것을 구체화하는 과정에서 편향적인 방식으로 공식적인 법과 제도를 만들어낸다. 그리고 그것이 적용되는 과정에서도 법질서를 남용하고 왜곡함으로써 기득권에게 유리한 방식으로 법률이 시행되게 만든다.[129]

또한 합리성이 지배하는 현대사회에서도 여전히 기득권 세력은 그들의 지위를 유지하고 이익을 확보하기 위해 폭력이나 린치같은 비합리적인 방식을 많이 사용하고 있다. 기득권은 대중이 인식할 수 없도록 암암리에 권력을 사용하거나 비기득권에게 린치를 가하여 이익을 얻는다. 대중을 설득하여 동의를 얻어내는 것은 매우 어려운 작업이므로 기득권 입장에서는 합리적인 방식보다 폭력이나 권력을 사용하는 것이 더 손쉽게 이익을 확보할 수 있는 방법이다. 따라서 할 수만 있다면 비공식적인 수단을 사용하고자 하는 유혹에 쉽게 빠지게 된다.[130] 이 때문에 오늘날에도 여전히 노골적인 착취, 각종 담합이나 불공정한 규칙 왜곡 등 비공식적인 수단을 통한 착취가 끊임없이 반복되고 있다.

이러한 공식적, 비공식적인 수단은 비기득권이 기득권에 진입할 수 없게 만드는 사회적 진입장벽으로 작용하고 있다. 기득권들은 공식적인 영역에서는 이데올로기에 기반을 두어 지배방식을 합리화하고, 합리화되지 않은 영역에서

---

129) 국제적인 차원에서도 이는 마찬가지인데, 강대국은 자신에게 유리한 방향으로 일방적으로 규칙을 바꾸기도 한다. 예를 들어 미국이 자유무역을 강조하면서 덤핑에 대해 소위 수퍼 301조라는 규정을 적용하여 무역 규제를 가하면서도 막상 자동차산업 같은 자신들에게 불리한 산업에 대해서는 수입 규제, 판매량만큼의 수입 강요 같은 보호주의적 조치를 취한다. 그리고 지적재산권 문제에서도 S사와 A사 간의 특허소송 사태에서 보듯이 지적재산권을 적용할 때 자국의 지적재산권에 대해서는 높은 가치를, 타국에 대해서는 낮은 가치를 적용하는 등 수시로 정책을 다르게 적용한다. 이러한 왜곡은 힘을 가지고 규칙을 강제하거나 바꿀 수 있는 자라면 누구나 원하는 방식이며, 실제로 가능하기만 하면 그러한 행위는 언제나 실행에 옮겨진다.

130) 거대자본일수록 잠재적 경쟁자를 제거하고 쉽게 경쟁력을 확보하는 수단으로 담합이나 하도급법 위반 등의 불공정행위를 하려는 유혹에 빠지기 쉽다. 공정거래위원회의 발표에 따르면 2003년부터 2012년까지 담합, 하도급법 위반 등 불공정행위에 대한 전체 과징금 3조 4,081억 원 중 4대그룹이 차지하는 비중은 42.9%(1조 4,629억 원), 20대그룹은 78.2%(2조 6,665억 원)에 이른다.

는 폭력적인 방법을 사용하여 그들의 이익을 보호하고 지배체제를 공고히 하고 있는 것이다. 사회적 진입장벽이 형성됨에 따른 문제는 단순히 이익이 착취되고 있다는 사실만이 아니다. 기득권에 비해 여력이 얼마 없는 비기득권은 이익이 적어지면 경쟁을 위해 투입할 수 있는 자원이 급격히 줄어든다.[131] 이에 따라 비기득권은 점차 기득권으로 나아가기 위한 투자는커녕 생계조차 해결하기 어렵게 된다. 그리고 생계를 해결하기 위한 일에만 몰두하게 되어 결국 좋은 일자리를 위한 경쟁에는 참여조차 할 수 없게 되는 상황에 이른다.[132] 사회적 진입장벽이 오랜 기간 유지되고 이러한 상황이 계속 반복되면 결국 사회 계급이 형성된다. 사회적 진입장벽이 지속된 결과 사회계급이 형성되고 있다는 사실, 이것이 비기득권의 경쟁 기회가 착취당하게 된 근본적인 원인인 것이다.

---

131) 오늘날 좋은 일자리를 얻기 위해서는 고급지식이 필요한데, 고급지식을 축적하기 위해서는 오랜 기간의 교육투자가 필요하다. 그리고 더 많은 부를 가질수록 더 많은 고급교육 기회를 얻을 수 있다. 게다가 기득권에 속하면 경쟁과정에서도 경쟁에서 승리하기 위해 필요한 더 다양한 수단을 사용할 수 있다. 이 때문에 기득권에 속한 자들은 경쟁에서 이기기가 더 쉬워진다. 비기득권이라고 해도 몇몇 뛰어난 재능을 가진 자들은 그러한 장애물을 뛰어 넘을 수 있지만 대부분의 비기득권은 그렇게 하지 못한다. 몇몇의 재능 있는 자들이 장애를 극복한 사례가 사회가 공정하다는 것을 증명해 주지 않는다. 대다수의 비기득권 청년들이 좋은 일자리를 얻지 못하고 비정규직을 전전하며, 심각한 청년실업이 지속되고 있는 상황이 나타나고 있다면 개인이 아니라 사회 자체에 문제가 있다고 보아야 마땅할 것이다.

132) 그러한 상황이 지속되면 비기득권은 결국 노력을 통해 성공할 수 있다는 의지 자체를 상실하게 된다.

문제는 해결될 수 있는가

가장 시급한 문제

현대 자본주의 사회가 도래한 이래 모든 국가는 자본주의가 야기한 부의 불균형을 바로잡기 위해 끊임없이 투쟁해 왔다. 현대 자본주의 사회의 역사는 불평등에 대한 투쟁의 역사라고 해도 과언이 아니다. 불평등을 바로잡기 위한 방법은 크게 두 가지 방식으로 이루어졌다. 직접적으로 부를 재분배하거나 불공정한 경쟁상황을 바로잡는 것이다. 오늘날 당연한 것으로 여겨지는 소득세, 누진세제도 같은 재분배정책, 실업수당 등과 의료보험, 그 외의 각종 사회보장 정책 등은 모두 직접적으로 부를 재분배하여 빈부격차를 해소하기 위한 제도들이라고 할 수 있다. 그리고 독점기업의 해체, 공정거래위원회 설립, 근로기준법 등 노동자 보호입법 등은 불공정한 경쟁상황을 바로잡기 위한 정책에 속한다. 이처럼 자본주의가 야기하는 불평등한 상황을 시정하기 위한 정책들은 자본주의가 시작된 이래 끊임없는 투쟁을 통해 하나씩 자리를 잡게 되었다.

그 과정에서 이러한 시도들은 종종 기득권세력에 의해 사회주의 혹은 나치즘으로 매도되기도 했다. 하지만 이러한 정책들은 결국 위기에 빠진 자본주의 질서를 재건시키는 긍정적인 결과를 가져왔으며, 자본주의가 오랫동안 유지될 수 있게 한 원동력이 되었다. 예를 들어 1894년 소득세제도[133]가 미국에서 처음 도입될 당시 일부 의원들은 소득세를 '부자에게 내리는 벌칙'이라고 비난하거나, 부유층들은 이를 사회주의적이라고 몰아붙였다. 그리고 소득세제도가 제대로 시행되기도 전에 연방대법원에 의해 위헌 판결을 받기도 했다. 하지만 소득세제도는 한계소비성향이 낮은 부유층의 소득을 저소득층으로 이전시켜 시장 전체 소비를 촉진시켰을 뿐 아니라 당시의 극심한 불평등을 완화시켜 자본주의가 지속될 수 있게 하는 긍정적인 효과를 가져왔다. 그리고 제2차 세계대전 이후 도입된 케인즈적 복지국가 역시 고용촉진과 경제관리, 복지제도 도입 같은 적극적인 국가의 개입을 통해 시장을 적절히 관리하면서 1945년부터 1970년대까지 자본주의의 황금기를 가져오기도 했다.

불평등을 시정하기 위한 노력은 오늘날까지도 계속 이어지고 있다. 최근의 경제민주화 논쟁이나 복지국가 논쟁 등은 모두 이러한 노력의 연장선상에 있다. 특히 양극화 문제가 심화되고 인간다운 삶에 대한 관심이 높아지면서 복지제도의 대상과 유형은 지속적으로 확대되었다. 처음에는 빈곤층에 대한 구제를 목표로 했던 복지제도는 이제 여성, 노인 등 사회적 약자와 국민 전체의 삶의 질 개선에 이르기까지 점점 그 적용 범위를 넓혀 나가고 있다. 또한 공정한 시장질서를 만들기 위한 정부의 시장 개입도 처음에는 대공황 극복을 목적으로 시작되었으나 차츰 다국적 기업을 규제하고, 하도급, 대리점 등의 사회적 약자의 경제활동을 보호하는 것은 물론 비정규직이나 취약계층의 근로조

---

133) 당시 소득세의 기준은 연간 4,000달러 이상의 소득에 대해 2%의 세금만을 부담시키는 수준으로 오늘날의 기준에서 볼 때에는 턱없이 낮은 것이었음에도 불구하고 '사회주의 혁명의 씨앗'이라며 심한 저항에 부딪혔다.

건 감시 등 기업의 활동 영역 자체에 대한 규제까지 개입 범위를 확대하고 있다. 이처럼 자본주의가 야기한 불평등 문제를 해결하는 것은 그동안 자본주의가 해결해야 할 가장 큰 숙제로 여겨졌다.

하지만 오늘날의 자본주의는 불평등 문제보다 더 시급하고 심각한 문제에 봉착해 있다. 일자리 문제가 바로 그것이다. 자본주의 역사에서 실업문제는 언제나 중요한 화두였다. 하지만 오늘날의 일자리 문제는 과거에 논의되었던 실업문제에 비해 훨씬 심각하고 중요하게 다루어지고 있다. 그 이유는 오늘날의 실업문제는 과거 어느 때보다 오랜 기간 지속되고 있는데다가 해결될 기미조차 보이지 않고 있기 때문이다. 과거의 실업문제는 주로 경기불황에 따른 일시적인 실업이 대부분이어서 경기가 호황이 되면 대부분 문제가 해결되었다. 공식적으로 25%에 이르는 노동자가 실업상태였을 만큼 대규모 실업문제를 야기한 대공황조차 1929년에 시작하여 불과 4년밖에 지속되지 않았다. 그에 비해 지금은 벌써 10년 이상 심각한 실업문제가 지속되고 있으면서도 이에 대한 해결의 실마리조차 보이지 않고 있다.

게다가 오늘날 일자리 문제는 젊은 세대에게 더 심각하게 나타나고 있다.[134] 젊은 세대는 새로운 지식으로 무장하고 있고, 기성세대보다 강한 체력과 창조적인 두뇌를 가지고 있으므로 상식적인 시각에서 볼 때 시장에서 우선적으로 채용되리라고 기대할 수 있다. 특히 오늘날처럼 창조성이 중요하게 여겨지고 기술이 빠르게 변화하는 시대에 젊은 세대가 가진 이러한 능력은 채용시장에서 유리하게 작용할 것임에는 틀림없을 것이다. 하지만 아무리 실력을 쌓고 노력을 한다고 해도 오늘날의 젊은 세대에게는 일할 기회 자체가 주어지지 않으며, 그나마 취업할 수 있는 대부분의 일자리는 임시직, 계약직뿐이다. 혹자는 이러한 현상이 정보화, 자동화로 인해 경제가 성장하는 만큼 일자리가 창

---

134) 2013년 11월 현재 청년실업률은 스페인 57.4%, 그리스 58%, 이탈리아 41.2%, 포르투갈 36.5%, 유로존 전체로는 24.4%에 달한다.

출되지 않고 있기 때문이라고 주장하기도 한다. 그러나 이것은 문제의 일부만 설명할 수 있을 뿐이다.

경쟁이 사라지면 성장도 사라진다

최근의 중국의 성장과정에서 보듯이 성장만 충분하다면 계속해서 일자리는 만들어지기 마련이다. 성장하는 신흥국가에서는 일자리 문제가 거의 없다. 1970년대와 1980년대의 한국의 상황을 보더라도 빠른 성장으로 인해 대기업을 중심으로 좋은 일자리가 계속 만들어졌으며, 성장이 지속되면서 중소기업들 역시 성장의 혜택을 받아 함께 발전했다. 그리고 많은 분야에서 새로운 기업 들이 계속 생겨나기도 했다.

빠른 속도로 성장하는 국가에서는 대다수 국민의 소득도 함께 늘어나므로 불평등문제는 크게 중요한 문제로 인식되지 않는다. 그 과정에서 양극화문제 가 커지고 있다고 하더라도 성장이 가져다주는 더 많은 기회들이 국민들에게 만족감을 주고 있기 때문이다. 성장하는 시장에서는 기득권들 역시 진입장벽 을 구축하여 이익을 지키려고 하기보다는 새로운 기회를 더 많이 확보하는 데 주력하게 된다.[135]

하지만 성장이 저하되면 기존 시장 내에서 투쟁이 격화되고 사람들은 점점 더 보호주의적인 성향을 띠게 된다. 보호주의적인 성향이 확대되면, 시장에서 경쟁 기회가 점점 줄어들게 되고 사람들은 보호주의적인 성향을 더욱 강화하 게 된다. 이에 따라 새로운 시장 개척이 점점 줄어들게 되면서 마침내 성장 감소가 가속화되는 악순환에 빠지게 된다. 이처럼 현대의 실업문제, 그중에서 도 젊은 세대의 실업이 가장 큰 문제로 대두되고 불황이 장기화되고 있는 이

---

135) 기득권이 새로운 시장을 선점하려는 경향은 1970년대와 1980년대 대기업의 문어발식 확장을 통해 나타 났다. 많은 시장이 성장하고 있었으므로 성장하는 시장에 진출하기만 하면 어느 정도의 이익을 볼 수 있었다. 이 때문에 기업은 자금 사정만 허락되면 새로운 사업으로 진출하려고 하였고, 그 결과 대기 업은 여러 분야에 걸쳐 계열사를 만들어 나가면서 문어발식 확장을 하게 되었다.

유는 단지 정보화, 자동화의 영향 때문만이 아니다. 근본적인 이유는 더 이상 자본주의가 과거와 같이 성장하지 않는다는 데 있다.[136) 137)]

경제성장이 저하되면 사회에 보호주의적 행태가 확산되게 되는데, 그 중에서도 기득권 세력이 보호주의적으로 행동함에 따라 나타나는 영향은 매우 크다. 기득권 세력은 사회의 가장 많은 자원을 보유하고 있으며, 시장을 움직이는 핵심 세력이기 때문이다. 대부분의 나라가 자본주의체제에 편입된 현 시점에서 새로운 시장과 기회를 만들어 내는 것은 매우 어렵다. 이러한 상황에서는 사람들의 불안이 커지게 되므로 사람들은 보호주의적으로 행동할 수밖에 없다. 특히 기득권에 속하는 사람들은 일반사람들과 달리 자신의 이익을 보호하기 위해 사회적 진입장벽을 만드는 것이 가능하다. 기득권이 보호주의적으로 행동하게 되면 시장과 사회 전반에 걸쳐 점점 더 많은 진입장벽이 생겨나게 된다. 그렇게 되면 시장은 더 이상 자유롭게 경쟁하지 않게 되고 시장의 활력이 떨어지면서 자본주의의 성장이 둔화된다.

자본주의 시장에서 점점 자유 경쟁이 사라지는 것은 매우 심각한 문제이다. 왜냐하면 자본주의를 옹호하게 되는 가장 중요한 이유인 효율성은 자유경쟁에서 비롯하기 때문이다. 자유경쟁은 시장을 역동적이고 도전적으로 만듦으로써 시장이 지속적으로 성장할 수 있게 하는 원동력이 된다. 오늘날 자본주

---

136) 경제성장률과 실업률의 관계를 국가별로 살펴보면 다음과 같다. 2014년 1월 기준 경제성장률이 낮은 국가인 그리스의 실업률은 28.0%, 스페인 실업률은 25.8%다. 반면, 경제성장률이 높은 오스트리아는 4.9%, 독일은 5.0%, 룩셈부르크는 6.1%다. 오늘날에는 경제관리보다 경제성장을 통해서만 실업률을 낮출 수 있다.

137) 많은 학자들이 경제가 어느 정도 성장하면 더 이상 높은 성장률을 달성하는 것은 불가능하다고 주장하지만 1990년대 말에 있었던 신경제 현상은 새로운 혁신이 나타나면 언제라도 성장률은 회복될 수 있다는 것을 보여준다. 기존 신고전파 경제이론은 경제가 성장하면 성장률은 점차 낮아진다고 보았는데 실제로 1970, 80년대의 미국에서는 1%대에 불과한 낮은 경제성장률이 지속되면서 이러한 주장에 힘을 실어주었다. 하지만 1990년대 이후 미국에서는 정보통신 분야의 고도성장에 따라 '신경제'라는 경제용어가 만들어질 정도로 실업률과 물가가 모두 하락하고 1995년부터 5년간 4%대의 높은 경제 성장이 이루어지는 등 기존 경제이론에 반하는 현상이 나타났다. 이러한 현상은 기술 혁신이 나타나면 경제는 언제라도 다시 성장할 수 있다는 것을 보여주는 좋은 예라고 할 수 있다.

가 더 이상 성장하지 않게 된 이유도 바로 시장에서 '경쟁이 사라지고 있다'는 데 있다.

어떤 사람은 신자유주의의 확대에 따라 기득권은 더 부자가 되고, 비기득권은 더 가난해지고 있기 때문에 자유 경쟁의 확산이 비기득권의 삶을 더 피폐하게 만들 것이라고 한다. 이 때문에 많은 사람들이 시장의 확대와 경쟁화를 적대시하고, 시장화라면 무조건 반대하고 투쟁을 하려고 한다. 하지만 오늘날 빈부격차가 심해지고 좋은 일자리가 사라진 이유는 자유 경쟁이 많아져서가 아니다. 오히려 좋은 일자리가 사라진 이유는 자유 경쟁이 부족해졌기 때문이다.

경쟁이 사라지는 이유

신자유주의가 빈부격차와 차별을 심화시키게 된 이유는 자유주의 이념의 내재적인 문제 때문이 아니라 자유주의가 기득권의 의도에 따라 왜곡된 방식으로 적용되고 있기 때문이다. 앞서 본 바와 같이 기득권들은 주류 이데올로기를 적용함에 있어서 자신들에게 유리한 부분의 효과는 과장하고, 불리한 부분은 축소한다. 그리고 자신들에게 유리한 법과 제도는 이데올로기의 이름하에 맹목적이고 기계적으로 도입하고 적용한다. 이러한 과정 속에서 법과 제도는 이데올로기가 추구하는 본래 방식과는 달리 기득권에게 유리한 방향으로 재구성되어 기득권에게 유리한 질서가 만들어진다.

자유주의가 만들어낸 불공정한 상황을 교정하는 방법은 크게 두 가지이다. 자유주의를 폐기하고 새로운 이데올로기에 따라 공정한 질서를 만들어 내거나 자유주의를 재생시킬 수 있는 새로운 방법을 찾는 것이다.

첫 번째 방법에 있어 우리는 아직 평등주의 이외에 자유주의를 대체할 수 있는 다른 이데올로기를 가지고 있지 않다. 평등주의는 공산주의라는 이데올로기를 통해 이론화된 바 있다. 하지만 공산주의를 통해 평등한 사회를 이룩하려는 시도는 지도층의 부패와 무능으로 인해 실패하고 말았다. 마르크스주의를 옹호하는 사람들은 20세기에 만들어졌던 공산주의 국가는 실제 마르크스가 의도한 사회와 다르다고 하면서, 인류사회에서 마르크스가 의도한 바에 따라 사회가 구성된 적은 한 번도 없다고 항변하기도 한다. 그러면서 그들은 공산주의 국가는 집권층의 탐욕 때문에 무너진 것이지 공산주의 자체가 잘 못된 것은 아니라고 말한다.

그러나 우리가 철저히 공산주의 이론에 입각하여 다시 국가를 만든다고 하더라도 그러한 시도는 실패할 수밖에 없다. 공산주의 사회를 포함한 모든 사회에는 기득권이 존재하며 기득권은 어떤 이데올로기에 따라 사회가 구성되든지 자신들에게 유리한 질서를 만들기 마련이기 때문이다. 특히 공산주의 국가에서는 공산주의를 실현시키고 이끌어나갈 지도자들이 필수적이다. 그러나 공산주의에서는 그 지도자들을 견제할 수단이 거의 없기 때문에 결국 지도자들은 기득권이 될 것이고, 그에 따른 사회는 다시 부패로 인해 실패하게 된다. 결국 핵심은 이데올로기가 아니라 기득권의 탐욕과 보호주의적 행태를 어떻게 해결할 것인가에 있다.

우리가 살고 있는 자유주의 사회도 자유주의라는 이데올로기를 통해 구성되어 있다. 그리고 우리 사회에도 기득권이 존재하며 기득권에 유리한 방향으로 법·질서가 형성되어 있다. 하지만 자유주의 사회는 대부분 민주주의를 채택하고 있으므로 이들에 대한 견제가 가능하다.

그리고 자유주의 사회에서는 기득권 역시 법·질서와 국민에 의한 통제를 받는다. 이 때문에 자유주의 사회는 공산주의보다 기득권의 횡포와 부패가 적은 편이다. 게다가 기득권 스스로도 경쟁을 하고 있으므로 기득권 상호간의 견제를 통해 적어도 공산주의 국가보다는 공정한 질서가 구축되어 있다. 이러한 기득권에 대한 제약으로 인해 자유주의는 공산주의보다 더 오래 살아남을 수 있었다.

그러나 자유주의에서도 기득권이 존재하고 있는 까닭에 느리기는 하지만 기득권 세력을 중심으로 계급이 형성되고 있다. 그리고 이에 따라 사회는 점차 정체되어 가고 있다. 자유주의가 효율성을 극대화하여 사회 전체의 발전을 이룩한다는 본래 목표를 실현하기 위해서는 모든 사람의 자유로운 활동과 창의성을 보장할 수 있는 자유로운 경쟁이 보장되어야 한다. 하지만 계급이 형성된다면 경쟁은 더 이상 자유로울 수 없으며, 기회는 특정인 혹은 특정세력에게만 편중될 수밖에 없다.

현대 자유주의 사회에서조차 계급이 형성되고 기득권에게 유리한 질서가 형성되고 있는 이유는 그것이 일부 사람의 도덕적인 문제가 아니라 인간 본성의 문제이기 때문이다. 모든 인간은 편안함과 안정을 좋아한다. 이 때문에 할 수만 있다면 모든 방법을 동원해서 더 많은 이익을 얻으려 하고, 가능한 그것을 안정적으로 얻기 위해 현재의 지위를 공고히 하려고 노력하게 된다. 그 결과 때로는 파벌을 형성하기도 하고, 때로는 약자에 대해 폭력을 행사하기도 하고, 그밖에 비열한 방법이 동원되기도 한다. '의식이 넉넉해야 예절을 안다 (衣食足而知禮節)'[138]는 말에서 알 수 있듯 이익은 도덕성에 우선한다. 특히 자본주의에서는 '돈이 돈을 번다'는 말처럼 보유한 자본이 많을수록 자본을 얻기 위해 이용할 수 있는 수단은 더 많아지고, 거대자본은 그 자체로 권력이 되기도 한다. 아무리 공정하고 합리적인 방식으로 사회구조를 형성하려고 하여도 기득권이 존재하는 한 결코 원래 의도된 방식대로 사회가 형성되지 않는다. 이처럼 기득권의 문제는 인간 본성에서 비롯된 것이므로 자유주의가 아니라 그 어떤 새로운 이데올로기에 따르더라도 그 사회는 결국 실패할 수밖에 없다.

---

138) 춘추시대 제나라 재상 관중의 이름을 빌려 지은 관자(管子) 제1권 1편 '목민편(牧民篇)'에 나오는 말이다.

어떻게 해결할 것인가

이상의 논의를 통해 우리는 현재 우리가 봉착한 일자리 문제를 해결하기 위한 실마리를 찾을 수 있게 되었다. 첫 번째 실마리는, 좋은 일자리 문제는 시장의 성장을 통해 해결될 수 있다는 것이다. 두 번째 실마리는 오늘날 시장이 성장하지 않게 된 이유는 기득권의 사회적 진입장벽으로 인해 시장에서 경쟁이 사라지고 있기 때문이라는 것이다. 세 번째 실마리는 이러한 기득권의 문제는 인간 본성에서 비롯한 일반적인 현상이므로 자유주의에 대한 비난이나 이데올로기적인 논쟁 차원에서 접근해서는 안 된다는 것이다. 우리의 문제는 해결하기 매우 어려운 것이지만 우리는 이러한 실마리를 서로 연결함으로써 해결책을 찾아낼 수 있다. 그 해결책이란 바로 시장에서 경쟁을 확대하는 것이다.

자본주의가 다시 성장할 수 있게 하기 위해서는 자본주의의 성장 동력을 다시 가동할 수 있게 해야 한다. 자본주의의 성장 동력은 새로운 산업이나 기술이 아니다. 그러한 것은 단지 표면적인 것일 뿐이다. 자본주의의 성장 동력은 '경쟁'이다. 자본주의는 도전정신과 창의성, 더 효율적인 생산을 위한 끊임없는 개선 노력을 통해 성장한다. 그리고 그러한 도전정신과 창의성, 노력을 이끌어내는 것은 그로부터 더 나은 수익을 얻을 수 있다는 가능성이다. 그러한 가능성이 보장되면 능력 있는 모든 시장참여자 – 잠재적인 시장참여자를 포함한다 – 그 중에서도 특히 열정과 새로운 지식과 기술, 보다 창의적인 사고방식을 가진 청년들에 의한 도전을 유발시킬 수 있다.

그리고 그러한 가능성이 있다는 믿음이 있다면 이익이 실제 현실에서는 아직 실현되지 않았다고 하더라도 현실의 어려움을 뒤로하고 신규시장 개척과 새로운 도전에 박차를 가하게 된다. 시장이 민주주의와 다른 것은 지도자 혹은 선도자의 수가 한정되어 있지 않다는 것이다. 민주주의가 유지되기 위해서는 지배세력의 대체 가능성이 보장되어야 하지만 시장에서는 반드시 그럴 필요가 없다. 시장에서는 기득권이 대체되는 것이 아니라 기득권의 지위를 새로 만들어내는 것이 가능하다. 특히 수요 중심 사회인 오늘날의 시장에서는 기득권과 충돌하여 그들의 시장을 빼앗는 것보다는 새로운 시장을 개척함으로써 더 큰 성공을 거둘 수 있다. 예를 들어 수요자들에게 갖고 싶은 아이템으로 인식되어 큰 수익을 창출한 아이폰의 성공이나 더 많은 사람들과 연결되고자 하는 욕구를 찾아낸 페이스북의 성공사례 등 우리가 알고 있는 현대 대기업의 '모든' 성공사례는 예외 없이 새로운 수요를 만들어 냄으로써 얻어진 것이다. 하지만 그러한 도전과 개척정신은 더 나은 발전과 수익을 얻을 수 있는 가능성이 있는 경우에만 생겨난다. 그러한 가능성이 점점 줄어들거나 거의 없어진다면 도전과 개척정신 역시 사라지게 된다.

우리가 해야 하는 것은 그러한 가능성을 모든 시장참여자들에게 열어주는 것이다. 즉, 시장에서 더 나은 수익을 얻을 수 있는 가능성을 시장에서의 도전을 원하는 모두에게 허용하는 것이 자본주의를 다시 성장시킬 수 있는 유일한 길이다. 하지만 그러한 길은 현 시장 안에서 편하게 수익을 얻으려는 의도로 만들어진 사회적 진입장벽에 의해 막혀 있다. 그리고 더 이상 개척할 시장이 거의 남아 있지 않다는 비관적인 생각은 그러한 진입장벽을 확산시키고 있다. 이러한 사회적 진입장벽은 비기득권을 착취하고, 특히 신규시장 참여자인 청년들의 시장참여를 어렵게 함으로써 이들의 경쟁 기회를 박탈하고 있다.

자유주의 이데올로기에 따라 형성된 현재의 체제는 외견상 그리고 이론상으로만 자유로운 경쟁을 보장할 뿐이며, 실제로는 자유주의 이데올로기는 비기득권에 불리한 시장질서를 만들어나가고 있다. 대기업과 갓 대학을 졸업한 애송이 혹은 시골농부가 결코 동등하게 경쟁할 수 없으며, 이러한 경향은 자유주의가 확산되면서 점점 심해지고 있는 실정이다.[139] 이러한 문제를 해결하

---

139) 그러나 이론적인 차원에서 시장은 대기업, 갓 대학을 졸업한 애송이 혹은 시골농부의 동등한 경쟁이 보장되어야만 효율적으로 작동한다.

기 위해서는 주류 이데올로기에 따라 기득권에게 유리하게 형성되고 적용되고 있는 법·제도를 불식시켜야 한다. 그리고 경쟁질서를 파괴하는 비공식적인 수단을 철폐해야 한다.

하지만 이러한 현실은 기득권에 대한 적개심이나 분노만으로는 개선될 수 없다. 기득권이 정교한 이론에 근거한 합리적인 방식으로 보호되고 있다면 그에 대한 저항도 합리적인 방식을 통해 이루어져야 한다. 적정한 논리를 통해 합리화되지 못한 모든 개혁 시도는 포퓰리즘으로 매도되거나 정당성을 의심받아 좌절될 수밖에 없다. 기존 질서에 만족하는 모든 자들에게 현실은 공정한 질서에 따라 만들어진 것으로 인식되며, 평등을 요구하는 자들은 단지 무능으로 인해 경쟁에서 밀려난 자들로 간주될 뿐이다. 타당한 논리가 제공되지 못하는 한 기존 질서를 바꾸려는 노력은 이들로부터 외면 받을 수밖에 없다.

사람들이 요구하는 것은 기존 질서를 파괴하는 혁명이 아니며, 부자들의 돈을 나누어 갖자는 것도 아니다. 이들이 원하는 것은 일할 의지가 있는 자에게 능력을 충분히 발휘할 수 있도록 경쟁에 참여할 수 있는 '기회'를 달라는 것이다. 우리의 목표를 달성하기 위한 논의는 여기에서부터 출발해야 한다.

7장

기회는 어떻게 되찾을 수 있는가?

1.

공정한 질서는 왜 만들어지기 어려운가?

공정성의 한계

그동안 자본주의에서 나타나는 문제를 해결하기 위해 시행되었던 모든 정책은 공정성과 평등, 정의의 실현이라는 관점에 따라 만들어졌다. 소득분배문제나 복지문제에 관한 정책은 물론이고, 최근의 일자리 문제에 대한 접근 역시 이러한 관점을 바탕으로 하고 있다. 대기업 중심의 경제정책에서 벗어나 중소기업을 활성화함으로써 일자리를 창출한다는 일련의 경제민주화 정책이 그 예이다.

중소기업 활성화에 대한 논의는 대기업 중심의 경제가 성장의 한계에 이른 시점인 외환위기 이후부터 본격화되었다. 성장률 한계에 도달하여 침체된 한국경제와는 달리 꾸준히 성장하는 중소기업 중심의 경제구조를 가진 대만의 사례는 중소기업 활성화 논의에 힘을 실어주었다. 그리고 양극화 심화에 따른 반재벌정서 확산과 민주화에 따른 권리의식 개선 역시 대기업 중심 경제에서 벗어나자는 주장에 한 몫을 하였다. 경제민주화 논의 이전부터 창업 및 중소기업 활성화를 위한 수많은 정책이 있었지만 이러한 정책들도 모두 공정성이나 평등, 정의의 실현 같은 관점을 취하고 있었다.

물론 문제의 원인을 시장 주체 간의 불공정한 경쟁에서 찾는 시각은 수요촉진책 중심의 케인즈적 처방이나 분배 중심의 복지국가적 처방에 비해 진일보한 시각이라고 할 수 있다. 하지만 그 해결책을 마련하는 데 있어 단순히 문제가 불공정한 경쟁으로 인해 발생했다고 하여 경쟁을 공정하게 하면 문제가 해결될 것이라는 생각은 잘못된 접근방식이다.

그 이유는 '공정성'이 가지는 주관적인 성격 때문이다. 정책이 성공하기 위해서는 정당성과 일관된 기준을 제공해 줄 수 있는 논리적인 근거가 필요하다. 이것을 정책논리라고 하는데, 정책논리는 정책에 정당성을 부여함으로써 반대자들의 반발을 억누르고 지지를 확보하여 정책이 지속될 수 있게 해준다. 그리고 정책논리는 후속정책이 일관되게 만들어질 수 있는 기준을 부여하여 후속정책이 일정한 방향으로 계속 재생산될 수 있게 만든다. 이러한 일관성을 통해 개별적인 정책들은 사회체제로 성장할 수 있게 된다. 그러나 기존 정책의 논리적인 근거였던 '공정성'이라는 기준은 누구의 입장에서 판단하는지 여부에 따라 다르게 해석되었기 때문에 실제로는 정책을 만드는 데 아무런 기준을 제공해 줄 수 없었다.[140]

그 예로 경제민주화 관련 정책 중 하나인 중소기업 적합업종 지정에 대한 논쟁을 들 수 있다. 중소기업 적합업종 지정제도는 원래 대기업이 무분별하게 생필품산업까지 진출함에 따른 부작용을 해소하고, 대기업과 중소기업의 균형 있는 발전을 꾀하기 위해 만들어진 제도이다. 대기업의 무분별한 시장진출과 장악을 방지하고, 중소기업의 성장을 돕는다는 접근방식은 타당하다고 할 수

---

140) 기준이 존재하지 않기 때문에 공정성 정책은 언제나 공평성을 추구하는 정책으로 전환되었다.

있다. 하지만 '공정성'에만 초점을 맞춘 접근방식으로 인해 이 정책은 이후 수많은 비난에 시달려야만 했다. 중소기업 적합 직종으로 지정된 두부제조업의 경우 시장에서 상대적으로 약자라고 할 수 있는 두부를 제조하는 중소기업의 시장점유율 확보를 목표로 대기업을 시장에서 철수하게 하고자 하였다. 하지만 예상치 못한 곳에서 비판이 발생하였는데, 콩을 재배하는 농민들로부터 중소기업이 국산 콩을 수매하지 않고 외국산 콩으로 두부를 만들어 국내산 콩 가격이 떨어진다는 불만이 나타나게 된 것이다. 그리고 이에 따라 농림부까지 나서 재지정 해제를 요구하는 상황에까지 이르게 되었다.[141] 중소기업 적합업종 지정정책은 직접적인 정책대상인 제조업체에게는 유리하였으나 또 다른 사회적 약자인 콩 재배농민에게는 불리한 효과를 가져왔던 것이다. 이처럼 '공정성'이라는 개념은 공정성의 주체를 누구로 상정하는가에 따라 다른 결과가 나타날 수 있다. 그리고 이 때문에 쉽게 반발에 부딪히게 된다.

이러한 '공정성'이 가지는 주관적인 성격으로 인하여 '공정성'에 의거하여 해결책을 만들어내는 방식은 일관된 원칙이나 이념이 아니라 개개사안에 따라 - 주로 대중이나 언론에 의해 - 제시된 해결책에 의존하고 있다. 최근의 경제민주화 과정에서 나타난 일감몰아주기 근절, 지주회사에 대한 규제 강화, 비정규직문제 해결 등의 정책들만 보더라도 일관된 원칙이 아니라 그동안 대중이나 언론 등 여론에 의해 그때그때 공정하다고 생각되는 해결책으로 제시되었던 것들이다.[142] 이러한 해결방식은 개별적인 문제에 대해서는 해결책을 제시해

---

141) 「콩값 지지 위해 대기업 두부생산 제한 철회를」, 〈농민신문〉, 2014년 3월 19일자, 성홍기 기자, 「中企 살리려다 콩 농가만 올려… 정부 "두부, 中企업종 빼달라"」, 〈한국경제〉, 2013년 11월 13일자, 고은이·강진규 기자

142) 하지만 이러한 정책형성방식은 시장과 민주화는 그 근거를 달리한다는 점에서 서로 논리체계상 양립할 수 없다는 점을 간과한 것이다. 시장은 개인주의에 의거한 반면, 민주화는 공동체주의에 근거하여 성립된 체계이다. 이러한 논리적 일관성이 없는 방식으로 정책을 추진할 경우 정책 대상자를 설득할 수 없어 반발을 불러오게 된다. 그리고 이러한 논리적 약점은 국내시장 나눠먹기나 대기업 길들이기, 포퓰리즘이라는 수많은 비난이 발생할 수 있는 여지를 제공하며, 정책에 대한 지지율을 떨어뜨려 결국 정책이 좌초되게 만든다.

줄 수 있을지는 몰라도 오늘날과 같이 자유주의체제 전반에 걸친 근본적인 문제가 제기되었을 때는 해결책을 제시해 주지 못한다. 문제를 근본적으로 해결하기 위해서는 객관적인 기준을 제공해 줄 수 있는 정책논리가 필요하다.

신자유주의의 사례를 보면 신자유주의가 수십 년간 널리 맹위를 떨칠 수 있었던 것도 자유주의 이론이 가진 객관성 때문이었다. '공정성'처럼 판단하는 사람에 따라 다르게 적용되는 것이 아니라 경제활동의 자유화라는 관점은 - 실제 현실에 있어서는 다른 결과를 가져왔지만 - 적어도 이론상으로는 다른 사람들이 반박하기 어려운 객관성[143]과 정당성을 가지고 있었다. 이러한 점 때문에 신자유주의는 그에 따른 자유화 정책을 일관성 있게 추진할 수 있었다. 그리고 그러한 자유화 정책을 일관되게 추진함으로써 불공정한 경쟁 상황을 계속 재생산해 낼 수 있었다.

그러나 이와는 달리 '공정성'은 그러한 객관성 및 일관된 논리체계를 갖추지 못하였기 때문에 해결책을 일관되게 만들어 낼 수 없었다. 그 결과 개개의 문제에 대한 해결책을 결정하는 데 있어 일일이 대중과 여론의 견해와 동향에 의존하지 않을 수 없게 되었다. 이러한 주관적인 성격으로 인해 '공정성'에 근거한 정책은 겉으로 자유로운 시장질서의 회복을 표방하고 있지만, 실제로는 반시장적 이데올로기와 결합할 가능성이 크다. '공정성'을 표방하는 정책들은 대중과 여론의 견해에 따라 그때그때 해결책을 만들어내는데 그 과정에서 일일이 정책에 대한 투표를 하지 않는 한 불만을 가진 소위 '목소리가 큰 사람'들의 견해가 정책에 더 많이 반영된다.[144] 그 결과 정책은 형성과정에서 객관성을 상실하고 대기업이나 기득권세력에 대해 표출된 적대감과 불만을 반영하

---

143) 자유화는 판단이 아니라 단지 제한과 통제를 하지 않는 것만을 의미하므로 상황에 따라 다른 기준이 적용되지 않는다는 점에서 객관적이다.

144) 정책결정에서 정책 투입에 많은 영향을 주는 것은 다수가 아니다. 협상이론에 따르면 피해를 보는 자가 다수이고 이익을 보는 자가 소수인 경우 이익이 직접 관여된 소수는 큰 목소리를 내고, 다수는 침묵하기 때문에 목소리가 큰 소수의 의견이 정책에 반영된다고 한다.

여 만들어지게 된다.[145] 그리고 적대적인 감정을 바탕으로 만들어진 정책은 적대감과 불만을 신속히 해소하기 위해 눈앞에 보이는 기득권의 이익을 분배하고 활동을 제한하는 데 치중하게 될 수밖에 없다. 이러한 방식은 직접적으로 이익이나 권력을 분배하고 제한한다는 점에서 평등주의적 방식이라고 할 수 있다. 평등주의를 체계화한 이데올로기는 바로 공산주의이다. 공정성을 표방한 많은 정책들이 공산주의 혹은 포퓰리즘이라는 비난을 받게 되었던 이유도 바로 여기에 있다.

게다가 '공정성'은 체계적인 이론에 의거한 것이 아니었기 때문에 '공정성'은 그에 의거한 정책에 정당성을 제대로 부여해 주지 못하였고, 이 때문에 수많은 반증을 통해 논란을 야기하기도 하였다. 중소기업 적합업종 정책의 경우 앞에서 든 두부 업종 외에도 LED나 커피전문점 등의 많은 업종이 중소기업 적합업종으로 지정되었는데, 중기 적합업종 지정이 외국계기업의 점유율만 높였다는 비판이 정책유효성에 대한 반증으로 제시되었다. 즉, 적합업종 지정이 국내 중소기업의 시장점유율은 전혀 높이지 못하면서 대기업의 빈자리를 외국계기업이 채움으로써 외국계기업의 배만 부르게 했다는 것이다.[146]

그리고 이러한 논리상의 허점은 정책 자체의 정당성에 대해 의문을 품게 만들었다. 사실 중소기업 적합업종이 직면한 가장 큰 비판은 시장에 과연 중소기업에 적합한 업종이 존재하는지 여부에 대한 것이다. 반도체나 화학 등 거대한 시설이 필요한 산업은 애당초 중소기업이 진입하기 어렵기 때문에 논외로 하더라도 거의 모든 시장에서 가장 강한 3개 기업만이 살아남는다는 '빅3

---

145) 대표적인 예로 대형마트에 대한 휴일영업제한, 중소기업 적합업종 등이 적대감에 기반을 둔 정책의 예라고 할 수 있다. 이는 명백한 근거 없이 대기업의 활동을 강제로 제한한 것으로 여론의 힘에 밀려 대기업은 이러한 정책을 수용하게 되었지만 그 과정에서 정책의 부당함에 대한 성토가 있었고, 이는 그 외 정당한 통제에 해당하는 정책마저도 정당성을 의심받게 하였다.

146) 「중기 적합업종 2년, 외국계 배만 불렸다」, 〈서울경제〉, 2013년 8월 13일자, 이종배·유주의 기자, 「불 켜지는 LED 조명 시장, 대기업 손발 묶이고… 외국계만 신났다」, 〈매경이코노미〉, 2013년 8월 7일자, 김병수·노승욱·강승태 기자

의 법칙'이 지배하고 있는 상황에서, 특정한 업종만 중소기업에 적합하므로 대기업이 진출해서는 안 된다는 논리는 설득력이 떨어진다. 이러한 부실한 논리는 국민에게 정책이 포퓰리즘적 관점에서 추진되었다는 인상을 주게 되고 기득권이 정책을 흔들 수 있는 여지를 만들어주어 정책에 대한 지지를 떨어뜨린다.

이처럼 추상적인 개념인 공정성으로는 정책을 정당화시키는 데 필요한 충분한 논리를 제공해 줄 수 없다. 그리고 외견상 객관적이고 명백한 논리를 가지지 못한다면 반대세력의 반발을 제압하기 어렵고, 무엇보다 국민을 설득하는 데 한계가 있다. 이것이 경제민주화 정책 같은 기존의 공정성을 추구하는 정책들이 제대로 성과를 내지 못한 채 실패하게 된 이유이다. 추상적인 개념은 단지 정책추진과정에서 나타나는 목표 중 하나가 될 수 있을지는 몰라도 정책추진의 기준이 될 수는 없다. 이렇게 볼 때 현재의 문제를 해결하기 위해서는 공정성 같은 추상적인 개념을 정책의 근거로 하여서는 안 된다.

불공정한 질서를 바로잡기 어려운 이유

앞서 보았듯이 현재의 문제가 야기된 원인은 이데올로기 자체에 있는 것이 아니라 기득권의 이기주의적 행태로 인해 경쟁을 가로막는 수많은 사회적 진입 장벽이 형성되어 있다는 데 있다.[147] 그 결과 지속적으로 기득권의 이익에 부합

---

147) 현재의 체제가 불공정한 것은 주류 이데올로기라는 합리적 이론에 따라 정당화된 현재의 체제가 자동적이고 지속적으로 기득권에게만 유리한 왜곡된 경쟁질서를 재생산하고 있기 때문이다. 자유주의 확대에 따라 아무런 비판이나 검토 없이 자동적으로 도입되었던 수많은 신자유주의적 제도들을 보면 자유주의 이념이 제공한 합리성으로 인해 체제가 자동적으로 형성되고 있음을 알 수 있다. 게다가 이미 도입된 제도는 얼마 안 되어 사회에 뿌리내리게 되므로 이후에 형성되는 제도들 역시 그에 기반을 두고 만들어진다. 따라서 일단 제도가 왜곡되게 도입되면 그에 의해 발생하는 문제를 뿌리 뽑는 것은 거의 불가능하다. 제도란 방향성이 있는 것이어서 일단 도입되고 뿌리내리게 되면 그에 따라 계속 일정한 방향으로 성장을 하게 된다. 그 제도가 아예 잘 못되었다는 명확한 근거가 없다면 제도는 수정될 뿐 뿌리 뽑히지 않는다. 일단 도입된 이상 그 제도에 의해 혜택을 보는 자들이 있기 때문에 명백한 근거 없이 그들이 가진 기득권을 포기하게 하는 것은 거의 불가능하다. 공정이나 정의 같은 모호한 개념으로는 그러한 명백한 근거를 제공할 수 없으며, 현재의 경쟁질서를 바로잡기 위해서는 보다 판단 주체에 따라 편향되지 않는 객관적인 기준이 필요하다.

하는 편향되고 왜곡된 방식으로 법·제도가 만들어지고 적용됨으로써 공정하지 않은 상황이 반복되고 있는 것이다. 이러한 관점에서 볼 때 공정한 경쟁 질서를 만들기 위하여 또 다른 이데올로기를 통해 새로운 질서를 만들고자 하는 시도는 문제의 초점을 흐리고 사회분열만 일으킬 뿐이다. 문제해결을 위해 중요한 것은 경쟁을 가로막는 수많은 사회적 진입장벽을 없애 현 질서 체제가 효율성을 극대화하고 시장 활력을 되찾을 수 있는 조건들을 만들어내는 것이다.

사회적 진입장벽을 해소하기 위해서는 우선 공식적인 영역에서 법·제도가 기득권의 이익에 따라 왜곡되지 않도록 해야 한다. 사회에 기득권이 존재하게 되면 많은 법·제도가 기득권의 이익에 따라 왜곡된 방식으로 만들어지거나 적용된다. 특히 기득권이 지지하는 정당화 논리 - 주류 이데올로기 - 에 의거하여 만들어지는 모든 법·제도는 기득권의 이익에 부합하는 방식으로 형성되어 사회의 분배 상태를 왜곡시킨다.

흔히 생각하기에 다수에 의한 지배체제인 민주주의 사회에서 다수인 비기득권에게 불리한 질서가 형성된다는 것은 납득하기 어려울 수 있다. 민주주의 사회에서 법·제도는 다수의 지지 없이 만들어질 수 없으며, 다수인 비기득권이 자신들에게 불리한 질서가 만들어지는 것을 용인하지 않을 것이기 때문이다.

그러나 이러한 추측과는 달리 현대사회에서도 여전히 기득권에게 유리하고 비기득권에게는 불리한 질서가 만들어지고 유지되고 있다. 그것이 가능한 이유는 크게 세 가지이다. 첫 번째 이유는 그러한 질서에 대해 부여된 정당성 때문이다. 기득권이 전문성이나 자본을 얻기 위해서는 상당한 노력과 재능이 필요하다. 그러한 노력은 다른 사람보다 더 많은 이익을 얻는 데 필요한 기회비용으로 간주되며, 다른 사람보다 더 높은 이익을 얻는 것을 정당화해 준다. 이 때문에 전문성과 자본을 바탕으로 더 많은 이익과 풍요로운 삶을 누린다고 하여도 그것은 정당한 것으로 여겨진다. 그리고 그러한 이익이 어느 정도 과도하다고 하더라도, 마찬가지로 정당한 것으로 생각하게 된다.

문제는 그러한 이익의 격차가 노력의 격차에 비해 너무 많으며, 점점 심화되고 있다는 데 있다.[148] 예를 들어 자본주의 사회에서 의사는 상당히 많은 수입을 올린다. 그리고 의사가 되기 위해서는 상당한 노력과 시간이 필요하다. 이 때문에 의사가 그러한 많은 수입을 얻는다고 하여도 어느 정도 정당한 보상으로 여겨져 왔다. 과거에 학력수준이 높지 않고 노력에 따라 다른 분야에서 보상을 얻을 수 있었으므로 그러한 수입에 대해 별다른 이의가 제기되지 않았다. 그러나 학력수준이 높아지면서 다른 직업에도 의사 못지않은 전문성과 노력이 필요해졌다. 현재 다른 직업의 수입은 의사만큼 많지 않으며, 안정된 직업을 얻는 것 자체가 상당히 어렵다.[149] 예를 들어 박사가 되기 위해서는 해외 유학이나 오랜 기간의 공부와 투자가 필요하다. 그러나 그들 대부분의 수입은 의사에 비해 저조하며, 다른 분야의 박사가 그에 걸맞은 일자리를 찾기는 매우 어렵다.[150] [151] 이러한 현실로 인해 우리 사회에는 노력과 보상에 대

---

148) 한국은 의사의 월 평균 임금이 616만 5,000원(2009년 전문의 기준)이었고, 간호사는 이 임금의 35%, 전자제품 조립원은 24%를 받았다. 독일보다 각각 20~30%포인트 가량 더 차이가 나는 것이다. 건설 노동자도 마찬가지여서 독일의 건설 철근공은 의사 임금의 47%를 받았지만, 한국은 29%를 받을 뿐이다. 10개 직종 중 가장 임금이 낮은 웨이터를 비교했을 때 독일은 의사 임금의 3분의 1(32%), 한국은 5분의 1(19%)이었다. 「식당 웨이터 월급, 의사의 19% 불과… 독일은 32% 수준」, 〈한국일보〉, 2011년 10월 12일자, 이진희 기자

149) 1991학년도 대입 학력고사 전국 수석은 전남 목포 덕인고 출신인 한모(37) 씨였다. 그가 지원한 곳은 의예과도, 전기공학과도 아닌 서울대 컴퓨터공학과였다. (중략) 대성학원이 지난해 만든 '2011학년도의 대입 지원 가능 대학·학과 참조 자료'의 이과계열 제일 위 칸에는 서울대 의예과가 있다. (중략) 컴퓨터공학과를 선택했던 학생들도 중간에 다른 길로 빠지거나 아예 한국을 떠나는 경우가 적지 않다. KAIST 출신 박모(34) 씨가 그렇다. 박 씨는 대학원 시절에는 유명 학술지에 논문을 여러 편 쓸 정도로 실력을 인정받았다. 대기업 계열 SI업체에 들어간 그는 4년 전 회사를 퇴직하고 미국 실리콘밸리로 떠났다. 「명문대 나와도 SW개발자는 시간급 인생… 장가가기도 힘들어」, 〈조선비즈〉, 2011년 8월 19일자, 이인묵 기자. 실력만으로 인정받는다면 흔한 의사보다 박모 씨가 더 많은 수입을 거두어야 하나, 실제로는 보통의 의사에 비할 바 없을 정도로 낮은 수입을 거둔다.

150) 각각의 직업군 내에서 38만 달러 이상을 버는 사람이 차지하는 비율도 의사가 가장 높았다. 의사는 이 비율이 전체 직업 중 유일하게 20%를 넘었다. 변호사, 경영자·고위공무원, 금융서비스·판매 종사자 중 상위 1%에 해당하는 소득을 올리는 비율은 해당 직업군 내에서 10~15% 수준이었다. 금융 매니저, 기타 금융 전문가 중에서 이 비율은 전체의 2~5% 정도였다. 「美 상위 1% 다수는 월街 금융인 아닌 의사들, 美의사 20%, 연소득 4억 넘어… 금융 관리직 부자는 5% 불과」, 〈조선비즈〉, 2012년 1월 17일자, 김신영 특파원

151) 2009년 초에는 물리학 박사과정을 수료한 후 환경미화원 공채에 응시한 사람이 등장해 화제를 모았

한 의문이 나타났다.[152] 그리고 노력을 통해 의사 수준의 수입을 얻는 것이 어려워지면서 점점 비슷한 수준의 노력을 필요로 하는 다른 분야에 대한 선호도가 낮아지고 의사에 대한 선호도만 과도하게 높아지는 현상까지 나타났다.[153] 노력에 상응하는 보상을 얻을 수 있는 가능성이 크지 않다면 해당 분야에 대한 선호도는 낮아질 수밖에 없다.

두 번째 이유는 정당화 논리가 가진 불명확성 때문이다. 어떤 이익을 보장하는 정당화 논리는 관념적으로는 타당하지만 사실 그에 대한 기준은 명확하지가 않다. 특히 법·제도의 한계를 결정하는 것과 관련해서는 그러한 구체적인 제한 기준이 마련되어 있지 않다. 앞 장에서 살펴본 지적재산권의 예에서 알 수 있듯 일단 정당성을 획득한 법·제도는 그를 제한할 수 있는 기준 자체가 불명확하여 통제가 어렵다.

이론적으로 지적재산권에 대해 인정되는 독점기간은 그것을 독점화함으로써 들어가는 사회적 비용(A)와 독점화됨으로써 발명과 창조를 촉진하는 이익(B)간의 비교를 통해 사회의 순이익을 극대화할 수 있는 수준에서 결정된다. 그러나 그러한 수준이 얼마 정도의 기간인지는 관념상으로는 이해되어도 그 이익이나 비용을 정확히 측정할 수 없어 실제로는 적정독점기간이 어느 정도 수준인지 결정할 수 없다. 이 때문에 제4장에서 살펴 본 미키마우스의 예처럼 독점기간을 계속 늘린다고 하여도 그것이 부당하다고 할 수 있는 명확한 근거

으며, 2010년을 전후하여 서울대나 대학원 이상의 석·박사들이 9급 공채에 응시하는 등 박사 등의 고학력자들이 공무원 시험이나 계약직 텔레마케터 등 단순한 기능을 요하는 작업에 응시하는 경향이 늘어났다. 이제는 학력보다 실력이라는 말로 현실 변화를 포장하기에는 걸맞지 않는 작업에 너무 많은 고학력자들이 응시하는 실정이다.

152) 박사학위를 받은 사람들이 의사나 변호사보다 더 적게 노력했다고 볼 수는 없다. 그들의 수입 차이는 단지 노력의 정도가 아니라 작업에 고정된 수입–진입장벽에 따른 지대에 기인한다고 볼 수 있다.

153) 지난해 서울대 공대 수시 합격생 588명 가운데 64명, 10% 이상이 등록을 포기했습니다. 대부분 동시에 합격한 의대를 선택한 것으로 보입니다. 반면에 올해 일부 의대 수시 지원률은 보시는 것처럼 300대 1에서 400대 1을 오가고 있습니다. 공대의 지원율하고 현격한 차이를 보이죠. 「도 넘은 '의대 쏠림'현상, 이대로 괜찮습니까」, 2011년 12월 12일자, SBS, 김범주 기자

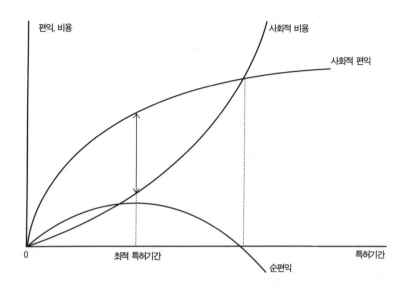

편익, 비용

사회적 비용

사회적 편익

0

최적 특허기간

순편익

특허기간

최적 특허기간의 결정 : 경제학에 따르면 최적 특허기간은 사회의 순편익 (사회적 편익과 사회적 비용의 차이)이 극대화되는 수준에서 결정된다고 한다.[154]

를 제시할 수 없다. 그리고 발명과 창조의 범위를 어디까지 인정해야 하는지 역시 명백하지 않아 지적재산권을 인정하는 영역을 계속 넓힌다고 하더라도 통제가 불가능하다. 예를 들어 미국에서는 끝을 접은 샌드위치나 그네 타는 법 등에 대한 특허가 인정되고 있으며,[155] 강황의 효능 같은 전통적인 지식까지 특허가 시도되는 등 특허권이 과도하게 확대되어 인정되고 있다.[156] 어떤 법·제도가 자신들의 이익을 보호하는 데 유리하다면 그러한 법·제도는 가

154) 《미시경제학》 p612, 이준구 지음, 법문사, 2003년

155) 《나쁜 사마리아인들》 p210, 장하준 지음·이순희 옮김, 도서출판 부키, 2008년

156) 새로운 미국의 시스템은 다른 나라들, 특히 개발도상국에 잘 알려져 있는 아이디어들, 그 나라에서는 너무나 오랫동안 잘 알려져 있었기 때문에 법적인 보호를 받지 못하는 아이디어들을 도용하도록 격려하고 있다. 이른바 전통적인 지식의 도용이라고 알려진 행위이다. (중략) 이 특허는 뉴델리에 있는 농업 연구회가 미국 법원에 소송을 제기한 끝에 취소되었다. 그러나 만일 이런 부당한 대우를 받은 나라가 인도가 아닌 작고 가난한 개발도상국이었다면 그래서 이 같은 싸움을 할 만한 인적·재정적 자원이 부족했다면 이 특허는 아직도 유지되고 있을 것이다. 《나쁜 사마리아인들》 p211, 장하준 지음·이순희 옮김, 도서출판 부키, 2008년

능한 거의 무한정 적용범위가 확장된다.[157]

법·제도가 남용되어 적용되었던 또 다른 사례로는 신자유주의에 따른 무분별한 자유화, 개방화 정책을 들 수 있다. 신자유주의는 케인즈적 복지국가의 비효율성에 대한 해결책으로 등장한 이론으로 자유화가 효율성을 극대화한다는 논리를 근거로 하고 있다. 하지만 그러한 정당화 논리에 근거하여 자유화가 과도하게 추진된 결과 오늘날까지 중산층 붕괴, 소득격차 심화, 비정규직 문제 등 수많은 부작용이 발생하고 있다. 우량 공기업 민영화에 따라 요금 인상, 서비스 질 저하의 문제가 나타났고, 통제수단조차 마련되지 않은 금융자유화로 인해 국부가 대량으로 유출되는 등 필요 이상의 자유주의적 제도 도입은 많은 문제를 일으켰다.

자유주의 이론은 자유화가 효율화를 가져온다고 말하고 있을 뿐 자유화의 한계에 대해서는 언급하고 있지 않다. 자유화의 한계가 명확하지 않았기 때문에 자유화라는 원칙만 준수하면 공익이 극대화될 수 있다는 자유주의자들의 주장을 통제할 수 있는 구체적인 기준이 마련될 수 없었다. 물론 그동안 무분별한 자유화의 부작용에 대한 지적은 끊임없이 제기되고 있었다. 그리고 그 중 어떤 것들은 상당한 설득력이 있는 것으로 여겨졌다. 그러나 이러한 지적은 자유화가 일단 세력을 얻은 후에는 별다른 힘을 발휘할 수 없었다. 자유화 정책은 더 이상 검토의 대상이 아니었으며 그것을 옹호하는 세력의 지지에 의해 끊임없이 확산되었다. 그 결과 처음 의도와는 달리 공익이 심각하게 저해되는 수준까지 별다른 어려움 없이 자유주의적 성향의 법·제도는 지속적으로 도입될 수 있었다.

이러한 두 가지 예에서 보듯이 모든 법·제도를 정당화하는 논리의 문제점

---

157) 지적재산권이 부여하는 독점적 이익에 따라 듀퐁이나 IBM 등의 전통적인 제조업 분야의 대기업들은 이미 오래전에 지적재산권을 주 수입원으로 하는 기업으로 변모하였다. 또한 이러한 이익을 확보할 목적으로 인텔렉추얼 벤처스 같은 특허소송 전문기업에 의한 소송남발이 활개를 치게 되었다.

은 그 한계에 대해서는 명확히 언급하지 않는다는 점이다. 그 결과 법·제도는 그에 의해 이익을 받는 사람들의 지지를 바탕으로 공익에 대한 침해가 심각해지는 수준까지 거의 자동적으로 도입되게 된다. 이처럼 유사한 논리를 바탕으로 한 법·제도가 자동적이고 지속적으로 도입되게 되면 그러한 성향을 가진 체제가 만들어지게 된다.

비기득권에게 불리한 결과를 가져오는 법·제도가 계속 유지될 수 있는 세 번째 이유는 법·제도가 만들어내는 부당한 결과에 대해 명백한 비판이 어렵기 때문이다. 현대에는 이익을 직접적으로 착취하는 것이 아니라 기득권에게 유리한 질서를 만듦으로써 더 많은 이익을 얻을 수 있는 '가능성'만을 높일 뿐이다. 사회 전체적으로 이익이 증가하고 있고, 그 이익을 얻을 수 있는 가능성은 적어도 이론상으로는 모든 사람에게 열려 있다. 따라서 현재의 분배 상태가 부당하게 느껴지더라도 그것이 경쟁의 결과인지 부당한 체제로 인한 것인지 명백하지 않다. 실제로는 기득권이 비기득권보다 훨씬 많은 이익을 얻고 있고,[158] 더 풍요로운 삶을 누리고 있다고 하여도, 현실이 부당한지 여부를 밝혀내는 것은 쉬운 일이 아니다.[159] 문제가 있는 것 같지만 실제로는 그것을 설명할 수 없으므로 부당성은 기껏해야 추측할 수 있을 뿐이다. 이런 상황에서는 문제가 있어도 그저 불평하는 데 그칠 수밖에 없으며 납득할 수 있는 해결책을 제시하는 것도 불가능하다.

문제파악을 더 어렵게 만드는 것은 계급이 폐지된 현대사회에서는 기득권의 범위를 명확히 규정하기 어려워졌다는 점이다. 현대의 기득권은 이질적인

---

158) 디지털 혁명에 따른 혜택은 압도적으로 자본가와 고숙련 노동자들에게 돌아갔다. 지난 30년 동안 노동자들이 가져간 '생산'의 몫은 전 세계적으로 64%에서 59%로 줄었다. 반면, 미국의 상위 1%에게 돌아간 '소득'의 몫은 1970년대 9%에서 지금은 22%로 늘었다. 『내 일자리를 노리는 그것… '사람'이 아니다』, 〈이코노미스트 머니투데이〉, 2014년 1월 19일자, 최은혜 기자

159) 계급이 존재하던 근대 이전의 세계에서는 신이나 초월적 존재에 대한 일반인의 믿음이 컸기 때문에 신이나 초월적 존재를 부정할 수 없는 한 천명사상이나 왕권신수설을 부정할 수 있는 논리를 만들기는 어려웠다. 게다가 그러한 논리를 만들어 낼 수 있는 비기득권 지식인 자체가 거의 존재하지 않았기 때문에 근대 이전에는 그에 대한 비판논리를 만들어 낼 수 없었다.

성격을 가진 각 직업군을 기반으로 형성되며, 자신이 속한 한정된 분야에만 영향력을 행사할 수 있다. 따라서 각 직업군에서 기득권이 문제를 발생시키고 있다고 할지라도 이는 단지 각 직업군에서 발생하는 국지적인 부패 문제로 치부될 뿐이다. 사회 전반에서 유사한 문제가 나타난다고 해도 상호간에는 직접적인 관련성이 없으므로 이를 일반적으로 규율하는 기준은 만들어질 수 없다. 투쟁 대상 자체가 불명확하므로 대중의 힘은 결집될 수 없으며, 문제에 대한 일반화된 이론이 존재하지 않으므로 투쟁을 위한 동조세력도 만들어질 수 없다.[160] 이 때문에 현대에는 아무리 부당한 상황이 나타난다고 하여도 결코 혁명이 일어나지 않는다. 이처럼 현재의 결과가 부당한지 여부 자체를 밝혀낼 수 없으므로 현실에서 부당한 결과가 발생하고 있다고 해도 이는 단지 개인의 책임인 것으로 간주될 뿐이다. 그리고 그러한 어려움들은 개인이 감수해야 할 몫으로서 스스로 극복해내야만 하는 문제로 여겨지게 된다.

이러한 이유들로 인해 기득권에게 유리한 법·제도가 지속적으로 만들어지고 유지되면 결국 기득권에게 유리한 체제가 형성된다. 그러한 체제가 형성되면 개별적인 법·제도는 일부 바꿀 수 있을지 몰라도 왜곡된 경쟁질서를 만들어내는 추세는 바꿀 수 없다. 경쟁질서가 왜곡되면 특히 자유주의에 기반을 둔 사회에서는 심각한 문제가 발생한다. 자유주의는 공정한 경쟁이라는 전제조건을 기반으로 한 것이기 때문이다. 하지만 경쟁질서가 왜곡되면 이러한 전제조건이 훼손되어 자유화는 더 이상 공익을 극대화시킬 수 없게 된다. 그리고 경쟁질서 왜곡에 따라 이익분배가 왜곡되면서 문제는 점점 심화된다. 이렇게 일정한 방향으로 만들어진 법·제도는 사회체제를 형성하여 기득권의 이

---

160) 이 때문에 현대에는 비기득권이 체제를 뒤엎을만한 힘을 얻기 어렵다. 강력한 정당성을 지닌 이데올로기에 대항하기 위해서는 전문적인 지식이 필요하다. 그러나 전문적인 지식을 가지게 되는 순간 대부분의 비기득권은 기득권에 편입되게 되고 과거에 자신이 부딪혔던 문제에 더 이상 관심을 가지지 않는다. 그리고 비기득권의 이익을 옹호하는 전문가들이 있다고 하더라도 이들은 소수에 불과하다. 그리고 현대 민주주의 하에서는 정책결정에 영향을 미치기 위해 자본이 필수적이나 비기득권에게는 정책에 영향을 미치기 위한 자본이 부족하며, 그들의 이익을 옹호해주는 자본가를 찾기도 쉽지 않다.

익을 보호하는 사회적 진입장벽이 된다. 그리고 사회적 진입장벽이 형성되면 시장 진입장벽의 경우와 마찬가지로 기득권에게 노력의 정도와 비례하지 않은 더 많은 이익을 부여하게 되는 것이다.

이러한 공식적인 사회적 진입장벽에 의한 경쟁질서 왜곡을 가중시키는 것은 비공식적인 수단에 의한 왜곡인데, 비공식적인 수단은 이익을 더 많이 확보하려는 인간의 본성에 따라 나타나는 현상이다. 자유주의는 이익을 위해 법으로 통제되지 않은 모든 수단을 정당화 해 준다. 이에 따라 이익을 최우선의 가치로 여기는 인식이 확산되면 불법적인 일이라고 하더라도 이익을 위해 도덕을 팽개치게 된다.

비공식적인 수단에 의한 사회적 진입장벽을 없애는 방법에는 크게 두 가지가 있다. 하나는 부정적인 방식으로 사회적 진입장벽을 직접 해체하고 통제하는 것이다. 대기업의 지점 확대 제한이나 갑을관계 해소 같은 규제를 통해 기득권 계층의 행위를 직접 통제하는 방식이 바로 부정적인 방식의 예라고 할 수 있다.

그동안에는 비공식적인 수단에 의한 사회적 진입장벽의 부작용을 해결하기 위해 주로 이러한 부정적인 방식이 사용되었다. 왜냐하면 비공식적인 수단에 의한 문제는 정치적으로도 큰 이슈를 제공하고, 직접적인 통제는 외견상 국민에게 보이는 것이어서 정치가들이 선호하기 때문이다. 그리고 과거에는 지금과 같이 법·제도에 의한 경쟁질서 왜곡이 심각하지 않아 개별적인 문제들을 해결하면 어느 정도 문제를 해결할 수 있었다. 그러나 현재와 같이 경쟁질서의 왜곡이 심각한 시점에서는 개별적 문제에 대한 통제만으로는 문제를 해결할 수 없다. 특히 시장주의자들의 주장대로 오늘날의 시장은 정부가 통제하기에는 너무 거대하다.

정부가 시장을 직접 규제하려고 하면 항상 예상치 못한 부작용이 나타난다. 정부 개입의 부작용은 정부 통제를 반대하는 사람들에게 비난의 빌미를 제공한다. 이러한 부작용은 '정부 실패'라는 용어로 체계화되어 정부 개입의 부당성을 정당화해 주고 있다. 그리고 소득수준이 높아지고 사회가 자유로워지면서 다양한 의견이 표출됨에 따라 정부가 시장에 개입하려고 할 때마다 점점 더 많은 반대 의견에 부딪히게 되었다. 오늘날 정책시행을 위해서는 다양한 요구조건을 충족시키고 그에 반대하는 사람들의 비판을 극복해야만 한다. 이제 정부의 개입은 더 이상 문제를 해결하는 효율적인 방책이 될 수 없으며, 오히려 정부의 과도한 개입은 사회를 분열시키는 원인이 되고 있다. 이처럼 전통적으로 많이 사용되어 왔던 부정적인 방식은 복잡하게 성장해 버린 시장에서는 사회분열만 일으킬 뿐 제대로 효과를 발휘하기 어렵다.

게다가 비공식적인 수단에 의한 사회적 진입장벽은 그 종류가 너무 많아 일일이 대응하는 것이 불가능하다. 그리고 개별적인 수단에 대해 통제가 이루어진다고 하여도 언제나 그를 우회할 수 있는 대안이 만들어진다. 새로운 회피방식은 기존에는 상상할 수 없는 방식으로 만들어지므로 그를 해결하기 위해서는 문제를 새로 파악하여 다시 새로운 통제방식을 만들어내야 한다. 그리고 오늘날과 같이 복잡한 시장체계 하에서는 문제 상황을 일일이 관찰하기 어려우므로 새로운 회피방식이 만들어졌는지 자체도 알기 힘들고, 그에 대한 통제방법도 점점 복잡해져 해결에 필요한 시간도 점점 오래 걸리게 된다. 이처럼 사회적 진입장벽은 기존의 부정적인 대응방식으로는 해소되기 어렵다.

사회적 진입장벽을 상대하는 방법

앞장에서 본 바와 같이 현재의 문제에 대한 해결책은 일하고 싶은 사람들에게 일할 수 있는 '기회'를 제공하는 것으로부터 출발해야 한다. 기득권들이 만들어 낸 공식적, 비공식적 수단에 의한 사회적 진입장벽들은 경쟁 질서를 왜곡시킴으로써 비기득권이 일할 수 있는 '기회'를 축소시킨다. 사회적 진입장벽의 목적은 바로 경쟁하지 않는 것이다. 사회적 진입장벽은 비기득권과 경쟁하지 않고서도 이익을 안정적으로 확보할 수 있게 만들어 준다. 따라서 기득권도 비기득권과 동일하게 경쟁할 수 있도록 만든다면 사회적 진입장벽의 효과를 무력화할 수 있다.[161]

그동안 신자유주의자들은 불간섭과 자유화가 효율성을 극대화한다는 명목 하에 자유화가 공익을 증진시킬 수 있는 가장 좋은 수단이라고 주장해 왔다. 자유 경쟁이 도전과 혁신을 유발시키는 것은 사실이다. 그리고 이를 바탕으로 자본주의는 생산성을 증가시키고, 기술진보를 일으키게 된다. 하지만 실제로 효율과 혁신을 가져오는 것은 자유가 아니라 경쟁이다. 시장의 경쟁 압력이 높아지면 시장에서 살아남기 위해 참여자들이 가지고 있는 모든 능력과 재능을 동원하게 되고 그 과정에서 창의성과 효율성이 나타나게 되는 것이다.[162] 자유방임이 아니라 남들보다 잘 살고자 하는 욕심이 노력과 발전의 유인을 제공한다고 할 수 있다.

정확히 말하면 자유화는 시장을 보다 경쟁적으로 만들기 위한 한 가지 방편일 뿐이다. 자유주의가 처음 등장하던 시기에는 시장에 대한 국가의 간섭이 경쟁화를 가로막는 주요 원인이었으므로 국가의 통제를 배격하고 시장 활동의 자유를 확보하는 것이 경쟁을 유발하기 위한 최선의 수단이었다. 그러나 현대사회에서는 정부의 통제를 무조건 배격하고 자유화만을 추구하는 것은

---

161) 이미 너무나도 많은 공식적인 사회적 진입장벽, 즉 법과 제도가 만들어져 있으며, 이러한 법과 제도는 모두 주류 이데올로기를 통해 정당화되어 일련의 체계를 구축하고 있으므로 해체하기가 매우 어렵다. 그리고 공식화되지 않은 수많은 사회적 진입장벽이 존재하고 있으므로 사실상 이를 일일이 해체하는 것은 불가능한 일이다. 따라서 개별적인 정책을 마련하여 일일이 사회적 진입장벽에 대항하기보다는 그 효과를 무력화할 수 있는 일련의 논리를 통해 사회적 진입장벽의 효과를 제한하는 것이 사회적 진입장벽을 해체하는 것과 동일한 효과를 가져올 수 있는 더 효율적인 방법이 될 것이다.

162) 경쟁이 도전과 창의성을 유발시키는 이유는 더 많은 이익을 원하는 인간의 욕심 때문이다. 다시 말해 더 많은 부를 통해 좀 더 편안하고 안정된 삶을 누리고 그것을 자손들에게 물려주려는 욕심이 효율성과 혁신의 근원이라고 할 수 있다. 이러한 점을 역설한 대표적인 이론으로 슘페터의 '창조적 파괴이론'이 있다. 슘페터의 '창조적 파괴이론'은 독과점시장에서는 독과점 이익을 지속적으로 보장받을 수 있게 하기 위해 혁신노력이 지속적으로 일어나므로 자유경쟁시장에서보다 독과점시장에서 더 많은 발전과 창조가 나타난다고 한다.

오히려 경쟁참여를 저해할 수 있다. 경쟁을 확산시키기 위해서는 자유방임이 아니라 경쟁 기회가 확산될 수 있는 환경을 조성하기 위한 적절한 관리가 필요하다. 경쟁 기회를 확산시키려는 인위적인 노력이 없다면 자유방임체제에서는 사회적 진입장벽으로 인하여 기득권에 속하지 않는 모든 사람의 경쟁 기회가 박탈되고 말 것이다.

일하고자 하는 사람들에게 더 많은 기회를 부여하기 위해 필요한 것은 자유주의가 본래 의도대로 작동될 수 있도록 기존의 자유화 중심의 체제를 경쟁화 중심의 체제로 전환시키는 일이다. 경쟁화 중심의 체제는 각 분야별 시장에서 경쟁 혹은 경쟁 가능성을 확대시키는 것을 핵심적인 목표로 하는 체제이다. 경쟁화 중심의 체제에서 자유화라는 제도 구성 원칙은 경쟁화라는 원칙으로 대체된다. 경쟁화라는 원칙은 그 자체가 제도 구성의 원칙일 뿐 아니라 자유주의가 유효하게 작동하기 위한 전제조건이기도 하다. 그동안 자유화가 남용되어 왔던 이유는 자유화, 개방화라는 수단적인 원칙만 강요할 뿐 그것이 제대로 작동하기 위한 전제조건 형성에는 관심을 가지지 않았기 때문이다.[163] 무분별한 자유화를 통제할 수 있는 유일한 방법은 자유주의의 전제조건의 중요성을 부각시키는 것이다. 자유주의의 전제조건이 충족되지 않는다면 자유주의는 유효하게 작동할 수 없으므로 자유화가 효율성으로 이어진다는 주장은 정당성을 잃게 될 수밖에 없다.

각 시장 분야에서 시장참여 기회가 확대되면 시장에서 경쟁에 참여하는 경제 주체의 수가 증가하게 된다. 이는 경쟁참여를 어렵게 만들어 기득권이 배타적으로 이익을 확보할 수 있게 해주는 사회적 진입장벽의 효력을 약화시키는 효과가 있다. 그리고 사회적 진입장벽의 힘이 약화되면 더 많은 경제 주체가 시장에 유입되는 선순환이 나타난다. 이러한 과정을 통해 시장참여 기회가

---

163) 특히 '시장가격에 영향을 줄 수 없는 다수의 시장참여자'라는 완전경쟁시장의 전제조건을 의미한다.

확대되면 시장 경쟁이 활성화되고 시장의 효율성과 창의성이 높아져 경제가 다시 성장할 수 있게 된다. 경쟁화를 통해 사회적 진입장벽의 효력을 제한하는 것이 바로 현재의 문제를 해결할 수 있는 방법이다.

2. 경쟁화는 어떻게 기회를 확대하는가?

1) 경쟁화와 공정화의 차이

경쟁화 정책의 핵심은 사회적 진입장벽을 무력화함으로써 시장참여를 확대하는 것이다. '경쟁'이라는 개념은 공정이나 정의 같은 추상적인 개념과는 달리 경쟁이 활발한지 여부를 관찰할 수 있다는 점에서 객관성을 가지고 있는 개념이다. 사회에 경쟁이 존재하는지 여부는 시장에 참여하고 있는 '경쟁자의 수'라는 객관적인 지표를 통해 측정할 수 있기 때문이다.[164]

우리는 '경쟁자의 수'를 지표로 시장에서의 경쟁을 확대하는 정책을 추진함으로써 시장의 경쟁 압력을 높이고, 이를 통해 시장의 효율성과 역동성을 회

---

164) 시장 경쟁이 활발한지 여부는 시장에 참여하고 있는 경쟁자의 수 이외에도 시장집중도를 측정하는 CR(Concentration Ratio)지수와 허핀달-허시먼 지수(Herfindahl-Hirschman Index)를 이용할 수 있다. 시장 점유율이 편중되어 시장이 독과점화되었다는 것은 다른 경제 주체에 의한 시장 활동이 거의 활발하지 않다는 뜻이기 때문이다.

복할 수 있다.[165] 그리고 효율성과 역동성이 회복되면 시장이 성장하게 되어 좋은 일자리 부족문제를 해결할 수 있게 된다.

경쟁화 정책과 기존 정책들 사이에 가장 큰 차이는 경쟁화가 정책 정당성을 부여하는 핵심논거가 된다는 점이다. 자유화가 규제완화와 개방화 정책의 논거가 되고, 공정성이 경쟁규칙을 재편하는 정책의 논거가 된 것과 마찬가지로 경쟁화는 경쟁참여를 확대하기 위한 정책에 정당성을 부여한다.[166] 정책 정당성을 부여하는 핵심 논리의 차이는 그로부터 파생되는 정책의 내용과 제도의 구성방식, 작동원리를 다르게 만들어 준다. 그 결과 경쟁화를 효율성과 창조성의 원동력으로 보는 경쟁화 정책의 내용은 기존 정책들과 다르게 나타난다.

자유화에 따른 문제를 해결하기 위한 기존 정책들은 주로 '공정성'을 정책의 근거로 하는 것들이었다. 가능성 있는 기업들에게 지원금을 지급하여 경제활동을 지원하거나 대기업의 시장 활동을 규제하여 중소기업의 시장 활동을 확대하는 등의 정책이 그 예이다. 이러한 정책들은 시장을 활성화하는 데도 목표가 있지만 주요한 목표는 경제 정의를 실현하는 데 있었다. 이 때문에 공정화 정책들은 주로 시장의 불평등한 상황을 해소하는 데 중점을 두고 만들어졌다.

공정화를 통해 경제 정의를 실현할 수 있다는 생각은 기회의 평등이라는 개념에 근거를 두고 있다. 평등 개념은 크게 결과의 평등과 기회의 평등으로

---

165) 경쟁시장이론에 따르면 자유로운 진입과 탈퇴가 가능한 잠재적 시장 진입자가 있으면 완전경쟁시장과 마찬가지로 시장을 효율화할 수 있다고 한다. 경쟁시장이론에서는 시장 안에서 경쟁하는 경쟁자의 수는 중요하지 않으며, 시장으로의 자유로운 진입과 탈퇴 가능성만 있으면 충분하다고 한다. 이러한 관점에서 시장의 효율성을 확보하기 위한 조건은 '경쟁 압력'이다. 하지만 경쟁 압력을 높이기 위해서는 경쟁시장이론에서 주장하는 바와는 달리 경쟁자의 수가 중요하다. 경쟁 압력이 높게 유지되기 위해서는 경쟁에 참여할 수 있는 시장참여자들이 지속적으로 공급될 수 있어야 하기 때문이다. 이러한 차원에서도 모든 정책은 시장참여자의 수를 극대화하는 데 집중해야 한다. 그리고 그러기 위해서는 시장에서 경쟁자의 참여를 방해하는 모든 사회적 진입장벽을 해소할 수 있는 방안을 찾아야 한다.

166) 경쟁 확대가 시장의 창조성을 확대시키고 시장을 활성화하는 일련의 메커니즘은 자유주의 경제학이론에 의해 이미 체계적으로 설명되어 있다.

나뉘는데 그 중 결과의 평등은 공산주의적인 재산의 강제적 배분을 수단으로 하는 것이어서 사유재산에 기반을 둔 자본주의체계 하에서는 받아들이기 어려운 것이었다. 이에 대한 대안으로 자본주의에서 실현해야 할 정의 관념으로 등장한 것이 기회의 평등 개념이다.

공정화 정책은 시장에서 기회의 평등이 실현되지 않고 있는 이유를 대기업이나 사회적 강자들의 시장 지배력이 너무 커서 중소기업이나 사회적 약자에게 기회가 돌아가지 않기 때문이라고 보았다. 그리고 '공정한 게임의 규칙'을 통해 대기업 중심의 시장질서를 중소기업 중심의 시장질서로 재편하여 건전한 시장질서를 회복하고자 하였다. 이러한 논리에 기반을 두어 공정화 정책은 '공정한 게임의 규칙'을 위한 구체적인 방안으로 중소기업이나 청년 등에 대한 보조금 지급, 세금감면 등의 지원정책과 순환출자 제한, 일감몰아주기 근절 같은 대기업 활동 제한 정책 등을 시행하였다. 하지만 지원정책은 대부분 금전적인 지원에 그치고, 대기업에 대한 제한은 포퓰리즘이라는 비판을 받으면서 공정화 정책은 사회적 합의를 이끌어내는 데 실패하였고, 기대한 소기의 성과를 달성할 수 없었다. 공정화 정책이 한계에 부딪히게 된 가장 큰 이유는 정책의 기준이 불명확하고 일관된 원칙이 없었기 때문이었다.

한계에 부딪힌 공정화 정책과는 달리 경쟁화 정책은 시장의 성장 동력을 경쟁으로 보는 관점을 바탕으로 금전적 지원이나 제한 위주의 정책에서 벗어난 일관성 있는 정책을 만들어 낸다. 기존의 공정화 정책들과 비교해 볼 때 경쟁화 정책은 다음과 같은 특징을 가지고 있다.

첫째, 공정화 정책은 사회적 약자의 이익만을 보호하고자 하나 경쟁화 정책은 특정 계층의 이익을 보호하는 것을 목표로 하지 않는다. 이것은 이익차원의 접근이 아니다. 경쟁화 정책에서 추구하는 경쟁 확대의 대상에는 비기득권뿐만 아니라 대기업 등의 기득권도 포함된다. 경쟁화 정책은 해당 시장 분야에서 경쟁 압력을 높임으로써 시장에서 활동하는 모든 경제 주체가 가장 효율적이고 창의적인 방식으로 활동하도록 만드는 것을 목표로 한다. 따라서 경제 주체 중 하나인 기득권의 경쟁 기회를 제한하는 행위 역시 허용되지 않는다.

경쟁화 정책에서 통제의 대상이 되는 행위들은 다른 경제 주체들의 경쟁참 여를 막거나 시장 활동을 제한하는 행위들이다. 담합이나 시장 지배적 지위남 용 등의 독과점 행위나 하청업체에 대한 회계감사, 대리점에 대한 강매 등 비 공식적인 수단 등이 이에 해당한다. 지금까지 많은 기득권들이 경쟁참여를 제 한하는 사회적 진입장벽을 통해 이익을 얻고 있었기 때문에 경쟁화 정책의 결 과 비기득권보다 시장 활동에서 더 많은 제한을 받게 될 수도 있다.

하지만 경쟁화 정책에서 제한되는 행위들은 기득권이 반시장적이거나 독점 성이 명백한 행위를 하는 경우에 한한다. 예를 들어 가격 담합 등의 불공정 행위나 하청업체와의 납품 거래와 관계없는 내부 감사나 강매 행위 등이 그러 한 행위들이다. 따라서 그동안 수익이 시장질서를 왜곡하거나 착취에 의해 발 생한 것이 아니라 기술이나 능력, 규모의 우위에 근거한 것이라면 경쟁화 정 책에 의해 시장 활동은 제한받지 않는다.

둘째, 공정화 정책은 시장질서를 강제로 조정하거나 활동을 제한하는 것을 중심으로 하지만 경쟁화 정책은 제한이 아니라 사회적 약자의 활동에 대한 지 원책을 중심으로 한다. 이러한 점은 정책 성공 여부에 있어 중대한 차이를 낳 는다. 기존의 공정화 정책은 대형마트 휴일휴무제나 중소기업 적합 직종 같은 시장 활동 제한이나 중소기업과의 상생협력 강요, 계열사 간 내부거래 금지, 거래방식 제한 등 수많은 제한과 강제적 조정을 중심으로 한 정책이었다. 이 러한 정책들은 질서를 강제로 조정하고 제한하는 것이기 때문에 기득권의 이 익을 직접적으로 침해한다.

이러한 정책이 시행되면 기득권은 정치권의 눈치나 국민의 비난 때문에 어 쩔 수 없이 정책을 수용하면서도 속으로는 정책에 진심으로 협조하지 않는다. 기득권은 정책에 협조한 성과를 발표하고, 정부 역시 정책효과를 끊임없이 홍보하지만 실제로 현실은 전혀 나아진 것이 없고, 문제는 전혀 해결되지 않는다. 진심으로 협조하지 않기 때문에 보여주기식 행동만이 반복될 뿐 본질은 전혀 개선되지 않는 것이다. 그 증거로 개혁정책, 특히 반시장정책이 시행되고 있는 최근 몇 년 새에 보수 언론에서는 새로운 정책의 불합리성을 끊임없이 성토하고 있다는 것을 들 수 있다. 이러한 반론들이 계속 반복되고 있다는 것은 기득권들이 사실은 그러한 반론들을 타당하다고 여기고 있으며 속으로는 개혁정책에 전혀 동조하지 않고 있다는 사실을 보여주는 것이다. 이러한 사실 때문에 공정성에 따른 정책은 외견상 성과를 내고 있는 것처럼 보여도 실제로는 문제를 전혀 해결하지 못한 채 무의미한 논쟁과 사회분열만을 가져왔을 뿐이었다.

반면, 경쟁화 정책은 사회적 약자의 활동에 대한 지원책을 중심으로 한다. 특정한 세력에 대해서 제한이나 불이익을 가하지 않기 때문에 피해를 보는 반대세력이 생겨나지 않는다. 만일 이러한 정책에 따라 피해를 보는 경우가 있다면 이는 그동안 받지 말아야 할 이익 – 특히 독점적 이익 – 을 보고 있었던 경우이다. 물론 그동안 독점적 이익을 보았던 자들의 대부분이 기득권이므로 결과적으로 반시장적 정책이 만들어질 수도 있지만 그러한 정책도 역시 객관적인 기준과 논리에 의한 것이므로 반론이 있다고 하더라도 쉽게 논박할 수 있다. 그러한 피해는 규칙을 누구에게나 똑같이 적용하는 과정에서 비롯된 것에 불과하기 때문이다.

셋째, 경쟁화 정책은 공정화 정책에 비해 일관되게 정책을 만들어 낼 수 있다. 정책을 일관되게 만들어내기 위해서는 객관적이고 구조화된 정책논리가 필요하다. 하지만 앞서 본 바와 같이 공정성은 상황에 따라 다르게 판단되는 주관적인 개념이다. 그리고 공정성 개념 자체나 효과 역시 특정한 이론에 의해 구조화되어 있는 것도 아니다. 그때그때 상황에 따라 정책이 만들어지고 정책논리를 체계화한 이론도 없기 때문에 정책을 관철시키는 힘은 설득력이 아니라 대중의 필요와 요구에 기반을 둔 정치적 압력뿐이다.[167] 이러한 비논리성으로 인해 공정성에 의해서는 일정한 기준을 제공할 수도, 정책을 일관되게 만들어 낼 수도 없다. 정책을 일관된 기준에 따라 만들어 낼 수 있다면 그러한 정책은 개별문제에 대한 해결책에 그칠 뿐 체제를 변화시키거나 개혁을 성공시키기 어렵다.

반면, 경쟁화 정책은 상황에 따라 다르게 판단되는 것이 아니라 시장에서의 경쟁자 수의 증가라는 객관적인 기준에 의거하여 추진된다. 동등한 주체간의 무제한적인 경쟁은 혁신과 효율을 불러온다. 시장에서 경쟁 압력이 높아지면 살아남기 위해 창조적인 시도와 혁신이 나타나게 되고 그 결과 시장은 활성화된다. 경쟁이 시장 활성화로 이어지는 일련의 과정은 완전경쟁시장에 관한 이론을 통해 체계적으로 설명되어 있다. 다만, 현실에서는 이론과는 달리 경쟁이 계층화되어 있다는 것이 다를 뿐이다. 시간이 갈수록 계층화는 심화되고 이에 따라 경쟁이 저해되어 시장은 정체되어 간다. 시장을 활성화하기 위해서는 경쟁 압력을 높일 방법을 찾아야 한다.

그 방법이란 시장에서 경쟁자 수를 증가시키고 경쟁 가능성을 확대시키는 것을 목표로 하는 정책을 만드는 것이다. 이러한 정책은 상황에 따라 달라지지 않는 경쟁자 수라는 객관적인 지표를 근거로 하는 것이어서 국민에게 정책이 만들어지는 기준을 정확히 인식시킬 수 있다. 그리고 경쟁자 수를 증가시킨다는 일관된 방향으로 정책이 계속 재생산된다. 정책이 일관된 방향으로 계속 재생산되면 정책은 개별적인 해결책을 넘어서 체제로 성장하게 된다.[168]

---

167) 국민의 뜻에 따른다는 것은 민주적일지 모르나 정책논리로서는 부적합하다. 국민의 뜻에 따른다는 것은 대중의 의지를 따른다는 것인데, 추상적인 대중 속에서 누구의 뜻을 따를 것인가가 문제되기 때문이다. 대중은 일관된 의지가 없으므로 결국 대중의 뜻을 따른다는 것은 기준이 없다는 것과 같은 말이다. 모두의 것은 누구의 것도 아니기 때문에 모든 사람의 의지는 누구의 의지도 아닌 것이다. 경제민주화 같은 공정성 중심의 정책도 경쟁을 확대하려는 정책이 많이 포함되어 있지만, 기준이 없기 때문에 포함되어 있는 정책에 일관성이 없고, 추진과정에서도 대중의 뜻에 따라 기득권에 적대적인 방식으로 정책이 시행되는 경우가 많다.

168) 모든 정책은 기준이 되는 정책논리에 따라 자동적으로 형성된다. 문제해결을 위해 정책의 정당성을 뒷

넷째, 공정화 정책은 다수의 이질적인 정책을 포함하고 있으나 경쟁화 정책은 단일한 성격의 정책으로 구성되어 있다. 기존의 공정화 정책은 일정한 기준에 따른 것이 아니라 각 분야의 전문가들에 의해 제시된 개별적인 해결책에 의존해 만들어졌기 때문에 다수의 이질적인 정책을 포함하고 있었다. 그 결과 경제 분야에서는 공정성이라는 관점에서 기득권에 적대적인 방식의 평등주의적인 정책이 추진되는 한편, 복지 분야에서는 일하는 복지라는 개념을 바탕으로 저소득층에 대한 지원을 축소하는 반평등주의적인 정책이 추진되기도 했다.

물론 공정화 정책도 이론적으로는 단일한 논리를 근거로 한 정책이었다. 공정화 정책의 핵심은 공정한 게임의 규칙을 만들어 경제질서를 재편하여 시장을 활성화시키는 데 있었다. 그리고 그 방편으로 재벌범죄 사면 제한, 처벌 강화, 불공정한 단가인하에 대한 규제 등 많은 반시장적 행위에 대한 규제를 통해 시장질서를 바로잡고자 노력하였다. 하지만 이러한 정책들은 표면상으로는 '공정한 게임의 규칙' 형성이라는 개념에 근거를 둔 것이었으나 실제 정책시행에 있어서 다수의 이질적인 성격의 정책이 포함되었기 때문에 정책의 설득력이 크게 훼손되었다. 그리고 그러한 여러 정책들 중 대형마트 휴일 휴무제, 고졸자 채용 확대 등 평등주의적인 성격을 가지는 정책은 국민에게 강한 인상을 주어 공정화 정책의 성격을 평등주의적인 것으로 인식하게 하였다. 그리고 이러한 평등주의적인 정책으로 인해 공정성에 따른 정책 모두는 포퓰리즘적인

받침하는 논리가 중요한 이유는 그러한 논리가 정책의 방향을 결정하고 이러한 방향에 따라 모든 후속정책이 '자동적'으로 만들어지기 때문이다. 예를 들어 자유주의에 따라 수많은 제도들이 별다른 저항 없이 도입될 수 있었던 것은 기득권의 힘 때문이 아니라 자유주의가 가진 논리적 정당성 때문이었다. 일정한 방향성을 부여할 수 있다면 사안에 따라 정책이 개별적으로 검토되는 것이 아니라 사회가 받아들인 그러한 논리적 정당성을 기반으로 자동적으로 유사한 정책이 계속하여 제안되고 만들어진다. 개혁이나 정책이 성공하기 위해서는 그러한 자동적 형성과정에 수반되는 비판이나 반발을 통제할 수 있을 만큼 반박이 불가능하고 합리적인 정책논리가 필수적이다. 정책 논리가 상당한 합리성을 갖추고 있다면 일부 문제가 표출되고 반발이 있다고 하더라도 그러한 정책논리에 따라 후속정책이 계속 재생산되어 정책기조가 일관성 있게 유지될 수 있는 것이다.

정책으로 매도되었다.

이러한 정책들이 가지는 논리적 비일관성은 기득권자들이 정책에 반대할 여지를 만들어주고 지속적으로 반론이 제기됨으로써 사회를 분열시킨다. 그리고 처음에는 지지하던 국민들은 그러한 비난을 통해 결국 지지를 철회하게 된다. 공정화 정책을 지지하는 힘은 설득력이 아니라 정치적 힘이기 때문에 지지가 약해지면 정책이 성공하기 어렵다. 반면, 경쟁화 정책은 평등주의적인 분배 정책의 형태가 아니라 시장 활동에 대한 간접적인 지원방식을 중심으로 시장참여를 확대시키는 데에만 초점이 맞추어져 있다. 보조금 형식이 아니라 시장 활동을 위한 정보제공, 네트워크 구성 등에 초점을 맞추면서 각 경제 주체가 스스로 자립할 수 있도록 돕는 데 중점을 두고 있는 것이다.

2) 경쟁화와 자유화의 차이

경쟁화 정책도 시장을 중심으로 하고 있다는 점에서 혹자는 경쟁화 정책이 기존의 자유화 정책과 유사한 정책이라고 생각할지 모른다. 경쟁화 정책은 자유주의 이론을 근거로 하고 있으며 시장의 힘을 신뢰한다는 점에서 자유화 정책과 유사한 점이 있는 것은 사실이다. 하지만 경쟁화 정책은 자유주의의 성장 동력을 자유가 아니라 경쟁으로 보고 있다는 점에서 정책의 초점이 다르다.

경쟁화 정책에서 경쟁은 정책추진의 원칙이자 정책을 정당화시키는 근거가 된다. 이러한 관점의 차이는 정책의 우선순위와 중심을 달라지게 만든다. 정책을 결정하는 핵심은 우선순위와 중점이 되는 분야를 결정하는 일이다. 즉, 자유화는 시장 활동의 자율성에 초점을 맞춘 반면, 경쟁화는 시장 활동 주체의 수를 늘리는 데 무게를 둔다는 점에서 실제 법·제도를 구성할 때 두 정책 간에는 상당한 차이가 나타나게 된다.

자유화 정책을 옹호하는 사람들 - 흔히 시장주의자라고 불리는 자들 - 은 경제활동의 자유를 보장하면 시장에서 경쟁이 활성화되어 생산 공정을 개선하기 위한 창의적인 아이디어가 도출되고 효율성이 극대화될 수 있다고 주장한다. 하지만 경제활동의 자유를 보장한다고 해서 기술이나 지식 개발, 효율화가 당연히 나타나는 것은 아니다. 창조와 효율을 유발시키기 위해서는 기술개발과 생산성을 향상시키려는 의도적인 노력이 필요하다. 창조와 효율을 유발시키는 과정은 고통스러울 뿐 아니라 성과달성 여부가 불확실한 과정이다. 이 때문에 사회적 진입장벽 같은 다른 방식으로 수익을 얻는 것이 가능하다면 창조와 효율보다는 다른 방식을 선호하게 된다. 결국 사회적 진입장벽이 존재한다면 단순한 자유방임으로는 기술개발이나 공정 개선이 나타나지 않을 수도 있다.

경쟁화 정책에서는 기계적인 자유화가 효율성과 창조성을 가져올 수 있다고 보지 않는다. 시장에서 창조성과 효율성을 유발하기 위해서는 누구도 독점의 이익에 안주할 수 없도록 적절한 시장관리가 필요하다. 독점의 이익에 안주할 수 없도록 하기 위해서는 시장에 경쟁자를 계속 유입시켜 시장의 경쟁성을 지속적으로 유지하기 위한 노력이 있어야 한다. 경쟁화 정책은 기계적인 자유화의 효과를 신뢰하지 않으므로 기존 자유화 정책에서 주장했던 시장 만능주의에서 탈피하여 시장 경쟁을 활성화할 수 있는 방법을 적극적으로 모색해야 한다고 본다. 두 정책간의 시각의 차이는 민영화 정책에 대한 차이를 통해 확인해 볼 수 있다.

자유화 정책에서는 정부에 대한 불신으로 인해 정부의 기능을 시장화하려는 민영화 정책을 추진한다. 그리고 민영화에 따른 부작용이 우려된다고 하더라도 시장이 이를 스스로 해결할 수 있을 것이라고 본다. 그러나 대부분의 경우 공기업은 민영화가 이루어진 후에도 독점적이거나 시장 지배적 지위를 계속 유지하는 것이 보통이다. 대부분의 국가에서 철도나 수도, 전기 분야는 민영화 후에도 경쟁이 없는 독점으로 남아 있다. 그리고 우리나라의 경우 철강과 담배, 인삼 같이 기존의 공기업에서 사기업으로 전환된 대부분의 업종은 여전히 시장점유율 60% 이상의 시장 지배적 기업이다.

시장화 후에도 독점화되어 있는 분야는 국민 생활에 필수적인 서비스를 제공하는 경우가 대부분이어서 파업을 할 경우 국민에게 큰 불편을 초래하는 등의 폐해를 보인다. 기존의 자유화 관점에서 이루어진 민영화 정책은 자유화라는 명목이 무색할 만큼 여전히 독점력을 유지하고 있는 경우가 많고, 민영화 결과 국민의 통제력만 상실시키게 되는 문제가 있었다. 효율화를 목적으로 하였다면 정부로부터 벗어나는 것이 아니라 경쟁화시키는 것을 목표로 했어야 한다.

경쟁화 정책은 기존의 자유화 정책과는 달리 민영화가 효율화를 위한 최선의 방법이라고 보지 않는다. 대신 경쟁화 정책은 민영화하지 않더라도 운영방식에 경쟁을 도입하여 효율성을 높일 수 있다고 본다. 공기업을 시장화한다고 하여도 동일한 정도의 힘을 가진 다른 시장 주체가 존재하지 않는 한 효율화에 대한 절박한 필요성이 없으므로 효율성은 쉽게 높아지지 않는다. 또한 대부분의 공기업은 공익성을 가지고 있어 공익을 위한 통제가 필요한데, 민영화는 국민에 의한 통제를 어렵게 만든다.

효율화를 위해 가장 좋은 방법은 시장 내에서 공공부분과 민간부문을 경쟁시키는 것이다.[169] 서로 다른 기관간의 경쟁이 활성화되면 공기업에 대한 국민의 통제력을 유지하면서도 공기업이 효율화를 위해 노력하도록 만들 수 있다. 민영화는 효율화를 위한 유일한 방법이 아니며 운영방식에 경쟁을 도입할 수 있다면 충분히 효율화라는 목표를 달성할 수 있다.

경쟁화 정책과 자유화 정책의 또 다른 차이는 정부 역할에 대한 인식이다.

---

169) 이러한 방법은 반대로 민간부분이 존재하는 상황에서 시장에 대한 정부의 통제력을 강화하기 위해서도 사용될 수 있다. 기술 발달속도가 느리고 생활필수품의 성격이 강한 석유나 무선전화 통화 등의 부분에 대한 시장 통제력 강화를 위해 공기업을 진출시켜 독과점 기업의 횡포를 막을 수 있다.

자유화 정책에서는 정부를 악으로 보고, 자율성 확대와 규제 축소, 시장개방을 통해 기업 활동의 자유를 보장해야만 시장의 효율성을 달성할 수 있다고 주장한다. 그러나 시장의 경쟁성은 진입장벽의 악영향을 최소화하기 위한 인위적인 노력을 통해서만 유지될 수 있다.[170] 시장은 스스로 진입장벽의 문제를 해결할 수 없으므로 이러한 노력을 할 수 있는 유일한 존재는 정부뿐이다. 정부가 시장에 적절히 개입하지 않는다면 사회적 진입장벽으로 인해 비기득권은 고수익 시장으로 진입하거나 새로운 시장을 개척하기 어렵게 된다.

시장 개척을 위해서는 많은 투자비용이 필요하다. 하지만 비기득권이 처음 시장에 진입할 때부터 그러한 투자역량을 갖추고 있는 경우는 거의 없다. 게다가 지적재산권이나 기술 발전으로 인해 시간이 지날수록 신규시장 개척을 위한 투자비용은 점점 증가하고 있다. 신규시장 개척을 위한 엔젤펀드나 벤처캐피탈 등을 통해 투자비용을 지원받을 수 있으나 정부의 전략적인 지원책이 없으면 그러한 금융산업이 시장에서 자생적으로 발달할 것을 기대하기는 어렵다.[171] 신규시장 개척을 위한 외부의 자금지원을 받기 어렵다면 그러한 투자역량을 길러야 한다. 하지만 새로운 시장에 도전하기 어려운 비기득권이 투자를 위한 능력을 쌓을 수 있는 유일한 방법은 기존 시장에서 인정받는 근로자가 되는 일뿐이다. 그러나 기존 시장에서 좋은 일자리는 한정되어 있다. 뿐만 아니라 경쟁 격화와 지식의 고급화로 인해 좋은 일자리를 위한 교육투자비용 또한 점점 커지고 있어 비기득권이 좋은 일자리를 가지는 것은 점점 어려워지

---

170) 이는 케인즈식 수요관리와는 다르다. 케인즈식 수요관리는 수요 확대를 통한 균형회복과 불황탈출에 초점을 맞추고 있다. 이는 정부에 의한 직접적인 시장관리에 초점을 맞춘 방식이다. 그러나 경쟁화 정책에서 정부의 역할은 직접적인 시장 개입이 아니라 간접적으로 경쟁조건을 동등하게 만드는 데 초점을 맞추고 있다. 기본적으로는 시장의 역할을 옹호하면서 시장이 효율적으로 작동하기 위해서는 정부의 시장관리가 필수적이라고 보는 '관리경제'를 추구하는 것이다.

171) 정부가 벤처캐피탈을 육성하기 어려운 가장 큰 이유는 벤처캐피탈을 악용하려는 사람들과 그럴 의도는 없지만 의도하지 않게 사업화에 실패하게 된 사람들을 구별하기 어렵기 때문이다. 금융적 비용뿐 아니라 그것을 악용하는 사람들에게 세금을 낭비하였다는 비난을 정치가들이 감수하기를 기대하는 것은 무리이다.

고 있다.

기존 시장에서 좋은 일자리를 가지지 못한 비기득권은 낮은 수익으로 인해 투자역량이 점점 감소하고 투자역량 감소로 인해 능력을 개발하기 위한 투자 역시 줄어든다. 능력개발에 대한 투자 감소는 실제 능력 감소로 이어진다. 그 결과 기존 시장에서 좋은 일자리를 얻는 데 성공한 극소수의 비기득권만이 투자역량을 쌓을 수 있는 가능성을 가지고, 나머지는 시장에서 영원히 도태된다. 이러한 상황이 반복되면 시장에서 경쟁력을 갖춘 인재는 투자 역량을 갖춘 기득권으로부터만 배출되고 대부분의 비기득권은 경쟁 기회조차 가질 수 없게 된다. 대기업 등의 기득권 이외의 경제 주체로부터 신규시장 개척이나 도전이 이루어지지 않으면, 결국 시장 생태계의 다양성이 감소한다. 시장 생태계의 다양성 감소는 경제성장을 지속시킬 수 없게 만든다.

오늘날 경제성장에는 교육투자가 매우 큰 비중을 차지하고 있다. 특히 다른 자원이 부족한 한국의 경우 경제성장을 위해서는 어느 나라보다 인적자원의 고급화가 중요하다. 고급인재가 되기 위해서는 외국어 능력이나 고등교육을 통한 고급지식 습득, 창의성이 필요하다. 이중에서도 고급인재가 되기 위해 가장 중요한 능력은 창의성이다. 하지만 창의성을 높이기 위한 표준화된 방법은 없기 때문에 대부분의 교육비용은 외국어 능력이나 고급지식 획득을 위해 소요되고 있다. 그러나 교육비는 위치재(位置財, 소비량의 상대적 크기에 의해 가치가 결정되는 재화)이므로 많은 비용을 투자한다고 해도 모든 사람이 유사한 능력을 쌓기 위해 투자를 하고 있다면, 이는 국내 경제 주체간의 경쟁만 격화시킬 뿐이다. 창의성을 높이기 위한 적절한 교육방향이 설정되지 않는 한 정작 필요한 국제적인 인재는 양성되지 않는 결과를 가져올 수 있다. 교육방향은 입시제도 같은 정부의 정책을 통해 결정된다. 창의적인 인재를 육성하고 인적자원을 고급화하기 위해서는 정부의 적절한 교육철학 및 방법 제시가 필요하며, 이러한 역할은 정부만이 가능하고 시장에 의해 대체될 수 없다.

이외에도 비기득권은 생계비, 의료비, 신체적 장애 등 시장에서 경쟁에 집중하는 것을 어렵게 만드는 많은 장애요인을 가지고 있다. 또한 산업투자나 교육투자의 격차 문제 이외에도 사회적 편견이나 노하우 부족, 기업 규모의 문제 등 시장참여에 장애가 되는 수많은 문제가 존재한다. 이러한 문제가 적절히 관리되지 않으면 시장참여자수를 확대하는 것은 불가능하다. 하지만 이러한 문제는 시장이 스스로 해결할 수 없으며, 장애를 제거하고 경쟁을 유도하기 위해서는 정부가 많은 역할을 해야만 한다. 경쟁화 정책은 이러한 시장 참여의 장애요인을 제거하고 시장 분야별 경제 주체의 수를 확대하여 시장을 경쟁화하기 위해 정부의 역할이 중요하다는 것을 인정한다. 다양한 경제 주체는 시장을 역동적으로 만들고 더 많은 창의성을 가져올 수 있는 가능성을 확대시킨다.

자유화 정책과 경쟁화 정책의 세 번째 차이는 경쟁화 정책은 경쟁 확대 여부를 판단하는 데 있어 국내만을 기준으로 한다는 것이다. 정책의 기준을 국민에 한정한다는 점에서 국수주의적인 측면도 가지고 있다. 반면, 자유화 정책은 국내 경제 주체와 해외 경제 주체를 구별하지 않고 단지 시장의 자율성 확대 여부만을 정책 성공의 기준으로 삼고 있다. 정책 기준의 범위를 국내에 한정하는 이유는 경제 단위는 국가별로 구별되어 있기 때문이다.

국내시장에서 활동하는 다국적 기업은 해당 국가의 국내 문제에 대해 책임을 지지 않는다. 다국적 기업이 다른 국가에서 활동하는 이유는 이윤 때문이다. 따라서 이윤이 적거나 문제가 생기면 다국적 기업은 그 나라에서 철수할 뿐이다. 이윤만 보장되면 윤리적 비난이나 사회적 책임에도 별로 신경을 쓰지 않는다. 해외 명품판매 기업이 우리나라에서 많은 수익을 올려도 결코 우리나라에서 기부를 하지 않으며, 다국적 전자회사가 소비자들의 비난에도 불구하고 A/S에 인색한 이유도 바로 여기에 있다. 게다가 다국적 기업에 대해서는 정책적으로 통제력을 행사하기도 어렵다.[172] 환경, 조세, 개인정보 보호 등의 문제에서 다국적 기업의 매출 등 정보공개 거부나 정보 부족으로 인해 과징금 등의 처벌에서 제외되는 경우가 허다하고, 경제 민주화 정책 등 그간의 경제 개선 정책에서 다국적 기업에 어떠한 제재도 가하지 못했던 것도 같은 이유이다.

자유주의자들은 자유무역이 달성되면 마치 두 시장 간에 자유로운 이동과 거래가 가능한 것으로 가정한다. 그러나 자유로운 거래를 위해서는 타국에서 활동을 하는 데 필요한 충분한 투자역량과 능력을 갖추어야 한다. 경제 개방에 따라 국내시장에 진입하는 해외 경제 주체는 모두 이러한 역량을 갖추고 있다고 보아야 한다. 이러한 역량이 없으면 다른 국가의 시장에 접근조차 할 수 없기 때문이다.

반면, 국내 경제 주체의 상당수는 그러한 역량을 갖추고 있지 않다. 규모와 능력의 차이는 경쟁력의 차이를 의미한다. 따라서 약소 경제 주체들이 해외에서 국내시장에 진입한 기업과의 경쟁에서 이기기는 어려운 일이다. 그리고 일단 해외 기업이 시장에 진입하면 국내에서 완전히 축출되지 않는 한 해외 기업은 국내 약소 경제 주체들에게 돌아가야 할 시장의 일부를 - 대부분의 경우 상당수 - 잠식한다. 이렇게 볼 때 자유무역은 해외시장 개척의 기회를 가지기 힘든 국내 약소 경제 주체들보다는 투자 여력과 능력을 갖춘 해외 경제 주체에게 더 큰 성장 기회를 부여한다고 할 수 있다.

하지만 자유주의자들은 개별경제 주체가 받는 이익 차이에도 불구하고 모

---

172) 통제받지 않는다는 것은 매우 중요하다. 국가나 그 국가의 국민에 의해 통제받지 못한다면 그 기업을 그 국가 내에 붙잡아 두거나 책임을 강요할 수 없다. 즉, 정치적으로까지 완전히 통합되지 않는 한 완전한 형태의 경제 통합은 존재하지 않는다. 예를 들어 중국에 의해 정치적으로 통제를 받는 티베트나 위구르 같은 지역은 경제적으로도 동일 시장권으로 완전하게 통제받고 있다. 반면, 러시아는 이전의 소비에트 연방국가에 대해 완전한 정치적 통제권을 가지지 못하게 되었기 때문에 원래 하나였던 소련 경제권은 개별 국가별로 쪼개지게 되었고, 이는 오늘날 연방국가들 간에 끊임없이 분쟁이 발생하게 된 중요한 원인이 되었다. 경제적 이득에 관계없이 책임을 지울 수 있기 위해서는 정치적으로도 통합되어 있어야 하는 것이다.

든 경제 주체의 자유로운 시장 활동을 위해 시장을 개방하면 양 국가 모두의 사회적 편익이 증진될 수 있다고 주장한다. 이러한 주장은 자유무역을 지지하는 핵심이론인 비교우위론에 근거한 것이다. 비교우위론에 따르면 한 국가의 산업이 모두 비교열위에 있다고 하더라도 자유 무역을 통해 양 국가의 이익이 증가할 수 있다고 한다.

그러나 이는 탐욕의 힘을 과소평가한 결과이다. 비교우위론의 주장과는 달리 비교우위 분야가 있다고 하더라도 비교열위에 있는 시장을 포기하지 않는다. 비교우위 분야로 역량이나 인적자원이 집중될 수는 있으나 비교열위의 시장이 사라지는 일은 없다. 비교열위에 있는 시장에 소수의 사람만이 남는다고 하더라도 오늘날과 같이 생산성이 극대화된 상황에서는 소수의 사람만으로도 양쪽 국가의 시장수요를 모두 충족시킬 수 있다. 두 시장에서 우위를 점할 수 있다면 양 시장 모두를 장악하는 것이 이익이 된다. 비교우위나 비교열위의 상황에서는 각 시장에서 활동하는 경제 주체의 수만 달라질 뿐 경제가 개방된다고 비교열위의 시장이 포기되거나 상대국가의 시장에 의해 대체되지 않는다.[173] 시장이 대체될 경우는 오직 두 국가의 산업경쟁력이 비교도 되지 않을 만큼 크게 차이가 나는 경우뿐이다. 19세기 말 가내수공업으로 만들어진 우리나라의 면직물을 서양의 공장 면직물이 대체한 것처럼 시장 대체는 보통 상대 시장을 파괴하면서 나타난다. 비교열위에 있다고 하여도 결코 시장이 포기되는 경우는 없으며 시장이 완전히 잠식당하기 전까지 시장에서는 서로 치열한 경쟁이 일어난다. 따라서 비교우위론만 믿고 경쟁력이 약한 산업을 가진 국가

---

[173] 특히 오늘날과 같은 소비자 중심 경제에서는 시장에 단 하나의 기업만이 남는다고 하더라도 그 기업은 두 국가의 시장 모두에 공급할 수 있을 만큼 충분히 많은 상품을 생산할 수 있다. 비교열위 시장 내의 기업 중 일부가 다른 시장으로 이동하거나 비교우위 분야의 시장이 더 많이 성장할 수는 있으나 비교열위 시장이 사양산업으로서 양 국가 모두에서 사라지지 않는 한 한 국가에서 비교열위 시장이 완전히 포기되는 일은 결코 일어나지 않는다. 그것은 수요가 존재하는 한 수익이 발생하므로 양 국가의 수요가 허락하는 범위에서 소수의 기업이라도 시장에 남게 되기 때문이다. 국가 전체적으로는 상대적으로 적은 수익으로 치부될지 몰라도 이들 간에는 여전히 생사를 건 치열한 경쟁이 일어나게 된다.

에서 무조건 산업을 개방하면 경제성장은커녕 시장만 빼앗기는 결과를 가져올 수도 있다.

물론 무역을 하면 양쪽 국가의 경제가 모두 성장하는 경우가 많다. 그러나 이는 경쟁이 확대됨에 따라 발전이 촉진된 결과일 뿐 비교우위론에서 말하는 것처럼 비교우위시장으로의 선택과 집중에 따른 결과가 아니다. 개방화는 해당 국가의 경제성장을 보장하지 않으며, 개방을 통해 이익을 얻기 위해서는 경쟁에서 이길 수 있도록 각 분야의 경제 주체들이 죽도록 노력해야만 한다.[174] 오히려 해당 국가 내에 모든 시장이 비교열위에 있다면 해당 국가의 경제는 다른 국가에 종속될 수 있다. 따라서 비교우위론에 따라 무조건 자유무역을 옹호하는 것은 어리석은 판단이며 자유무역이 번영을 가져온다는 맹신이 아니라 국내 경제에 이익을 가져오는지를 기준으로 신중하게 판단할 필요가 있다. 대외 경제정책도 결국 국내 이익을 증대시키기 위한 것이므로 그 기준 역시 국내 경제에 대한 영향만을 기준으로 수립해야 하는 것이다.

마찬가지 논리로 국내에서도 자유화에 따라 실제로 경쟁 기회가 확대되는 것은 투자 여력과 능력을 갖춘 대기업이나 전문가 등의 기득권뿐이며, 대부분의 국민은 그러한 기회를 가지기 어렵다.[175] 해외 투자를 위해서는 외국어 능력이나 해외 투자자본, 시장분석 능력 등이 갖추어져야 한다. 그러나 대부분의 국민은 그러한 능력이나 투자 여력을 가지고 있지 않다. 이 때문에 경제가 개방되면 더 많은 기회를 가지게 된 기득권의 부는 급격히 늘어나고 대부분의 국민들은 그렇지 못하게 된다. 오히려 다국적 기업의 진출로 인해 시장이 잠식되고 경쟁만 격화되어 삶이 더 어려워지는 경우가 많다.

---

174) 비교우위론에서 말하는 것처럼 개방에 따라 자연히 성장이 이루어진다면 모든 국가가 자유무역을 추구할 것이다. 하지만 모든 국가는 개방이 성장을 보장하지 않는다는 것을 알고 있으므로 시장 개방시 득실을 따져보고, 통제방법을 어느 정도 마련한 뒤에야 시장을 개방한다.

175) 해외 주식시장이 개방되어도 일반인이 해외 주식투자를 하는 것은 드문 일이며, 인터넷을 통한 판매가 일상화되어도 해외에 사이트를 개설하여 국내 제품을 파는 경우도 흔치 않다.

하지만 자유무역이 가지는 이러한 한계에도 불구하고 자유무역 자체를 폐기할 수는 없다. 그 이유는 자본주의가 발전하기 위해서는 지속적으로 이윤 확보 기회가 마련되어야 하는데 보호무역으로는 그러한 기회를 제공할 수 없기 때문이다. 자본주의의 성장 동력은 이윤 확보를 위한 끊임없는 경쟁이기 때문에 더 많은 경쟁 기회를 제공하는 것은 자본주의의 성장과 발전을 가져온다. 자유무역은 경제성장을 보장하지는 않으나 적어도 상대국 시장에 진출할 수 있는 기회만은 확대시킨다. 다만, 비기득권은 투자역량이나 능력 부족으로 인해 그러한 기회를 잡기 어려울 뿐이다. 자본주의가 지속되기 위해서는 지속적으로 이윤이 확보되어야 하고, 이를 위해서는 지속적인 시장 개척이 필요하다. 그러나 보호무역주의는 단기적으로는 유치산업을 보호하지만 시장 개척 기회를 제한함으로써 경제의 지속적인 성장을 어렵게 만든다.

문제는 자유무역 자체에 있는 것이 아니라 자유무역의 기회가 비기득권까지 확대될 수 없다는 데 있다. 따라서 문제를 해결하기 위해서는 자유무역을 제한하는 것이 아니라 비기득권까지 자유무역에 따른 시장 개척 기회를 누릴 수 있도록 하는 방안을 마련해야 한다. 해외에 제품을 판매하고 해외시장을 개척하는 데 필요한 지식과 자본을 지원함으로써 비기득권이 해외시장에 도전할 수 있는 기회를 확대해야 하는 것이다. 그리고 해외시장 개척이 활성화되면 좋은 일자리가 확대되어 현재의 문제가 해소될 수 있을 것이다. 다음 장에서 살펴볼 약자들 간의 연합이나 해외 판로개척 기술과 노하우를 제공하는 일, 신규 사업자들이 부딪히는 문제를 해결할 있도록 생산·회계·유통업체에 대한 정보망과 상호 협력할 수 있는 마켓플레이스를 제공하는 정책 등이 그러한 노력의 일환이라고 할 수 있다.

끝으로 자유화 정책과는 달리 경쟁화 정책에서는 복지정책의 필요성을 인정한다. 자유화 정책에 따르면 복지는 사회적 약자들의 자립의지를 저하시키므로 최소화해야 된다고 한다. 자유주의 국가에서 복지는 장애인이나 저소득층에 대한 최소한의 공적 부조에 그치고 의료나 연금 등을 포함한 보편적 복지는 모두 시장에 맡겨져 있다. 하지만 사회에서 살아가기 위해서는 기본적으로 제공되어야만 하는 서비스가 존재한다. 최근 미국의 의료 개혁 논의과정에서 드러났듯이 의료서비스 등의 필수적인 서비스를 시장에만 맡길 경우 국민의 삶의 질은 현저하게 낮아진다.

뿐만 아니라 필수적인 복지서비스가 제공되지 않는다면 대부분의 사람은 경쟁에 참여하기가 어렵다. 경쟁과정에 필요한 역량을 축적하기 위해서는 기본적인 생존을 넘어서는 유휴에너지와 시간이 확보되어야 하기 때문이다. 하지만 대부분의 사람들은 기본적인 생계비와 의료비를 해결하기 위해 많은 에너지와 시간을 소모한다. 기본적인 생존문제를 해결하는 것은 생각보다 훨씬 힘들고 많은 노력을 필요로 하는 일이다.

기본적인 생존문제를 확보하는 것이 얼마나 어려운가는 미국의 예를 보면 알 수 있다. 우리나라에서는 공공 의료보험이 존재하기 때문에 어느 정도의 노력만 하면 기본적인 의료서비스를 받을 수 있다. 그러나 공공 의료보험제도가 없는 미국에서는 사보험인 직장의료보험의 도움 없이는 간단한 치과치료나 감기치료조차 받기 어렵다. 많은 사람들이 성실하게 일을 하고도 높은 의료비를 감당하지 못해 고통을 참아야 하며, 충치 같은 가벼운 질환 때문에 사망하기도 한다.[176] 이처럼 개인의 힘만으로는 생존을 위해 필수적인 비용조차 마련하기 힘들다. 그리고 생존을 위한 기본적인 여건이 확보되지 못한 상황에서 개인이 경쟁과정에 필요한 역량을 축적할 수 있으리라고 기대하기는 힘들다. 따라서 경쟁을 촉진시키기 위해서는 개인이 부담하는 의료비나 생계비 등 필수적인 비용이 최소화될 수 있도록 복지서비스가 제공되어야 한다.

문제는 어떤 사람들은 기본적인 문제가 해결되면 거기서 만족하고 더 이상

---

176) 2013년 12월 1일 방송된 '최후의 권력 4부'(SBS)에서는 직장의료보험에 가입하지 못한 미국의 저소득층이 기초적인 의료서비스도 받지 못하고 고통에 시달리고 있는 현실을 생생히 보여주고 있다.

노동의 필요성을 느끼지 못한다는 것이다. 평등주의자와 인도주의자들은 국민의 생계가 국가의 책임이라고 주장하면서 소득이 낮아 생계를 스스로 해결할 수 없는 자들의 생계문제를 국가가 해결해 주어야 한다고 한다. 그러나 브루나이[177] 같이 시장 활동이 아니더라도 지하자원을 통해 충분한 경제력을 확보할 수 있는 국가가 아닌 한 복지수준을 무한정 높일 수는 없는 것이다. 그리고 복지비용은 그것을 주장하는 사람들이 아니라 공공비용으로 부담된다는 점에서 복지는 언제나 과도하게 요구되는 경향이 있다. 하지만 대부분의 사람들이 기본적인 생계문제 해결을 위해 많은 에너지와 시간을 소모하는 상황에서 저소득층에 대한 무조건적인 복지혜택은 사회정의 감정에 부합하지 않는다. 이러한 문제를 해결하기 위해서는 사회정의 관념에 부합하고 국민이 납득할 수 있는 합리적인 복지제도 구성 원칙이 필요하다. 원칙 없이 제공되는 복지서비스는 끊임없는 정치적 분쟁을 야기한다.

현대사회에서 복지문제와 관련한 가장 큰 문제는 빈곤층이 아니라 워킹푸어 문제이다. 제조업 저임금 생산직과 청소나 식당 노동자들은 아무리 일해도 경쟁력 확보는커녕 생존을 위한 생계비조차 확보하기 어렵다. 그리고 이러한 문제는 자녀에게까지 영향을 미쳐 사회를 계급화시키고 사회 분열을 가져온다. 아무리 일해도 삶이 나아질 수 없으며, 그것이 후손에게까지 이어질 것이라는 사실은 국민의 삶의 질을 낮추고 희망을 꺾는 가장 큰 원인이다. 따라서 현대 복지정책의 초점은 열심히 일을 하면 최소한의 투자를 위한 여력을 마련할 수 있도록 기본적인 생계비를 최소화하는 데 맞추어져야 한다.

경쟁화 정책에서 복지정책의 목표는 경쟁 참여를 위한 기본적인 전제조건을 형성하는 데 있다. 교육이나 의료 분야 등 그 외의 생계비를 국가가 최대

---

177) 인도네시아 북쪽의 보르네오 섬에 위치한 전제군주국가로 석유, 천연가스, 석탄 등의 천연자원을 기반으로 높은 수준의 복지를 보장하고 있다. 예를 들어 교육비는 초등학교부터 대학교까지 무료이며, 국가에서 대학생들에게 매월 30만 원 정도의 용돈을 주고, 국가가 국민에게 원하는 자동차를 가구당 4대까지 무료로 지원한다.

한 부담하여 생계비를 낮춤으로써 사회의 평균만큼 일을 하였다면 생계비 이외의 어느 정도의 투자비용을 확보할 수 있도록 만드는 것이다. 교육이나 의료 등 기본적인 생활을 위해 필요한 서비스들은 모든 경제 주체에게 공통적으로 적용되는 필수적인 것으로, 보편적 서비스의 성격을 띤다. 즉, 경쟁화 정책에서는 공적 부조를 최소화하고 생계비를 낮추기 위한 보편적인 서비스의 제공을 확대하는 데 복지정책의 초점을 맞추고 있다.

한편 경쟁화 정책에서 공적 부조는 장애나 질병 등 불가피한 사유로 애당초 경쟁 참여가 불가능하거나 경쟁과정에서 동등하게 경쟁할 수 없는 경우에만 인정된다. 특히 장애의 경우 선천적 장애이든, 사고에 의한 후천적 장애이든 모두 확률의 문제로 한 국가 내에서 누군가는 그러한 장애를 가지고 있으며, 사회가 존재하는 한 장애를 가진 사람은 언제나 발생한다. 이러한 확률에 따른 부담인 장애는 개인의 부담이 되어서는 안 되며, 사회 전체가 부담을 져야 한다. 이러한 불가피한 경우에는 기본적인 생계비는 물론 상당한 수준의 생계비까지 국가가 부담함으로써 사회적 위험에 대한 국가의 책임을 다해야 하는 것이다. 물론 애당초 동등한 경쟁참여가 불가능한 경우에만 공적 부조 제공이 정당화되므로 공적 부조의 대상이 되는 장애는 극심한 장애로 정상적인 생활이 불가능한 경우에 한해야 할 것이다.

이처럼 경쟁화 정책은 공정화 정책이나 자유화 정책과는 다른 성격을 가지고 있다. 경쟁화 정책은 공정화 정책과는 달리 경쟁자 수의 증가라는 객관적인 기준에 따라 추진된다. 그리고 자유화 정책과는 달리 시장에서 효율성을 일으키는 원동력을 자유가 아닌 경쟁에서 찾는다. 정책을 추진하는 기준과 관점이 달라지면 그에 따라 만들어지는 법·제도의 내용 또한 달라진다.

기득권이 가장 두려워하는 것은 공정이나 평등의 문제가 아니다. 단지 공정이나 평등의 문제라면 기득권의 이익을 일부 포기하고 지속적으로 더 큰 이익을 보장받을 수 있는 방법을 얼마든지 찾아낼 수 있다. 사회보장제도 도입, 누진세 도입 같은 사례에서 보듯이 공정이나 평등에 기반을 둔 개혁은 기득권의 이익 중 일부를 빼앗는 것이므로 문제가 될 경우 그들의 이익을 조금만 희생하면 된다. 기득권이 그 이익을 다시 회복할 수 있는 방법은 얼마든지 있다. 기득권이 가장 두려워하는 것은 비기득권과 동등하게 경쟁해야 하는 것이다. 동등하게 경쟁해야 하는 상황은 기득권 자체가 부정된다는 것을 의미하기 때문이다.

중요한 것은 정책을 정당화할 수 있는 새로운 논리를 개발하고 그에 따라 자동적으로 정책이 만들어질 수 있게 하여 체제가 형성되는 흐름을 바꾸는 일이다. 유사한 논리에 기반을 둔 법·제도는 유사한 성향을 가지고 서로 연계됨으로써 체제를 형성하게 되고, 특정한 이데올로기가 자리 잡게 되면 그에 의해 일련의 정책들이 자동적으로 재생산된다.

그러나 처음에는 그러한 정책들이 효과를 발휘하지만 시간이 지날수록 이익에 따라 왜곡된 방식으로 적용되어 특정한 이익을 과도하게 보호하거나 남용되는 경향이 있다. 이러한 문제를 해결하고 체제 전체의 변화를 이끌어내기 위해서는 정책들을 객관적이고 일관된 방식으로 추진하여 새로운 체제를 형성해 낼 수 있는 합리적인 정책논리가 필요하다. 일관된 논리는 새로운 성향을 가진 법·제도가 자동적으로 형성될 수 있게 만들어 준다.

문제에 대한 개개의 해결책을 제시하는 것이 아니라 경쟁화라는 새로운 정책논리를 통해 새로운 체제가 형성될 수 있는 흐름을 만들어내는 것, 그것이 문제를 근본적으로 해결할 수 있는 유일한 방법이다.

8장

경쟁화 정책이란 무엇인가?

1. 경쟁우대정책

　1970년대 우리 사회가 고도성장을 이룩할 수 있었던 원동력은 국민에게 목표의식과 희망을 갖게 한 리더십 덕분이었다. 당시에는 열심히만 하면 그만큼 더 잘 살 수 있다는 희망이 있었으며, 실제로 시간이 지남에 따라 집안에 TV, 냉장고 등이 생기는 등 구체적인 생활의 변화가 뒤따랐기 때문에 국민들은 뼈가 부서질 듯 일을 한다고 해도 불평 없이 견뎌 왔다. 우리나라의 고등학생들이 매일 16시간 이상 공부해야만 하는 생활을 견딜 수 있는 것은 열심히만 하면 성적이 오르고 대학이라는 목표를 달성할 수 있기 때문이다.

　좋은 리더십이란 목표를 보여주는 것이다. 지도자가 일정한 목표를 제시하고 국민에게 열심히만 하면 목표를 달성할 수 있을 거라는 희망을 보여주면 국민은 아무리 어려운 생활 속에서도 견뎌낸다.

　그동안 시행된 많은 정책들이 실패한 이유는 목표와 희망을 명확히 제시해주지 못했기 때문이다. 2000년대에 들어서면서 빈부격차가 심화되고 아무리 열심히 해도 최저생계비조차 충족시킬 수 없는 경우가 비일비재하게 발생하였다. 그리고 어느 정도 중산층의 궤도에 올랐다고 하더라도 더 나은 삶을 살기 위해서는 엄청난 사교육비를 투자해야만 했으므로 중산층들도 끊임없이 일을 하여 교육비를 충당할 수밖에 없었다. 열심히 노력해도 생계유지가 힘들고, 삶이 나아질 수 있는 가능성이 점점 없어지면서 이제는 목표도 희망도 없는 좌절의 시대에 직면하게 되었다.

한편 빈부격차가 심화됨에 따라 평범한 사람들은 아무리 열심히 해도 얻기 힘든 것을 별다른 노력 없이 쉽게 얻는 기득권과 그 2세들을 바라보면서 계층 간 갈등은 점점 심화되었다.[178] 그 결과 국민들 사이에는 노력을 통해 무언가를 쟁취하기보다는 생존에 급급하여 가정과 자신만을 지키려는 소극적인 태도가 널리 퍼졌다. 그리고 돈만 있으면 고생에서 벗어날 수 있다는 생각으로 부자가 되기를 간절히 바라면서도 부자들을 시기질투하게 되었다. 결국 지금 우리 사회에 유일한 이념으로 남아있는 것은 황금만능주의와 이기주의뿐이다. 사회를 지탱할 수 있는 이념은 더 이상 존재하지 않으며, 더 나아질 수 있다는 희망도 보이지 않는다.

정책이 성공하기 위해 가장 중요한 요소는 국민들에게 나아질 수 있다는 희망을 보여주면서 그러한 희망을 달성하는 과정을 국민이 이해할 수 있는 합리적인 정책논리를 통해 제시하고 인지시키는 일이다. 개별적인 정책의 내용이 아니라 그러한 해결책들이 지향하는 목표를 국민에게 이해시켜야만 한다. 국민이 이해하지 못하는 정책은 힘을 발휘할 수 없으며, 이전과 같은 부분적이고 수단적인 해결에 그칠 뿐이다.

경쟁화 정책을 추진하는 대전제는 '우리가 어디로 가고 있는가'를 끊임없이

---

178) 지금도 각종 포털사이트의 메인화면에는 갑부나 스타들의 부유한 삶이 계속 노출되고 있는데, 이는 물질만능주의에 매몰된 보통사람들에게 그러한 삶이 얼마나 큰 부러움과 동경의 대상이 되어 있는가를 보여준다.

국민에게 주지시켜야 한다는 것이다. 목표를 명확하게 인지하게 되면 정책추진과정에서 일부 비판이 있다고 하더라도 지지를 잃지 않고 계속 정책을 추진해 나갈 수 있다. 그 과정에서 공정화나 평등주의적 성격의 정책이 나타난다고 하더라도 목표가 분명하다면, 이는 부수적인 것으로 여겨지게 된다. 정책 추진과정에서 중요한 것은 공정성이나 평등주의가 아니라 '경쟁 기회의 확대'만을 주요한 합리화의 근거로 삼아야 한다는 것이다.

목표가 명확히 제시되었다면 다음으로 그러한 목표를 실현할 수 있는 구체적인 정책을 만들어내야 한다. 경쟁화 정책은 크게 3가지로 구성된다. 비기득권의 시장 활동에 대한 지원을 통해 시장참여자수를 늘릴 수 있는 조건을 형성하는 경쟁우대정책, 시장 분야별 시장참여자수를 직접 증가시키는 경쟁확대정책, 시장 경쟁에서 실패한 자들을 시장에 다시 끌어들여 시장참여자수를 늘리는 재진입정책이 그것이다.

경쟁우대정책이란 하위계층이 상위계층으로 성장할 수 있도록 지원하기 위한 정책이다. 하위계층은 상위계층과는 달리 경쟁을 위해 이용할 수 있는 자원이 한정되어 있기 때문에 상위계층에게는 허용되지 않는 여러 가지 지원이 있어야만 동등한 경쟁이 가능하다. 시장경쟁이 활성화되지 못하고 있는 가장 큰 원인은 경쟁의 계층화 때문이다. 경쟁의 계층화가 나타나면 소규모 기업이나 신규 시장진입자가 시장에서 성공할 가능성은 매우 희박해진다.

1970년대의 한국이나 2000년대의 중국에서 보듯이 시장에서 성공 가능성이 있다면 많은 사람들이 성공의 기회를 잡기 위해 시장으로 뛰어들게 된다. 그러나 경쟁의 계층화가 나타나면 힘의 차이나 자본량의 차이에 따라 경제 주체 간 이용 가능한 경쟁수단과 성장 기회가 크게 달라진다. 이용 가능한 경쟁수단과 성장 기회가 달라지면 수익 분배가 불균등하게 되고, 이는 다시 힘과 자본량의 격차를 심화시키는 악순환을 일으킨다.

경쟁화 정책의 하나인 경쟁우대정책은 비기득권과 신규 시장진입자에 대한 지원을 통해 이러한 경쟁계층화의 영향을 최소화함으로써 시장에서의 성공 가능성을 높인다. 시장에서 경쟁의 계층화는 주로 자본이나 조직 규모의 차이 때문에 발생한다. 규모가 커지면 시장의 인지도가 높아지고 투자가 용이해진다. 그리고 이용할 수 있는 경쟁수단도 작은 규모일 때보다 훨씬 다양하게 된다. 뿐만 아니라 소비자나 거래처로부터 신뢰를 얻는 데에도 더 유리하다.

시장에서는 규모가 가져다주는 이점이 너무나도 크기 때문에 규모가 다른 경제 주체 간에 동등한 경쟁을 하는 것은 사실상 불가능하다. 이러한 상황에서는 시장에 참여하고자 하는 의지가 있다고 하더라도 시장에 참여하는 것이 어렵게 된다. 왜냐하면 시장에 참여하더라도 성공 가능성이 매우 희박하기 때문이다. 이 때문에 경쟁계층화의 문제를 해결하기 위해서는 우선 약소 경제 주체들도 시장에서 동등하게 경쟁할 수 있도록 약소 경제 주체들의 경제활동 규모를 확대할 수 있는 방안을 모색해야 한다.

1) 공동체 결합형 경제 : 트러스트와 산업연계망

공동체 결합형 경제의 의미

경쟁우대정책의 첫 번째 특징은 공동체 결합형 경제를 추구한다는 것이다. 공동체 결합형 경제는 경쟁 계층화의 효과를 최소화하기 위해 경제 주체들을 인위적으로 결합시키는 전략을 사용한다. 약소 경제 주체들이 규모를 확대할 수 있는 가장 빠른 방법은 약소 경제 주체들 간에 서로 결합하는 것이다. 바다에 사는 작은 물고기들이 포식자들로부터 벗어나기 위해 서로 무리를 짓는 것과 마찬가지로 약소 경제 주체들도 상호 결합을 통해 경쟁력을 향상시킬 수 있다.[179] 약소 경제 주체들이 서로 유기적으로 연결되어 하나의 기업처럼 움직

---

179) 바다에서 작은 물고기들이 포식자들로부터 자신을 지키기 위해 가장 자주 사용하는 방법은 무리를 지어 다니는 것이다. 무리를 지으면 큰 물고기처럼 보이므로 포식자들이 함부로 공격하기 어렵다. 무리

일 수 있다면 대기업이나 기득권과 마찬가지로 규모의 경제를 실현할 수 있다. 하지만 그러한 결합을 위해서는 품질 유지와 A/S를 위한 내부통제가 가능해야 한다. 내부적인 통제만 가능하다면 서로 결합된 중소기업들은 대기업과 같이 움직이면서 소비자의 신뢰와 더 많은 시장 기회를 확보할 수 있다.

그러나 시장에서는 자발적으로 경제 주체 간 결합이 일어나기 어렵다. 이익을 공유하고 배분해야 하는 문제 때문이다. 이 때문에 서로 친분이나 믿음이 없다면 서로 결합하여 기업을 만드는 경우는 거의 없다. 따라서 소규모 경제 주체 간의 결합을 촉진하기 위해서는 인위적인 국가의 개입이 필요하다.

경쟁우대정책에서 국가는 약소 경제 주체들이 결합을 통해 규모의 경제를 누릴 수 있도록 결합을 위한 플랫폼과 인프라를 제공한다. 국가가 인위적으로 결합을 위한 인프라를 형성하고 그 인프라를 토대로 경제 주체 간 공조체제가 만들어짐으로써 공동체 결합형 경제가 구축된다. 공동체 결합형 경제는 공동체에 의해 인위적으로 만들어진 인프라 위에서 성립된 경제 주체 간의 공조가 경제활동의 주된 형태가 되는 경제체제이다.

공동체 결합형 경제는 크게 두 가지 의미를 담고 있다. 우선 공동체라는 것은 기업이나 개인 간의 자발적인 결합이 아니라 공동체 주의에 의거하여 국가가 인위적으로 그러한 결합을 유도한다는 것을 의미한다. 개인주의에 의거한 현재의 시장체제 하에서는 서로 다른 이해관계를 가지는 기업이나 개인들 간에 자발적인 결합은 쉽게 나타나지 않는다. 최근 공동체 주의적 관점에서 또 다른 이익 창출방법의 하나로 협동조합이 도입되고 있기는 하지만 협동조합은 대부분 소규모 영업에 그치고 있다. 그리고 기업인 연합회, 소상공인회의 등의 기업인간 연계노력은 실제로는 강제성이 없는 친목모임 이상의 역할을 하고 있지 않다.

를 지어 다니는 작은 물고기들은 일사불란하게 움직이면서 포식자들의 공격을 막아내므로 크기가 크고 힘이 센 포식자들도 한두 마리로는 쉽게 공격에 성공할 수 없다.

결합이 대규모적이고, 일반적으로 나타나기 위해서는 발전국가시절에 고속도로나 공항 등의 인프라가 국가 주도로 만들어진 것과 같이 국가가 결합을 위해 필요한 인프라를 구성해 주어야 한다. 과거의 인프라가 눈에 보이는 고속도로나 항만, 공항 등을 중심으로 한 것이었다면 공동체 결합형 경제의 인프라는 품질과 A/S 등의 공동 관리를 위한 법·제도 등의 무형의 규칙과 인터넷과 정보통신 기술을 활용한 가상 인프라이다.

인프라에 기반한 약자들 간의 결합체가 원활하게 작동하기 위해 중요한 것은 상호 신뢰할 수 있도록 강제력을 부여하는 것이다. 일정한 플랫폼이 만들어지고 그 플랫폼에 참여할 경우 충분한 혜택과 이익이 있다는 것이 알려지면 굳이 홍보하지 않아도 누구나 그 플랫폼을 이용하기 위해 모여든다. 그러나 플랫폼이 만들어졌다고 하더라도 플랫폼 내에서의 이기적인 행동을 통제할 수 없다면 결합체는 유지되기 어렵다. 발생한 이윤이 적절히 배분되지 않거나 횡령, 사기 등의 신뢰문제가 발생했을 때 구성원들이 만족할 수 있는 수준의 해결이 이루어져야만 시스템을 믿고 자신의 역할에만 집중할 수 있다. 이 때문에 결합이 원활하게 유지되기 위해서는 결합체 내부의 행위를 통제할 수 있는 강제력이 보장되어야만 한다.

다음으로 결합형이라는 것은 주요 경제활동이 중소 경제 주체간의 결합을 통해 이루어진다는 것을 의미한다. 결합을 통해 만들어진 중소 경제 주체들의 연합체는 시장참여를 위한 주요한 통로가 된다. 대부분의 경제 주체는 시장에 처음 진입할 때에는 자금이나 인지도, 경험 등이 부족하다.[180] 하지만 표준화된 플랫폼이 있다면 그러한 플랫폼을 토대로 사업을 시작하는 것이 신규시장 진입자로서는 매우 유리한 선택이 될 수 있다. 예를 들어 금융사업을 처음 시작

---

180) 중소기업청과 창업진흥원이 2014년 7월에 발표한 '창업기업 실태 결과'에 따르면 창업 시 가장 큰 애로사항은 자금 확보 어려움(52.7%)으로 나타났다. 그리고 실패 두려움(32%), 생계유지문제(28%), 지식 능력 및 경험 부족(18.8%)이 그 뒤를 이었다.

하는 사업자가 단독으로 금융회사를 시작하는 것보다 농협 같이 인지도 있는 조직의 구성원으로서 사업을 시작할 수 있다면 실패 위험을 크게 줄일 수 있다. 적어도 스스로 자립이 가능하고 사업을 지속적으로 성장시킬 수 있다는 확신이 들 때까지는 그러한 플랫폼에 계속 머무르기를 원할 것으로 생각된다. 공동체 결합형 경제에서는 신규 시장진입자에게 이러한 초기 사업 인프라를 제공함으로써 사업이 어느 정도 성장할 때까지 도와주게 된다. 물론 기본적으로는 시장 중심의 체제이므로 그러한 인프라를 토대로 사업을 시작할지 여부와 인프라 내에 계속 머무를지 여부는 해당 참여자의 선택에 달렸다. 그러한 인프라를 제공받기를 원하는 사업자가 일정한 심사조건을 충족하게 되면 인프라를 이용한 사업을 시작할 수 있다.

트러스트에 의한 결합

구체적으로 결합의 형태는 크게 두 가지로 나누어 볼 수 있다. 하나는 약소 경제 주체간의 트러스트[181]를 형성하는 것이고, 두 번째는 정부가 가치사슬에 따라 만든 산업연계망을 바탕으로 결합하는 것이다. 첫 번째 약소 경제 주체 간의 트러스트의 경우는 복잡한 공정이 아니라 두부나 빵, 주류, 여타의 가내 수공업 등 첨단기술을 요하지 않는 산업에서 주로 활용될 수 있다. 20세기 초 미국의 석유업계를 지배했던 독점기업 스탠더드 오일사는 하나의 회사가 아니라 수많은 석유회사를 통합하여 만들어진 트러스트였다. 스탠더드 오일사가 트러스트의 형태로 석유산업을 지배할 수 있었던 것은 석유를 생산하는 데는 기술보다 규모가 더 중요했기 때문이었다. 기술개발을 통해 산업에서 경쟁우위를 점해야 했다면 상당히 오랜 시간이 필요했을 것이나 당시의 석유산업에는 기술보다 생산량을 얼마나 확보할 수 있는가가 중요했다. 이 때문에 스탠

---

181) 같은 업종의 기업이 경쟁을 피하고 보다 많은 이익을 얻을 목적으로 자본에 의하여 결합한 독점 형태. 가입 기업의 개별 독립성은 없어진다. 표제어 '트러스트', 출처 네이버 국어사전

더드 오일사는 반복적인 인수합병을 통해 규모의 경제를 실현함으로써 시장을 지배할 수 있었다. 이와 유사한 방식으로 기술의존도가 비교적 낮은 유사한 종류의 재화나 서비스를 판매하는 기업 간에 트러스트가 형성될 수 있다면 개별기업들보다 더 강한 시장 지배력을 발휘할 수 있다.

이러한 트러스트의 성격은 독립적인 사업체간의 결합을 통해 만들어진다는 점에서 협동조합과 유사하나 인지도와 품질, A/S 등은 중앙의 통제를 받으면서도 각자의 사업결과에 따라 개별적으로 이익을 본다는 점에서 길드와 유사하다. 협동조합은 모든 이익을 공동분배하나, 트러스트는 일정한 회비 이외의 이익은 각자 누리게 된다.

트러스트는 자본 통합을 통해 만들어지는데, 만드는 방식은 농협의 구성방식과 유사하다. 농협의 경우[182] 농협중앙회를 통해 자본의 흐름을 하나로 묶고 각 단위농협을 일정한 범위 내에서 통제하는 형태로 운영된다. 농협중앙회는 회원 조합을 위한 자금의 수급조절, 농업자재 구매·공급, 농산물 판매·가공 지원 등 회원 조합이 하기 어려운 역할을 담당한다. 그리고 각 단위농협은 금리 결정 등 각자의 규칙을 가지고 자율적으로 운영하면서 농업생산지원, 조합원에 대한 자금대출, 농산물 판매 및 가공 등 조합원에 대한 직접적인 서비스를 제공하는 역할을 한다.[183]

마찬가지로 트러스트도 중앙통제시스템과 각 회원 기업을 통해 구성된다. 이러한 형태의 연합체를 구성하기 위해서는 자본의 흐름을 통제하고 공동 관리할 수 있도록 국가에 의해 규칙과 강제력이 부여되어야 한다. 농협이 국가 주도로 이루어진 것과 마찬가지로 이러한 형태의 연합체를 구성하기 위해서

---

182) 농협은 각 금융조합, 산업조합, 어업조합이 1907년 대한제국의 지방금융조합규칙을 제정한 후 각 지방에 지방금융조합을 설립하였고, 이를 토대로 1958년 형성된 농업은행이 1961년 농업협동조합과 통합하면서 만들어진 조직이다. 즉, 자율적으로 형성된 지역의 산업조직이 국가 주도의 법·제도 형성과 지원을 바탕으로 금융 업무를 담당하게 되면서 조직이 확산되게 된 것이다.

183) 표제어 '농협', 출처 디지털안산문화대전 홈페이지(http://ansan.grandculture.net), 집필자 김석일

는 국가에 의해 중앙통제시스템이나 법령, 규칙 등의 일정한 플랫폼이 만들어져야 한다.

트러스트와 협동조합의 차이를 보면 협동조합은 그 구성이 개인들의 선택에 맡겨졌을 뿐이어서 소규모로밖에 구성되지 않지만, 트러스트는 전국적인 규모로 구성된다는 점이다. 트러스트는 협동조합의 구성을 국가적 차원에서 주도하는 것인데 그렇게 되면 소규모 사업자간의 연합이 매우 신속하고 체계화된 방식으로 나타날 수 있다. 이는 시중에서 흔히 나타나는 프랜차이즈와도 다른데, 프랜차이즈는 구심점이 그 사업을 시작한 개인 사업주여서 수익의 상당부분이 본점에 귀속될 가능성이 크고, 구성원들이 본점의 결정에 영향력을 행사할 수도 없다. 그러나 트러스트는 구성원들이 서로 대등한 지위에서 공동으로 결정을 하므로 개인이 아니라 구성원 다수의 이익을 위한 방향으로 결정을 내릴 수 있고, 이익도 공동으로 분배받을 수 있다.

트러스트의 역할은 일정한 회비나 공동출자를 통해 나온 비용을 사용하여 사업을 유지하기 위한 활동과 중요한 몇 가지 분야에서 표준을 제공하며, R&D같은 큰 비용이 드는 공동의 과제를 해결하는 것이다. 물론 이러한 형태의 트러스트는 복잡하지 않은 단순 생산을 하는 산업에서 주로 활용되므로 R&D 등 공동의 과제를 해결하기 위한 비용은 그리 크지 않을 것이다.

트러스트는 우선 정부 공고를 통해 희망 기업들을 모집하여 중앙회를 결성하고, 그들을 대상으로 일정한 회비나 지분발행을 통해 공동 비용을 마련하여 운영한다. 그리고 중앙회는 사업운영을 위한 표준과 규칙을 만들고 해외시장 개척이나 연구개발, A/S 제공, 재료 구매 등 큰 자본이 드는 활동을 총괄하게 된다. 각 개별사업장은 중앙회의 통제와 방침의 범위 내에서 생산이나 판매 등 개별적인 수익활동에 집중한다.

중앙회의 이익은 주식회사처럼 참여기업간의 지분에 따라 분할하되, 나누는 비율은 최종적으로 중앙회의 회의를 통해 결정한다. 하지만 중앙회를 두는 이유는 거대자본을 만들어내기 위함이므로 이윤은 새로운 사업을 위해 투자되어야지 너무 자주 이익을 배분하는 것은 바람직하지 않다. 이때 중앙회에서 만든 규칙이나 결정은 정부에 의해 강제력이 부여되어 그 효과가 보장될 수 있어야 한다. 그렇지 않으면 일부 회원의 이익에 부합하지 않는 결정이 있을 경우 결합이 와해될 가능성도 있다.

트러스트를 유지하기 위해 가장 중요한 것은 조직 내 신뢰를 파괴하는 행위를 통제하는 것이다. 횡령이나 사기 등의 행위는 트러스트의 존립을 근본적으로 흔든다. 대한제국 말기 국채보상운동이 일제에 의해 사기라는 소문이 퍼지면서 무산되었듯이[184] 자본이 결합되는 경우 처음에는 의욕적으로 일을 추진하다가도 신뢰가 무너지면 순식간에 흩어질 가능성이 크다. 이 때문에 트러스트 내에서의 비리나 범죄행위에 대해서는 가중처벌, 국외 추방 등 강력한 제재가 필요하다.

강력한 통제력을 위해 마련되어야 하는 중요한 제재수단은 회원 기업에 대해서는 위반에 대해 강제로 탈퇴를 시키는 것이고, 비리를 저지른 개인에 대해서는 징벌적 형태의 가중처벌, 정보공개를 통한 사회적 처벌, 국외 추방 등이다. 국외 추방의 경우 현행법은 국가의 안녕과 질서를 위반한 외국인을 강제로 추방할 수 있도록 하고 있는데, 트러스트 관련 비리로 인해 추방되는 경우는 실제로 순수외국인이 아니라 내국인이 외국국적을 취득한 경우가 대부분일 것으로 보인다. 따라서 횡령이나 사기 후 외국 국적을 이용하여 다른 나라로 도주하는 경우 영구적으로 국내 입국을 금지하는 추방은 고향에 대한 애착이 강한 한국인에게는 매우 강력한 효과를 발휘할 수 있다. 이러한 강력한

---

184) 조선 말 일본은 조선경제를 파탄시켜 일본에 예속시킬 의도로 조선정부가 일본으로부터 차관을 도입하게 하였는데, 그 규모가 매우 커서 조선정부는 이를 갚을 능력이 없었다. 이에 1907년 서상돈, 김광제 등의 주도로 국민모금을 통해 일본에서 빌린 국채를 상환하여 국권을 회복하자는 움직임이 나타났는데, 이것이 국채보상운동이다. 하지만 조선통감부에서 간사인 양기탁이 돈을 착복했다는 소문을 퍼트리는 등 일제의 방해공작으로 민중의 불신이 커지면서 운동은 실패하고 말았다.

처벌을 정당화하는 것은 트러스트가 일반화된 경제체제에서는 신뢰가 붕괴될 경우 자칫 국가 경제와 체제 자체의 붕괴라는 심각한 위기를 일으킬 수 있기 때문이다. 이러한 심각한 위기를 초래할 수 있는 행위는 단순한 금전적인 문제가 아니라 안보와 국가의 존립에 관한 문제이므로, 이에 대해서는 통상적으로 허용되지 않는 수준의 강력한 제재가 필요하다.

트러스트와 관련해서 유의할 점은 트러스트가 복지나 혜택 부여 차원에서 만들어지는 것이 아니라는 점이다. 트러스트를 만드는 목적은 모든 영세자영업자를 구제하기 위해서가 아니라 새로운 대규모 자본을 가진 기업을 만들어 내기 위함이다. 이 때문에 트러스트가 구성된다고 해도 모든 자영업자가 가입을 하거나 혜택을 받을 수는 없을지 모른다. 하지만 트러스트는 많은 가입비를 요구하지 않는다는 점, 내부인테리어, 시설구축 같은 조건을 초기부터 요구하지 않는다는 점 등을 볼 때 기존의 프랜차이즈에 비해 가입이 훨씬 용이하다. 그리고 트러스트에 가입해야 하는 초기 조건은 대부분 중앙회에서 요구하는 위생기준이나 품질요건 등 최소한의 조건에 한할 것으로 예상된다. 이러한 초기 조건은 몇 년 내 충족시킬 것 등을 내용으로 하는 조건유예제도를 활용하면 상당히 완화된 형태로 적용될 수도 있을 것으로 생각된다. 게다가 초기 사업에 필요한 자금도 트러스트 자체의 지원이나 국가의 저리대출 등을 통해 지원되므로 트러스트에 포함되기 위한 진입장벽은 스스로 창업하는 것에 비하면 그리 높지 않다. 무엇보다도 트러스트 내에 포함됨으로써 트러스트로부터 많은 행정적, 기술적 지원을 받을 수 있다는 것은 초기 사업자의 성공 가능성을 높이는 중요한 요소이다. 현재의 농협에서 보는 바와 같이 트러스트 형태의 대규모 조직이 구성되면 대기업과 마찬가지의 또 다른 좋은 일자리를 만들고, 트러스트의 자금을 바탕으로 더 많은 성장 기회를 만들어낼 수 있다.

일반적으로 시장에 독과점 기업이 있는 경우 시장집중도에 따라 통제되는 것이 보통이다. 그러나 공동체 결합형 경제에서 약소 경제 주체간의 결합을 통해 만들어진 트러스트에 대한 통제는 상당히 제한적인데, 이러한 형태의 트러스트는 어느 정도의 공익성을 가지고 있기 때문이다. 트러스트 전체적인 차원에서는 대기업처럼 움직이기는 하지만 이는 어디까지나 작은 기업들이 규모의 이익을 누리기 위한 발판으로서 인정되는 것이다. 따라서 단일 대기업이나 몇 개 과점 기업들이 만들어낸 일반적인 트러스트와는 성격이 다르다.

결합에 참여하는 기업이 많아지면 트러스트는 대기업으로 성장할 수 있게된다. 약자들 간의 결합을 통해 만들어진 조직은 처음에는 느슨하다고 하더라도 점점 시장점유율이 높아지고 이익이 커지면 서로 분리하기 어려워진다. 이경우 결합에 참여한 자들은 기업을 분리하는 것이 아니라 서로 지분을 바탕으로 트러스트를 주식회사의 형태로 발전시킬 가능성이 크다. 그렇게 되면 위임의 형태로 결정권이 중앙회에 위임되면서 해당 산업 전체를 통제할 수 있는 대규모 조직이 만들어질 수 있다.

경쟁우대정책의 목표는 경제성장을 통해 좋은 일자리를 만들어내기 위한 방편으로 현존하는 것 이외의 또 다른 대기업을 만들어내는 것이다. 좋은 일자리는 소규모 기업으로부터는 만들어지기 어렵고 주로 상위계층에 속하는 대규모 기업을 통해서 만들어질 수 있다. 그렇다면 대기업 형성을 두려워할 것이 아니라 더 많은 대기업이 만들어질 수 있는 환경을 조성해야 경제가 성장하고 약소 경제 주체에게도 더 많은 기회가 생기게 된다. 현재의 일자리 문제는 대기업과 기득권이 존재하기 때문이 아니라 일부 대기업과 기득권이 경제를 좌우하면서 다른 대기업과 기득권이 생겨나지 못하도록 막기 때문에 발생하고 있는 것이다. 건강한 경제생태계는 대기업과 기득권이 없는 경제가 아니라 그러한 대기업이 계속 생겨날 수 있는 역동적인 환경을 가진 생태계이다. 물론 어느 정도 성장하여 국가의 보조가 필요 없을 경우에는 통제를 해야하지만 그러한 수준에 이르기까지 보호한다면 이후에는 스스로 시장을 개척하여 대기업으로 발전해 나갈 수 있다.

산업연계망에 의한 결합

트러스트 이외의 또 다른 결합의 형태는 산업연계망이다. 산업연계망은 인터넷을 이용하여 동일한 재화나 서비스를 제공하는 기업들을 연결시킨 기업 간 네트워크이다. 트러스트가 현실 공간에서 중앙회를 바탕으로 중앙집권적인 형태의 결합을 하고 있다면, 산업연계망은 사이버 공간에서 유사한 기업들이 자율적이고 느슨한 형태로 결합을 하고 있다. 산업연계망은 산업 내 소규모 기업을 인터넷을 통해 유기적으로 결합시킴으로써 하나의 대기업처럼 활동할 수 있게 해 준다.

대부분의 소규모 기업들은 전국에 산재되어 있으며 지역 내에서만 활동하는 경우가 대부분이다. 이들은 자본이 부족하고 처리능력이 제한되어 있어 기회가 있더라도 큰 규모의 거래를 성사시킬 수 없으며, 외국은커녕 다른 지역과의 거래조차 쉽지 않다. 그리고 같은 지역 내에 있다고 하더라도 인지도가 낮아 같은 지역 내 다른 기업들조차 그러한 기업이 존재하고 있는지도 모르는 경우가 많다. 뿐만 아니라 낮은 인지도 때문에 실력이 있어도 괜찮은 거래처를 개척하기가 쉽지 않다. 그리고 이들을 이용하는 소비자의 입장에서도 이들이 각 지역에 흩어져 있어 접근하기 어려울 뿐 아니라 낮은 인지도로 인해 신뢰하기 어려워 선뜻 이용하기도 쉽지 않다. 예를 들어 몇 개의 한정된 지역에서만 운용되는 지역 물류창고 임대업자는 전국을 무대로 하는 회사와는 거래하기 어렵다. 개인 회계사나 소규모 회계법인 역시 소규모 기업과만 거래할 수 있을 뿐 보다 큰 규모의 기업 업무는 단독으로 처리하기 어려워 거래가 잘 이루어지지 않는다. 이처럼 소규모 기업들은 수요에 걸맞은 규모와 능력을 갖추지 못하여 성장 기회를 놓치는 경우가 많다. 하지만 이러한 기업들에 대해서도 수요가 없는 것이 아니므로 보다 저렴한 양질의 서비스를 제공해 줄 수만 있다면 이들에게 접근할 통로를 만드는 것만으로도 많은 소비자를 확보할 수 있다.

각 기업의 존재를 손쉽게 알릴 수 있고, 소비자들이 서비스를 공급하는 기업에 쉽게 접근할 수 있는 통로가 만들어진다면 지역 내 소규모 기업들은 자발적으로 결합에 참여하게 될 것이다. 그 대표적인 예가 엣시(Etsy)라는 회사이다. 엣시는 세계 각지에 산재한 온갖 종류의 수공예자와 잠재적 구매자를 한자리에 모을 수 있는 웹사이트를 구축했다. 엣시는 웹사이트를 통해 전 세계 50여 나라 수백만 명의 구매자와 판매자를 상호 연결함으로써 현대 산업자본 도래 이후 몰락해가던 수공예 분야에 새로운 생명력을 불어넣고 있다.[185] 이러한 사이트는 소규모 기업이 낮은 비용으로 국제시장을 포함한 더 큰 시장에 접근할 수 있게 만들어준다.

유사한 형태의 사이트로는 '에어비앤비'가 있다. 에어비앤비는 전 세계 남는 방을 제공하고자 하는 숙소 공급자와 저렴하고 다양한 경험을 원하는 여행객들을 연결시키는 사이트이다. 기존에는 수요가 아예 존재하지 않고, 어떻게 소비자를 찾을 수 있을지 알 수 없던 상황에서 에어비앤비 같은 연계망은 소규모 숙소 공급자에게 더 많은 수요창출 기회를 제공하고, 여행객에게는 양질의 숙소를 저렴하게 이용할 수 있게 만들었다. 에어비앤비는 단지 연계뿐만 아니라 공급자에 대한 후기를 통해 신뢰도를 평가할 수 있게 했고, 여행객으로 인해 물건을 잃어버리거나 집이 더럽혀지는 등 공급자가 받는 피해를 보상하기 위해 집주인을 위한 보험을 드는 등 법적인 장치를 통해 사이트 이용자 간의 신뢰를 유지하고 있다. 이러한 사이트들과 마찬가지로 소규모 기업들을 서로 연결시키고 그들의 능력을 공정하게 평가할 수 있는 체계가 마련되어 있다면 저렴한 양질의 서비스를 원하는 개인이나 기업소비자는 웹을 통해 손쉽게 서비스에 접근할 수 있을 것이다.

---

185) 《제3차 산업혁명》 p174, 제러미 러프킨 지음 · 번역 이영호, 민음사, 2013년

인터넷을 이용한 상호연계는 소규모 기업에게는 큰 기회를 창출한다. 특히 수요자와 공급자가 이미 존재하는 상황에서 연계망만 존재하지 않는다면 상호연계는 더욱 쉬워진다. 이러한 연계망을 구축하는 목적은 연계를 통해 소규모 기업들의 활동 규모를 거대화하는 것이다. 인터넷을 통해 소규모 기업이 제공하는 지역서비스는 통합된 거대서비스로 확대가 가능하다.

하지만 소규모 기업이 연계를 통해 대규모 기업처럼 활동하기 위해서는 사이트가 또 다른 역할을 해야 한다. 그것은 수요자가 요구하는 거래조건을 수행할 수 있는 소규모 기업 간 공동 작업을 신속하게 만들어 내는 일이다. 만일 하나의 소규모 기업이 수행하기 어려운 큰 규모의 거래가 산업연계망에 요청되었을 경우 소규모 기업들의 공동 작업을 이끌어 낼 수 없다면 산업연계망의 성장은 한계에 부딪힌다. 공동 작업을 할 수 없는 산업연계망은 단지 소규모 기업의 존재를 알리는 역할을 할 뿐이어서 소규모 거래요청만을 소화해 낼 뿐 그 이상의 수요를 창출할 수 없다.

이러한 공동 작업을 이끌어내기 위해서는 수요를 처리할 수 있는 적합한 기업을 신속히 찾을 수 있어야 한다. 작은 규모의 수요는 소비자가 일반 전자상거래 업체처럼 개별적으로 구매할 수 있지만 산업연계망에 요구된 큰 규모의 수요는 콜택시회사와 유사한 방식으로 업무를 처리한다. 콜택시는 신청이 들어온 경우 가장 가까운 지역에 있는 택시와 신속하게 연결을 시켜준다. 가장 가까운 지역에 있는 택시가 수요를 가장 빨리 충족시켜 줄 수 있기 때문이다. 택시는 서로 서비스의 품질 차이가 거의 없으므로 어느 택시를 연결시켜 줄지는 오직 소비자와의 거리를 통해서만 결정된다.

반면, 콜택시회사와는 달리 산업연계망 내의 기업은 능력이 동일하지 않다. 이 때문에 대규모 수요를 충족해야 하는 상황이라면 산업연계망 내에서 기업을 정확하고 공정하게 평가할 수 있는 시스템을 마련하는 일은 매우 중요하다. 소규모 기업들이 공동 작업을 통해 제공하는 서비스가 대규모 단일 기업이 제공하는 서비스보다 질이 떨어진다면 가격이 저렴하다고 하여도 산업연계망이 대규모 거래를 확보하기는 매우 어려울 것이다. 그러므로 산업연계망 내에서는 연계망 내에 포함된 기업들 중 최상의 평가를 받고 있는 기업들만으로 컨소시엄을 구성하여 큰 거래수요를 배분하여야 한다. 이러한 평가는 연계망 내의 기업들이 소규모 거래를 하는 과정에서 이루어질 수 있다. 소규모 거래과정에서 이루어지는 평가는 G마켓이나 11번가에서 나타나는 평가방식과 유사한 방식으로 이루어진다. 즉, 소비자가 거래를 한 후 후기나 평점을 통해 사후적인 평가를 하는 것이다. 하지만 연계망은 인터넷상거래업체들의 단순소비물품 판매보다 훨씬 복잡한 서비스를 제공한다. 따라서 평가는 연계망 내의 다른 기업들의 상호 평가와 해당 산업의 사정을 잘 알고 있는 실무경험이 있는 전문가들의 평가를 병행해야 한다. 평소 신용도나 거래에서 문제를 일으킨 사례가 없는지 연계망 내 다른 기업들의 평가나 설문조사를 통해 확인하거나 이러한 평가 결과를 해당 분야에서 실무경험이 있는 전문가들로 구성된 평가단이 평가결과를 종합적으로 평가하여 컨소시엄을 구성하도록 해야 한다.

산업연계망을 위해서는 트러스트와 같이 강력한 중앙통제가 필요하지는 않지만 산업연계망 역시 사이트를 관리하고 대규모 수요를 처리하기 위해서는 중앙컨트롤타워가 필요하다. 이러한 중앙컨트롤타워를 통해 산업연계망의 신용도를 관리하고, 사이트를 유지하는 것은 국가의 역할이 되어야 할 것이다. 중앙컨트롤 타워는 산업연계망이 정상적으로 작동하기 위해 필수적으로 구축되어야 하는 산업연계망 인프라의 일부이다. 중앙컨트롤 타워에서는 산업연계망을 구축하고 이후 기업들의 수행능력에 대한 공정한 평가가 이루어지도록 관리하고, 에어비앤비와 마찬가지로 문제가 생겼을 때 해결하기 위한 보험을 들고, 대규모 거래 수요를 확보하여 높은 평가를 받은 소규모 기업을 중심으로 컨소시엄을 구성, 배분하는 일을 하여야 한다.

이러한 형태의 산업연계망도 트러스트와 마찬가지로 모든 소규모 업체에 적용되기는 어렵다. 하지만 소규모 3D프린터 업체, 지역 회계사나 변호사 등의 전문 직종, 지역 유통업체, 물류업체, 동네빵집, 농수산물이나 광물 등의 자재 생산업체, 목공소, 인쇄업체, 건설업체, 소프트웨어업체, 지역연구소 등 산업연계망에는 트러스트에 포함되는 기업들보다 복잡한 업무를 수행하는 소규모 업체들이 다수 포함되어 있다. 산업연계망은 이러한 기업들을 유기적으로 연계시켜 하나의 기업처럼 활동할 수 있게 만들어 준다. 산업연계망은 생산에 높은 기술력을 요구하지 않으면서 비교적 동질적인 수준의 서비스를 제공하는 기업들이나 트러스트와 같은 형태의 강한 결합을 부담스러워하는 기업들을 연계시키는 데 유리하다. 산업연계망에 참여하는 기업들은 연계망 내에서 공급자 중 하나가 되며, 필요한 경우 공동으로 활동하게 된다.

최근 엣시나 에어비앤비처럼 연계와 협력을 통해 새로운 시장을 개척하는 공유경제의 사례가 점점 늘어나고 있다. 이러한 형태의 결합은 수요자와 공급자가 모두 존재하나 서로 접근하기 어려운 상황에 처해 있을 경우 일어나기 쉽다. 하지만 서로 연결됨으로써 더 많은 기회를 창출할 수 있다는 것을 안다고 할지라도 인위적으로 그러한 아이디어를 실현시키려는 사람이 나타나지 않는 한 상호 연계망을 만드는 일은 쉽지 않다. 지금도 몇몇 분야에서는 회계사나 변호사 정보 등을 제공하는 서비스가 있기는 하지만 대부분 연락처를 소개하는 데 그치거나 소규모여서 별로 활용가치가 높지 않다. 이러한 서비스들이 상호 연계하여 시너지 효과를 창출하려면 대부분의 서비스 정보를 통합적으로 관리할 수 있는 시스템이 필요하다. 서로 이해관계가 다른 기업들을 묶어서 더 큰 수요를 창출하고 기업들이 자발적으로 연계망에 참여할 수 있게 신뢰를 유지하는 일은 국가의 강제력이 없이는 쉽게 일어나기 어렵다.

처음에 산업연계망을 구축하는 데는 비용이 많이 들어갈지 모른다. 따라서 서비스를 구축하기 위해 처음에는 국가에서 각 기업들이 산업연계망에 들어

오도록 유인을 제공해야 한다. 왜냐하면 기업들은 연계망에 포함되기 위해서 회비 등의 추가비용이 필요하므로 산업연계망에 들어오기를 꺼릴 수도 있기 때문이다. 그리고 때로는 서비스를 제공하면서 그러한 비용을 소비자에게 부담시키는 경우도 발생할 수 있다. 이런 경우 서비스 가격이 높아져 산업연계망을 통한 공급이 소비자의 외면을 받을 가능성이 있다. 이 때문에 국가는 산업연계망이 자리 잡을 때까지 회비나 추가비용을 지원하여 산업연계망 밖에서보다 더 높은 가격이 책정되지 않도록 산업연계망 유지를 위한 상당한 비용을 부담해야 한다.

하지만 그러한 서비스체계가 어느 정도 자리를 잡으면 소비자가 접근이 용이한 산업연계망을 주로 이용하게 되는 네트워크 효과가 발생한다. 그러면 산업연계망에 포함되는 것이 기업의 경쟁력을 크게 향상시키기 때문에 유인이 없어도 기업들은 자발적으로 인프라에 포함되고자 할 것이다. 네트워크 효과가 발생하면 산업연계망은 비로소 국가의 지원이나 강제력 없이도 독자적으로 운영될 수 있게 된다. 인프라가 자리를 잡게 되면 참여자간의 자율적인 상호통제를 통해 신뢰도의 관리비용 또한 현저하게 낮아진다. 품질을 속이는 등의 일탈 행위는 연계망의 신뢰도를 파괴하여 서로의 이익을 저해하는 행위이므로 연계망에 포함된 기업들은 다른 기업들이 일탈행위를 하지 않도록 자율적으로 상호 감시하게 될 것이다. 그리고 상호 감시 결과 위법행위를 찾아냈을 때 인프라 내부규칙에 따라 인프라에서 축출할 수 있게 된다면 외부의 도움 없이도 산업연계망은 스스로 신뢰도를 유지할 수 있을 것이다. 왜냐하면 연계망에 포함되어 사업을 운용하는 이익이 매우 크므로 연계망에서 축출되는 것이 그 어떤 규제보다도 강력한 효과를 발휘할 것이기 때문이다.

2) 창업이 아닌 성장 우선의 지원

연구개발 중심의 지원정책

경쟁우대정책의 두 번째 특징은 연구개발에 대한 지원을 통해 소규모 기업이 스스로 성장할 수 있도록 한다는 것이다. 시장 경쟁을 확대하기 위해서는 시장으로의 진입뿐만 아니라 이미 시장에 진입한 기업이 성장할 수 있도록 지원하는 것이 필요하다. 시장에 진입한 이후 기업이 성장할 수 있는 가능성이 클수록 시장에 진입하고자 하는 경제 주체의 수도 많아진다. 기업이 시장에서 성장하기 위해서는 연구개발(R&D)이 필수적이다. 연구개발은 기업의 부가가치를 높이고 시장수요를 지속적으로 창출할 수 있게 해 준다. 지속적인 연구개발 없이는 기업은 더 이상 수요를 창출하지 못하여 성장이 둔화되고 결국 시장에서 도태될 수밖에 없다. 부가가치가 큰 첨단산업일수록 이러한 경향은 더 두드러지게 나타난다.[186] 예를들어 첨단제품인 스마트폰의 경우 제품수명주기가 1년도 채 되지 않는다. 기존 기술을 적용한 스마트폰은 새로운 기술을 적용한 스마트폰이 출시되자마자 시장의 관심에서 멀어진다.

기술개발은 새로운 시장수요를 창출할 뿐 아니라 지적재산권 제도를 통해 기업의 시장 지배력을 높여줌으로써 기업의 성장에 핵심적인 역할을 한다. 특히 첨단산업의 경우에는 기술개발을 통해 고수익을 얻을 수 있고, 어느 시장보다 새로운 수요를 빨리 만들어 낼 수 있으므로 기술력만 확보할 수 있다면 기업이 보다 빨리 성장할 수 있다. 이 때문에 경쟁우대정책에서는 특히 첨단기술에 대한 연구개발을 더 중요하게 여긴다.

---

186) 최첨단의 상품을 판매하는 애플이나 삼성의 경우 거의 매년 신제품발표를 통해 지속적인 시장 지배력을 확보하고 있다. 또한 또 다른 첨단기술이 집약된 산업인 자동차의 경우에도 매년 모터쇼를 통해 더 나은 디자인과 기술을 선보인다. 게임이나 기타 소프트웨어산업 역시 매년 행사나 신제품 발표를 하고 있다. 첨단기술이 필요한 산업일수록 발전이 빠르고 소비자의 기호가 빠르게 변하기 때문에 다른 산업보다 훨씬 경쟁이 치열하다.

하지만 첨단기술의 연구개발은 매우 비용이 많이 드는 과정이다. 이 때문에 많은 기업들이 좋은 아이디어를 갖추고도 이를 더 발전시키지 못하여 실패하곤 한다. 게다가 대부분의 중소기업은 자금문제로 불황이 닥칠 때 기업성장의 원동력인 연구개발 비용부터 감소시킨다. 그 결과 많은 중소기업이 불황이 끝난 후 기술력 저하로 어려움을 겪는 경우가 많다. 그러나 현재 연구개발에만 초점을 맞추고 있는 지원정책은 그리 많지 않다.

최근 우리나라에서도 연구개발의 중요성을 인식하고 중소기업기술혁신지원제도(KOSBIR)정책[187]을 강화하거나 성장사다리펀드[188]를 마련하는 등 첨단벤처기업을 육성하기 위한 정책을 마련하고 있다. 하지만 이러한 정책도 기술지원에만 특화되었다기보다는 일반 기업 활동에 대한 지원책의 일부로서 이루어지고 있다. 예를 들어 미국의 SBIR[189]이 연방의 예산배정 강제화와 함께 3단계에 걸친 구체적 기술 발굴 및 지원책을 포함하고 있는데 반해 한국의 KOSBIR은 예산배정만 강제화하고 있을 뿐 기술을 어떻게 평가하고 어떤 방식으로 기업을 지원할 것인지에 대해서는 구체적인 기준을 마련하고 있지 않다. 성장사다리펀드 역시 3단계의 과정 중 1단계에만 스타트업 기업에 지원을 한다고 되어 있을 뿐 2, 3단계는 시장 개척 등 일반기업 활동에 대한 지원 초점이 맞추

---

187) 중소기업기술혁신제도란 정부와 공공기관의 R&D 예산의 일정비율 이상을 중소기업에 지원토록 하는 제도이다. 예산 배정은 권고제에서 2013년 8월부터 의무제로 변경되었다. 하지만 이 제도는 기관에 대한 예산강제배정만 의무화하고 있을 뿐 기관별로 개별적으로 지원이 이루어지고 있을 뿐 아니라 미국과는 달리 기술지원을 위한 구체적인 기준이나 통일된 지원프로세스가 마련되어 있지 않다. 미국의 SBIR은 배정된 예산을 1단계(기술개발타당성조사), 2단계(상업화 잠재력 제고), 3단계(제품상업화)의 3단계에 걸친 평가를 통해 지원함으로써 실제 기술개발을 지원할 수 있는 체계적인 방안을 마련하고 있다.

188) 성장사다리펀드란 산업은행 등에서 출자한 정책자금과 연기금 등 민간 투자자금을 기반으로 창업, 성장, 회수 단계에 각각 적합한 펀드를 조성하여 지원하는 펀드이다. 1단계는 창업 7년 이내의 중소기업을 지원하고 2, 3단계는 M&A시장 접근, 해외진출지원, 수요자 요구에 따라 만든 매칭 펀드, 벤처캐피털의 투자자금회수를 지원하는 세컨더리펀드 등을 지원한다. 성장사다리펀드는 수요자의 요구에 따라 다양한 유형의 펀드를 만들어 낼 수 있다는 장점이 있지만 벤처기업에 필요한 여러 가지 요소를 종합적으로 지원한다는 점에서 기술보다는 기술 외적인 부분에 초점이 맞추어진 펀드이다.

189) 미국의 SBIR제도는 정부와 공공기관의 R&D예산의 일정비율 이상을 중소기업에 지원하도록 강제하는 제도이다. 미국의 SBIR제도는 기업에 대한 기술개발타당성심사를 통해 3단계로 연구개발비를 지원한다.

어져 있어 연구개발에 초점을 맞춘 펀드는 아니다. 수많은 중소기업지원정책이 만들어졌음에도 불구하고 연구개발에 초점을 맞춘 정책이 없는 이유는 우리나라에서 그동안 지원정책이 중소기업의 경제활동에 대한 총체적인 지원이라는 차원에서 종합백화점식으로 만들어져 왔기 때문이다.

물론 벤처기업의 경우 연구개발 지원뿐 아니라 해외시장 개척, 인력채용 등 기업운용에 필요한 많은 지원이 있어야 성장이 가능하다. 벤처기업의 숫자를 늘리기 위해서라면 창업 초기에 필요한 기업 활동 같은 창업 인큐베이터방식의 지원을 하는 것이 맞다.[190] 그러나 좋은 일자리를 위해서는 일반 중소기업이 아니라 시장 지배력을 갖춘 경쟁력 있는 중소기업이나 대기업이 필요하다.

경쟁력 있는 중소기업이나 대기업을 만들어 좋은 일자리를 창출하기 위해서는 연구개발에만 집중한 별도의 연구개발 지원책이 필요하다. 시장 지배력을 갖추려면 지적재산권의 보호를 받는 첨단기술을 많이 갖추고 있어야 한다. 첨단기술이 갖추어지면 나머지 부분에 대해서는 큰 지원이 없어도 CDMA원천기술로 유명한 퀄컴사(社)처럼 대기업으로 성장하는 것이 가능하다. 세계시장의 흐름이 '제조'에서 '창조'로 넘어가고 있는 시점에서 비용이 많이 드는 생산보다 기술개발을 통해 시장 지배력을 확보하는 것이 기업을 성장시킬 수 있는 지름길이다.[191]

성장 중심의 지원정책

하지만 지원의 대상을 스타트업 기업에만 맞추는 경우 기업의 자립을 돕는 수준에서 지원이 이루어질 뿐 다수의 지적재산권을 확보한 경쟁력 있는 기업

---

190) 사실 현재 이루어지는 대부분의 기업지원제도들은 기업의 규모가 작을 때에만 지원될 뿐 기업의 규모가 어느 정도 확대되면 더 이상 지원이 이루어지지 않는다. 이 때문에 지원에 의존하여 성장한 기업은 지원이 중단되는 시점에서 성장이 멈추게 되는 경우가 많다.

191) 한 연구에 따르면 특히나 지적재산권을 많이 갖추고 있을수록 매출액 천억 원을 달성하는 시기가 빨라진다고 한다. '기술창업의 조건과 지원정책' p104, 과학기술정책연구원, 2013년 7월, 이윤준 외 3명

으로의 성장은 지원하기 어렵다.[192] 사실 연구개발에 대한 지원은 기업성장 및 성숙단계에서 더 중요하다. 기업성장 및 성숙단계에서 기업의 성장을 위해서는 연구개발을 통한 제품의 품질 개선이나 신제품 개발을 통한 시장 개척이 필수적이다. 반면, 기업의 초기단계에서 중요한 지원은 아이디어를 구체화하고 상품화를 지원하는 것이다. 초기단계에서는 연구개발보다 제품화, 시장 개척 등 기업의 일반 활동에 대한 지원이 더 중요하다. 따라서 연구개발에 대한 지원이 중요해지는 시기는 기업이 성장하는 단계라고 할 수 있다.

그동안의 연구개발 지원은 주로 스타트업 기업 등 창업 초기단계의 기업에 집중되었다. 뿐만 아니라 대부분의 정부 지원이 연구개발보다 일반기업 활동에 맞추어져 있어 창업한지 몇 년이 지났거나 성장단계의 기업에 필요한 연구개발 지원책은 많지 않았다. 특히 우리나라에서 성장단계에 있는 기업들은 성숙단계까지 발전하지 못하고 장기간 성장단계에서 맴도는 경우가 많다. 이처럼 스타트업 기업에 초점을 맞춘 지원정책은 기업을 성장시키는 데에는 한계가 있다. 기업을 설립한지 몇 년이 지난 기업은 요건을 충족하기 못해 지원제도를 이용하기 어렵기 때문이다. 우리나라의 기업 중 상당수는 무수한 정부지원책에 대해 정확히 알지 못하고 있다. 그 결과 사업 초기부터 연구개발비 지원을 요청하는 경우는 많지 않고 비용지원이 필요해진 시점에서야 지원제도를 물색하게 된다. 그러나 성장단계에서 비용지원을 신청하는 경우 대부분 요건을 충족하지 못하여 지원을 받지 못한다. 자체적으로 기술을 발전시킬 수

---

192) 기업 초기단계에는 주로 기업을 하기 위한 기본적인 컨설팅이 지원금보다 더 중요하다. 따라서 초기단계에는 민간부문의 자율적인 참여를 활용한 창업 컨설팅 위주의 지원을 하고, 본격적으로 비용이 들어가기 시작하는 성장단계에서 연구개발 등의 비용지원을 집중할 필요가 있다. 초기단계 창업 컨설팅의 대표적인 예로는 미국 텍사스대학교의 공공창업기획사(3DS)를 들 수 있다. 공공창업기획사란 창업 열정과 비즈니스 모델을 가진 대학생을 멘토 및 스폰서와 연결하여 아이디어에 대한 권리화 등 창업에 필요한 노하우와 자금을 지원받도록 하는 비영리 조직이다. 공공창업기획사에는 기업 CEO, 엔젤투자자, 벤처캐피탈 등이 자발적으로 참여하여 주말 3일 동안만 창업컨설팅 및 지원을 제공하고 있다. 이처럼 비용 지원 위주의 정책보다는 기업에 필요한 분야를 선별하고 민간과의 적절한 협력을 통해 스타트업 기업들을 지원하면 보다 효율적으로 지원을 위한 자원을 배분할 수 있게 된다.

있는 '설립'단계보다 큰 규모의 연구개발 투자가 필요한 '성장'단계에서 오히려 연구개발 지원이 제대로 이루어지지 않는 것이다. 이러한 지원책 부족으로 인해 성장단계에 있는 상당수의 기업들은 기술개발 의욕이 있어도 기술개발을 포기하게 된다.

이러한 점을 고려할 때 연구개발 지원은 스타트업 기업에 필요한 일반 기업 활동 지원과는 다른 방식으로 이루어져야 한다. 기업설립 시기나 기업 규모 등 부수적인 요건은 최대한 배제하고 기술의 가치와 발전 가능성만을 최우선 요건으로 고려해야 하는 것이다. 미국의 SBIR제도가 성공하고 있는 이유는 기술의 발전 가능성에 대한 평가가 가장 중요한 선정요인으로 고려되고, 그 외의 요소는 부수적으로만 고려되고 있기 때문이다. 자금이 부족한 기업을 지원한다는 차원에서 지원이 이루어진다면 규모나 현 자금상태가 고려되지 않을 수는 없겠지만 이러한 요소는 기업의 성장이라는 본래의 목적 달성을 위해서 완화된 형태로 부수적으로만 고려되어야 한다. 좋은 기술을 가진 기업을 발굴하는 일은 좋은 인재를 발굴하는 것과 마찬가지로 제약이 많으면 성과를 거두기 어렵다. 다른 제약을 최소화하고 본래 목적에 맞추어 기술에만 집중한 지원제도를 만든다면 고부가가치 기술을 가진 우량 기업을 보다 빨리 발굴하여 성장시킬 수 있을 것이다.

또한 기업의 연구개발을 촉진하기 위해서는 기술에 초점을 맞춘 정책뿐 아니라 연구개발에 대한 위험을 분산시키는 정책이 필요하다. 자금력이 있는 기업이라고 할지라도 불황 시에는 자금 확보가 어려워질 수밖에 없다. 특히 경쟁력이 그리 크지 않은 중소기업의 경우 평소에는 자금에 여유가 있다고 하더라도 불황이 심해지면 자금이 부족해진다. 이럴 때 기업들이 가장 먼저 투자 축소의 유혹을 받는 것이 연구개발 분야이다. 연구개발 분야는 장기적으로 효과를 나타내는 분야이므로 많은 기업들이 일단 자금난을 해결하고 나중에 다시 투자를 늘리거나 인력을 채용하면 된다고 생각을 한다. 하지만 연구개발 투자는 한 번 줄어들면 외국의 경쟁기업에 그만큼 뒤쳐질 수밖에 없고, 나중에 투자를 늘리더라도 그 격차는 다시 줄이기 힘들다. 무엇보다도 뛰어난 연구개발 인력은 필요에 따라 쉽게 채용할 수 있는 인력이 아니다. 최근 불황시에 연구개발을 늘려야 성장할 수 있다는 인식이 퍼지기는 했지만 이런 인식에도 불구하고 불황이 심화되면 자금력이 부족한 기업은 당장의 생존을 위해 어쩔 수 없이 연구개발 투자부터 줄일 수밖에 없다. 2013년 한 조사에 따르면 정부 지원이 축소될 경우 연구개발을 축소하겠다고 한 기업이 73%에 이르렀다고 한다.[193] 지원이 없으면 연구개발을 하지 않겠다는 것이다. 이러한 조사 결과는 현재 기업들의 연구개발에 대한 인식이 얼마나 낮은가를 단적으로 보여준다. 최근 연구개발에 대한 인식이 개선되고는 있으나 연구개발 투자에 대한 인식은 여전히 낮기 때문에 기업들이 불황에 자금난을 겪게 되면 연구개발 투자부터 감소시키는 경우가 많다. 이러한 문제를 해결하기 위해서는 불황 시 연구개발 투자에 대한 별도의 위험분산책이 필요하다.

불황 시 연구개발에 대한 지원은 무상지원이 아니라 위험분산책으로서의 성격이 강하므로 추후 비용회수까지 고려하여 제도를 설계하여야 한다. 연구개발에 대한 지원제도는 크게 보험방식과 투자방식으로 나누어 생각해 볼 수 있다. 우선 보험방식의 경우 호황 시 각 기업의 수익 중 일부를 강제적으로 연구개발비로 적립시키도록 하고 불황 시에 이를 사용하도록 하는 방식이다. 이는 조세 분야의 사업손실준비금제와 유사한 형태의 제도이다. 사업손실준비금제란 불황 시 기업들이 법인세를 내지 못하는 경우를 방지하기 위해 호황 시에 미리 준비금을 적립하였다가 불황 시 그 준비금에서 법인세를 내도록 하

---

193) 한국산업기술진흥협회(산기협, 회장 : 박용현)가 기업부설연구소를 보유한 표본기업 548개사를 대상으로 설문조사를 실시한 결과(95% 신뢰수준, 허용오차 ±5.0%p 이내), 연구·인력개발 세액공제제도가 폐지될 경우 응답 기업의 72.4%는 R&D투자를, 62.2%는 R&D 인력을 축소시킬 예정이라고 응답하였다. 또한 R&D 설비투자 세액공제가 폐지될 경우에는 R&D 투자와 인력을 축소시킨다고 응답한 기업이 각각 65.2%와 50.6%로 나타났고, 올해 일몰 예정인 준비금 손금산입의 경우 각각 42.5%와 35.6%로 나타났다. 한국산업기술진흥협회 보도자료, 2014년 6월 26일

는 조세우대정책이다.

다음으로 투자방식의 경우 요즈마펀드방식[194]을 차용하여 지원제도를 만들 수 있다. 요즈마펀드는 벤처캐피탈의 한 유형으로 민간과 정부가 합동으로 펀드를 만들어 벤처기업을 지원하고 기업에서 차후 수익이 발생하였을 때 이를 회수하는 형태로 운용된다. 마찬가지로 연구개발에 대해서도 정부에서 일정요건을 갖춘 중소기업에 지원을 한 후 추후 수익이 발생하였을 때 이를 되갚도록 하는 방식으로 지원이 가능하다. 즉, 정부 단독 또는 민관 합동으로 기업에 연구개발비를 지원하여 합동으로 연구개발을 진행한 후 추후 수익발생시 지분에 해당하는 정부 투자금을 회수하게 하는 것이다. 이러한 방식은 기존의 요즈마펀드가 벤처기업 일반의 자금지원에 초점을 맞춘 것과 비교하여 모든 중소기업 일반에 대해 연구개발 분야에 한정하여 지원이 이루어진다는 점에서 차이가 난다. 이러한 보험이나 투자방식의 지원을 활용하면 기업이 일시적인 자금난으로 어려움을 겪을 때에도 연구개발의 안정성을 확보할 수 있다.

불황기에 중소기업에 대해 이 같은 연구개발 지원책을 별도로 마련하여 연구개발 투자가 감소하지 않도록 지원하면 호황기에 기업의 성장을 가속화시킬 수 있다. 그리고 이러한 연구개발 지원책은 기술 인력의 고용을 안정시켜 기술 인력을 시장에 지속적으로 유입시킬 수 있는 유인이 될 수 있다. 기업의 성장단계에서는 특히 기술에 대한 투자가 중요하므로 기술에 특화된 지원은 다른 어떤 지원보다 기업을 성장시키는 데 큰 도움을 줄 수 있다. 그리고 성장단계에 들어선 기업에 대해 집중적으로 기술지원을 한다면 더 많은 중소기업이 경쟁력을 갖추어 중견기업이나 대기업으로 성장할 수 있게 될 것이다.

---

194) 이스라엘의 요즈마펀드는 정부(40%)와 민간(60%)이 공동으로 설립한 벤처캐피탈이다. 정부는 민간벤처캐피탈이 조달한 자금의 40%까지 투자하여 벤처캐피탈의 위험을 분산한다. 그리고 벤처기업은 5년 내에 정부 지분을 매수할 수 있다는 인센티브가 제공되며 실패하더라도 원금을 갚을 필요가 없다.

3) 지속가능한 교육투자시스템

고등교육 이후에 대한 지원 확대

경쟁우대정책의 세 번째 특징은 교육에 대한 지원을 통해 비기득권에 대한 발전과 성장의 기회를 제공한다는 것이다.[195] 과거에는 기존 지식을 어느 정도 숙련하는 것만으로도 좋은 일자리를 가지는 것이 가능했다. 외국어 회화능력이나 전문 자격증, 수상경력 등의 스펙이 갖추어지지 않아도 얼마든지 좋은 일자리에 취업하고 성공할 수 있었다. 하지만 지식정보화사회에는 새로운 지식을 만들어 내거나 다른 사람들이 쉽게 가지지 못하는 능력을 갖추지 못하면 좋은 일자리에 취업하거나 성공하기 어렵다. 현재 대학진학률이 80% 이상에 이르고, 높은 외국어 점수를 가진 취업준비생들은 많지만 그러한 수준의 인재는 국내에서나, 외국에서나 쉽게 찾아볼 수 있는 평범한 인재에 불과하다.

현대사회에서는 소수의 창의적인 인재와 전문가가 부가가치의 대부분을 창출한다. 때문에 창의성과 전문성을 발휘할 수 있는 고급인력을 충분히 공급하지 못한다면 경제성장은 느려질 수밖에 없다. 현재 한국의 성장이 정체되고 있는 이유도 이러한 고급인력의 공급이 한계에 부딪혔기 때문이다. 고급인력의 공급이 줄어든 것은 지식정보화시대에 적합한 정규교육 프로그램이 신속히 만들어지지 못한 데도 원인이 있다. 하지만 그보다 더 큰 이유는 사회 전체적으로 고급인력을 공급할 수 있는 여력이 점점 사라지고 있다는 데 있다. 창의성의 기반이 되는 전문지식을 갖추기 위해서는 장기간의 교육투자가 필

---

195) 경쟁화 정책의 모든 지원은 기본적으로 무상지원이 아니라 수혜자책임원칙을 따르고 있다. 그 이유는 지원이 공적 부조가 아니라 위험 분산을 목표로 하기 때문이다. 국가를 포함한 공동체는 경쟁에 참여하기 어려운 상황에 처한 계층에게 기회를 제공하여 위험을 제거하고, 좋은 일자리를 얻거나 창업에 성공하여 그 위험이 제거된 경우에는 이를 되갚도록 할 책임을 개인에게 부여하는 것이다. 이는 개인이 처한 위험을 제거할 의무는 사회에게 있지만, 다른 사람이 보지 못한 혜택을 받게 된 경우 제도를 후세에게까지 지속시키기 위한 재원을 그 개인이 사용하게 된 것이므로 제도의 지속성을 위해 개인이 그 비용을 되갚아야 한다는 인식에 기반을 둔 것이다.

요한데, 그러한 투자를 할 수 있는 계층이 점점 줄어들고 있기 때문이다.

현재 정부 차원에서도 빈부격차로 인한 교육격차를 해소하기 위해 많은 교육투자를 하고 있다. 하지만 이러한 투자는 초·중등교육에 집중되고 있으며, 고등교육이나 취업단계까지는 지속되지 못하고 있다. 그 결과 고등교육이나 취업단계로 단계가 올라가면서부터는 전문성이나 소위 스펙이라고 불리는 외국어 능력, 수상경력 같은 사회 경험 등 겉으로 수치화할 수 있는 능력 면에서 점점 많은 차이가 벌어지기 시작한다.

게다가 고등교육 이후의 단계부터는 겉으로 드러나는 부분뿐 아니라 창의성의 중요성이 점점 커진다. 창의적 사고를 위해서는 전문적 지식뿐 아니라 유연한 사고, 다양한 경험, 창의력을 촉발할 수 있는 주변 환경 등이 많은 영향을 미친다. 하지만 정규교육 이외의 교육환경에 대해서는 생활수준의 차이에 따라 점점 많은 격차가 발생하고 있다. 교육투자와 성과가 정비례하지는 않지만 고등교육 이후의 단계에서 교육투자가 감소하면서 역량의 차이는 점점 커지고 창의성 측면에서의 격차도 벌어진다. 초등교육부터 취업단계에 이르기까지 지속적인 교육투자가 이루어지지 못하면 단계가 올라가면서 역량의 차이는 점점 커질 수밖에 없다.

그러나 이러한 교육투자를 취업단계까지 지속적으로 유지할 수 있는 계층은 많지 않다. 특히 고등교육 이후의 단계에는 대개 부모의 연령 때문에 각 가정의 경제력이 약화되는 시기이다. 부모의 경제력이 약화되면서 고등교육 이후부터는 충분한 교육투자가 이루어지기 힘들고, 자녀 역시 공부에만 집중하기보다는 아르바이트 등 학업 외적인 부분에 역량을 분산시킬 수밖에 없게 된다. 결국 우리나라에서는 중등교육 이하의 단계에서는 부모의 경제력 차이에도 불구하고 많은 교육투자가 이루어지면서 교육투자 수준이 어느 정도 평준화되어 있으나 고등교육 이상으로 갈수록 경제력 차이로 인해 교육투자의 격차는 점점 커진다고 할 수 있다.

하지만 고등교육 이후의 단계에서 교육투자의 격차를 좁힐 수 있는 지원책은 거의 존재하지 않는다. 고등교육 이후의 교육에 대해서 대상자가 성인이라는 점 때문에 일반적으로 교육에 대한 책임이 개인에게 있다고 여기고 있기 때문이다. 평생교육이나 직업교육의 차원에서 어느 정도 국가의 지원책이 마련되어 있기는 하지만 여전히 고등교육과 그 이후의 단계에서 발생하는 교육비용의 대부분은 개인이 부담하고 있다. 물론 예산상의 문제로 국가가 개인의 교육을 무한정 책임질 수는 없다. 하지만 지식정보화 사회에서 개인의 역량 차이는 주로 전문적인 지식과 창의성에 따라 결정된다는 점을 고려할 때 고등교육에 대한 대부분의 책임을 개인에게 지우는 것은 계층 간 격차를 심화시킬 뿐이다.

교육은 그 자체로서 가치를 가지기보다는 개인의 성장 기회를 제공한다는 점에서 가치를 가진다. 따라서 교육투자의 문제는 기회의 차원에서 접근해야 한다. 전문 지식과 창의성 교육에 대한 지원이 확대되면 비기득권의 성장 기회도 그만큼 많아진다. 전문 지식과 창의력 교육의 궁극적인 목적은 개인의 능력을 키워 고급인재를 만드는 것이다. 따라서 전문지식이나 창의성 교육 같은 고차원 교육에 대한 지원방식도 고급인재를 키우는 데 집중되어야 한다. 그러기 위해서는 역량 있는 인재를 대상으로 한 교육 지원이 필요하다. 즉, 지원 대상자의 역량을 우선으로 고려하고 재산 상태를 부수적으로 고려하는 장학제도의 확충이라는 방식으로 지원이 이루어져야 한다.

공동체의 지원을 통한 지속가능한 교육 투자

또한 이러한 지원은 일회성 지원에 그치지 않고 지속적으로 고급인재를 육성할 수 있는 지속가능한 시스템 구축을 통해 이루어져야 한다. 하지만 지원을 위한 재원을 국가에만 의존할 경우 광범위한 지원이 이루어지기 어렵다. 국가의 재원은 한계가 있기 때문에 공적 부조와 같은 무상지원에 의존한 방식에서는 현재 국가장학금제도처럼 극소수의 인재에게만 혜택이 돌아갈 수밖에 없다. 경제를 역동적으로 만들고, 성장이 정체된 현재의 흐름을 바꾸기 위해서는 보다 광범위한 고급인재 육성이 필요하다. 광범위한 제도 확대를 위해서는 지원제도가 '수혜자책임원칙'에 따라 운용되어야 한다. 중요한 것은 성장 기회를 확대하는 데 필요한 전문교육이나 창의성교육 같은 고차원적 교육 기회를 제공하는 것이다. 고급교육은 개인의 역량을 향상시켜 더 높은 수준의 일자리를 얻을 수 있게 해줄 것이다.

이러한 원칙들을 고려할 때 비기득권에 대한 교육 지원은 성적에 따라 교육기간 중 고등교육비 및 생활비를 무상으로 제공하고 직업을 얻은 후 이를 갚도록 하는 방식으로 이루어져야 한다. 사실 이는 외견상 미국의 장학제도와 유사한 측면이 있다. 미국에는 다양한 장학제도가 존재하는데, 대부분 교육 기간 중 학자금이나 생활비를 지원하고 이를 추후 상환하도록 하는 방식을 취하고 있다. 현재 한국에서도 이러한 방식에 따라 지원이 이루어지고 있으나 국가에 의한 체계적인 지원이 아니라 금융권에 의한 저금리나 무이자 대출방식으로 이루어져 교육 기회를 확대하는 데 별로 기여하지 못하고 있다. 오히려 대출이 다른 투자금이나 생활비 명목으로 소진되어 학습역량이 높아지지 못한 채 졸업 후 빚만 늘어나 계층 이동을 더 어렵게 하는 원인이 되고 있다.

고급교육에 대한 지원은 대출이 아니라 학자금 면제, 기숙사 무상제공 등 서비스 제공형식으로 이루어져야 한다. 그리고 교육비가 졸업 후 발목을 잡지 않도록 실비에 대해서만 충분한 기간을 두고 회수하도록 하고, 이자비용은 정부가 부담하는 등 정부의 지원은 수혜자의 부담을 최소화하기 위한 보조적인 수단으로 활용되어야 한다. 이러한 방식의 교육 지원은 지원금이 생계비로 소진되지 않게 함으로써 지원의 효과를 높이는 것과 동시에 수혜자가 사회에 나가서 신속히 자립할 수 있게 해 준다.

흔히 수혜자책임방식은 미국의 경우에서 보듯이 수혜자가 졸업 후 엄청난 대출로 인해 허덕이게 될 가능성이 크다는 비판을 받기도 한다. 그러나 이는 그러한 대출이 더 좋은 일자리를 가질 수 있는 기회를 제공해 주었다는 측면을 간과한 것이다. 지원에 따른 계층 이동은 반드시 당해 세대에 이루어질 필요는 없다. 교육 지원의 목적은 지원을 통해 일단 좋은 일자리를 가질 수 있도록 함으로써 계층 상승의 토대를 마련하는 것이다. 그리고 다음 세대에서는 지원 없이도 스스로 비용을 충당할 수 있도록 함으로써 장기간에 거친 계층 이동 가능성을 부여하여 사회를 역동적으로 만들고자 하는 것이다. 노력하는 자에게 더 나은 교육 기회가 제공되면 개인적으로는 빚을 지고 있을지 모르나 사회적으로는 고급인력의 공급이 늘어나 국가 경쟁력이 향상되고, 시장도 더 창의적이고 역동적으로 움직이게 된다.

이러한 제도가 미국의 제도와 다른 것은 기반이 되는 이념이 다르다는 것이다. 둘 다 교육을 계층 이동의 사다리로 본다는 점에서는 동일하나, 미국의 경우 개인주의에 기반을 두어 교육투자의 책임을 개인에게 돌리고 있다. 이 때문에 미국에서는 졸업 후 천문학적인 수준의 대출금을 오로지 개인의 힘만으로 갚아야 한다.

반면, 경쟁우대정책에서 교육투자는 기본적으로 공동체의 책임으로서 공동체가 비용을 부담해야 한다고 보고 있다. 단지, 예산상의 문제로 제도의 지속성을 위해 개인도 책임을 져야 한다는 것이다. 그 이유는 경쟁우대정책에서 교육은 경쟁을 위한 전제조건으로서의 성격을 띤다고 보기 때문이다. 경쟁과정에서 나타나는 책임은 개인이 져야 하는 것이지만 경쟁을 위한 기본적인 조건을 만들어내는 것은 사회의 책임이다. 따라서 교육에 대한 비용은 자본주의 사회를 원활히 유지해야 할 책임이 있는 공동체가 부담해야 하는 것이다. 이러한 차이는 교육투자 지원에 대해 개인이 부담해야 하는 부채의 크기나 지원체계를 달라지게 만든다. 즉, 경쟁우대정책에서 개인이 부담해야 하는 교육비용은 지원받은 금액과 동일하지 않을 수도 있다. 그것은 개인이 상환해야 하는 금액 중 일부를 공동체가 부담하기 때문이다. 기본적으로는 국가가 이자비용을 감당하고 그 이상의 비용도 여건이 허락하는 한 최대한 지원함으로써 교육비 상환액을 최소화하는 것이 경쟁우대정책에서의 교육 지원 목표이다.

여기서 중요한 것은 교육비 지원이 단지 국가의 책임만이 아니라 '공동체'의 책임이라는 것이다. 즉, 교육 지원을 위한 재원은 세금을 통해서만 충당하는 것이 아니라 기부 등 다양한 방식을 통해 마련된다. 이러한 재원 충당방식을 위해서는 교육이 국가뿐 아니라 공동체의 책임이라는 인식을 확산시키고, 투명한 회계운영 등을 통해 사회의 참여를 유도해야 할 것이다. 또한 지원을 받는 개인 역시 수혜자책임원칙에 따라 사회로 지원비용을 환원하는 것은 사회가 성장 기회를 제공한 것에 대한 보답 차원에서 이루어지는 것이라는 것을 인식해야 한다. 즉, 국가의 교육 지원을 세금을 낸 것에 따른 개인의 권리가 아니라 공동체에 되갚아야 할 빚이라는 사회적 합의가 필요하다는 것이다.

하지만 이러한 형태의 체제를 유지하기 위해서는 개인이나 사회의 인식전환뿐 아니라 부채 상환시기에 대한 조정 등 부채 상환에 대한 구체적인 시스템 구축이 필요하다. 교육 지원에 따른 부채가 무이자나 저금리로 제공된다면 수혜자 입장으로서는 부채를 늦게 상환할수록 유리하다. 그렇다고 수혜자가 좋은 일자리를 얻지 못하여 부채를 상환할 능력이 실제로 없을 경우까지 상환을 신속히 하도록 강제한다면 수혜자가 저소득층으로 전락할 수 있는 가능성이 있다. 하지만 이 두 상황은 서로 구분이 어렵다. 따라서 교육 지원에 대한 부채를 상환하는 일은 수혜자가 사회에 나간 후에 얻게 되는 소득수준을 고려하여 무리하지 않은 수준에서 이루어지도록 해야 할 것이다.

부채 상환이 소득수준을 고려하여 이루어지기 위해서는 부채 상환 과정을 단지 금융권에만 맡겨 놓아서는 안 된다. 부채 상환계획 수립을 위한 소득수준 파악이나 상환 거부 시 강제 집행 등은 국가에 의해서만 원활하게 이루어질 수 있기 때문이다. 우선 소득수준에 따른 상환계획을 마련하기 위해 국가는 수혜자의 소득을 파악해야만 한다. 이를 위해서는 소득세 정보가 활용될 수 있다. 다음으로 소득 수준을 기준으로 상환기간과 상환액 등을 정한 표준화된 상환계획이 수립되어야 한다. 이는 개인사정에 따른 계획이 아니라 특정 수준의 소득을 얻는 경우 그 중 얼마를 의무적으로 상환해야 한다는 기준을 마련하는 단계이다. 끝으로 이러한 계획에 의거하여 국가는 부채를 강제적으로 징수해야 한다. 즉, 이러한 부채 상환 과정은 마치 소득세 징수와 같은 과정을 따르고 있다. 따라서 기존의 소득세 징수시스템을 활용하면 부채상환제도를 저렴한 비용으로 도입하는 것이 가능하다.

수혜자책임원칙에 따른 이러한 광범위한 교육지원제도는 능력과 가능성이 있음에도 교육 기회를 부여받지 못하는 비기득권들에게 차별화된 능력을 키울 수 있는 기회를 제공해 준다. 그리고 공동체와 국가의 지원을 통해 개인의 부담을 감소시켜주면 수혜자책임원칙에 따라 나타나는 부작용도 최소화될 수 있을 것이다. 이처럼 국가가 주도하여 표준화된 상환기준과 적절한 지원정책을 마련해준다면 비기득권의 경쟁력을 향상시킬 수 있는 지속가능한 교육지원제도가 만들어질 수 있게 된다. 그리고 지속가능한 교육지원제도는 시장에 보다 많은 고급인력을 공급함으로써 시장을 더 역동적인 곳으로 바꾸게 될 것이다.

2. 경쟁확대정책

자본주의 사회에서 개인을 움직이는 동인(動因)은 수익이다. 지속적으로 수익이 발생한다는 믿음이 있는 한 위험이 있다고 하더라도 사람들은 시장에 뛰어들고 투자를 늘린다. 지속적인 수익은 자본주의가 생존하기 위한 핵심적인 조건이기도 하다. 수익이 지속적으로 발생하지 않는다면 소비와 투자가 감소하여 경기가 침체되고, 이는 경기전망을 어둡게 함으로써 소비와 투자심리를 더욱 위축시키는 악순환을 일으키게 된다.

하지만 수익을 지속적으로 발생시키기 위해서는 상품이나 서비스의 수요를 창출해 낼 수 있는 새로운 아이디어가 필요하다. 성실하고 근면한 자세로 물건을 잘 만들기만 하면 되었던 과거와는 달리 소비 중심 사회에서는 뛰어난 아이디어로 소비의 필요성을 어필하지 못한다면 수익을 발생시키기 어렵다. 이는 과거에는 경험한 적이 없는 상황이다.

창조적인 아이디어가 있으면 많은 수익을 얻을 수 있다는 것은 누구나 아는 사실이다. 그러나 어떻게 창조성을 발휘할 수 있는가에 대해서는 누구도 알지 못한다. 과거에는 교육의 초점이 전문지식과 정보의 전달에 맞추어져 있었다. 하지만 이러한 교육방식으로는 창조적인 인재를 길러내지 못한다. 그동안 우리나라에서는 지속적인 기술향상 노력을 통해 휴대폰이나 전자제품 같은 첨단기술을 다루는 데 익숙해졌고, 이러한 분야에서 강점을 가질 수 있게 되었다. 그러나 2000년대 이후 이러한 강점은 시장이 성장하는 데 장애요소가 되어버렸다. 기술적 우위에만 매몰된 나머지 새로운 아이디어를 만들어내는 데 익숙하지 않게 되어 버렸기 때문이다.

　기술적 우위에만 매몰된 사고방식으로는 창조적인 아이디어를 만들어내는 데 한계가 있다. 높은 수익은 높은 수준의 기술로부터 나오기도 하지만 그렇지 않은 경우도 많다. 기술에 얽매이지 않는 자유로운 사고방식은 새로운 시장과 더 우수한 기술을 만들어낸다. 예를 들어 1980년대에 1천만 대를 넘는 판매고를 기록한 세계 최초의 휴대형 게임기 '게임&워치'는 기술적인 측면에서 보면 단지 손목시계 제작기술과 게임을 결합한 것에 불과했다. 그러나 휴대할 수 있는 게임기라는 아이디어를 손목시계 액정화면 기술을 통해 실현함으로써 오늘날 닌텐도가 세계적인 게임회사로 발돋움하는 시발점이 될 수 있었다. MS사의 운영체제인 WINDOWS 역시 마찬가지이다. WINDOWS는 기존에 존재하던 GUI기술을 응용한 운영체제 'WINDOW 1.0'을 개발함으로써 시작될 수 있었으며, 이후 MS사(社)는 멀티태스킹 기능을 강화한 'WINDOW 3.0'을 개발하여 상업적으로 큰 성공을 거두면서 대기업으로 성장할 수 있는 발판을 마련할 수 있었다. 이처럼 아이디어는 새로운 시장을 만드는 시발점이 되며, 우수한 기술은 이를 뒷받침하고 실현시키기 위한 수단으로서 역할을 한다.

　이러한 아이디어들은 시장이 경쟁적이 될수록 더 많이 만들어질 수 있다. 그 이유는 다음과 같다.

우선 경쟁적인 시장에서는 살아남기 위해 더 많은 혁신이 시도된다. 현재의 스마트폰 시장이 그런 예이다. 스마트폰 시장은 경쟁이 매우 치열하므로 조금이라도 상대보다 우수한 제품을 만들려는 노력이 끊임없이 이어진다. 매년 새로운 제품이 만들어지고, 그때마다 혁신적인 요소가 가미되는 것이다. 또한 경쟁적인 시장은 더 많은 아이디어를 유입시킨다. 경쟁적인 시장에서 기업은 살아남기 위해 우수한 인재를 끌어 모으고, 사람들은 수익 창출의 기회를 노리고 시장으로 뛰어들게 된다. 시장에 참여하는 사람이 많아질수록 새로운 시도는 더 많이 나타나고 신선한 아이디어도 더 많이 유입된다. 이러한 아이디어들을 통해 시장이 확대되고 신규시장이 개척되면서 더 많은 수익이 창출될 수 있게 된다. 그리고 더 많은 수익은 좋은 인재들을 시장에 끌어들임으로써 혁신이 가속화되는 선순환을 일으키게 된다.

하지만 현실에는 시장이 경쟁적이 되는 것을 방해하는 요소들이 존재한다. 그 중 가장 중요한 것이 현실에 안주하고 편한 방법으로 수익을 얻고자 하는 인간의 본성이다. 이러한 본성으로 인해 모든 사람은 수익을 얻을 수 있는 편한 방법이 있다면 그 길을 선택하게 된다. 그리고 그러한 선택을 할 수 있는 것은 더 뛰어난 능력을 가진 인재들이다. 뛰어난 인재들이 연구개발이나 창업 같은 혁신적인 활동보다는 의사나 변호사, 아나운서, 선생님 같은 안정적인 직업을 선택하게 되는 것이다. 이러한 직업들도 사회적으로 중요한 역할을 하고 있지만 뛰어난 인재들의 대부분이 이러한 길을 선택하고 있는 현실은 문제가 아닐 수 없다. 자신의 재능이 최대로 발휘될 수 있는 영역이 아니라 편안하게 안정적으로 돈을 벌 수 있는 직업을 선택하는 인재가 많아지는 것은 사회를 발전시키는 데 필요한 인재가 효과적으로 활용되지 못하고 있다는 것을 의미한다.

마찬가지로 기업들 역시 안정을 추구하는 유사한 성향을 가지고 있다. 생필품 시장에서 나타나는 독과점 기업들의 행태가 그 예이다. 이러한 기업들은 더 좋은 품질과 서비스를 추구하지 않더라도 담합을 통해 내수시장에서 충분히 이익을 볼 수 있기 때문에 연구개발보다는 가격 인상 등의 담합을 유지하는 데 더 큰 관심을 둔다. 이러한 독과점 행태는 창조적인 아이디어의 유입을 저해하는 치명적인 요소이다. 가격 인상으로 생계비를 상승시켜 투자 여력을 상실시킬 뿐 아니라 시장경쟁을 저하시켜 시장의 성장을 느리게 함으로써 새로운 인재가 시장에 들어오는 데 필요한 유인을 작아지게 만들기 때문이다. 이처럼 수익을 안정적으로 발생시킬 수 있는 다른 수단이 있다면 누구나 그 방법을 택하게 된다.

이러한 본성으로 인해 시장을 방치하게 되면 시장에서는 점점 경쟁이 감소하고 도전과 혁신이 사라지게 된다. 하지만 자본주의가 유지되기 위해서는 도전과 혁신을 통해 지속적으로 새로운 시장이 만들어져야 한다. 따라서 자본주의의 생존을 위해서는 안정을 추구하는 본능을 억제하고 시장을 경쟁적으로 만들기 위한 인위적인 노력이 필요하다. 경쟁확대정책은 바로 그러한 노력의 하나로 시행되는 정책이다.

경쟁확대정책이란 경쟁이 없는 곳에 경쟁을 도입하는 정책을 말한다. 경쟁확대정책은 시장에 인위적으로 경쟁 주체를 유입시키거나 가능한 다수가 시장에 참여할 수 있도록 유도하여 시장의 경쟁 압력을 높이는 것을 목적으로 한다. 그리고 경쟁 확대를 위해 이미 존재하는 시장에 대해서는 기존의 경제 주체와 대등하게 경쟁할 수 있는 또 다른 경제 주체를 시장에 도입하여 기득권의 시장 지배력을 최소화하고자 한다. 또한 아직 개척되지 않은 시장에 대해서는 비기득권의 신규 진입을 촉진함으로써 시장참여자를 확대하는 방법을 사용한다.

경쟁확대정책은 경쟁우대정책이 경쟁계층 간 이동에 초점을 맞추고 있는 것과는 달리 동일 수준의 경제 주체 간에 경쟁 촉진을 통한 경쟁 압력의 증가에만 초점을 맞춘다. 이 때문에 경쟁우대정책은 정책 대상을 선정할 때 대상의 소득수준을 고려하지만 경쟁확대정책에서는 소득수준을 고려하지 않는다. 단지 시장에 보편적으로 적용되는 제도를 형성하여 시장을 경쟁적으로 만들고자 할 뿐이다. 즉, 경쟁확대정책은 개별경제 주체의 상황을 고려하는 것이 아니라 시장이 경쟁적인 상태를 지속시킬 수 있는 환경을 조성하는 데 중점을 둔다.

시장이 경쟁적인 상태를 유지하기 위해서는 우선 어떤 사람도 안정적인 상태에 머무를 수 없는 경쟁적인 시장 환경을 조성해야 한다. 이를 위해서는 사람들이 시장에서 노력 없이 수익이나 지대를 얻을 수 없도록 해야 한다. 노력 없이 수익을 얻을 수 없게 되면 수익을 얻기 위해 지속적으로 새로운 시도를 할 수밖에 없다. 다음으로 신규 시장진입자가 시장에 적극적으로 참여할 수 있는 유인을 제공하여 시장참여자의 수를 확대해야 한다. 그동안의 수많은 지원책이 별다른 성과를 보이지 못한 것에서 알 수 있듯이 단지 자금 제공이나 단발적 지원제도만으로는 충분한 유인이 제공될 수 없다. 국가에서 얼마간의 보조금을 제공하는 것만으로는 시장참여를 촉진시킬 수 있을 만큼의 충분한 수익이 보장되지 않는다. 따라서 시장참여를 활성화하기 위해서는 자금지원, 세제혜택 같은 물질적인 차원을 넘어서 인식의 변화를 일으킬 수 있는 유인책이 필요하다. 현재 시장참여를 저해하는 가장 큰 원인은 지원책의 부족이 아니라 현재의 시장상황에서는 도전과 혁신이 실패할 확률이 높다는 두려움이기 때문이다.

1) 국영 기업을 이용한 시장관리

경쟁하지 않는 시장의 문제

기존 시장의 경쟁 압력을 높이기 위한 정책의 구체적인 예로는 국가가 직접 시장에 개입하여 기업의 분할, 매입, 설립을 통해 경쟁자 수를 확대하는 것을 들 수 있다. 현재 대부분의 시장은 빅3의 법칙[196]이 지배하고 있다. 처음에는 유사한 규모의 경제 주체들이 경쟁을 하였을지라도 시간이 지나면서 시장에서 주도권을 잡는 자들이 생겨나기 시작한다. 한 번 선도적 지위를 차지한 기업은 더 많은 기술투자를 통해 더 좋은 제품과 서비스를 제공할 수 있게 된다. 그리고 좋은 품질로 인해 더 많은 소비자가 쏠리면서 해당 기업의 수익은 더욱 커지고, 이를 기반으로 투자는 더욱 늘어나고 인지도가 올라가면서 점점 더 많은 수익이 해당 기업으로 몰린다. 이러한 과정이 반복되면 인지도가 높은 2, 3개의 기업 이외에는 시장에서 모두 사라지게 된다.

문제는 시장이 과점화된 이후부터 나타난다. 과점화된 시장은 경제 주체가 많지 않기 때문에 묵시적 담합이 용이하다. 시장이 과점화되면 특정 소수 기업의 시장 지배력이 커진다. 이 기업들의 시장 지배력이 클수록 가격 인상 등 소비자에게 불리한 결정이 내려질 공산(公算)이 크다.[197] 명시적으로 담합하지 않더라도 경쟁관계인 각 기업들에게 이익이 되는 전략은 거의 유사하기 때문이다. 과점에 관한 경제학 이론에 따르면 과점화된 시장에서는 한 기업만 가격을 올리면 나머지 기업으로 소비자가 몰리므로 가격 인상이 쉽지 않다고 한다. 하지만 실제로는 이론과는 반대인 경우가 많다. 가격 인상 유인이 있을 때 한 기업이 먼저 가격 인상을 하면 다른 기업들은 눈치를 보다가 함께 가격을 올리는 것이 보통이다. 그 이유는 다음과 같다.

만일 과점시장 내 한 기업이 가격을 인하했을 때 다른 기업들이 가격을 인하하지 않는다면 시장점유율을 모두 빼앗기게 될 것이므로 다른 기업들도 가

---

196) 빅3의 법칙이란 모든 업종에서 시장 점유율의 70~80%를 메이저 3개의 업체가 차지하고 나머지 30%를 소규모 기업들이 나누어 가진다는 법칙을 말한다.

197) 두바이유 가격이 10% 상승하면 20주 뒤 우리나라 휘발유 값은 8.6% 상승하고, 두바이유 가격이 10% 하락하면 20주 뒤 5.5%만 내렸다. 원유가격이 올라가면 가격을 많이 올리고 내려갈 때는 조금 내리는 것이다. 휘발유 가격변동의 비대칭 정도는 1.91로 조사대상 13개 국가 중 가장 높았다. 그리고 시장 집중도 또한 정유시장의 시장집중도는 2,763으로 비교 대상 13개 국가 중 가장 높았다. 《한국 소비자 물가구조의 특징과 물가안정과제》 p17, 삼성경제연구소, 정진영 외 5명, 2011년 12월 5일

격을 인하하지 않을 수 없을 것이다. 따라서 시장 내에서 한 기업이 가격을 인하하면 다른 기업들도 재빨리 이에 반응하여 가격을 인하한다. 그 결과 시장에서 가격 인하로 인해 시장점유율이 높아지는 효과는 단기에 그친다. 게다가 가격 인하 경쟁은 모든 기업의 수익 악화를 가져올 수 있는 치명적인 행위이다. 과점 기업들은 이러한 점을 잘 알고 있으므로 쉽게 가격을 인하하지 않는다. 오히려 가격 인하요인이 있을 때 누구도 가격 인하를 하지 않는다면 과점기업들로서는 모두에게 이익이 되는 상황이 되므로 가급적 늦게 가격 인하를 하는 것이 최선의 전략이 된다.

한편 한 기업이 가격 인상을 했는데, 경제학 이론에서처럼 다른 기업들은 가격 인상을 하지 않게 되면 얼마 지나지 않아 먼저 가격을 올렸던 기업은 시장가격을 원상태로 복귀시킨다. 그 결과 가격 인상으로 인한 시장 점유율 변화도 매우 단기에 그치게 된다. 하지만 가격 인상에 동참하면 모든 기업의 이익은 항구적으로 높아질 수 있다. 따라서 기업들은 가격 인상에 동참하는 것이 이익을 늘리는 데 더 유리한 전략이 된다. 특히 원자재 가격 상승 등 가격 인상요인이 있을 때 가격 인상에 동참하지 않는 것은 모든 기업의 수익을 지속적으로 악화시킬 수 있다. 그 결과 과점시장에서는 적당한 기회가 있을 때 기업들이 눈치를 보다가 한 기업이 가격을 올리면 다른 기업도 가격을 함께 올리게 된다. 과점시장에서는 시장 내 기업이 많지 않아 서로의 전략을 확인하기가 더 쉬우므로 가격 인상 유인이 있을 때마다 가격은 올라간다.

기업들에게 가격 인하는 피해야 할 치명적인 경쟁 행태인 반면, 가격 인상은 이익을 늘려줄 수 있는 행위이므로 가격 인하보다는 가격 인상 유인이 더 크다. 과점시장 등 독점력을 행사할 수 있는 시장에서 시간이 지날수록 점점 가격이 인상되는 원인도 이 때문이다. 이처럼 시장이 과점화되는 등 일부 기업들의 시장 지배력이 커지면 상품가격이 점점 높아지고, 생계비가 올라가면서 일반시민이 살아가기에 점점 어려운 세상이 된다.

하지만 과점화된 시장이라고 하여 모두 담합을 하는 것은 아니다. 첨단산업의 경우 약간의 기술 차이만 있어도 시장점유율이 순식간에 달라질 수 있기 때문에 시장에 1, 2개의 기업만 있을 지라도 상호간에 경쟁이 치열하다. 이러한 형태의 과점시장은 언제라도 독점시장으로 변모될 수 있는 가능성을 가진다. 즉, 이러한 과점시장은 독점으로 가는 중간단계에 머물러 있는 상태여서 조금만 긴장을 늦추면 시장에서 도태되고 만다. 따라서 시장 내 기업의 수와 관계없이 시장은 언제나 역동적으로 움직인다.[198]

그러나 기술개발이 상품이나 서비스 제공의 중요한 부분을 차지하지 않는 생필품 시장의 경우에는 과점화되면 시장의 경쟁성이 감소한다. 이러한 정태적 과점시장에서는 기업들이 기술개발과 시장 개척보다는 수익의 주요 부분을 과점 이윤에 의존하려는 행태를 보인다. 라면 등의 식료품, 통신, 석유 등 생활과 밀접한 물품을 생산하는 기업들이 이에 해당한다. 생필품에 대한 소비자의 기호는 쉽게 바뀌지 않으므로 이러한 시장은 대부분 과점화되어 있으며, 기업의 순위도 좀처럼 바뀌지 않는다.

그리고 생필품산업에서는 독과점 이윤이 연구개발비로 투입되는 등 긍정적인 효과도 별로 나타나지 않는다. 생필품산업은 연구개발이나 해외시장 개척의 필요성이 낮기 때문이다. 국내 시장에서 이미 지속적인 수익을 확보할 수 있는데 굳이 모험을 할 필요가 없는 것이다. 물론 생필품 시장도 해외시장 개척 등을 위해 노력은 하고 있으나 생필품산업의 기업들이 얻는 수익에 비해 연구개발이나 시장 개척에 대한 투자는 매우 작다.[199] [200] 생필품 시장을 지배

---

198) 이러한 과점시장을 동태적 과점시장이라고 부를 수 있다.

199) 국내 식품기업의 매출액 대비 연구개발비 비중은 2012년 0.69%로 전체 제조업체 평균(3.09%)과 비교하면 5분의 1 수준에 불과하다. 「국내 식품산업 옆만 보이고 앞은 안 보인다」, 〈헤럴드경제〉, 2014년 8월 11일자, 오연주 기자

200) 국내 식품업체들은 그동안 해외 진출에는 상대적으로 소홀했다. 국내 주요 식품기업 해외 매출은 전체 매출의 5%에도 못 미친다. 매일유업은 지난해 매출 기준으로 해외 비중이 3.3%에 그쳤다. 2011년 기준으론 국내 1위 음료회사인 롯데칠성음료는 4.5%, 매일유업 2%, 남양유업 1.4%에 불과하다. 그나

하는 대부분의 기업들이 내수시장에서만 시장 지배적 지위를 행사할 뿐 해외 시장에서 큰 영향력을 행사하는 경우는 드물다는 사실은 이러한 현실을 잘 반영해 준다. 반면, 독과점화된 생필품 기업들은 독점력을 행사하여 물가상승을 유발하고, 이는 생계비를 인상시킴으로써 경제의 성장잠재력을 심각하게 훼손시킨다. 이 때문에 연구개발이 주가 되지 않는 생필품 시장에 대해서는 시장 개입을 통해 독점력을 제거해야 할 필요성이 크다.

국영기업을 이용한 시장관리방법

그러나 가격통제 등 강제적인 시장 개입으로는 독점력을 제거하기가 어렵다. 그것은 독점력 행사로 인한 이익이 너무 크므로 정부의 시장 개입에 대한 반발 역시 매우 심하기 때문이다. 특히 강제적인 시장 개입은 정당성 측면에서 문제가 많다. 기본적으로 자유주의 이념에 반하는 반시장적 조치일 뿐 아니라 생필품 시장의 기업이라도 연구개발이나 해외진출을 하지 않는 것도 아니어서 몇몇 반증을 통해 통제의 정당성이 흠잡히기 쉽다. 뿐만 아니라 설령 기업들이 통제에 응하는 것으로 보일지라도 이는 형식적인 수준에 그칠 뿐이어서 실제로는 원하는 효과를 거두기 어렵다. 따라서 생필품산업에 대한 통제는 직접적인 방식으로는 성공하기 어렵고 간접적이고 우회적인 방법을 이용해야 한다.

독점력을 효과적으로 제거하기 위해서는 현재의 시장 메커니즘을 이용해야 한다. 그 대표적인 방법으로 해당 분야의 시장경제 주체 중 일부를 국영화하는 것을 들 수 있다. 생필품 시장은 연구개발이 사업수익에 기여하는 정도가 크지 않다. 때문에 어느 정도의 연구개발 수준만 유지되면 기업의 수익이나

마 해외 비중이 높은 농심은 6.9%, 오뚜기 5.4%로 대부분 5%를 갓 넘는 수준이다. 해외에 진출한 업체 실적도 오리온의 중국 사업을 제외하면 신통치 못하다. 『식품업계 구조적 문제점은… R&D 외면하고 안방장사 몰두』, 〈매일경제〉, 2013년 3월 11일자, 김병수·김경민·김범진 기자

효율성이 크게 감소하지 않는다. 반면, 생필품 시장의 기업을 국영화시킨다면 가격통제가 가능하여 물가 안정을 이룰 수 있고, 독점력 감소로 인해 소비자의 이익이 증가한다는 이점이 있다. 그리고 이에 따라 생계비가 감소하면서 국민의 생활수준 향상, 복지비용 감소 등의 긍정적인 효과가 발생한다. 특히 기본적인 생계비 감소는 상대적으로 국민의 투자 여력을 향상시켜 성장잠재력과 도전정신을 키우는 데 중요한 역할을 한다. 실패하더라도 기본적인 생계비가 크지 않다면 재기에 필요한 투자 여력을 보다 빨리 축적할 수도 있게 된다. 이처럼 연구개발이 치열하지 않은 생필품 시장에서는 국영화가 큰 이점을 가진다.

하지만 정부가 생필품 시장 전체를 국영화하는 것은 지나치게 큰 비용이 들고 시장원리에도 위배된다. 그리고 국영기업도 어느 정도의 경쟁이 일어나지 않으면 지나치게 비효율적이 되어 국가재정만 악화시킬 수 있다. 국영기업의 문제는 조직이 경직화되면서 조직의 내부경쟁이 감소하여 비효율적이 된다는 것이다. 부도의 위험이 없기 때문에 적절히 통제되지 않으면 연구개발이나 발전적인 투자에 소홀할 뿐 아니라 사업수익을 내부 직원의 이익을 위해 무분별하게 사용하는 등 회계 부정이 일어나기 쉽다. 국영기업이라고 할지라도 경쟁에 노출되어 지속적인 자극이 있어야만 어느 정도의 경쟁력을 유지할 수 있다. 특히 세계화의 영향으로 인해 시장의 경쟁력이 지나치게 감소하면 생필품 시장이 해외 기업에 의해 잠식될 우려가 있다.

국영화의 목적은 시장의 독점력을 감소시키는 것이다. 시장 내의 과점 기업들 간에 묵시적인 담합만 막을 수 있다면 굳이 시장 전체를 국영화할 필요는 없는 것이다. 이를 위해서는 시장 전체를 통제하는 것이 아니라 시장 내 3위인 기업을 매입하여 국영화하거나 과점 기업들과 유사한 수준의 새로운 기업을 유입시켜 기존 기업들과 경쟁시키는 방법이 사용될 수 있다. 시장 전체를 국영화하는 것이 아니라 시장에 영향을 줄 수 있는 수준의 기업을 국영으로

운영하는 것이다.

국영화를 통해 독점력을 감소시키는 구체적인 방법은 다음과 같다. 가격통제가 필요한 경우 직접적으로 가격상한선을 매기는 것이 아니라 시장 내 3위 기업을 이용하여 적정수준의 가격을 책정하는 것이다. 즉, 3위 기업을 국가가 매입한 후 원가보전과 지속적인 성장이 가능하도록 최소한의 이익만을 확보할 수 있는 수준에서 가격을 책정하여 시장에 제품이나 서비스를 공급하는 것이다. 시장 내 3위 기업은 선도적 기업들보다 경쟁력이 약하기는 하지만 선도적 기업들과 대등한 수준에서 경쟁을 할 수 있는 규모를 갖추고 있다.[201] 따라서 3위 기업에 대해 통제를 할 수 있다면 시장원리에 따라 가격이나 서비스 수준 등을 통제할 수 있게 된다.

선도적 기업이라고 할지라도 적정가격보다 지나치게 높은 가격을 책정하면 시장을 3위 기업에게 모두 빼앗기게 되므로 3위 기업에서 정한 적정가격 수준에 준하여 가격을 책정할 수밖에 없다. 그리고 3위 기업을 통해 제공된 서비스 품질이나 표준이 소비자가 만족할 만한 수준이라면 다른 기업들도 최소한 그러한 수준 이상의 제품과 서비스를 제공하게 될 것이다. 이렇게 되면 제품이나 서비스의 질은 거의 손상되지 않은 채 독과점 기업들에 의해 일방적으로 결정된 제품 공급 조건을 변경할 수 있게 된다.

한편 국영화된 3위 기업 역시 기본적으로는 시장에 노출되어 있을 뿐 아니라 성과를 선도적 기업들과 비교할 수 있으므로 기존의 국영기업과 같이 지나치게 방만한 경영이나 비효율적인 행태를 보이기 어려워진다. 이러한 방법을 통해 정부는 생필품 시장에 대한 적정한 통제력을 행사할 수 있게 된다.

한편 시장 내 1, 2위 기업밖에 존재하지 않을 경우에는 3위 기업 매입이 아

---

201) 정유시장의 농협이나 알뜰주유소 사례와 같이 지나치게 작은 규모의 경쟁자는 시장에 거의 영향을 미치기 어려우므로 규모상 1, 2위 기업과 경쟁이 가능하며 상당한 인프라를 갖춘 3위 기업을 대상으로 국영화를 해야만 의도한 효과를 발휘할 수 있다.

니라 새로운 시장 주체를 도입하여 시장을 통제할 수 있다. 시장에 1, 2위 기업밖에 없다고 하여 이들 중 하나를 매입하여 통제하려고 한다면 이는 지나치게 큰 비용을 필요로 할 뿐 아니라 시장의 건전한 경쟁질서를 파괴하는 결과를 가져온다. 2위 기업이 매입되어 국영화되면 시장에 남아있는 1위 기업의 경쟁대상은 기존의 2위 기업이었던 해당 국영기업밖에 남지 않게 된다. 시장에 1위 기업과 국영기업만 남게 되면 1위 기업은 경쟁보다는 국영기업의 눈치에 따라 행동하는 추종자 기업이 될 확률이 크다. 1위 기업으로서는 아무리 노력을 하여도 국가의 지원을 받는 2위 기업의 추격을 따돌리는 것이 불가능해지기 때문이다. 특히 2위 기업이 1위 기업과 시장점유율에서 크게 차이가 나지 않는다면 국영기업의 지위를 바탕으로 2위 기업은 시장선도자로서의 기능을 수행하게 된다. 3위 기업이 국영화된 경우에 단지 품질과 가격의 가이드라인을 제시하는 수준이었다면, 이 경우에는 국영기업이 시장을 좌우하는 강력한 영향력을 행사하게 된다.

시장에서 3위 기업을 국영화하는 이유는 시장에 대한 통제가 목적이 아니라 과점 기업의 횡포를 막아 시장이 경쟁적으로 움직일 수 있게 하기 위함이다. 하지만 2위 이상의 기업이 국영화되는 상황이 되면 남은 기업들이 적극적인 연구개발 투자를 하지 않게 되어 시장 전체의 경쟁력만 훼손시키게 된다. 이런 경우 2위 기업을 매입하는 것이 아니라 시장 내 3위 수준의 기업을 인위적으로 만들어 1, 2위 기업과 함께 경쟁시키면 3위 기업을 매입하는 것과 같은 효과를 가져올 수 있다. 즉, 3위 기업을 국영화하거나 새로운 기업을 만드는 방법의 핵심은 1, 2위 기업 간에는 지속적으로 경쟁을 유도하되 3위 기업이나 비슷한 규모의 새로운 기업을 통해 독점적 지위를 남용하지 않도록 견제하는 데 있다. 독점적 지위를 통해 이익을 확보할 수 없다면 기업은 자연히 새로운 시장 개척이나 기술개발 등을 통해 더 많은 이익을 확보하려고 할 것이다. 이는 외관상 국가의 개입으로 보일지 모르나 실제로는 오히려 자유경쟁상황을 조성하는 것이라고 할 수 있다.

시장의 경쟁성은 시장 내부에 존재하는 기업의 수로 판단되는 것이 아니라 연구개발이나 시장 개척 같이 실질적으로 기업들이 역동적으로 움직이고 있는가에 따라 결정되는 것이다. 따라서 시장의 담합이 의심되고 기업들의 역동성이 떨어진 상태라면 인위적으로 새로운 시장경제 주체를 유입시켜 경쟁화를 꾀하는 것이 시장경쟁을 활성화하는 방법이 될 것이다.

2) 해외 우수인재 도입 활성화를 통한 전문가들 간의 경쟁 확대

인맥과 파벌이 지배하는 사회의 문제

경쟁이 제한됨에 따른 문제는 기업에 대해서만 발생하는 것이 아니다. 개인 차원에서도 기득권 문제나 빈부격차 등으로 인해 경쟁이 제한되면 시간이 지날수록 해당 분야의 역량을 훼손시키게 된다. 이러한 예는 스포츠 분야에서 찾아 볼 수 있다. 얼마 전까지 독보적인 세계 1위의 실력을 갖추고 있던 쇼트트랙 스피드 스케이팅[202]은 내부적으로 파벌문제가 불거지면서 세계 1위의 경쟁력을 상실하게 되었다. 뿐만 아니라 태권도나 유도 등 파벌논란이 일었던 많은 스포츠 종목들은 얼마 지나지 않아 경쟁력이 크게 약화된 바 있다. 파벌의 존재가 사실인지 여부가 밝혀지지 않은 경우도 있으나 일단 능력에 따른 경쟁이 이루어지지 못하게 되면 장기적으로 해당 분야의 경쟁력은 하락하게 된다. 실력 있는 인재들이 참여 기회를 잃게 되면서 경기에 나서지 못하게 될 뿐아니라, 실력보다는 파벌이나 권력이 선발에 더 큰 영향을 주므로 실력에 집중하기보다는 인맥 쌓기에 더 몰두하게 되기 때문이다. 그리고 경쟁력이 상실되면 해당 분야의 인기가 시들해지면서 더 이상 뛰어난 인재들이 해당 분야

---

202) 스케이트를 신고 111.12m의 아이스링크 트랙에서 펼치는 스피드 스케이팅 경기. 표제어 '쇼트트랙 스피드 스케이팅', 《두산백과》, 네이버에서 재인용

에 모여들지 않게 된다. 반면, 국가대표 선발 시 파벌에 관계없이 개인의 실력에만 의존하는 것으로 알려진 한국 양궁의 경우 수십 년간 세계 1위의 경쟁력을 유지하고 있다. 개인의 실력에만 의존하므로 누구도 기득권을 누릴 수 없어 국가대표 선발 시에는 세계랭킹 1위도 긴장을 놓을 수 없고, 종종 선발전 결과에 따라 세계랭킹 1위가 탈락하기도 한다.

시장의 경우에도 마찬가지로 시장의 경쟁력을 높이기 위해서는 우수한 인재를 많이 확보해야 한다. 특히 오늘날과 같이 몇몇 최우수인력에 의해 기업이나 사회의 경쟁력이 결정되는 시대에 우수인력의 유입 여부는 시장의 경쟁력을 결정하는 핵심적인 요소가 된다. 우수한 인재가 많이 유입되면 시장의 발전 속도가 빨라지고 시장 수익이 늘어나면서 더 많은 우수인재를 끌어들이게 되는 선순환이 나타난다. 이러한 선순환을 이끌어내는 가장 좋은 방법이 우수인재들 간의 능력에 따른 경쟁을 보장하는 것이다. 하지만 현재는 기득권 문제와 빈부격차로 인해 점점 인재가 유입될 수 있는 계층이 줄어들고 있는 실정이다.

우수인력간의 경쟁을 촉진하기 위해서는 능력 이외의 요소가 경쟁에 영향을 미치지 않을 수 있는 풍토가 조성되어야 한다. 그를 위해 가장 좋은 방법은 해외 우수인재를 유입시키는 일이다. 해외 우수인재가 유입될 경우 우선 우수인력 유입으로 인해 국가의 지적 수준과 경쟁력이 직접적으로 향상된다. 20세기 초 2류 국가였던 미국이 2차 대전 이후 1류 국가로 발돋움할 수 있었던 가장 큰 이유는 2차 대전으로 인해 망명한 과학자나 예술가 등의 우수인력을 적극적으로 받아들이고 활용했기 때문이다.[203] 뿐만 아니라 해외 인재는 국

---

203) 아인슈타인이나 폰브라운 같은 과학자들이 2차 대전을 전후하여 미국으로 망명하면서 미국의 과학수준이 크게 향상되었다는 것은 잘 알려져 있으나, 많은 미술가들이 유입되어 오늘날 미국이 현대미술의 중심지가 되었다는 사실은 잘 알려져 있지 않다. 오늘날 미국의 미술이 발달하는 데는 여류 미술 수집가 페기구겐하임의 후원이 큰 역할을 했다. 페기구겐하임은 2차 대전 당시 유럽에서 미국으로 건너온 무명 미술가들을 후원하였는데 오갈 데 없는 미술가들은 페기구겐하임의 도움으로 미국에 자리를 잡았고, 이들의 활약으로 미국에서 현대 미술이 싹트게 되었다. 그 결과 현재까지도 미국은 현대 미

내에 인맥이나 파벌이 없기 때문에 능력에 따른 경쟁에 걸림돌이 되는 파벌문화를 해소하는 데 도움을 줄 수 있다. 전문 일자리 시장은 능력에 따른 경쟁이 이루어지기 쉽다고 생각하기 쉽지만 오히려 전문 일자리 시장은 인맥이나 뇌물, 기부금 등 능력 이외의 요소가 중요한 역할을 한다. 능력이 특출 난 일부를 제외하고는 전문가라고 하더라도 능력이 비슷하기 때문에 이들을 공정하게 평가하기란 쉬운 일이 아니다. 전문 지식을 갖춘 사람은 교수나 중간관리자, 연구원 등에 주로 취업을 하게 되는데, 오늘날 석·박사 학위자의 숫자는 엄청나게 많기 때문에 이러한 일자리를 얻기 위한 경쟁은 매우 치열하다. 하지만 전문성을 평가할 객관적인 지표도 없고, 누구를 선발하여도 대부분 별 문제 없이 역할 수행이 가능하기 때문에 선발은 능력에 따라서만 이루어지지 않는 경우가 많다. 그 결과 때로는 외압이나 뇌물, 인맥 등의 부정부패가 선발에 영향을 끼치기도 하고, 해당 기관 자체에서 공공연하게 기부금 납부 등을 비공식적 조건으로 제시하기도 한다.

해외 우수인재 영입을 위한 방법

그동안에는 해외 우수인재의 도입은 CEO 등 최고위직에 집중되었다. 연구원이나 교수의 경우에도 해외 우수인재 도입이 이루어지기는 하였으나, 이는 전체 인력에 비하면 소수에 불과하다. 게다가 외국인을 채용하는 방식은 외국인만을 대상으로 특정한 직위를 개방하는 방식이어서 국내 우수인력은 그러한 직위에 지원하기 어려웠다. 외국인만을 대상으로 직위를 개방하는 이유는 개방형 직위가 경쟁을 통해 좋은 인재를 채용하려는 의도보다는 외국인 비율을 높여 전시효과를 누리려는 의도가 많이 작용해왔기 때문이다. 해외 인재 영입이 우수인재 간 경쟁을 촉진하는 데 기여할 수 있도록 하기 위해서는

술에서 중심적인 지위를 차지하고 있다.

외국인만을 대상으로 한 직위개방이 아니라 해외 우수인재가 스스로 국내에 지원할 수 있도록 해외 인재에 대한 지원을 확대하는 데 중점을 두어야 할 것이다.

해외 우수인재를 국내로 끌어들이기 위해 필요한 지원책은 국내생활 정착을 보조하는 정책이다. 해외 인재가 국내에서 근무하기를 기피하는 가장 큰 이유 중 하나가 가족과 동떨어져 살아가야 한다는 점이다. 따라서 국내 채용 시 가족과 함께 정착할 수 있도록 지원한다면 단순히 금전적인 유인을 제공하는 것보다 훨씬 큰 유인이 될 수 있다. 새로운 곳에서 삶을 시작해야 하는 탈북자에 대해 국내 정착 지원을 위한 주택보조 혹은 지원금이 제공되는 것처럼 해외 우수인력에 대해서도 국내에서 새로운 삶을 영위할 수 있도록 지원하여 국내 기업 지원을 꺼리지 않도록 유인을 제공해야 한다. 이러한 해외 우수인력에 대한 지원은 비용이 아니라 투자의 성격이 강하다. 왜냐하면 그러한 비용은 국가와 기업의 경쟁력을 향상시켜 더 큰 이익을 가져다 줄 것이기 때문이다. 특히 해외 인재 유치를 위해서는 선진국보다는 개발도상국의 인재 유치를 위해 더욱 힘쓸 필요가 있다. 우리나라는 강대국에 비해 약소국이지만 개발도상국에 비해서는 강대국이다. 약소국이라고 할지라도 반드시 뛰어난 인재는 존재하기 마련이다. 특히 동남아시아 등 인근 개발도상국의 경우 우수한 연구 인력이 많아 홍보와 지원책이 충분히 제공될 경우 낮은 비용으로 높은 효과를 이룩할 수 있을 것이다.

이러한 해외 인력 도입 확대는 전문가 시장의 경쟁을 활성화시킨다. 해외 인재 도입이 소수에 그칠 경우에는 형식적인 도입으로 그치기 쉽다. 그러나 다수의 해외 인재가 도입될 경우 파벌이 없다는 해외 인재들의 특성과 능력에 따른 채용경험 축적으로 인해 파벌문화는 희석되고 경쟁체제가 자리 잡을 수 있는 토대가 형성될 수 있을 것이다.

3) 표준화된 기술창업지원 플랫폼 구축

기술창업지원의 방향

현재 자본주의의 중심은 생산에서 창조로 옮겨가고 있는데 제품과 서비스가 넘쳐나는 상황에서는 소비자를 매료시킬 수 있는 새로운 아이디어를 통해서만 높은 수익을 얻을 수 있다. 그리고 오늘날에는 경쟁이 격화되어 통상적인 제품의 가격이 극소화되었기 때문에 단순한 생산만으로는 높은 부가가치를 창출할 수 없다. 따라서 세계경제의 주도권을 장악하고 경제를 도약시키기 위해서는 첨단기술을 이용한 기술창업을 활성화해야만 한다.

기술창업은 기존 산업이 생산성을 높이고 신규시장 개척을 통해 시장에 새로운 경쟁 세력을 등장시킬 수 있는 통로가 된다는 점에서 매우 중요하다. 하지만 현재 우리나라에서는 기술창업에 도전하는 사람들이 많지 않은 상황이다. 가장 큰 이유는 창업의 실패 위험이 높기 때문이다. 많은 젊은이들에게 창업은 도전의 수단이 아니라 취업난의 도피처가 되고 있다.

국가에서도 기술창업의 중요성을 알고 있기 때문에 기술창업을 위한 수많은 지원책을 마련하여 시행하고 있는 중이다. 그러나 그동안 다양한 지원책에도 불구하고 이러한 지원책들은 기술창업을 활성화하는 데 별다른 도움을 주지 못했다. 그 이유는 적합한 지원책들이 없기 때문이 아니다. 오히려 너무 많은 지원책들이 존재하기 때문이었다.

현재 창업지원사업의 종류는 총 218개에 이르며, 그것을 관장하는 기관도 중소기업청이나 특허청 등 11개 기관이나 된다.[204] 지원사업의 종류가 너무 다양하여 그 내용을 파악하기도 어렵고 그러한 지원이 존재하는지조차 모르는

---

204) 중소기업청의 경우 창업진흥원, 중소기업기술정보진흥원, 대한상공회의소, 중소기업중앙회 등 다양한 유관기관을 통해 76개 창업지원사업을 하고 있고, 특허청의 경우 지식재산거래정보센터, 한국특허정보원 등을 통한 65개 사업을 진행 중이다. 《청년 창업가가 말하는 대학창업의 애로사항》 p5, 한국무역협회 국제무역연구원, 장현숙 연구위원, 2014년 4월

창업자들이 많다. 이러한 사업들은 대부분 원칙 없이 그때그때 대통령이나 중앙정부의 요구에 따라 생겨난 것들이다. 그래서 중복되는 경우도 많고 지원기준도 일관성이 없어 창업자는 어느 사업이 자신에게 적합한지 알기 어렵다. 이처럼 너무 많은 종류의 지원책은 오히려 창업자가 이용하기 어렵게 만든다. 현재의 창업지원금 지원방식은 아는 사람만 혜택을 받을 수 있는 구조이다. 따라서 기술창업이 활성화되려면 지원책에 대한 접근 가능성이 높아져야 한다.

기술창업이 다른 유형의 창업과 다른 점은 창조적인 아이디어와 기술이 창업의 핵심적인 부분을 차지한다는 것이다. 하지만 기술창업이라고 하더라도 아이디어와 기술만으로는 창업에 성공할 수 없다. 기술력을 갖추는 것은 기술창업을 위한 시작에 불과하다. 기술력이나 아이디어가 기업의 형태로 발전하기 위해서는 기술적인 측면 이외에 경영이나 법률, 회계 등 다양한 분야의 지식을 갖추고 있어야 한다. 아무리 훌륭한 아이디어를 가지고 있다고 하더라도 기업을 경영하기 위해 필요한 역량을 갖추고 있지 않다면 상업적으로 성공하는 것은 불가능하다.

그러나 기업을 처음 시작하는 사람이 기술뿐만 아니라 창업에 필요한 다른 분야의 지식까지 갖추는 것은 대단히 어려운 일이다. 기술창업은 기술과 아이디어를 구체화하는 것 자체도 매우 어렵기 때문에 기술창업자들은 기술적인 측면 이외에 여타 부분에 대해서는 소홀하게 되어 사기를 당하거나 실패하는 경우가 비일비재하다. 따라서 기술창업을 활성화하기 위해서는 기술 이외의 부분에 대한 지원이 필수적이다.

기술창업지원 플랫폼

산업별로 조금씩 다를 수도 있지만 창업에는 공통적으로 필요한 서비스들이 존재한다. 기술창업 역시 필요한 기술이나 아이디어는 다르지만 기업으로 발전하고 성장해 나가는 창업의 과정은 다른 유형의 창업들과 유사하다. 예를 들어 기술창업도 아이디어를 구체화하기 위해서는 재료 구매, 시제품 제작, 홍보, 유통 및 판매의 과정을 거치며 사업화를 위해서 금융지원, 부동산 구매, 장비설계 및 제작, 사무지원, 회계 및 법률 지원(부동산, 노동, 지적재산권, 환경, 행정신고대행), 인력채용, 시장 개척이 필요하다. 창업과정에서 공통적으로 요구되는 이런 서비스들을 바탕으로 지원제도를 표준화하면 서비스에 대한 접근성을 높일 수 있다.

기술 외적인 부분의 지원이 중요한 이유는 창업자가 창업 초기에 기술력을 향상시키는 데 집중할 수 있도록 하기 위해서이다. 기술창업의 성공 여부는 새로운 아이디어를 상품화하는 데 얼마나 성공하였는지에 달려 있다. 상품화를 위해서는 아이디어를 실현시키고 상품 가치를 높이도록 기술을 정교하게 다듬어야 한다. 하지만 창업 초기에 아이디어를 다듬고 기술력을 보강하는 일은 창업자 이외에는 하기 어려운 일이다. 기술력을 높이는 과정에서 외부의 기술지원이 요구되는 경우도 있지만, 이는 단지 보조적인 역할에 그칠 뿐이다. 창업 초기 단계에서 기술력을 향상시키는 데에는 창업자의 노력이 결정적인 역할을 한다. 게다가 기술이 더 정교해지고 상품성이 높아질수록 투자를 유치하거나 판매처를 개척하는 데 더 유리해진다. 따라서 기술창업의 성공 가능성을 높이기 위해서는 창업자가 기술력 향상에 집중할 수 있는 여건이 마련되어야 한다.

창업에 필요한 공통적인 서비스를 파악하고 적절한 서비스에 쉽게 접근할 수 있는 통로가 마련된다면 창업에 필요한 지식의 양은 현저하게 줄어든다. 그리고 창업지원책이나 행정지원서비스를 한눈에 파악할 수 있게 되면 창업자가 지원책을 놓치지 않을 수 있게 되어 지원이 늘어나는 효과가 있다. 창업정보와 그에 대한 접근통로가 망라된 창업지원 플랫폼은 창업자들의 시간과 노력을 절약하여 기술개발에 집중할 수 있게 도와준다. 그리고 기술을 가지고 있으나 창업에 두려움을 가지는 사람들이 기술창업을 시도하도록 유도할 수 있다. 창업이라고 하면 막막하게 여겨지는 어려움이 해소되고 많은 노력이나 비용 없이도 표준화된 플랫폼에서 창업을 시작할 수 있으므로 기술을 가진 사람이 보다 쉽게 창업에 접근할 수 있는 것이다.

이러한 창업지원 플랫폼은 제조업의 가치사슬을 바탕으로 하여 만들어질 수 있다.[205] 제조업을 기초로 하는 이유는 첨단기술은 주로 무언가를 만드는 데 활용되는 것이기 때문이다. 그리고 현대 자본주의는 실물경제를 기반으로 발전해왔기 때문에 제조업을 중심으로 프로세스를 마련하면 소프트웨어 산업 등 다른 산업의 창업과정도 그 안에 포함될 수 있다. 따라서 제조업 창업 과정인 시제품 제작, 재료구매, 초기 투자처 유치, 생산준비(부동산 구매, 장비구매 및 개발, 법률검토, 인력채용, 초기 판로 개척), 생산 및 판매(추가 투자처 개척, 회계지원, 판로 확대, 마케팅), 생산 확장(기술개발, 기술 인력채용) 등의 단계에 따라 지원 가능한 서비스 정보를 제공하고 접근할 수 있도록 하면 기술창업에 대한 효과적인 지원 플랫폼을 만들 수 있다.

이러한 창업지원 플랫폼은 인터넷을 기반으로 구축하는 것이 바람직하다. 그래야만 창업자나 창업에 관심을 가진 사람들이 쉽게 정보를 확인하고 접근할 수 있기 때문이다. 즉, 시제품 제작의 경우 시제품 제작을 의뢰할 수 있는 기업의 정보와 평가, 주문시스템 및 지원시스템을 구축하고, 법률 서비스의 경

---

205) 창업지원 플랫폼은 기술창업을 지원하기 위한 것이므로 제조나 소프트웨어 개발 등 무언가를 만드는 산업을 중심으로 한 것이다. 그 이유는 신생기술을 이용하지 않는 다른 산업은 대부분 레드오션 시장에서 경쟁하고 있어 신규시장 개척이 어렵기 때문이다. 자본주의가 안정기에 들어선 시기에 기존 기업들과 동일한 업종으로는 기존 기업을 제치고 성공하기가 거의 불가능하다. 특히 세계시장 관점에서 레드오션 시장의 경쟁에서 승리하는 것은 더 힘들다. 따라서 이런 시장에서는 새로 좋은 일자리가 만들어지기 어렵다. 그 중에서도 음식점과 같은 기존 산업의 경우에는 기존의 한정된 시장을 나눠먹는 것에 불과하고 대부분의 수요가 국내에 머물러 있어 새로운 일자리를 거의 만들어내지 못한다. 그리고 금융의 경우에도 규모가 크지 않으면 안정성이 없어 고객을 모을 수 없으므로 성공할 확률이 낮다. 자본주의 안정기에는 완전히 새로운 상품이나 서비스가 아니면 신규시장을 개척하거나 국가적인 차원에서 일자리를 증가시키기는 어려운 일이다. 물론 예외는 있겠지만 극히 예외적인 경우를 위해 플랫폼을 만들어 지원하는 것은 재원이 한정되어 있다는 점을 감안하면 효율성이 매우 떨어지는 일이다.

우 간단한 질문은 Q&A를 만들고, 전문적 서비스는 지역 법률사무소 등의 자문을 얻을 수 있도록 각 법률사무소와 연계하는 식으로 시스템을 구축하는 것이다. 시장 개척의 경우에도 창업지원 플랫폼에서 직접 관련부서로 연결하여 지원정책을 이용할 수 있도록 해야 한다. 즉, 창업지원 플랫폼은 인터넷망만 활용하면 경영과정에서 일어나는 주문이나 서비스 연계 등의 전반적인 과정에 접근할 수 있게 해주는 일종의 포탈 역할을 한다. 이러한 창업지원 포탈을 통해 창업자는 시간을 낭비하지 않고 쉽게 창업과정에서 도움을 받을 수 있다.

창업지원 포탈을 보다 효과적으로 유지하고 활용하기 위해서는 사이트를 관리하고 사이트상으로 제공되기 어려운 서비스를 제공하는 종합지원센터가 필요하다. 종합지원센터에서는 사이트 관리와 심층상담이나 관련부서 연계 등을 담당한다. 혹자는 연계가 아니라 종합지원센터에서 일괄하여 창업지원제도를 제공하는 것이 더 효과적이라고 생각할지 모른다. 실제로 프랑스는 '창업지원기구', 미국은 'Business USA'를 통해 창업과 관련한 지원을 총괄하여 제공하고 있다.[206)

하지만 반드시 하나의 기관에서 창업지원제도를 총괄하는 것이 유리한 것은 아니다. 우리나라의 경우 각종 지원제도가 이미 각 부서에 정착되어 안정적으로 운영되고 있기 때문이다. 단지, 그 종류가 너무 많아 이용이 어려울 뿐이다. 이를 다시 하나의 센터에서 총괄한다는 명목으로 각 부서에서 운영 중인 제도를 흡수하는 것은 이미 원활하게 운영 중인 지원제도의 혼란을 가져올 뿐 아니라 이미 확립되어 있는 지원체계와 그동안의 운영노하우를 폐기하는 셈이 된다. 따라서 창업지원 플랫폼은 제도를 직접 운영하는 것보다는 지원부서로 연계될 수 있는 단일한 창구를 만들어 지원제도에 대한 접근성을 높이고 창업자에게 조언과 창업정보를 제공하는 데 초점을 맞추어야 한다.[207) 어떤 국

---

206) 「희망 창조 코리아!] 청년 창업, 그 희망을 쏴라!」, 〈KBS〉, 2015년 1월 9일자, 이소정 기자
207) 즉, 종합지원센터의 역할은 지원제도를 직접 운영하는 것이 아니라 사이트를 관리하고 지원하는 것이다.

가보다 다양한 제도가 도입, 시행되고 있는 상황에서 통합을 이유로 다양한 제도를 활용할 수 있는 장점을 훼손할 필요는 없는 것이다.

난립하는 수많은 창업지원제도만큼이나 창업과정은 복잡하고 예측하기 힘든 과정이다. 이 때문에 창업을 처음 시작하는 사람은 두려움을 가지게 되고 그 중 대다수는 실패를 맛본다. 창업을 시도하는 누구에게든 창업이라는 상황은 처음 맞이하게 되는 낯선 환경이다. 창업자는 이런 환경을 스스로 개척해 나가야 하는 것이다. 이런 상황에서 적절한 멘토링과 정보가 제공될 수 있다면 창업을 준비하는 사람의 두려움을 크게 감소시킬 수 있다. 종합지원센터를 포함한 창업지원 플랫폼은 바로 그러한 멘토링과 창업에 필요한 정보를 제공하고 다양한 정부의 지원책을 활용하여 창업이라는 낯선 환경을 보다 쉽게 헤쳐 나갈 수 있도록 도와준다. 그리고 이는 창업자들에게 안정적인 창업여건을 제공하여 창업을 원하는 기술 인력들이 보다 수월하게 시장으로 진입할 수 있게 만들어 줄 것이다.

4) 직업교육의 정규교육화 : 과학자와 핵물리학자의 차이

주체적인 인재양성을 위한 취업교육

시장의 경쟁압력을 높이는 또 다른 방법은 국내 시장진입 예정자들의 인식 변화와 능력 함양을 통해 각자에게 적합한 시장으로의 진입을 촉진시키는 것이다.

우리나라의 경우 교육은 주로 성적 경쟁에만 초점이 맞추어져 있고, 교육을 통해 얻은 전문성을 시장에서 어떻게 활용할 것인가에 대해서는 무관심하다. 그 결과 교육수준은 매우 높으나 교육이 자신의 직업이나 삶을 위해 어떻게 활용될 수 있을지에 대한 이해는 매우 낮은 수준이다.

정규교육과정에서 취업이나 창업에 대한 교육이 거의 이루어지지 않기 때문에[208] 대개의 청년들은 졸업할 때가 다 되어서야 일자리에 대해 고민하기 시작한다. 이는 학생들이 뚜렷한 목표를 가지지 못한 채 진로를 결정하고 있다는 것을 의미한다. 대부분의 학생들은 직업에 대한 막연한 개념만을 가지고 있을 뿐 자신들이 달성하고자 하는 진로에 대해 구체적으로 알지 못한다. 예를 들어 과학자라는 직업은 연구원, 교수, 전문기술자 등 과학과 관련한 다양한 종류의 직업을 포함하고 있다. 이러한 직업들은 과학자라는 하나의 범주로 묶기에는 상당히 이질적인 성격을 가진다. 그러나 정규교육과정에서는 과학자라는 직업에 대해 누구도 가르쳐 주지 않기 때문에 과학자가 되고자 하는 학생들은 실제로는 본인이 정확히 어떤 종류의 과학자가 되기를 원하는지 제대로 알지 못하고 막연하게 전공을 선택하여 대학에 진학하게 된다.

물론 전공과 다른 분야로 진출하는 것이 본인의 선택에 따른 것이라면 긍정적인 현상이라고 할 수도 있다. 그러나 오늘날 대다수의 학생들은 희망이나 적성에 대해 잘 알지 못한 상태에서 뚜렷한 목표 없이 공부하고 점수에 맞추어 진학했다가, 결국 자신의 상황에 따라 직업을 선택하고 있다. 이러한 현실에 처한 사람들이 많다는 사실은 개인적으로나 사회적으로나 큰 손실이 아닐 수 없다. 실제로 많은 사람들이 대학에서 수년씩 공부를 하고 나서 전공과 무관한 직업을 선택하고 있는데, 한 조사에 따르면 그 비율이 전체 직장인의 약 40%에 이른다고 한다.[209] 이는 잦은 이직과 직업에 대한 불만족의 원인이 되기도 한다.

취업에 대한 교육은 단지 진로설정 이상의 의미를 가진다. 취업교육은 구체

---

208) 대학생 중 창업 관련 과목 이수비율은 2.6%, 창업동아리 활동 중인 학생도 0.87%에 불과하다. 《청년 창업가가 말하는 대학창업의 애로사항》 p1, 국제무역연구원, 장현숙 연구위원, 2014년 4월

209) 온라인 취업포털 사람인(www.saramin.co.kr 대표 이정근)이 최종학력 대졸 이상인 직장인 2,515명을 대상으로 한 조사에 따르면 응답자의 36.1%는 현재 직업과 전공이 관계가 없다고 답했다. 인문계열은 55.2%가 직업에서 전공을 살리지 못했고, 교육계열과 예체능계열이 각각 47.1%와 44.8%가 전공과 관련 없는 분야에서 근무했다. 이어 사회계열(43.4%)과 자연계열(37.2%) 순이었다. 『직장인 10명 中 4명 취업 시 전공 포기』, 〈아시아경제〉, 2014년 6월 23일자, 지연진 기자

적인 학습 목표와 방향을 제시하여 주체적이고 능동적인 학습을 할 수 있게 한다. 취업교육에서는 과학자와 같은 추상적인 개념이 아니라 적성에 따른 구체적인 진로와 각 직업의 특성과 내용을 가르쳐 준다. 예를 들어 핵물리학자라는 직업을 목표로 선택할 수 있게 도와준다. 구체적인 진로가 결정되면 그 직업을 얻기 위해 어느 수준의 대학과 어떤 학과로 진학해야 하는지를 가늠할 수 있게 된다. 그리고 대학에 진학한 후 핵물리학자는 NASA나 원자력연구원 등에 취업할 수 있으며, 이를 위해서는 대학에서 토플이나 GRE를 공부하고 외국으로 유학을 가는 것이 유리하다는 것도 확인할 수 있다. 즉, 취업교육은 핵물리학자라는 구체적인 목표에 도달하기 위해 어떤 과정이 필요한지 알 수 있게 해줌으로써 구체적인 방법을 알지 못해 방황하거나 엉뚱한 공부를 하는 데 시간을 낭비하지 않도록 도와준다.

무엇보다 학생은 핵물리학자라는 구체적인 목표와 그 직업을 얻기 위한 방법을 확인함으로써 주체적인 공부를 할 수 있게 된다. 주체적인 학습은 단순히 주어진 학습내용을 익히는 데 그치는 것이 아니라 필요한 공부를 능동적으로 찾아서 익히는 학습방법을 말한다. 그리고 학생은 주체적인 학습을 통해 스스로 문제를 해결할 수 있는 능력을 기르게 된다. 이러한 자기주도적인 교육을 통해 보다 높은 전문성과 창의적인 역량을 갖춘 인재를 육성할 수 있게 되는 것이다.

불확실성을 해소하기 위한 창업교육

취업교육이 창의성 있는 인재를 육성하여 기존 시장을 발전시키는 데 도움을 준다면 창업교육은 신규시장 개척을 촉진시키기 위한 핵심적인 요소이다. 창업을 어렵게 하는 가장 큰 걸림돌은 사업실패에 대한 두려움이다. 성공할 수만 있다면 창업은 취업보다 큰 수익과 만족감을 가져다주지만 사업을 운영하는 과정에는 수많은 위험과 불확실성이 산재해 있다. 이 때문에 국가에서는 신규시장 개척을 위해 다양한 창업지원정책과 사회안전망을 마련해 놓고 있다. 이러한 창업지원정책은 창업과정에서의 불확실성과 위험을 낮춤으로써 창업을 촉진시킨다. 그러나 창업에 대한 정부의 관심에도 불구하고 정규교육과정에서 창업교육은 외면되어 왔다. 최근 창업교육에 대한 관심이 높아지기는 했지만 여전히 정규교육과정에서 창업교육은 기껏해야 교양과정이나 특강형태로 이루어지고 있을 뿐이다.

하지만 이러한 형태의 창업교육은 창업을 촉진시키기 어렵다. 정규교육과정에서 창업교육이 보다 중요하게 다루어지지 않는다면 창업은 일부 관심 있는 사람들만이 시도할 수 있는 예외적인 것이 될 수밖에 없다. 하지만 창업은 괴짜들의 전유물이거나 취업의 대안이 아니다. 창업은 아이디어를 실현시키는 과정이다. 누구나 좋은 아이디어를 떠올렸을 때 이를 쉽게 실현시킬 수 있는 방법이 마련된다면 창업은 보다 자연스러운 과정으로 여겨질 수 있을 것이다. 일부 관심 있는 사람이 아니라 보다 다수의 사람으로부터 아이디어가 실현될 수 있을 때 시장에 보다 좋은 아이디어가 유입되어 시장이 활성화될 수 있을 것이다. 창업을 두려움 없이 자연스럽게 받아들이기 위해서는 누구나 좋은 아이디어가 떠올랐을 때 언제라도 창업을 시도할 수 있도록 창업방법이나 지원책에 대해 상세히 알고 있어야 한다.

하지만 현재에는 창업교육이 제대로 이루어지지 않기 때문에 창업방법이나 지원책에 대해 제대로 알고 있는 사람은 별로 없다. 예를 들어 대한무역투자진흥공사(KOTRA)에서는 현지 산업 동향이나 수요 동향, 수출입 동향 등의 해외시장정보와 바이어 찾기 등의 해외시장 개척 지원, 해외투자진출 지원, 해외경쟁기업조사 등 기업의 해외시장 개척을 돕는 많은 정보와 제도를 마련하여 제공하고 있다. 그리고 창조경제타운(www.creativekorea.or.kr)에서도 창업멘토링, 시제품 제작부터 기술 권리화 등 사업화에 필요한 다양한 서비스와 정보를 제공한다. 불과 며칠이면 알 수 있는 지식이지만 실제 기업인이 아니라면 이러한 지원책이 있다는 사실조차 거의 알지 못한다. 이 때문에 창업을 하여 해외에 진출하고자 하여도 해외시장 개척에 대한 막연한 두려움으로 사업을 시작조차 못하는 경우가 많다.

설령 사업을 시작한 이후에 이러한 정보를 알게 되었다고 할지라도 대부분 사업시작 후 상당한 시간이 지난 경우가 많다. 창업의 성공 가능성을 높이기 위해서는 사업을 시작한 후 수익을 확보하는 데까지 걸리는 시간을 줄이는 것이 중요하다. 사업 초기에는 자금력이 취약하기 때문에 단시간 내에 생계비와 인건비, 대출금 상환을 위한 비용을 빨리 마련하지 못한다면 자금난에 허덕이다가 사업을 접을 수밖에 없다. 게다가 시간이 흐를수록 시장이 다른 제품이나 아이디어에 의해 대체될 확률이 높아져 성공 기회가 적어지게 되므로 사업 초기에 신속히 지원 기회를 확보하는 것은 매우 중요하다. 따라서 지원책이나 창업 시 유의사항 등을 미리 알고 사업을 시작하도록 하는 것은 창업의 성공 가능성을 크게 높일 수 있는 가장 좋은 방법 중 하나라고 할 수 있다.

시장의 불확실성과 위험이 클수록 사람들은 도전보다는 안정적인 삶을 추구하게 된다. 그 결과 창업보다는 취업으로 눈길을 돌리게 되고, 창업을 하게 되더라도 새로운 시장을 개척하기보다는 불확실성이 적은 기존 시장에서 창업을 선호한다. 취업이나 기존 시장에서의 창업은 큰 성공은 어렵더라도 적어도 어느 정도 생계비는 해결할 수 있기 때문이다. 그러나 불확실성이 큰 상황에서 안정적인 직업을 선택하는 것은 개인으로서는 최선의 선택일지 모르나 사회 전체 측면에서는 시장의 역동성이 사라지고 사회가 점점 침몰하게 되는 최악의 결과를 가져온다.

우리나라의 경우에도 신규 시장진입자의 성공이 어려워지면서 취업을 더 선호하게 되고, 대부분의 창업이 신규시장 개척보다는 생계유지를 목적으로 하는 생계형으로 이루어지고 있다. 실제로 'GEM 글로벌 리포트 2013' 보고서에 따르면 우리나라의 생계형 창업의 비중은 36.5%로 주요 선진국 가운데 최고치를 기록하였다.[210] 이는 시장의 활력이 점차 떨어지고 사회가 침체되고 있다는 증거이다.[211] 시장이 다시 성장할 수 있게 하기 위해서는 시장에 보다 많은 신규 진입자와 새로운 아이디어를 유입시켜야 한다. 자유경쟁시장의 약점은 모두가 두려움에 빠져 안정만 추구하고 있는 상황에서는 시장 스스로 이를 해결하기 어렵다는 것이다.

두려움 때문에 시장참여가 기피되고 있는 상황에서 문제를 해결하는 가장 좋은 방법은 그 두려움을 해소해 주는 것이다. 두려움의 원인이 시장에서의 불확실성이라면 창업교육은 그러한 불확실성을 감소시켜 시장참여를 촉진하기 위한 첩경이 될 수 있을 것이다.

---

210) 'GEM 글로벌 리포트 2013' 보고서에 따르면 26개 혁신경제국(Innovation-driven Economies)의 전체 창업 중 생계형 창업 비중 평균은 18.2%로 우리나라의 절반 수준이었다. 그리고 독일(18.7%), 프랑스(15.7%) 등 서유럽국가 대부분은 10%대로 창업의 대부분이 기회추구형 창업이었으며, 국가 부도 사태가 발생한 스페인(29.2%), 그리스(23.5%)조차 우리나라보다 낮은 수준이었다. 「한국 생계형 창업 40% 육박… 주요 선진국 중 최고」, 〈MBN뉴스〉, 2014년 7월 28일자

211) 우리나라의 경제성장률은 1990년대에는 5~10%였다가 2000년대 초반 4%대, 최근에는 2~3%로 떨어지면서 성장잠재력이 점차 하락하고 있다.

재진입정책 **3.**

경제학은 기본적으로 경쟁과 효율에 관한 이론이다. 경제학은 수요와 공급에 대한 기술적인 분석을 통해 최선의 자원배분 방법을 찾는다. 최선의 자원배분이 이루어지는 과정에서 생산에 적합하지 않은 사람들은 생산과정에서 배제된다. 생산과정에서 이탈된 자들은 이익이 남지 않아 스스로 다른 시장을 찾아 떠난 사람들이거나 생산과정에 적합하지 않아 생존경쟁에서 낙오된 자들이다. 하지만 경제학은 최선의 자원배분방법에만 집중할 뿐 이탈자가 새로운 시장을 찾을 수 있는 방법과 같은 시장 이탈 이후의 조치에 대해서는 전혀 언급하지 않는다. 시장 이탈과 부적응은 철저하게 개인의 선택과 책임으로 돌려지기 때문에 시장 이탈은 별로 대수롭지 않은 것처럼 여겨진다. 어떤 시장에 적합하지 않다면 다른 시장을 찾아 나서면 그뿐인 것이다.

주류경제학 이론을 바탕으로 성립된 자본주의가 시장 이탈자들을 다루는 방식은 하나이다. 바로 시장 이탈자들에게 최소한의 사회적 안전망을 제공하여 시장 이탈자들이 자살이나 폭동 등 사회문제를 일으키지 않게 하는 것이다. 자본주의의 관점에서 시장 이탈자들은 사회를 불안하게 하는 불안요소에 불과하며, 이들은 또한 시장에 속해 있지 않은 시장 외적인 요소이기 때문에 자본주의자들은 시장 이탈자들이 가급적 시장의 효율성에 영향을 미치지 않기를 원한다. 정상적인 시장작동 원리에서 벗어나 있는 시장 이탈자들은 불편한 존재들이며, 부랑자 수용소 등에 격리되거나 최소한의 생계비만을 지급받고 집안에서 얌전히 있도록 하는 것이 자본주의 관점에서는 최선의 방법이다.

주류경제학이 시장 이탈자들을 제대로 다루지 못하는 이유는 분석의 범위와 이론적 한계 때문이다. 주류경제학은 개인주의에 기반을 두어 만들어진 '시장'을 다룬다. 즉, 주류경제학은 시장을 다루는 이론이지 '사회'를 다루는 이론이 아니다. 그러므로 주류경제학에서 시장에 속하지 않는 자들은 분석 대상이 아니다. 시장에 속하지 않는 자들은 생산하지 않으며, 소비력도 미약하다. 자본주의가 작동하기 위해서는 자신의 수요에 충당하고 남은 자본이 있어야 하고 그 자본을 재투자할 수 있어야 하는데, 시장 이탈자들은 경쟁에서 패배하여 그러한 자본을 거의 소진한 상태이므로 자본 형성 자체가 불가능하다. 따라서 이들은 자본주의가 다루는 시장의 범위에서 벗어난 자들이므로 분석범위에서 제외된다.

또한 자본주의는 개인주의를 기반으로 하여 성립한 제도라는 점에서 이론적 한계가 있다. 시장 이탈자들은 대부분 주류경제학의 분석 대상인 시장이 아닌 시장 외의 부분, 다시 말해 사회에 속하는 자들이다. 개인주의에 기반을 둔 체제가 정상적으로 작동하려면 개인은 스스로 자신의 행동에 책임을 질 수 있는 존재여야 한다. 하지만 시장에서 이탈하게 되면 자신의 생계조차 스스로 유지하기 어렵다. 따라서 이들은 사회에 생계를 기댈 수밖에 없다. 스스로의 행동에 책임을 질 수 없는 자들은 자본주의가 설정하고 있는 '개인'에 속하는 자들이 아니다. 자본주의에 따르면 스스로 행동에 책임을 질 수 없는 자들은 시장에 존재해서는 안 된다. 즉, 스스로 생계조차 책임질 수 없다면 죽을 수밖에 없다. 이러한 자본주의의 이론적 한계 때문에 이들을 계속 생존시키기 위해서는 자본주의가 아닌 사회의 공존과 공생을 내용으로 하는 공동체주의적인 제도 - 복지제도 - 가 있어야 한다.

이와 같은 주류경제학의 분석범위와 이론적 한계 때문에 자본주의 내에서 복지제도를 만드는 것은 태생적으로 불가능한 일이었다. 그리고 시장 이탈은 철저하게 개인의 선택과 책임에 따른 것이기 때문에 자본주의자 입장에서는 시장 이탈자에 대한 복지제도를 마련해 놓지 않았다고 하여도 부도덕한 일은 아니었다.

그렇다고 자본주의가 시장 이탈자를 다루는 데 아무런 해법도 가지고 있지 않은 것은 아니었다. 이론상으로는 복지제도에 대해서 다루고 있지는 않지만 현실적으로 복지제도 없이 자본주의가 실행되는 것은 불가능했다. 시장 이탈자에 대한 어떠한 복지제도도 시행되지 않을 경우 불만은 시위나 폭동의 형태로 나타나 자칫 자본주의 사회의 유지가 불가능하게 될 수도 있었기 때문이다.

자본주의가 개인의 재산권을 기반으로 하기는 하지만 개인의 재산에 대한 처분권도 역시 개인에게 있었다. 이 때문에 영미권 국가에서는 기부를 부자의 의무로 인식시키고, 대가 없는 기부문화를 도덕적인 것으로 여기게 함으로써 민간 차원에서 공동체 유지를 위해 필요한 다양한 복지제도를 실행할 수 있었다. 자유주의 이념에 따라 정부에서 시행하는 복지제도는 시장 이탈자들의 생계유지에 그치는 것이었지만 민간 주도로 문화나 의료 분야 같은 복지제도를 실현시킬 수 있게 된 것이다. 특히 기부문화는 부자에 대한 거부감을 제거함으로써 사회가 분열되는 것을 막는 역할을 하기도 했다. 예를 들어 강철왕 카네기(J. F. Kannegy, 1935~1919)나 록펠러(Rokpeller, 1839~1937)는 독점기업을 실현하기 위해 무자비하게 다른 기업을 합병하고 짓밟는 냉혹한 기업가로 인식되었으나, 이후 카네기홀 건립, 록펠러 의학연구소 등의 설립을 통해 이러한 부정적인 이미지를 불식시킬 수 있었다. 자유주의적 전통이 강할수록 정부에 의한 복지제도 실현이 어렵기 때문에 민간 주도의 복지제도의 실현을 위해 기부문화를 강조할 수밖에 없다. 오늘날 자유주의적 전통이 강한 영미권 국가에서 기부문화가 발달한 것은 우연이 아닌 것이다.

한편 공동체주의적인 사회에 자본주의를 이식한 경우에는 기부문화는 자리잡지 못하였지만 나름의 논리를 통해 복지제도를 지연시키고도 사회를 유지시킬 수 있었다. 그 논리란 '파이를 크게 함으로써 추후 대중에게 돌아갈 몫을 크게 한다'는 것이었다. 그리고 실제로 대중의 양보를 통해 효율적으로 경제를 운영시킬 수 있게 되면서 경제가 성장하였고, 평균적인 대중의 삶의 질도 함께 높아졌다. 이러한 자본주의적 복지[212]를 통해 적어도 경제가 빠르게 성장하는 데 한에서는 별다른 문제없이 사회를 유지시키는 것이 가능했다.

문제는 자본주의가 발전할수록 시장 이탈자들의 수가 기하급수적으로 늘어나고 있다는 데 있었다. 시장 이탈자가 소수일 때에는 별다른 문제가 없었지만 생산량 증가에 비해 기부는 매우 적었고, 부의 불균등 배분으로 인하여 상대적인 박탈감은 점점 커져갔다. 특히 한국 같이 자본주의가 이식된 국가의 경우 문제가 더 크게 나타났다. 경제발전 속도가 느려지면서 파이를 크게 하는 과정에서 실현될 수 있었던 자본주의적 복지가 더 이상 효력을 발휘하기 어려워졌기 때문이다. 영미와 같은 자유주의적 전통과 기부문화가 발전하지 못한 상태에서 자본주의적 복지에 기대어 사회를 유지하고 있었기 때문에 자본주의적 복지가 실현되지 못하게 된 상황에서는 자본주의가 발생시키는 실업과 같은 위험을 온전히 개인이 부담해야 했다. 특히 신자유주의가 널리 퍼지게 되면서 복지비용은 기하급수적으로 늘어났다. 그 이유는 시장이 발전할수록 효율적인 몇 명의 승리자만이 살아남을 수 있게 되면서 복지혜택에 생계

---

212) 경제성장에 따라 마치 복지제도가 실시된 것처럼 대중의 삶의 질이 높아지게 되는 현상을 말한다.

를 의존해야 하는 시장 이탈자들이 급격히 늘어나게 되었기 때문이다. 실제로 신자유주의 도입 이후 OECD국가들의 GDP 대비 평균복지지출 비중은 1971년 11.6%, 1980년 15.5%, 1992년 19.4%로 꾸준히 증가하였다.[213]

하지만 자유주의에서 제공되는 생계보조형 복지는 시장 이탈자들이 간신히 삶을 유지할 수 있게 해줄 뿐 시장 이탈자들이 다시 시장에 복귀하거나 또 다른 기회를 찾게 해주지 못한다. 생계보조형 복지예산은 사회의 비용일 뿐이다. 생계보조형 복지에 의존하는 시장 이탈자들이 늘어날수록 사회는 분열되고 사회에 대한 불만은 늘어난다. 사회에 대한 불만이 커지는 것은 사회나 시장 모두의 건전한 성장을 방해하는 불안요소이다.

시장 이탈자들에게 필요한 것은 사회에 복귀하여 또 다른 기회를 갖게 되는 것이지 복지제도에 의존하여 삶을 이어가는 것이 아니다. 복지제도에 의존하여 삶을 이어가는 것은 사회 하층민으로 살아가는 것을 의미한다. 시장 이탈자들이라 하더라도 이러한 상황은 원치 않는다. 복지제도에 의존하여 먹고 노는 것이 아니라 노동을 통해 더 많은 부를 창출하고, 더 많은 기회를 가져야 행복해질 수 있다. 국민은 더 많은 성공 기회를 원하지 이러한 형태의 복지제도를 원하지 않는다.[214]

따라서 국민에게 더 많은 성공 기회를 제공하기 위해서는 생계보조형 복지보다는 생계에 필요한 기본적인 서비스 중심의 보편적 복지에 초점을 맞추어야 한다. 기본적인 서비스를 국가가 책임지게 되면 생계비가 감소하면서 투자 역량이 높아지게 된다. 뿐만 아니라 실패한 경우에도 재기를 위한 발판을 쉽

213) OECD, Social Expenditure database(www.oecd.org) Economic Outlook 2012 May(no.91) 'OECD 국가들의 복지 지출 변화와 함의', p6에서 재인용, 글로벌정치경제연구소, 오건호, 2013년 1월 17일

214) 퓨리서치센터가 발표한 44개 국민 4만 8,643명을 대상으로 조사한 '기회와 불평등에 관한 태도' 조사에 따르면 "다음 세대가 우리 세대보다 나은 삶을 살 것"이라는 항목에 대해선 한국이 52%로 선진국 가운데 가장 높게 나타났다. 또 자유시장체제에 대한 찬성률도 한국이 78%로 선진국 가운데 1위였다. 「한국인이 본 성공조건 능력보다는 외부요인」, 〈조선일보〉, 2014년 10월 11일자, 나지홍 뉴욕 특파원

게 마련할 수 있어 도전 실패의 위험성을 낮추어 주기도 한다. 스웨덴 같은 북유럽국가에서 기업가 정신이 높은 것도 같은 맥락에서 원인을 찾아 볼 수 있다. 생계보조형 무상복지에서 보편적 서비스 중심의 복지로 이전하는 것은 국민이 국가의존적인 삶에서 벗어날 수 있게 해 준다. 그리고 이는 국민이 능동적인 삶을 영위할 수 있게 만들어 줌으로써 국민의 행복도를 높여준다. 복지제도의 목적이 국민에게 행복한 삶을 제공하는 것이라면 국민이 행복하게 하기 위해서 생계보조형 복지제도를 최소화해야 하고 복지재원이 보편적 복지의 확충에 사용될 수 있도록 해야만 한다.

최근 복지정책의 추세는 의료나 연금 같은 전통적인 복지제도에서 벗어나 고용친화적인 복지정책 수립으로 전환하는 것이다. 그러나 이러한 복지정책 역시 사회 하층민에게 초점을 맞추고 있는 한 기존의 생계보조형 복지와 다를 것이 없다. 시장참여는 강제할 수 있는 것이 아니며, 스스로 필요를 느끼지 않는 한 시장참여를 유도하는 것은 거의 불가능하다. 노동은 매우 고통스러운 것이기 때문이다. 기존의 복지제도 하에서는 생계비뿐만 아니라 다양한 복지서비스가 무상으로 제공되어 왔다. 의료보호나 교육비 지원 같은 서비스 이외에도 수급자는 방과 후 학교, 전기료 감면, 유선방송 할인, 이동전화요금 할인, 쓰레기봉투 제공 등 수십 가지 비급여 혜택을 받기 때문에 수급혜택을 쉽게 포기하지 못한다. 때문에 빈곤층인 자신들도 취업을 원하지 않으며, 취업을 한다고 하여도 얼마 지나지 않아 그만두는 경우가 대부분이다.

게다가 고용친화적인 복지는 양질의 일자리를 만들어내는 데에도 한계가 있다. 고용친화적인 복지정책이 시행되면서 복지정책은 무상지원에서 교육훈련이나 취업지원 같은 취업서비스 중심으로 바뀌고 있다. 하지만 이러한 방식의 복지제도는 근로빈곤층만 양산할 뿐이다. 단기적인 교육훈련만으로는 역량이 향상되기 어려울 뿐만 아니라 어렵게 일자리를 찾는다고 하여도 이들이 갈

수 있는 일자리는 저임금 일자리밖에 없기 때문이다. 근로를 통해 받게 되는 임금이 무상복지로 받게 되는 임금과 별 차이가 없기 때문에 일자리를 마련해 줌으로써 빈곤층에서 벗어나게 한다는 발상은 빈곤층 자신들에게도 별 호응을 얻지 못하고 있다.

이처럼 빈곤층에 대한 지원에 초점을 맞춘 복지정책은 그 내용이 바뀐다고 하여도 소기의 성과를 달성하기 힘들다. 경제 주체의 의사와 관계없이 강제로 무엇인가를 시도하고자 하는 것은 자유의사에 따른 결정을 핵심적인 내용으로 하는 시장원리와 정면으로 충돌하기 때문이다. 시장에 더 많은 경제 주체를 참여시키는 것은 시장에 참여하고자 하는 의지가 있으나 생계의 어려움이나 투자금 부족 같은 외적인 요인에 의해 참여가 제한되고 있는 경우만 가능하다.[215]

결국 시장참여를 확대하기 위해서는 빈곤층에 대한 지원이 아니라 생계비 등 시장참여를 제한하는 요소들을 제거하는 데 복지제도의 초점을 맞추어야 한다. 보편적 복지를 확대하고 시장 실패자에 대한 재기지원책을 마련한다면 시장참여를 제한하는 외적인 요소들이 제거되어 어려움에 처한 국민들에게 더 많은 기회를 제공할 수 있을 것이다. 보편적 복지에는 의료비나 교육비 지원, 주택보조, 아동연금 등이 포함된다. 보편적 복지를 통해 생계비를 최소화한다면 저임금 일자리에서 일하고 있는 빈곤층들도 노력을 통해 지금보다 더 나은 삶을 살 수 있는 길이 열리게 될 것이다. 그리고 시장 실패자들 역시 더 빨리 재기의 발판을 마련할 수 있게 된다. 이러한 보편적 복지의 제공을 통해

---

215) 처음부터 공정하게 경쟁하기 어려운 중증장애인이나 이미 경쟁할 힘을 잃은 노년층에 대해서 사회가 부양할 의무를 지는 것은 당연한 일이다. 하지만 공적 부조에 기대어 무위도식을 하면서 노력도 하지 않고 경쟁에 참여하기를 거부하는 자들에 대해서는 보호할 필요가 없다. 단지 가난하다고 보호하는 것이 아니라 적어도 최선을 다해 노력한 경우에만 결과를 얻을 수 있도록 하는 것이 우리가 선택한 자유주의에서 허용되는 정의이기 때문이다. 공적 부조에 기대어 아무런 노력을 하지 않는 자들에게 복지를 제공하는 상황을 방치한다면 자유주의는 방향을 잃게 될 것이며, 결국 어떠한 정의도 실현할 수 없는 사회가 되고 말 것이다.

빈곤층과 시장 실패자들이 시장에 참여할 수 있도록 함으로써 시장경쟁을 확대시키는 것이 바로 재진입정책의 목적이라고 할 수 있다.

하지만 보편적 복지를 실현하는 데에는 많은 비용이 필요하다. 동원 가능한 재원을 고려하여 신중하게 복지제도를 설계하지 않는다면 제도가 지속되기 어려워질 수도 있다. 특히 오늘날처럼 복잡한 사회에서는 국가가 관여해야 할 영역이 무궁무진하기 때문에 복지를 무한정 확대한다면 얼마 지나지 않아 복지재원이 고갈되고 말 것이다. 따라서 복지제도를 개편하고 시장 실패자의 재진입을 촉진하기 위해서는 복지제도의 한계를 확인하고 가능한 범위 내에서 최대의 효과를 얻을 수 있는 방법을 모색해야 할 것이다.

1) 복지제도의 한계 : 재기 가능성의 한계

시장에서 재기하기가 어려운 이유

한 사람이 평생 동안 직업을 바꾸는 경우는 많아야 2~3회 정도이다. 예외적으로 직업을 수시로 바꾸면서 새로운 직업에 적응해나가는 경우도 있지만 대개의 경우 직업을 바꾸는 경우는 흔하지 않다. 특히 한 분야에서의 경력이 중요시되는 연공서열 중심의 사회인 경우에는 더욱 그러하다. 새로이 직업을 바꾼다는 것은 기존의 경력을 포기하고 완전히 새로운 경력을 다시 쌓는 일이기 때문에 새로운 시도를 하는 사람의 입장에서는 매우 어렵고 불리한 일이 아닐 수 없다.

아무리 자유로운 경쟁이 보장된 사회라고 할지라도 사회에 진출한 이후 한 직업에서 실패하는 경우 다시 새로운 직업을 찾아 성공하는 것은 매우 어렵다. 특히나 기존에 시도했던 직업보다 더 높은 수준의 다른 직업을 찾는 것은 거의 불가능한 일이다. 물론 예외는 있다. 예를 들어 좌절을 딛고 재기에 성공한 대표적인 예로 거론되는 월트 디즈니의 경우 여러 차례 파산을 경험하고,

애써 만든 캐릭터를 허무하게 다른 사람에게 빼앗기는 등[216] 많은 어려움을 겪은 끝에 오늘날 디즈니라는 큰 기업을 일구어 낼 수 있었다.

하지만 이러한 예는 자유주의 사회에서 빈번히 일어나는 실패사례에 비하면 극소수의 예외적인 경우이다. 대개의 경우 새로운 직업을 찾아 성공하는 일은 매우 드물며, 특히 이미 실패하여 새로 시작할 자본이나 기술을 가지지 못한 경우에는 새로운 직업에서 성공하는 것은 거의 불가능하다.

사람들은 안정적인 삶을 원하는 경향이 있기 때문에 이미 성공적인 직업을 가지고 있다면 직업을 바꾸려고 하는 경우는 거의 없다. 직업이 바뀌게 되는 대부분의 사례는 기존의 직업이 더 이상 미래가 보이지 않거나 실패로 인하여 기존 직업을 유지하기 힘든 경우이다.

주류경제학에 따르면 시장참여자가 경쟁 결과에 따라 한 시장에서 이탈하였다고 할지라도 정상이윤[217]을 얻을 수 있는 다른 시장이 존재하므로 언제라도 다른 시장으로의 진입이 가능하다고 한다. 하지만 시장참여자가 시장에서 이탈하는 경우는 자발적인 이탈이 아니라 최선의 역량을 발휘하였음에도 경쟁에서 실패하여 강제로 시장에서 밀려나는 경우가 대부분이다. 시장에서 이탈된 대부분의 사람은 이미 재기가 어려울 정도로 자금이나 역량을 소진한 상태인 것이다.

또한 새로운 시장에서는 기존 시장에 사용하던 것과는 다른 지식과 기술이 요구되므로 새로 지식과 기술을 습득해야 한다. 그런데 요즘과 같이 정보와 지식이 고도화된 사회에서는 새로 지식을 습득하는 데 너무 많은 시간이 소요

---

216) 월트디즈니는 파산신고를 하는 등 사업에 어려움을 겪다가 겨우 첫 번째 애니메이션이 성공을 거두자 두 번째 애니메이션 '행복의 토끼 오스왈드'를 제작하게 된다. 하지만 그 과정에서 찰스민츠라는 영화배급업자에게 속아 오스왈드의 저작권과 판권을 넘겼고, 찰스민츠는 다른 회사를 차려 오스왈드 시리즈를 제작하였다. 하지만 월트디즈니는 법적인 소송을 할 여력이 없어 결국 캐릭터를 찰스민츠에게 빼앗기고 만다.

217) 기업가로 하여금 동일한 상품을 계속 생산하게 하는 유인으로서 충분한 정도의 이윤을 말한다. 표제어 '정상이윤', 《매일경제 용어사전》, 네이버 지식백과에서 재인용

된다. 새로운 직업이나 시장에서 성공하려면 기존에 직업이나 시장에 진출해 있는 사람들 이상의 역량이 필요하다. 하지만 대부분의 직업이나 시장은 대학교 등에서 수년에서 수십 년 동안 획득한 지식을 가지고 있는 사람들로 채워져 있으므로 이들을 제치고 새로 진입한 사람들이 성공한다는 것은 쉬운 일이 아니다.

뿐만 아니라 한 번 진입한 곳에서 최선의 노력을 기울이지 않으면 그 시장에서 밀려날 수밖에 없다. 사람들은 이러한 사실을 잘 알고 있기 때문에 일단 직업을 결정하고 나면 그곳에서 승부를 보려고 전력을 기울이게 된다. 그리고 가능하기만 하다면 한 번 진입한 시장이나 직업에서의 기득권을 안정적으로 유지하기 위해 침묵의 카르텔을 구성하거나 묵시적인 진입장벽을 만들고자 노력하게 된다. 때문에 새로 진입한 사람은 새로운 시장에서 활동하는 데 많은 장애에 부딪힌다. 게다가 시장 이탈자는 자발적으로 시장에서 탈퇴한 것이 아니라 경쟁에서 실패한 낙오자들이어서 앞으로도 실패하게 될 확률이 크다.

이러한 여러 가지 이유로 주류경제학의 주장과는 달리 실제로는 한 시장에서 실패한 사람이 다른 시장에서 성공하기는 매우 어렵다. 재기라는 상황 자체에서 오는 한계 때문이다. 지원을 한다고 하더라도 시장 이탈자들이 재기하기까지는 수많은 난관이 존재한다. 이러한 난관은 외부의 지원만으로는 극복하기 어렵고 스스로의 노력과 불굴의 의지가 있어야만 극복 가능하다. 재기지원을 통해 성공을 이끌어내는 데에는 일정한 한계가 있기 때문에 시장 이탈자에 대한 지원은 이탈자 전원에 대한 구제를 목표로 삼아서는 안 된다. 지원을 통해 가능한 일은 스스로의 노력 여하에 따라 재기할 수 있는 가능성을 부여해 주는 것뿐이다.

재기지원책이 성공하기 위한 방법

노력하지 않는 경우나 노력을 통해서도 성공할 가능성이 낮다고 여겨지는 경우에는 지원을 한다고 하여도 재기를 기대하기 힘들다. 따라서 시장 이탈자에 대한 재기지원은 성공 가능성에 따라 어느 정도 선별적인 방식으로 이루어질 수밖에 없다. 즉, 재기지원이 성과를 거두기 위해서는 역량과 의지가 뛰어나 성공 가능성이 높다고 여겨지는 경우에 집중해야 하는 것이다.

선별적이고 집중적인 지원방식이 주는 가장 큰 이점은 성공사례를 만들어 내기 쉽다는 것이다. 의지와 역량이 뛰어나고 성공 가능성이 큰 경우에 집중하여 지원이 이루어지면 아무런 구분 없이 일반적으로 이루어지는 지원방식보다 당연히 더 빨리 많은 성공사례를 만들어 낼 수 있을 것이다.

경쟁화 정책에서 시장 이탈자들의 재기가 중요한 이유는 단지 시장참여자 수가 추가되는 데에 한정되지 않는다. 더 큰 중요성은 실패하여도 다시 시작할 수 있다는 희망을 부여해 줌으로써 보다 많은 사람들을 시장으로 끌어들이는 효과가 나타날 수 있다는 데 있다. 실패하여도 다시 시작할 수 있다면 도전에 대한 두려움을 감소시킴으로써 더 많은 사람들이 재기를 시도하고 시장에 적극적으로 참여하게 될 것이다.

이러한 지원방식은 개인 차원에서 볼 때는 평등원리에 어긋나는 것이므로 반발이 있을지 모른다. 하지만 지원이 평등원칙에만 집착하여 이루어진다면 그저 그런 일자리나 워킹푸어를 양산하는 결과로 이어질 수밖에 없다. 재기 가능성이 낮은 사람에게 재원이 흘러들어가 효율성이 떨어지고, 한정된 예산을 분산시키다 보면 제대로 된 지원이 이루어질 수 없기 때문이다.

뛰어난 아이디어가 실현될 수 있게 하려면 충분한 지원이 있어야 한다. 직접 지원 대상이 되지 못하는 개인 차원에서는 자신에 대한 지원이 없으므로 불만을 가지게 될지 모른다. 그러나 경쟁이 가족단위로 이루어진다는 관점에서 볼 때는 자녀나 손자들이 그러한 혜택을 보게 됨으로써 보다 많은 가정이 어려움에서 벗어나게 만들 수 있다. 지금과 같이 일자리의 질을 고려하지 않고 일자리를 만들어내는 방식이 아니라 많은 사람들이 재기하여 성공적인 기업을 만들어 내고 좋은 일자리에 취업을 할 수 있게 한다면 보다 많은 사람들이 시장에 도전할 수 있게 될 것이다.

2) 복지제도의 한계 : 국가 역할의 한계

기회 확대를 위한 복지 패러다임 전환의 필요성

케인즈주의가 등장한 이래 시장에 국가가 개입하는 일은 당연하게 여겨져 왔다. 자유주의 국가에서조차도 경기변동의 진폭을 줄이기 위하여 불황에는 정부 지출과 투자를 늘리는 확장정책을 시행하고, 호황에는 지출을 감소시키는 긴축정책을 펴는 것이 상식이 되었다. 1970년대 스태그플레이션으로 케인즈주의가 힘을 잃고 신자유주의가 등장한 이후에도 여전히 국가가 시장에 개입하는 일은 당연한 것이었다. 오히려 신자유주의가 등장한 이후 시장 탈퇴자를 보호하기 위하여 실업급여 같은 사회안전망이 확대되는 등 복지정책에 필요한 예산이 점차 늘어나고 있는 실정이다. 특히 한국과 같이 북유럽식의 복지제도를 지향하면서도 신자유주의를 신봉하는 경우 시장 탈퇴자를 보호하기 위한 복지제도와 북유럽식의 복지제도를 동시에 추진하게 되므로 복지예산은 기하급수적으로 늘어날 수밖에 없다.

하지만 오늘날의 시장은 국가라는 최상위의 사회단위조차도 쉽게 영향력을 발휘할 수 없을 만큼 거대하다. 마이크로소프트나 GE같은 다국적 기업은 연매출이 웬만한 국가의 1년 예산을 가볍게 뛰어넘는다. 이처럼 시장의 힘에 비해 국가의 힘이 상대적으로 약화되어 가면서 시장을 통제할 수 있는 국가의 영향력은 나날이 감소하고 있다.

반면, 국민의 권리의식이 높아지면서 복지수요는 기하급수적으로 늘어나게 되었다. 국가의 영향력은 감소한데 반해 복지수요가 증가하면서 이제 시장에서의 국가의 역할은 한계에 봉착했다. 기존에는 국가가 이러한 복지수요를 감당할 수 있었고, 한 국가 정도의 힘이라면 개별 국가 내의 시장 정도는 충분히 통제할 수 있었다. 그러나 시장이 개방되고, 민간부문이 점점 커지면서 더 이상 국가가 시장을 위해 모든 것을 제공할 수 없게 되었다. 그리고 이러한 변화는 국가의 한계를 인정하고 복지 패러다임을 국가 주도에서 민간 주도로 전환시켜야 할 필요성을 야기했다.

과거에는 복지는 무상으로, 그리고 무조건적으로 제공되어야 하는 것으로 여겨졌다. 그러나 이러한 인식 하에서는 기회 확대를 위한 복지체제를 구축할 수 없다. 복지는 납세의 반대급부가 아니라 국가와 사회가 국민의 지위를 가진 자에게 일방적으로 제공하는 혜택이다. 시장에서는 일방적인 지원이란 있을 수 없지만 국가와 사회는 국민의 지위를 가졌다는 이유만으로 생계유지와 삶의 질 향상을 위한 복지혜택을 부여한다. 국가와 사회는 공공의 부담으로 개인이 스스로 해결할 수 없는 부분에 대해 복지서비스를 제공한다. 개인이 납세 등으로 일부 비용을 부담한다고 하더라도 이러한 서비스들은 분명히 개인의 힘으로는 만들어 낼 수 있는 것들이다. 이러한 의미에서 복지서비스는 국민 서로가 서로에게 지고 있는 사회에 대한 빚인 것이다. 새로운 복지 패러다임은 이 같은 사고의 전환으로부터 시작된다. 즉 복지서비스는 사회에 대한 빚이므로 무상으로 제공되지 않을 수도 있으며, 다른 사람에게 제공되지 않는 혜택을 받고 있다면 그 비용을 분담시킬 수도 있는 것이다.

국가로부터 받는 혜택과 납세자로서의 권리에 익숙한 우리나라의 국민으로서는 복지가 당연하게 제공되는 것이라는 인식이 강하다. 때문에 복지가 국가와 사회에 되갚아야 할 빚이라는 패러다임에 거부감을 느낄지 모른다. 하지만 복지를 권리로만 인식하고 그 비용을 세금으로만 충당하도록 한다면 더 나은 수준의 복지는 제공될 수 없다. 점점 더 다양한 분야에서 복지수요가 증대하고 있고 사회를 경쟁적으로 만들기 위해서는 복지가 기회 제공의 발판으로서의 역할도 수행해야 한다. 하지만 국가에만 의존한 현재의 복지체계로는 이러한 역할을 제대로 수행할 수 없다. 기회 확대를 위한 복지체제를 구성하기 위해서는 이에 적합한 새로운 복지 패러다임이 필요하다.

미국 등 선진국의 경우 오랜 역사를 바탕으로 모교에 대한 기부금, 지역사회에 대한 기부금 등 민간의 기부문화가 발전해 왔다. 하지만 한국의 경우 모교나 지역사회에 대하여 기부하는 문화가 거의 없다. 이 때문에 지역문제, 교육문제 등 거의 모든 문제에 대해 국가가 재원을 지원하는 등 사회가 국가의 재원에 크게 의존하는 사회구조를 가지게 되었다. 사회부문의 거의 모든 활동과 자발적 재원으로 활동해야 하는 시민단체조차도 국가의 보조금 없이는 활동이 불가능한 실정이다. 이러한 현실은 사회와 시장의 모든 부문이 국가에 의존하게 만들어 한국의 정부가 필연적으로 큰 정부가 될 수밖에 없는 상황을 만들어 냈다. 발전국가를 거쳐 성장을 해 온 한국 사회의 특성상 어쩔 수 없는 결과이기는 하지만 계속 좌시할 수는 없는 바람직하지 않은 상황임에 틀림없다.

현재 한국 사회에 자리 잡고 있는 가장 중요하고 공통된 생각은 개인주의와 물질만능주의이다. 개인주의와 물질만능주의는 기부문화를 가로막는 가장 큰 걸림돌이다. 괜히 기부를 하였다가 나중에 기부자가 불이익을 겪게 되는 것을 여러 번 보아 왔고, 일단 기부를 통해 재산이 없어지게 되면 본인이나 그 후손이 정상적인 활동을 하거나 성장 기회를 마련하기 어렵다. 손에 돈을 쥐고 있어야만 하는 인정을 받고 발전 기회를 잡을 수 있는 상황이므로 기부를 통해 가지고 있는 재산을 줄이는 것은 개인에게는 매우 위험한 상황을 초래하는 것이고 어찌 보면 매우 어리석은 생각이기도 하다.

한편 오랜 역사적 배경으로 인해 한국인들 간에는 공동체의식이 매우 강하다. 때문에 현실에서는 공동체를 위해 기부하거나 헌신하는 것을 매우 꺼리지만 의식적으로는 공동체를 위한 헌신을 중요시하고, 이 때문에 사회정의에 대한 갈망이 매우 강하기도 하다.

하지만 우리나라에는 기부문화가 발달해 있지 않으며, 만연해 있는 개인주의와 물질만능주의로 인해 앞으로 기부문화가 발달할 여지도 별로 없다. 따라서 복지 재원의 한계 문제는 자발적인 기부를 통해서는 해결될 수 없다. 복지 재원을 해결할 수 있는 유일한 방법은 복지 패러다임을 전환하여 복지 분야에 자기책임원칙을 적용하는 것이다. 시장에서는 빌린 돈은 자본의 기회비용을 빼앗은 것이므로 이자를 쳐서 갚아야 한다. 복지 혜택에 대한 비용이 빚으로 인식된다면 혜택을 받은 개인에게 빚을 갚을 의무를 부과할 수 있게 된다. 개인이 복지 혜택을 받은 만큼 추후 사회에 되갚도록 하는 것이다.

자립지원 중심의 복지 패러다임

이러한 형태의 복지는 현재와 같은 생계보조형 복지체계 하에서는 불가능하다. 이러한 형태의 복지체제를 위해서는 생계보조가 아니라 자립지원 중심의 복지제도를 구성해야 한다. 개인의 자립을 지원하는 다수의 복지제도를 만들고 이를 통해 개인이 실제로 자립에 성공하여 복지 혜택이 필요하지 않게되면 그러한 복지비용을 반환하도록 의무를 부여하는 것이다. 즉, 새로운 형태의 복지체계는 복지제도를 보편적 복지, 생계보조형 복지, 재기 및 자립지원책이라는 세 가지 복지로 재편함으로써 나타날 수 있다.

생계보조형 복지는 중증장애인이나 노인 등과 같이 노력을 통해서 결코 동등한 경쟁이 불가능한 사람에게만 지원되는 것으로 자기책임원칙이 적용되지 않는다. 왜냐하면 이러한 경우는 개인의 책임이 아니라 사회적 위험으로써 사회가 공동으로 부담해야 할 책임이기 때문이다. 다음으로 보편적 복지의 경우에는 일반적으로 적용되는 것으로써 세금 등을 통해 비용이 충당되고 혜택도 국민 전체에게 부여된다. 끝으로 재기 및 자립지원복지의 경우 자기 책임에 따른 비용부담원칙이 적용된다. 시장 이탈자나 사회초년생들은 비용부담능력이 없으므로 복지혜택이 제공되는 기간 중에 수혜자는 비용을 거의 부담하지 않는다. 하지만 복지 제공을 통해 자립하게 된 시점부터는 혜택에 대한 비용을 사회로 되갚아야 한다. 이러한 지원은 다른 사람에게는 부여되지 않는 혜택이므로 사회에 빚을 지게 되는 것이고, 이에 따라 사회에 대한 빚을 갚는다는 차원에서 자기책임원칙을 적용하는 것이다.

재기지원책은 재기의지와 능력이 있는 개인에 대해 지원되는 것이므로 재기 가능성도 높고 수혜자의 대부분은 시장으로 복귀하게 된다. 그리고 이들이 시장복귀에 성공하면 재기지원에 대한 비용회수도 용이하게 할 수 있다. 그러나 자립지원책의 경우는 의지와 능력이 없는 경우가 대부분이므로 지원을 한다고 하더라도 수혜자는 영원히 지원제도 안에 머무를 수밖에 없다. 현재의 일자리 중심 복지는 이러한 문제로 인해 실질적으로 자립지원이 제대로 되지 않고 있다.[218] 수급자들은 희망리본제도나 취업성공패키지 등 자립지원제도를 오가며 이용할 뿐이고 취업한다고 하더라도 다시 수급자로 되돌아가는 경우가 대부분이다. 노동은 매우 고통스러운 일이기 때문에 강제로 일자리로 내몰지 않는 이상 수급을 통해 생계유지가 가능하다면 노동을 하지 않으려는 것이 보통이다. 따라서 자립지원제도는 수급자들의 자립을 보조하고 돕는 것이 아니라 이들을 강제로 시장으로 유입시키는 방식으로 운영되어야만 성공할 수 있다. 시장참여 의지와 능력이 있다고 하면 취업지원제도를 이용하여 자립능력을 키우게 하고 수급액을 조금씩 줄이면서 일하지 않을 수 없게끔 만들어야 한다. 그리고 자립 후 소득이 일정액 이상에 도달하면 그 중 일정액을 장기간에 걸쳐 회수할 수 있도록 하는 것이다.

하지만 자기 책임에 따라 부여되는 의무는 시장원리에서 나타나는 것과 같은 경성의무(硬性義務)가 아니라 연성의무(軟性義務)이다. 시장에서는 차입을 한 경우 이자를 포함해서 마지막 1원까지 환수하게 된다. 하지만 재기 및 자

---

218) 실업자 훈련 취업률은 2007년 73.5%를 기록한 이후 2008년 71.6%에서 조금씩 내리막길을 걷다가 2011년 37.4%, 2012년 37.6%, 2013년 29.4%로 추락했다. 「한국고용정보원, 겉도는 실업자 훈련… 10명 중 6명 재취업 못해」, 〈서울경제〉, 2014년 3월 9일자, 서민준 기자

립지원책에서는 더 이상 복지혜택이 필요하지 않은 여유가 생기면 그때 가서 갚을 수 있는 능력의 한도 내에서 비용을 부담하도록 연성의 의무를 부과한다. 그리고 생의 마지막까지 여유를 가지지 못하게 된다면 더 이상 갚지 않아도 되도록 하는 것이다. 다만, 복지혜택이 필요하지 않은 수준 이상의 성공을 거두었다면 복지혜택을 받은 일정범위 내의 비용은 경성의무로 전환된다. 그러한 범위 내에서는 그 재원은 반드시 환급되어야 한다.

이러한 의무 이행은 하한선은 있지만 상한선은 없다. 이는 어려울 때 도와준 사회에 대한 감사의 표시인 동시에 기부의 의미를 가지는 것이기 때문이다. 따라서 현재의 능력과 의지에 따라 지원받은 이상의 금액도 돌려줄 수 있다. 마치 크게 성공한 사람이 오래전 은인에게 성공한 후에 보답을 하듯 자율적으로 사회에도 그러한 성공의 결과물을 돌려 줄 수 있게 하는 것이다. 일정한 조건 내에서만 경성의무로 전환되며, 상한을 두지 않는다는 점에서 이러한 의무의 범위는 유동적이다.

한편 이러한 형태의 재기 및 자립지원방식은 하층계급이 단번에 상층계급으로 전환되는 것을 목표로 하는 것이 아니다. 하층계급이 단번에 상층계급이 되는 것을 막는 것은 아니지만 지원을 한다고 하더라도 이러한 경우는 현실에서는 매우 드물 수밖에 없다. 홍콩의 대부호 리커창 같이 계급의 벽을 뛰어넘은 몇몇 부자들의 사례가 있으나 사실 그런 경우는 매우 드물어서 정책 목표가 될 수 없다. 상층 계급이나 성공한 사람들은 대부분 그러한 지위를 얻기 위해 나름의 대가를 치렀다는 것을 간과해서는 안 된다. 하층계급에서 계급상승을 하려고 하거나 실패했다가 재기하려고 시도할 때는 한 번에 성공하는 데 필요한 것 이상의 엄청난 노력과 고통을 감수해야 한다. 복지의 목표는 계급상승에 필요한 노력과 고통을 줄이는 것이 아니라 그러한 노력과 고통을 감수할 경우에는 성공할 수 있도록 여건을 조성하는 것이다. 계급 상승을 위해서는 상당시간 동안의 고통을 감내하는 것이 필요하며, 그것은 당연한 것으로 인식되어야 한다.

새로운 복지 패러다임은 시장 실패자들에게 재기를 보장하는 것이 아니라 재기의 기회를 준다는 차원에서 의미를 갖는다. 몇몇 천재들에게만 계급상승의 길을 열어주는 것이 아니라 모든 사람들에게 노력 여하에 따라 계급상승을 할 수 있도록 길을 열어두는 것이다. 국가가 할 수 있는 부분은 바로 이런 부분이다. 새로운 시대에 국가가 할 수 있고 해야 할 일은 시장을 통제하는 것이 아니라 시장이 잘 작동되도록 보조하는 것이다. 이러한 역할 변화는 국가의 역할을 축소하는 것이 아니라 오히려 확대시킨다. 왜냐하면 기회 제공을 위해 국가가 해야 할 일들이 매우 많을 것이기 때문이다. 그리고 우리는 이러한 변화를 통해 부자들의 값싼 동정이 아니라 우리의 손으로 더 나은 삶을 위한 기회를 잡을 수 있게 될 것이다.

3) 선별적이고 집중적인 지원을 통한 성공사례의 확산

재기지원의 기준

재기 가능성과 국가 역할의 한계로 인해 시장 실패자들을 모두 지원하는 것은 불가능하다. 따라서 재기지원은 일정한 원칙에 따라 제한적으로 이루어질 수밖에 없다. 한정된 자원으로 최선의 효과를 거두기 위해서는 지원 가치가 있는지 여부와 성공확률이 지원 여부를 결정하는 기준이 되어야 한다.

시장 이탈자들이 시장에서 실패하는 이유는 크게 게으름이나 노력 부족, 무지나 역량 부족, 단순한 운영 방법상의 잘못 등으로 나누어 볼 수 있다. 이 중 게으름이나 노력 부족에 의한 것은 개인 차원의 문제이므로 정부나 사회의 지원이 있다고 하더라도 성공할 수 있는 가능성이 낮다. 그리고 무지나 역량 부족으로 인한 것은 지원만으로는 높은 수준의 역량을 함양하기 어려우므로 보다 높은 수준의 일자리로 진입하는 데에는 한계가 있다. 따라서 이런 경우에는 시장 이탈자들이 눈높이를 낮추어 더 낮은 시장에라도 진입할 수 있도록 하는 데 초점을 맞추어야 한다. 지원의 대상이 될 수 있는 것은 역량도 충분하고 최선의 노력을 기울였으나 단순한 방법상의 문제로 시행착오를 겪는 경우이다. 이러한 경우에는 재기지원을 통해 성공할 수 있는 가능성이 크므로 집중적인 지원이 이루어져야 한다.

하지만 의지와 역량이 있는지 여부는 쉽게 파악하기 어렵다. 따라서 일반적으로 의지와 역량을 갖추고 있고, 이를 통해 성공할 가능성이 높을 것이라고 '예상되는' 경우를 중심으로 지원이 집중되어야 할 것이다. 일반적으로 20대에서 40대 전반까지의 청·중년층은 장년층보다 의지와 역량, 성공 가능성이 높을 것으로 예상할 수 있다. 그 이유는 청·중년층은 새로운 시장에 적응할 수 있는 시간이 장년층보다 더 많이 남아 있기 때문이다. 새로운 시장에 적응하려면 많은 시간과 노력이 필요하다. 그리고 시장에서 성공하려면 소비자 선호나 관행, 지식에 대해 파악하고 시행착오를 반복하면서 오랜 시간동안 경험을 축적해야 한다. 특히 작은 사업을 큰 사업으로 성장시키는 데는 상당한 시간이 소요된다. 나이가 젊다면 기업과 더 오랜 시간을 함께 하면서 기업을 성장시켜 나갈 수 있을 것이다.

그리고 무엇보다 청·중년층은 재기에 실패하더라도 삶에서 또다시 시도할 수 있는 시간이 남아 있다. 따라서 장년층보다는 더 모험적이 되리라고 기대할 수 있다. 자본주의는 새로운 아이디어의 유입을 촉진시켜야만 발전할 수 있다. 그러므로 모험적인 기업가가 많아지는 것은 경제 발전 측면에서 매우 긍정적인 신호이다. 뿐만 아니라 청·중년층은 장년층보다 부양가족이 적고, 기혼자라고 할지라도 대부분 맞벌이인 경우가 많다. 생계를 지원할 수 있는 직장을 가진 배우자가 있으므로 생계비 문제에 시달릴 가능성도 더 적고 상대적으로 적은 지원으로도 효과를 볼 수 있다. 반면, 장년층의 경우 자녀가 장성하면서 교육 등에 가장 많은 생계비가 요구되는 시기이므로 적은 액수의 지원으로는 충분한 효과를 보기 어렵다. 따라서 재기지원책이 청·중년층에 초점을 맞추어 이루어지면 더 성공 가능성이 클 것으로 예상된다.

물론 장년층 이상의 연령이라고 재기가 불가능하다는 의미는 아니다. 65세의 나이에 켄터키 후라이드 치킨을 창업한 커넬 샌더스의 성공담처럼 장년층 이상이라도 충분히 재기가 가능하다. 하지만 이는 극히 예외적인 사례로 일반화시키기는 어렵다. 게다가 장년층 이상의 연령은 새로운 시도를 하기보다는 삶을 안정화시키는 데 집중해야 할 나이라는 점, 40대 중반 이후의 인생에 대해서는 어느 정도 자신의 삶에 책임이 있는 점 등으로 볼 때 장년층에 대한 별도의 재기지원은 정당성이 떨어진다.[219]

모험적 기업가를 위한 안전장치

시장에서 실패한 사람이 다시 시작할 수 있는 방법은 아이디어뿐이다. 아이디어는 성공할 경우 엄청난 수익을 가져다 줄 수 있지만 실패한 경우에는 실행과정에서 발생한 빚더미에 앉게 된다. 이러한 아이디어는 몇 개가 실패하여도 그 중 일부만 성공할 수 있다면 나머지 실패를 상쇄하고도 남는 수익을 가져올 수 있기 때문에 국가 차원에서는 모험적 기업가가 많은 것이 바람직하지만 개인 차원에서는 감수해야 할 위험이 너무 크다.[220] 하지만 일반적인 사람들은 위험 기피자이기 때문에 수익이 많다고 하더라도 위험이 너무 크면 도전

---

219) 하지만 장년층에 대해서도 재기 가능성이 부인되어서는 안 될 것이다. 장년층 이후에 대한 지원은 집중적 지원 방식보다는 보편적 복지를 통한 생계비 감소에 초점을 맞추어야 한다. 생계비를 감소시켜 자신의 노력으로 벌어들인 소득만으로도 재기가 가능할 수 있는 환경을 만드는 것이다. 보편적 복지에 관해서는 잠시 후에 자세히 살펴보기로 한다.

220) 미국 하버드대 경영대학원 시카르 조쉬 부교수가 최근 2004년부터 2010년까지 벤처캐피털로부터 최소한 100만 달러 이상의 투자를 받은 벤처기업 2천개사를 조사한 결과, 벤처기업 75% 정도가 망하는 바람에 원금을 제대로 돌려받지 못한 것으로 나타났다. 업계에서는 벤처캐피털의 투자 10건 중 3~4건은 실패하고, 나머지 3~4건은 원금은 돌려받고 있으며, 1~2건은 상당한 수익을 남겨주는 것으로 알려졌다. 또 실패를 어떻게 정의하느냐에 따라서도 수치는 달라질 수 있다고 조쉬 부교수는 설명했다. 「벤처캐피털 4건 중 3건 실패」, 〈연합뉴스〉, 〈월스트리트저널〉 보도 재인용, 2012년 9월 21일자, 임상수 특파원

하는 것을 꺼리게 된다. 이 때문에 재기를 지원할 수 있는 충분한 안전장치가 없다면 사람들의 도전을 이끌어 내기 어렵다.

모험적 기업가가 실패한 경우 맞게 되는 위기는 크게 두 가지인데 하나는 실행과정에서 발생한 빚 독촉이고, 다른 하나는 실패 이후에는 생계유지가 막막해진다는 것이다. 이런 차원에서 재기지원책은 크게 다음과 같은 두 가지 방식으로 시행되어야 한다.

하나는 실패과정에서 발생한 채무이행책임의 이행을 유예시켜주는 것이다. 즉, 새로운 사업에 집중할 수 있도록 필요한 역량을 키울 때까지 몇 년간 빚을 갚는 것을 보류해 주는 정책이다. 청산을 보류할 수 있다면 실패원인을 분석해서 다시 시도할 수 있는 시간을 벌 수 있게 된다.

하지만 빚 청산을 보류시키게 되면 투자자에게 큰 손실이 발생한다. 법령으로 채무를 보류할 수 있다고 하더라도 투자자의 손실을 보전해 주지 못하면 재산권 문제로 제도를 시행하기 어려워진다.

그러나 재정의 한계로 인해 국가가 채무를 인수하는 것은 불가능하다. 대신에 채권행사를 지연시키는 대가로 상환이 보류되는 기간 중에 발생한 이자를 국가가 부담해 주는 것이다. 이러한 방식은 이자만 부담한다는 점에서 직접 자금지원보다 비용이 적게 소요되므로 같은 예산으로 보다 많은 사람들이 혜택을 볼 수 있는 장점이 있다. 그리고 국가가 이자를 지급하게 되면 채권자들의 손실도 최소화할 수 있으며, 새로운 시도를 하는 기간 동안 늘어난 빚으로 인해 다시 실패하는 것을 막을 수 있다. 빚을 탕감하는 것이 아니라 국가에서 일정부분을 보조해 주어 재기할 수 있는 발판을 마련하게 하는 것이다. 빚을 탕감하는 것은 아니기 때문에 실패한 사람은 여전히 위험부담을 안고 있는 것이어서 재시도에서는 성공할 수 있도록 이전보다 더 철저히 준비하고 노력하게 될 것이다.

벤처의 산실로 유명한 실리콘밸리에서도 최초로 사업에 도전하는 사람보다 실패 경험이 있는 사람이 더 성공확률이 높다고 한다.[221] 재시도 하는 경우에는 시장의 불확실성에 대처하는 적응능력이 생길 뿐 아니라 실패의 원인을 분석하여 같은 실수를 반복하지 않도록 노력하기 때문이다. 따라서 실패한 사람에게 다시 시도할 수 있는 기회를 부여한다면 더 높은 확률로 성공을 기대할 수 있다.

다른 하나는 재기를 시도하는 기간 중에 생계를 유지할 수 있도록 보조하는 것이다. 재기기간 중의 국가 지원은 이미 여러 국가에서 시행되고 있는 제도이기도 하다. 미국의 경우 창업으로 인한 파산자에 대해 연방파산법에 의해 거주주택($18,450), 자동차($2,950), 가구, 의복 등 가재도구($9,850), 보석($1,225), 장사수단($1,850), 생명보험 및 각종 권리(사회보장혜택, 실업수당 등)를 제공한다고 한다.[222] 이러한 생계지원책을 통해 재창업자는 실패원인을 분석하고, 필요한 역량을 키울 때까지의 시간을 벌고, 창업 실패에 대한 두려움을 줄일 수 있다. 실패하여도 극빈층으로 떨어지는 것을 막는 국가의 지원 장치가 마련되어 있기 때문이다.

이러한 생계지원비용은 기본적으로는 회수 대상이 되어서는 안 된다. 이러한 형태의 지원은 창업 위험에 대한 최소한의 안전장치이기 때문이다. 회수가 필요하다고 한다면 이는 수익이 매우 큰 경우에 한정되어야만 할 것이다. 예를 들어 수십억 원 이상의 수익이 발생한 경우라면 이러한 비용은 크게 부담이 되지 않기 때문에 그러한 경우에 한하여만 회수하는 것이다. 이런 경우 회수는 기회가 필요한 다른 창업자를 위한 재원 확충을 위한 것이므로 기부의 의미를 가진다.

---

221) 하버드대학교 케네디스쿨의 로렌게리 교수에 따르면 실리콘밸리는 실패를 '경험과 자산'으로 인식하며, 성공한 벤처의 평균 실패 횟수는 2.8회에 이른다고 한다. '벤처1세대 활용 및 재기 프로그램 추진계획', 미래창조과학부, 2013년 6월 18일

222) 지원액은 2004년 4월 1일 기준이며, 매 3년마다 인플레이션에 따라 조정됨. '청년 창업 활성화 방안' p51, 산업연구원, 2011년 7월, 양현봉·박종복

성공적인 지원체계를 위해 고려해야 할 사항

이러한 지원제도들을 성공적으로 운영하기 위해서는 제도를 설계할 때 크게 두 가지 사항을 고려해야 한다. 하나는 자기책임원칙이고 다른 하나는 성공 가능성이다. 자기책임원칙은 재기에 필요한 비용은 최종적으로 수혜자 본인이 부담해야 한다는 원칙이다. 즉, 재기에 소요되는 기간 중에는 국가가 혜택을 부여하나 재기에 성공한 경우에는 지원한 금액을 다시 회수할 수 있도록 해야 한다는 것이다. 단순한 자금 지원책에서 벗어나지 않는 한 재기지원책은 성공하기 어렵다. 도덕적 해이 때문이다. 수혜자에게 기본적으로 책임이 돌아가지 않는 지원금은 생계비 등 다른 목적으로 유용될 가능성이 크다. 특히 도덕적 해이를 감시하기 어렵다면 그러한 경향은 더욱 커진다.[223]

다음으로 고려되어야 하는 것은 성공 가능성이다. 성공 가능성이 없이 무모하게 도전하는 것은 도전자 본인의 삶을 망가뜨릴 뿐 아니라 국가재정만 낭비하게 되는 원인이 된다. 성공 가능성이 낮은 경우에는 과감하게 포기하도록 하고 성공 가능성이 큰 경우는 집중적으로 지원하는 것이 양질의 아이디어를 선별하여 성공사례를 만들어내는 지름길이다.

실리콘밸리의 경우에도 우리나라와 마찬가지로 창업자가 겪는 가장 큰 어려움은 자금 부족이라고 한다. 유명 벤처캐피털 안드레센 호로비츠의 마크 안드레센이 최근 미국의 한 주간지와 한 인터뷰에 따르면 1년에 3천명에게서 투자제안을 받지만 실제투자는 20명 안팎에서 이루어진다고 한다. 그리고 어렵게 지원을 받았다고 하더라도 그 중 25%의 기업만이 살아남을 수 있다. 그럼에도 불구하고 실리콘밸리에서 여전히 수많은 창업 시도가 나타나는 것은 여

---

223) 한국은행에 따르면 부동산 경기활성화를 위한 주택담보대출의 경우 주택 구입 목적의 대출은 2014년 1월~8월까지 48.4%에 불과했다. 나머지는 대출금 상환(18.8%), 생계자금(12.4%) 등으로 사용되었다. 「주택담보대출의 용도?… 빚도 갚고 생활비로도 쓰고」, 〈한국경제〉, 2014년 11월 3일자, 양승현 기자

러 번 시도할 수 있는 제도적인 보호장치가 있기 때문이다. 창업자가 위험에도 불구하고 여러 번 시도한다는 것은 반드시 성공한다는 확신을 가지고 시도하고 있다는 것을 의미한다.

물론 성공 가능성을 평가하기 위해서는 그것을 정확히 평가할 수 있는 체제가 마련되어야 한다. 지원 대상자로부터 구체적인 실행계획을 제출받고 아이디어의 가치나 상업화 가능성 등을 객관적으로 평가해야 하는 것이다. 평가가 정확히 이루어지지 않는다면 제도를 악용하는 사람들로 인해 필요한 사람에게 지원이 돌아갈 수 없게 된다.

이러한 두 가지 원칙이 관철될 수 있다면 지원제도의 실패 가능성은 현저하게 낮아질 수 있을 것이다. 일단 자기책임원칙은 성공 가능성이 낮은 사람의 도전을 감소시키고 성공에 확신이 있는 사람들의 도전을 증가시킬 것이다. 그리고 지원받을 수혜자를 선별하는 과정을 통해 다시 한 번 성공 가능성이 큰 사람이 가려질 수 있게 될 것이다. 성공에 대한 의지와 능력을 갖춘 사람을 집중적으로 지원할 수 있게 되면 성공사례가 나타날 수 있는 확률은 그만큼 더 커지게 될 것이다. 자기책임원칙이 관철되고 성공 가능성을 검증하는 과정에서 성공 가능성이 높은 사람의 도전은 많아지고 그렇지 못한 사람의 도전은 감소할 것이기 때문이다. 성공사례를 확산시키는 것은 도전에 대한 두려움을 없애기 위한 중요한 요소 중 하나이다. 성공사례는 사람들에게 용기를 주어 능력있는 사람들이 더 많이 도전할 수 있도록 해 줄 것이다. 중요한 것은 실패해도 나락으로 떨어지지 않을 수 있다는 확신을 심어주는 것이다. 더 많은 사람들이 확신을 가지고 도전하고, 이것이 성공사례가 되어 또 다른 도전을 이끌어낼 수 있다면 시장은 더 경쟁적인 곳으로 바뀔 수 있을 것이다.

4) 30대, 40대의 교육 기회 확대를 위한 사회인장학제도

언제라도 기회가 주어지는 사회를 위해 필요한 것

공부에는 때가 있다고 한다. 그러나 이는 대단히 무책임한 말이다. 정상적인 자본주의 하에서는 언제라도 노력을 통해 성공할 수 있어야 하기 때문이다. 역동적인 사회라면 한 번에 성공하지 못할지라도 노력을 통해 그것을 극복하는 것이 가능해야 한다. 그리고 실패와 역경을 극복한 사례는 오히려 다른 사람에게 더 큰 감동을 준다.

『영화배우 실베스터 스텔론은 한때 포르노 배우였다. 그는 어릴 때 아마추어 의사의 실수로 왼편 눈 아래가 마비되는 사고를 당했고, 발음장애까지 있었으나 영화배우라는 꿈을 버리지 않았다. 영화배우로 성공하기 전까지 영화 안내인, 피자배달부, 동물원 잡역부 등 닥치는 대로 일을 했다. 어려운 생활을 하는 중에도 그는 끝까지 포기하지 않고 영화 '록키'의 시나리오를 써냈다. 그리고 할리우드 제작자들을 찾아다니면서 본인을 주연으로 써달라는 조건 하에 투자를 받아 28일 만에 영화를 완성했다. 영화는 세계적으로 2억 달러가 넘는 큰 성공을 거두었고, 그는 대스타가 되었다.』

『포기하지 않는 삶의 가장 대표적인 예는 아마도 에이브러햄 링컨일 것이다. 가난한 집안에서 태어난 링컨은 평생에 걸쳐 실패와 마주쳐야만 했다. 그는 무려 여덟 번이나 선거에서 패배했으며, 두 번이나 사업에 실패했고, 신경쇠약증으로 고통 받았다. 링컨은 수없이 중단할 수 있었다. 그러나 그는 그렇게 하지 않았다. 그리고 중단하지 않았기 때문에 그는 미국 역사상 가장 위대

한 대통령이 될 수 있었다.」 [224]

우리가 이러한 사례로부터 감동을 받는 이유는 우리 스스로도 언제라도 재기할 수 있는 사회를 꿈꾸기 때문이다. 이러한 사례들은 우리에게 성공할 수 있다는 자신감과 용기를 부여한다. 실패와 역경을 극복한 성공사례가 많아질수록 시장은 더 모험적이고 도전적인 곳이 된다. 자본주의는 이러한 성공신화를 통해 움직인다.

성공신화를 만들기 위해서는 포기하지 않고 끝까지 노력하는 자세가 필요하다. 그러나 대부분의 사람들은 30, 40대가 되면 노력하는 것을 멈춘다. 그리고 현재 가지고 있는 직업에만 몰두하여 남은 삶을 평범하게 살아간다. 사람들이 노력하는 것을 멈추게 되는 가장 큰 원인은 노력을 하여도 삶이 바뀔 가능성이 별로 없다고 생각하기 때문이다. 수많은 사회적 진입장벽이 존재하고 경쟁이 점점 치열해지고 있는 상황에서 엄청난 노력을 기울이지 않는 한 삶을 바꿀 수 있을 만큼의 능력을 쌓거나 업적을 남기는 것은 거의 불가능하다.

삶이 바뀌려면 상당한 전문성과 창의성이 필요하다. 하지만 그러한 전문성과 창의성을 발휘하려면 오랜 기간의 투자와 노력이 있어야 한다. 그러나 30대가 넘어서 직업을 가지게 되면 그날그날의 업무에 치어 자기계발을 할 수 있는 여력을 가질 수 없게 된다. 본인 업무 분야에서 나름의 전문성은 가지게 되지만, 이것은 그 분야에서 흔하게 찾아볼 수 있는 수준의 전문성일 뿐이다. 삶이 바뀌기 위해서는 평범한 수준의 전문가가 아니라 유일한 인재가 되어야 한다.

그러나 개인의 힘으로 이러한 창의성과 전문성을 쌓는 일은 거의 불가능하다. 생계문제로 인해 직업에서 손을 놓을 수 없으며, 전문교육을 받으려고 해

---

224) 《영혼을 위한 닭고기 스프》 2권 p142, 잭 캔필드, 푸른숲, 1997년

도 돈과 시간이 부족하다. 생계문제와 현실적인 어려움으로 자기계발이 늦어지는 사이에 그동안 대학교 등에서 배운 전문적인 지식은 잊히게 된다. 그리고 몇 년이 지나면 실제로 능력이 저하되어 전문성이나 창의성 면에서 볼 때 특별할 것이 없는 평범한 사람이 되고 만다.

만일 현재의 직업에 만족하고 직업으로부터 새로운 전문성을 습득할 수 있다면 문제는 없을 것이다. 그러나 대부분의 사람은 기존에 가진 지식을 발전시키지도 못하고 현재의 직업에도 만족하지 못한 채 그저 그런 삶을 살아가게 된다. 재교육의 기회가 주어지지 않는 사회에서는 설령 창의적인 생각과 능력을 가지고 있다고 하더라도 그러한 능력을 발전시킬 수 없다. 그리고 노력을 통해 더 나은 삶을 만들 수 있는 가능성이 없다면 사람들은 발전하려는 노력을 멈추게 된다. 대부분의 사람들이 현실에 안주하며 살아가는 상황에서는 성공신화는 만들어지지 않는다. 특히 오늘날에는 높은 부가가치를 창출하기 위해서는 높은 수준의 전문지식과 창의성이 필요하다. 그리고 요구되는 전문지식이 많을수록 지식을 발전시키기 위해 필요한 시간과 돈은 그만큼 더 늘어난다. 이 때문에 개인의 힘으로 재교육의 기회를 만드는 것은 점점 어려워지고 있다. 따라서 현대사회에서 재교육의 기회를 만들기 위해서는 국가와 사회의 도움이 필수적이다.

사회인 장학제도

전문성과 창의성을 발전시키기 위한 기회를 제공하기 위한 방법은 사회인만을 대상으로 한 사회인 장학제도를 만드는 것이다. 사회인 장학제도는 30, 40대의 직장인 중에서 각 분야별로 장학생을 선발하여 교육시키는 제도이다. 뛰어난 실력을 갖추었지만 직장을 갖기 전에 아직 능력이 성숙하지 못하였거나 직장에서 새로운 아이디어를 얻은 직장인들에게 이를 발전시킬 수 있는 기회를 제공하는 것이다.

현재 장학제도의 초점은 주로 대학교에 맞추어져 있다. 하지만 뛰어난 인재나 창의적인 아이디어는 20대 학생으로부터만 나올 수 있는 것은 아니다. 오히려 현장에서 직업을 가지고 일하는 과정에서 새로운 아이디어가 샘솟고, 전문성 확보의 필요성을 느끼게 되는 경우가 많다. 이러한 아이디어를 전문적인 교육을 통해 발전시키면 더 많은 부가가치를 창출시킬 수 있다. 최근 일본에서 노벨상 수상자들이 중소기업의 엔지니어들로부터 나오고 있는 것만 보아도 높은 수준의 창의성을 확보하기 위해서는 학교뿐만 아니라 산업현장에서도 아이디어를 발전시킬 수 있는 기회가 필요하다는 것을 알 수 있다. 끊임없이 노력하고 이를 발전시킬 수 있는 기회가 부여될 때 아이디어는 더 높은 수준의 기술로 전환될 수 있다. 때문에 장학제도는 이제 막 전문적인 지식을 얻기 시작한 대학생에게만 집중할 것이 아니라 현장 경험과 이를 발전시킬 수 있는 열정을 가진 30, 40대까지 확대되어야 한다. 그럼으로써 이들이 가진 전문성과 현장에서 얻은 아이디어가 사장되지 않고 지속적으로 발전해 나갈 수 있도록 해 주어야 한다.

사회인 장학제도의 첫 번째 특징은 교육비 외에 생계비를 지원한다는 점이다. 전문성과 아이디어를 발전시키기 위해서는 직장생활과 병행하는 교육이 아니라 장기적이고 집중적인 교육이 필요하다. 직장생활과 병행하는 교육방식은 지식을 발전시킬 수 있는 시간적 여유를 확보해 주지 못한다. 생계문제로 인해 교육에 쉽게 집중할 수 없기 때문이다. 이 때문에 직장생활과 병행하는 교육방식은 창의적인 아이디어를 실현시키는 데는 부적합하다.

아이디어나 지식이 발전하기 위해서는 더 깊은 생각을 통해 이를 다듬고 구체화하여야 한다. 그리고 생각을 구체화하려면 긴 시간과 생각에 집중할 수 있는 여유가 필요하다. 따라서 창의적인 인재육성을 위해서는 직장생활과 분리되어 공부할 수 있는 기회가 부여되어야 한다. 유학이나 대학원 교육, 연구 기회 제공 등 얼마간이라도 공부에만 집중할 수 있어야 생각을 발전시킬 수 있다. 단지 교육 기회를 제공하는 것뿐 아니라 교육에 전념할 수 있는 환경을 제공해 주어야 하는 것이다.

하지만 일반인은 학생과는 달리 생계비까지 지원되지 않으면 교육에 전념하기 힘들다. 가족이 딸려있는 경우가 대부분이기 때문이다. 따라서 사회인장학제도는 학생과는 달리 생계비를 포함하는 높은 수준의 자금지원이 요구된다. 그러나 높은 수준의 지원은 광범위하게 이루어지기는 힘들다.

이 때문에 사회인 장학제도는 선별적인 방식으로 시행된다는 특징을 가진다. 장학제도라는 명칭에서 알 수 있듯이 수혜자는 일정한 기준에 의한 평가를 거쳐 선택된다. 이러한 평가에서 특히 중요한 것은 그 사람이 가진 비전이다. 아울러 아이디어를 어떤 형태로 발전시킬 것인지, 아이디어를 발전시키기 위해 왜 추가적인 전문교육이나 연구지원이 필요한지도 구체적으로 제시되어야 한다. 이러한 아이디어의 비전과 발전 가능성을 평가하여 적합한 자에게 재교육의 기회를 제공하는 것이다. 평가 방식은 객관적인 시험이나 각 분야의 전문가나 교수 등에 대한 프레젠테이션 등 다양한 방식이 활용될 수 있다. 다만, 이러한 평가는 공개된 방식으로 가능한 객관성을 가지고 이루어져야 부정과 잡음에 시달리지 않을 수 있을 것이다. 그리고 수혜자에게는 지원기간 중간에 중간성과를 제출케 하는 등의 중간평가가 이루어져야만 도덕적 해이가 최소화될 수 있을 것이다.

지원 대상의 선별뿐 아니라 지원 분야 역시 어느 정도 제한되어야 한다. 분야에 제한 없이 무한정 지원을 한다면 재원낭비뿐 아니라 선발이나 관리상의 어려움이 가중될 것이기 때문이다. 이러한 점을 고려하여 제도를 시행함에 있어서는 대학교의 형식을 빌리는 것이 효율적일 것이다. 즉, 고부가가치를 창출할 수 있는 산업 분야나 문학, 사회과학 등 순수학문 분야 등 사회적으로 우선 지원되어야 하는 몇 개 분야를 선정하여 각 분야별로 지원인원을 결정하고 관리하는 것이다. 이는 대학에서 학문 분야별로 학과를 만들어 교육을 실시하는 것과 유사한 방식이다. 실제로는 재교육은 지원제도 내에서 직접 제공되는 것이 아니라 유학을 포함하여 국내외 대학교나 연구기관을 통해 이루어진다. 이런 점에서 사회인 장학제도는 대학교와는 다르다. 다만, 운영방식에서만 대학교와 동일하게 전체 지원 대상자를 총 대학교의 재학생으로 인식하고 지원 분야를 하나의 학과로 인식하고 관리하는 것이다. 이러한 관리방식은 관리상의 효율성을 기할 수 있을 뿐 아니라 지원 분야를 변경하는 경우에 있어서도 학과를 폐지하고 추가하는 것과 유사한 형태로 운영할 수 있어 확장성을 유지하는 데에도 유리하다고 할 수 있다.

이러한 사회인 장학제도의 확대는 창의적인 아이디어를 공급할 수 있는 대상을 학생에서 일반인으로까지 확장시킬 수 있다. 그리고 사회인 장학제도를 통해 자질이 뛰어난 사람들이 나이가 든 후에도 역량을 사장시키지 않을 수 있는 길이 열리게 될 것이며, 더 많은 사람들이 기회를 얻게 된다면 사회에는 더 많은 아이디어와 인재가 공급될 수 있게 될 것이다. 고급 인력시장의 확대는 고급 일자리 시장의 경쟁을 촉진시키고 창의적인 아이디어를 유입시켜 좋은 일자리가 만들어지는 토대가 될 수 있다.

5) 생계비를 최소화하기 위한 보편적 복지

사회주의적 보편적 복지의 문제

일반적으로 보편적 복지는 소득수준에 관계없이 모든 국민에게 동등하게 제공되는 복지를 말한다. 보편적 복지는 주로 스웨덴이나 덴마크 같은 북유럽 국가에서 주로 발달해 있다. 복지체제의 분류상 북유럽식 복지체제는 사회민주주의적 복지에 속한다.[225] 분류에서 알 수 있듯이 보편적 복지는 사회주의에

---

225) 에스핑안데르센은 탈상품화와 계층화라는 두 가지 지표를 기준으로 선진 복지국가를 분류했다. 첫 번째는 탈상품화 정도가 높고(다시 말해 연금 수당의 수준이 매우 높고) 복지제도가 계층화를 불러일

기반을 두어 만들어 진 제도이다. 일반적인 보편적 복지제도 하에서 복지혜택은 수혜자의 의사나 수요에 관계없이 일방적으로 제공된다. 예를 들어 스웨덴의 아동수당의 경우 왕자에서 서민까지 동등하게 자녀 1인당 1,050크로나(약 16만 원)를 지급하고 있다.

최근 우리나라에서도 북유럽식 복지제도를 받아들이게 되면서 빈곤층부터 부유층까지 동등하게 제공되는 무상급식제도를 실시한 바 있다. 하지만 무상 복지제도의 도입과정에서 복지혜택이 필요하지 않고 원하지도 않는 부유층까지 복지혜택을 강제로 부여하는 것에 대해 반대의 목소리가 높았다. 그동안 복지를 위해 부유층에게 더 많은 비용부담을 요구하는 것은 본 적이 있어도 필요하지도 않은 사람들에게 굳이 비용을 들여 복지를 제공하는 것은 본 적이 없었기 때문이다. 특히 원하지도 않는 서비스를 강제로 제공받아야 한다는 것은 공산주의에서나 있을 법한 것이어서 자본주의적 상식에는 부합하지 않는 것이었다.

무상급식을 강제로 제공하는 것을 옹호하는 입장에서 내세운 논리는 그동안 복지제도 시행에 있어 문제시되었던 '낙인효과'를 방지하기 위해 강제적 시행이 필요하다는 것이었다. 그동안 복지제도가 시행되면서 나타난 큰 문제는 소득에 따라 복지를 제공하면 수혜 대상이 금방 확인된다는 것이었다. 특히 수혜 대상이 아동인 경우에는 정부의 보호를 받는다는 것이 알려져 또래집단으로부터 소외를 받거나 상처를 받을 수도 있었다. 수혜 대상이 아동인 경우에는 이런 상처가 영구적이 될 수 있다는 점에서 이러한 방식은 나름 타당성이 있는 주장이다.

으키지 않는 나라들로, 스웨덴과 핀란드가 대표적이다. 그는 이를 두고 '사민주의 복지체제'라고 불렀다. 두 번째는 탈상품화 정도가 높으면서 계층화 유형이 직종별 사회보험제도와 같은 지위 차별화로 나타나는 나라들로, 독일이나 프랑스 등이 대표적이다. 그는 이를 두고 '보수주의 또는 조합주의 복지체제'라고 이름 붙였다. 세 번째로 탈상품화 정도가 낮으면서 계층화 유형이 공공부조 수혜자와 일반제도 수혜자로 나뉘어 나타나는 이중주의가 정착한 나라로는 미국이나 영국 등이 있다. 그는 이를 두고 '자유주의 복지체제'로 명명했다. 《대한민국 복지》(김연명 외 5명 지음, 2011년) 중에서 발췌

그러나 자본주의체제 하에서 무상급식 같은 일부 분야를 제외하고는 이러한 형태의 보편적 복지는 일반적으로 적용되기 어렵다. 보편적 복지는 사회주의 이념을 기반으로 한 제도여서 자유주의체제와 근본적으로 배치되는 측면이 많기 때문이다.

우선 자유주의적 사고방식에 익숙한 우리나라 사람들의 상식과 부합하지 않는다. 자유주의 사회에서 소비는 개인의 선택에 따라 이루어진다. 그러나 보편적 복지시스템에서 복지는 소득에 관계없이 강요된다. 자유주의 하에서 소비를 강요하는 것은 허용되지 않는 일이다. 왜냐하면 시장 작동의 기본원리인 개인의 선택을 제한하는 것이기 때문이다. 자유주의의 세계에서 복지는 가난한 사람들에게 제공되는 것이다. 이러한 관점에 따르면 부유층은 복지 제공에서 후순위에 놓인다. 최근 북유럽식 복지의 일환인 노령연금이 도입되었지만 예산 부족으로 부유층은 지원 대상에서 제외되었던 이유도 이러한 인식에 기인한다. 부유층과 빈곤층이 동등하게 수혜를 받는다는 사고가 익숙하지 않으므로 예산문제가 생기자 부유층은 제외해도 된다고 생각한 것이다. 그리고 국민들도 이런 방식에 대해 당연한 것으로 여긴다.

그러나 보편적 복지 관점에서는 부유층도 동등한 수혜를 받을 권리가 있다. 보편적 복지의 토대가 되는 사회주의는 평등한 사회를 지향하는 이념이다. 사회주의의 분배원칙은 능력에 따라 일하고 필요에 따라 분배하는 것이다.[226] 여기서 중요한 것은 필요에 따라 분배한다는 의미이다. 자유주의에서는 개인의 필요는 개인의 선택에 의해서만 결정되지만 사회주의에서는 그렇지 않다. 만일 필요가 개인의 선택에만 맡겨져 있다면 개인은 무한히 소비하려고 할 것이다. 사회주의에서 말하는 필요란 일반적인 경우에 비춘 필요를 말한다. 사회

---

226) 정확히 말하면 이는 공산주의의 분배원칙이다. 마르크스에 따르면 사회주의는 공산주의로 가는 전단계인데 사회주의의 분배원칙은 '능력에 따라 일하고, 일한 만큼 분배하는 것'이다. 하지만 사회주의나 공산주의 모두 평등한 사회라는 지향점이 같다는 점에서 여기서는 동일한 개념으로 사용되었다.

주의 하에서는 통상적인 경우 수요가 발생하는지에 따라 필요를 결정한다.[227] 즉, 사회주의 하에서의 필요는 사회의 판단에 따라 결정되는 것이다. 예를 들어 양육수당의 경우 부유한 자라고 하더라도 자녀가 있다면 양육비가 소요되므로 소비의 필요성이 있다고 보는 것이다. 이 때문에 사회주의적 개념에 따르면 빈부를 가리지 않고 자녀가 있으면 수당을 제공한다. 평등의 관점에서 보면 부유층도 능력에 따라 세금을 부담하였다면 사회의 일원으로서 당연히 동등한 서비스를 받을 권리를 가지고 있는 것이다.[228] 우리가 보편적 복지를 도입하면서 부유층이 비용을 더 많이 부담하는 것은 당연하게 여기면서도 동등하게 복지 서비스를 제공받는 것은 당연하지 않게 여기는 태도는 자유주의적 사고에 익숙해진 나머지 사회주의적 제도의 본질을 제대로 이해하지 못하는 것이라고 할 수 있다.

뿐만 아니라 사회주의와는 달리 자유주의 사회에서는 높은 수준의 세금 납부를 강제하기 어렵다. 이 때문에 자본주의가 자리 잡은 사회에서는 제도 시행에 필요한 재원을 확보하는 것이 쉽지 않다. 비용을 더 많이 부담해야 하는 부유층이나 기업들이 세금 인상에 동의를 하지 않기 때문이다. 동의를 얻기 힘든 첫 번째 이유는 부유층이나 기업은 복지혜택보다 부담하는 비용이 더 크기 때문이다. 부유층은 복지 혜택 없이도 충분히 높은 수준의 생활을 누릴 수 있다. 하지만 사회주의 성향의 보편적 복지가 시행되면 북유럽의 경우에서 보듯이 소득의 절반 이상을 세금으로 납부해야 한다. 복지혜택 없이도 높은 생활수준을 유지할 수 있는데 이제 와서 동등하게 나누자고 하는 것은 가진 것

---

227) 공산주의 하에서 이러한 필요를 판단하는 것은 정부가 된다. 정부는 소비량을 예측하고, 그에 따라 생산량을 결정하는 경제계획을 세우며, 계획에 따라 분배한다. 물론 실제로는 공산주의 경제의 생산능력은 비효율적이어서 생산능력이 떨어져 국가의 생산량은 항상 부족했고, 이 때문에 국민들은 항상 소비재가 부족한 상황에 처하게 되었다.

228) 더 나아가 부유층에게 동등하게 소비하도록 강요할 필요성이 있다면 이 역시 허용된다. 자유주의에서는 개인의 자유를 최우선으로 여기지만 사회주의 하에서 개인은 사회의 후순위에 놓이기 때문이다. 사회주의는 궁극적으로 빈부격차 없는 평등한 사회를 지향하기 때문에 평등 관점에서 필요하다면 개인의 자유를 제한하는 것이 가능하다.

을 빼앗는 것으로 인식될 뿐이다. 보편적 복지는 부유층 입장에서는 포퓰리즘적이고 공산주의적인 발상에 불과하다.

두 번째 이유는 기업의 경쟁력 상실문제로 인해 세금 인상에 동의하는 것이 거의 불가능하다는 것이다. 기업의 경우 이미 현재 수준의 세율에 맞추어 경쟁력을 확보하고 있다. 하지만 세금이 인상되면 가격 인상 등 경쟁력 손실이 불가피하다. 이는 자칫 경제 붕괴로 이어질 수도 있다. 직접적으로는 소득세, 법인세, 누진세 등의 급격한 세금 인상은 인상된 세금을 감당할 수 없는 수많은 한계기업을 붕괴시킨다. 그리고 장기적으로는 기업의 수익을 악화시켜 투자 여력을 감소시키게 된다. 투자 감소는 기업 경쟁력 감소로 이어진다. 따라서 보편적 복지가 적용되기 위해서는 기업들이 인상된 세금체계에 따라 경쟁력을 유지할 수 있는 운영방식을 가지고 있어야 한다.[229]

보편적 복지정책에는 아동수당, 노령수당, 주택보조, 의무교육제도 등 다양한 제도가 포함된다. 이러한 제도를 널리 시행하려면 매우 많은 재원이 필요하다. 따라서 급격한 세금 인상 없이 보편적 복지는 실행될 수 없다.[230] 하지만 부유층과 기업의 반대로 사회적 합의는 쉽지 않을 것으로 보인다. 특히 국가의 영향력이 감소하고 세계화가 진행된 현재에는 보편적 복지를 위한 세금 인상은 자칫 우량 기업과 부유층의 이탈만 가져올 수 있다. 체제가 자리 잡은

---

229) 북유럽 국가들은 혁신을 통해 기업경쟁력을 향상시킴으로써 세금 인상문제를 극복했다. 일찍부터 자동차 회사인 볼보(1926년 설립), 트럭으로 유명한 스카니아(1891년 설립), 통신장비 제조회사 에릭슨(1876년 설립) 등의 기업이 설립되어 오랜 기간의 혁신을 바탕으로 오늘날 세계적인 기업으로 자리 잡았고, 최근에는 앵그리버드, 마인크래프트, 클래시오브클랜 등 모바일 게임산업에서 선도적 지위를 유지하고 있다. 이처럼 발 빠른 시장 대응과 지속적인 혁신을 통해 기업의 경쟁력을 지속적으로 향상시키고 있는 것이 높은 세금에도 불구하고 기업들이 유지될 수 있는 비결인 것이다. 이처럼 북유럽에서 혁신이 많이 일어날 수 있었던 이유는 보편적 복지와 가족 중심의 삶으로 인해 생활의 안정성과 여유가 보장될 수 있었기 때문이다. 혁신이 일어나려면 실패해도 재기할 수 있는 가능성과 창의적 발명을 위해 고민할 수 있는 시간적 여유가 필요한데, 북유럽에는 일찍부터 자리 잡은 보편적 복지제도로 인해 이러한 생활방식이 정착되어 있는 것이다.

230) 북유럽 기업의 경우 높은 법인세, 소득세, 고용주세 등의 세금을 부담하고 있다. 2013년 기준 핀란드의 고용주세는 종업원 총소득의 20% 내외, 스웨덴의 고용주세는 31%에 달한다. 근로자들 역시 높은 세금을 부담하고 있는데 스웨덴의 경우 보통 근로자 봉급의 약 46% 정도를 세금으로 납부한다.

시점에서는 다른 이념에 따른 제도를 도입하기가 어렵다. 그 이념에 따라 제도, 운영방식 등 전반적인 체계가 이미 만들어져 있기 때문이다.

보편적 복지가 일반화된 평등한 사회는 분명 다수에게 행복한 삶을 부여한다. 그러나 보편적 복지의 도입이 필요하다고 해서 비용의 대부분을 부담하는 부유층이나 기업과의 합의 없이 강제적으로 도입하려는 시도는 사회의 분열만 가져올 뿐이다. 분명 국민의 삶의 질을 높이고 발전형 사회가 되기 위해서는 보편적 복지가 필요하다. 그러나 이는 사회주의적 방식이 아니라 자유주의에 적합한 방식이어야 부유층이나 기업의 동의를 얻어낼 수 있을 것이다.

자유주의적 보편적 복지

현재 우리나라가 해결해야 할 가장 시급한 문제는 워킹푸어 문제이다. 아무리 일해도 성공은커녕 생계유지도 어려운 현실이 많은 사람들에게 좌절감과 불안감을 주고 있다. 노력해도 성공하기 어려운 현실과 날로 심화되는 경쟁으로 인해 자유주의는 점점 설득력을 잃어가고 있다. 자유주의에 환멸을 느낀 사람들은 성공보다는 삶의 질에 더 관심을 두게 되었다. 이 과정에서 성공에 목매지 않아도 높은 삶의 질을 누리고 있는 북유럽 국가들이 주목을 받게 된 것이다.

워킹푸어 문제의 원인은 소득에 비해 생계비가 너무 높다는 데 있다. 워킹푸어들은 일을 통해 얻는 소득으로는 생계를 유지하는 것도 어렵기 때문에 생계유지에 모든 역량을 집중시킬 수밖에 없다. 이들에게 미래를 위한 투자나 문화생활 등은 생각조차 하기 어려운 일이다. 생활의 여유가 없으니 삶의 질은 낮을 수밖에 없다. 이러한 상황을 타개하기 위해 필요한 것은 생계비를 감소시키는 일이다. 이를 위해서는 우선 복지 패러다임부터 변경되어야 한다. 자유주의에서 일반적으로 제공되는 가난한 자에 대한 복지에서 근로자에 대한 복지로 전환되어야 하는 것이다.

자유주의의 복지는 가난한 사람들에 대한 복지이다. 우리나라에서도 자유주의적 복지에 기반을 두어 기초생활수급제도를 운영하고 있다. 그러나 가난하다는 이유만으로 생활을 보장하는 것은 많은 부작용을 낳는다. 생계가 보장되므로 이들이 일을 하지 않으려 하는 것이다. 워킹푸어 문제로 인해 하루 종일 일을 해도 생계가 보장되기 어려운 사람이 많은데 일을 하지 않아도 생계를 보장받을 수 있다면 근로가 가능한 사람들도 일을 하지 않으려고 할 것이다. 기초생활수급자가 되면 기본적인 생계비지원뿐 아니라 교육혜택, 의료지원 등 많은 복지서비스가 제공된다. 이 때문에 많은 사람들이 근로를 포기하고 수급자의 지위를 유지하기 위해 애쓰는 현상이 나타나고 있다. 그리고 수급에서 탈락하면 생계에 큰 어려움이 생기므로, 근로가 가능하다는 이유로 수급에서 탈락되면 관공서에서 난동을 부리는 일도 흔하다. 이러한 상황에서는 재원만 낭비될 뿐 시장 실패자들을 자립시킬 수 없다.

　일하는 사람 중심의 복지체계를 구축하기 위해서는 빈곤구제를 위한 공적부조 중심에서 벗어나 생계비 감소를 목적으로 하는 보편적 복지가 시행되어야 한다. 중증 장애인이나 노인처럼 애당초 동등한 경쟁이 어려운 경우를 제외하고는 근로가 불가능하지 않은 빈곤층은 복지 대상에서 제외해야 하는 것이다. 이는 기존의 일하는 복지가 근로가 가능한 사람만을 추려 재기시키려는 것과 다른 방식이다. 기존의 일하는 복지에서는 재기 대상이 될 수 있는 사람들이 극소수에 불과하다. 누구나 일할 능력이 없다고 주장하기 때문에 수혜자 중 일할 수 있는 사람을 가려내기는 쉽지 않다. 근로가 불가능하지 않은 사람들에 대한 지원을 축소하고 그 복지비용을 보편적 복지로 돌려 복지의 중심을 바꾸어야 이러한 현실을 개선할 수 있다.

　자유주의적 보편적 복지에서 가장 중요한 것은 개인의 선택을 존중한다는 것이다. 사회주의 하의 보편적 복지처럼 개인의 선택을 부인하는 것은 자유의 가치를 부인하는 것과 같다. 따라서 자유주의적 보편적 복지는 개인의 선택을 존중하는 것을 기본으로 하여 설계되어야 한다. 이러한 형태의 보편적 복지를 만들기 위한 방법은 물가하락을 통해 생계비를 감소시키는 것이다. 그러기 위해서는 식료품, 생활용품, 통신비, 주거비 같은 기본적인 생활을 유지하기 위해 주로 소요되는 필수적인 물품들의 가격을 하락시켜야 한다. 그러나 시장가격은 시장 작동 과정에서 자연스럽게 형성된 것이므로 인위적으로 하락시키기 쉽지 않다. 또한 시장가격에는 생산물 원가 등이 포함되므로 무조건 하락시키는 것은 시장질서를 왜곡시키는 결과를 낳을 수 있다. 때문에 생계비 감소는 시장 내부의 가격체계를 조작하기보다는 시장 밖에서의 구매비 지원을 통해 이루어져야 한다. 다행스럽게도 우리는 이러한 형태의 보편적 복지제도를 이미 성공적으로 운영해 온 경험이 있다. 건강보험제도가 바로 그것이다.

생필품은 종류가 너무 많아 의약품처럼 모두 수가를 책정하여 지원하는 것은 사실상 불가능할 것처럼 보인다. 하지만 잘 생각해 보면 생활에 필수적인 생산물들은 종류가 한정되어 있다. 그리고 같은 종류의 상품이라도 어느 정도 이상의 가격이라면 사치품으로 보고 지원에서 제외할 수 있으므로 실제로 지원 대상이 되는 생필품은 생각보다 많지 않다. 기저귀나 분유, 통신비, 유류비, 식료품 등 몇 개 품목에 대해 수가를 책정한다면 큰 어려움 없이 생계비 지원이 가능하다.[231] 즉, 의료보험제도의 예에 비추어 일정가격대 이하의 생필품을 구매할 경우 보험을 적용하여 저렴하게 구입할 수 있게 함으로써 생계를 위해 필요한 비용을 절감할 수 있게 해주는 것이다. 그리고 생애주기에 대한 고려까지 가미하면 더 낮은 비용으로 지원하는 것이 가능해진다. 사람들은 보통 생애주기별로 주로 소비하는 물품이 달라진다. 예를 들어 기저귀, 분유 같은 양육용품은 영유아 시기, 통신비와 교통비는 청년층 이후에 더 많이 소비된다. 생애주기별로 지원품목을 다르게 선정하면 큰 비용 없이도 물가안정을 통

---

231) 다만, 의류의 경우에는 개인의 선호가 너무 다양하고 사치품의 성격을 띠는 품목이 많으므로 지원 대상에서는 제외되어야 할 것이다.

해 생계비를 절감시킬 수 있을 것이다.

이러한 지원들을 의료보험과 같은 생계비안정보험의 형태로 제공할 경우 자유주의의 이념에 배치되지 않고서도 보편적 복지를 실현할 수 있다. 보편적 복지가 보험형태로 제공되는 것은 세금징수 후 수당제공이라는 형식으로 제공되는 것보다 여러 가지 면에서 장점을 가진다. 복지비용이 세금으로 징수되는 경우의 가장 큰 문제는 일방적인 강탈이라는 거부감이 크다는 것이다. 하지만 보험제도는 적어도 가입자의 필요에 따라 복지 대상이 되는 제품을 구입함으로써 언제라도 수혜를 받을 수 있다. 따라서 직접적인 반대급부 없이 의무만 부여되는 세금보다 거부감을 감소시킬 수 있다. 또한 세금으로 징수되는 경우 사실 해당 비용이 복지 확대를 위한 비용으로 사용되리라는 보장이 없을 뿐 아니라 사용처에 대한 감시도 어려워 징수된 만큼 복지혜택이 늘어나지 않을 가능성이 크다. 보험이라는 형식으로 재원이 별도로 관리되면 국민이 징수 상황과 소비내역을 더 쉽게 파악할 수 있어 국민의 신뢰를 얻기도 더 쉬워질 것이다.

뿐만 아니라 보험을 통해 생계비용의 일부를 지원하는 방식은 자유주의와 충돌할 여지도 없다. 보험이 적용되는 물품을 구매할지와 얼마나 구매할지는 개인의 선택에 따른 것이기 때문이다. 이러한 점에서 의료보험처럼 생계에 필요한 물품 비용의 일부를 보전해 주는 형태로 지원이 이루어진다면 세금징수를 통해 지원되는 경우보다 큰 저항 없이 제도를 시행할 수 있게 된다.

기존의 자유주의적 관점에서 시장은 정부의 간섭이 없을수록 더 효율적으로 성장할 수 있다. 그러나 자유주의에 따라 만들어진 시장은 정글과 같다. 정글은 내버려두면 더욱 무성해질 수 있을지 모르지만 사람이 살 수 있는 장소는 될 수 없다. 사람이 살기 좋은 환경은 정글이 아니라 잘 관리된 정원이다. 마찬가지로 시장 역시 적절히 관리되어야만 사람이 살아가기 좋은 환경이 될 수 있다.

자유주의자들의 말대로 시장이 국가에 의해 통제되는 것은 결코 바람직하지 못하다. 시장 내의 경제 주체들은 생명체와 같아서 기본적으로는 자유롭게 활동할 수 있어야만 내재된 역량을 충분히 발휘할 수 있을 것이기 때문이다. 국가의 지나친 간섭은 시장의 정상적인 활동을 저해하고 국가 자신도 부패하게 만든다.

하지만 시장을 방치하는 것 또한 결코 바람직하지 않다. 방치된 시장은 강자만이 살아남을 수 있을 뿐 대부분의 사람들에게는 실패와 고통스러운 삶을 남겨줄 뿐이다. 시장의 효율성이 중요한 이유는 효율적인 생산을 통해 사람들이 더 부유하고 행복해질 수 있기 때문이다. 시장을 효율적으로 만들려는 시도가 대부분의 사람들을 불행하게 만든다면, 이는 효율을 통해 이루고자 했던 본래의 목적을 훼손시키는 것이다.

시장은 참여하는 사람이 많아질수록 더 높은 수준의 효율성과 발전을 이룰 수 있다. 그리고 사람들 역시 시장에 참여함으로써 자아를 실현시키고 행복을 추구할 기회를 얻을 수 있다. 사람들에게 더 많은 시장참여 기회를 만들어주는 것이 시장을 발전시키고 사람들을 더 행복하게 할 수 있는 길인 것이다. 하지만 사람들이 시장에서 더 많은 기회를 가지기 위해서는 시장을 방치하는 것이 아니라 기회 확대를 위한 적절한 시장관리가 필요하다. 경쟁을 확대하려는 적절한 체계가 마련되어야만 사람들은 좌절감과 두려움에서 벗어나 자신의 길을 찾아 도전할 수 있게 될 것이다. 그리고 사람들의 도전이 많아질 때 자본주의는 위기에서 벗어나 다시 성장할 수 있게 될 것이다.

에필로그

　필자가 이 책을 쓰면서 놀랐던 것은 청년실업과 불평등 문제에 관한 너무
나 많은 사례가 존재한다는 것이다. 언론들은 거의 매일 고학력자들이 청소부
나 목욕관리사 등의 단순 노무 일자리에 몰려들고, 결혼 적령기의 미혼자 수
는 점점 늘어나며, 청년실업은 여전히 심각하다고 성토하는 기사를 쏟아냈다.
그리고 갑을관계나 비정규직 문제, 양극화 문제 등 불평등 문제를 다루는 책
들도 수없이 많이 쓰여졌다. 많은 사람들이 이러한 문제에 대해 분노하고 비
난하기도 하면서 문제의 심각성에 대한 공감을 표시한다. 신문기사나 책에서
실업과 불평등 문제를 다루는 것은 이제 거의 하나의 트렌드로 자리 잡은 것
으로 보인다.
　그러나 문제를 성토하는 사람은 많지만 그에 대해 명확한 해결책을 제시하
는 사람은 거의 없다. 문제를 신랄하게 비판하다가도 해결책 부분에 도달하면
추상적이거나 선언적인 주장을 하면서 끝맺는 경우가 대부분이다. 이러한 주
장들은 너무 이상적이거나 현실성이 없는 것들이어서 문제를 해결하는 데에
는 거의 도움을 주지 못한다.
　반면, 정부에서는 너무 많은 해결책이 제시되고 있다. 현대 민주주의 사회
에서 심각한 사회문제가 생겼을 때 정부가 이를 수수방관하는 것은 불가능한

일이다. 그럴 경우 국민의 지지를 잃게 될 것이기 때문이다. 이러한 이유로 정부에서는 청년실업과 불평등 문제를 해결하기 위해 다양한 정책을 시행해왔다. 경기부양을 위해 투자를 늘리는 한편, 소비 진작을 위해 규제를 완화하고, 엄청난 정책 자금을 투입하기도 했다. 그리고 직업교육 확대, 벤처캐피털 육성, 신성장 동력 집중지원 등 일자리를 늘리고 창업을 유도하기 위한 수많은 정책이 실시되었다. 이제 생각할 수 있는 거의 모든 제도가 국내에 도입되어 있으며 가능한 경기부양책은 모두 실행되었다고 보아도 과언이 아니다. 하지만 여전히 문제는 점점 심각해지고 있을 뿐 해결기미는 전혀 보이지 않고 있다.

수많은 해결 시도에도 불구하고 문제가 지속되고 있는 이유는 문제의 본질을 잘못 이해하고 있기 때문이다. 현재의 문제는 기존 자본주의 하에서 나타나던 일시적인 경기불황이나 고질적인 불평등 문제 같은 단편적인 문제가 아니다. 현재의 문제는 자본주의 전반을 아우르는 체제적 차원의 문제이다. 양극화나 독점 확대, 경제 불황, 일자리 문제, 저출산, 결혼 연령 상승, 기업가 정신 쇠퇴 등의 일련의 문제들은 개별적인 것이 아니라 서로 연계되어 있다. 따라서 각각의 문제에 대해 개별적인 처방을 해서는 문제가 결코 해결될 수 없다. 문제를 해결하기 위한 그간의 노력들이 효과를 발휘하지 못했던 이유도 이 때문이다.

오늘날 자본주의체제가 위기를 맞이하게 된 이유는 기득권의 보호주의적 행태로 인해 경쟁질서가 왜곡되고 있기 때문이다. 경쟁질서를 바로 잡기 위해서는 개개의 정책이 중요한 것이 아니라 개혁의 방향을 제시해 줄 수 있는 원칙이 필요하다. 타당한 개혁 원칙이 마련되지 않은 상황에서는 제도를 도입한다고 해도 그것을 구체화하는 과정에서 쉽게 변형될 뿐 아니라 정상적으로 집행되지도 못한다. 예를 들어 대기업 - 중소기업간 격차를 해소하려는 정책은 형식적으로는 기득권들이 동의하는 것처럼 보여도 실제로는 적극적으로 제도에 동참하지 않는다. 그리고 아무리 훌륭한 일자리 대책이나 창업지원제도가 만들어져도 수많은 시장적·사회적 진입장벽으로 인해 효과가 발휘되기 어렵다. 원칙이 정해지지 않았기 때문에 그간의 정부 개입은 문제가 생길 때마다 해결책을 만들어내는 땜질식 처방으로 일관하였다. 지금의 어려움을 타개하기 위해 필요한 것은 많은 정책이 아니라 기득권 문제를 해결하고 경쟁질서 자체를 변화시킬 수 있는 원칙을 찾아내는 것이다.

기존에 만들어진 자유주의 경쟁질서는 능력 있는 자들에게는 유리하고, 그렇지 못한 자들에게는 불리한 구조로 되어 있었다. 자유주의는 능력에 따른 경쟁을 표방하지만 실제로는 능력에 따른 경쟁은 지속되기 어렵다. 시간이 지날수록 경쟁에 동원될 수 있는 자원이 달라질 뿐 아니라 그 차이가 점점 커지기 때문이다. 더 큰 문제는 자원의 차이가 능력의 차이로 이어진다는 것이다. 능력 이외의 경쟁자원은 처음에는 경쟁에 필요한 여러 요소 중 하나에 불과하다. 그러나 시간이 지나면 이는 능력을 기를 수 있는 기회를 달라지게 만들고, 그것이 실제 능력의 차이로 이어지면서 계층 간 격차는 벌어진다. 겉으로는 능력의 차이인 것으로 보이나 능력을 키우기 위해서는 점점 더 많은 자원이 필요하게 되고, 그러한 자원에 차이가 생기면서 점점 능력 자체의 격차가 커지고 있는 것이다. 이 때문에 보통 사람들은 하나의 자녀에 집중하여 투자하기 위해 점점 출산을 하지 않고 있다.

능력의 차이와 더불어 경쟁 환경 또한 점점 격화되고 있어 상당한 자본을 투자하고 노하우를 갖춘 경우가 아니면 시장에서 성공하기는 점점 어려워지고 있다. 이 때문에 경쟁에 참여하는 것 자체를 꺼리고 점점 안정적인 직업이나 큰 회사에 취직하여 직원이 되는 것이 새로운 아이디어를 가지고 기업을 차리는 것보다 더 선호되고 있다. 경쟁시장을 활성화시키는 기업가 정신이 사라지고 있는 것이다. 이처럼 자유주의적 경쟁질서는 시간이 지날수록 동원 가능한 자원과 능력의 차이가 점점 확대되는 구조를 하고 있어 경쟁적인 상황을 오래 지속시키지 못한다. 경쟁적인 상황을 지속시키기 위해서는 경쟁과정에서 자원이 미치는 영향을 최소화시킬 수 있어야 한다.

하지만 이러한 변화는 A에게서 빼앗아 B에게 주는 방식으로는 만들어질 수 없다. 이러한 방법은 우리가 가진 일반적인 정의 관념과 배치되기 때문이다. 현재 분배에 대한 요구가 강하게 나타나고 있는 것처럼 보이지만, 이는 사회가 공산주의를 지지한다는 의미가 아니다. 현재 분배에 대한 요구가 강하게 나타나고 있는 이유는 많은 사람들이 현재의 분배 상태를 노력에 의한 결과가 아니라고 생각하고 있기 때문이다. 대부분의 사람들은 여전히 개인의 능력을 자유로이 발휘할 수 있는 사회를 지지한다. 그리고 무조건적인 평등을 추구하는 사회가 아니라 노력에 따라 결과가 보장되는 사회를 정의로운 사회라고 여기고 있다. 이 때문에 무분별한 복지정책을 시행하거나 명분 없는 공산주의적 투쟁이 발생하면 대부분의 국민들은 우려와 반감을 표시한다. 사람들은 본인이 노력한 대가를 정당하게 얻을 수 있는 사회를 원하지 무조건 빼앗아서 평준화하는 사회를 원하지 않는다. 사람들이 원하는 것은 평등이 아니라 기득권, 비기득권에 관계없이 동등하게 경쟁할 수 있는 사회이다. 따라서 문제를 해결하기 위해서는 분배가 아니라 비기득권이 기득권과 동등하게 경쟁할 수 있도록 경쟁 기회를 확대하는 데 초점을 맞추어야 한다.

경쟁 기회는 비기득권이 원활하게 시장에 참여하고 활동할 수 있도록 인프라를 제공하고 시장을 적절히 관리함으로써 확대될 수 있다. 산업연계망이나 표준화된 기술창업 플랫폼을 통해 비기득권이 쉽게 시장에 진출할 수 있는 통로를 제공하고, 국영기업이나 해외 전문가 유치를 통해 시장의 독점력을 제거하며, 보편적인 복지를 통해 자력에 의한 재기 가능성을 확대하는 등 일련의 경쟁화 정책을 이용하면 비기득권도 더 많은 경쟁 기회를 가질 수 있게 될 것이다.

경쟁 기회는 많은 제도가 도입된다고 해서 확대될 수 있는 것이 아니다. 이

제도, 저 제도 도입하는 것은 국가의 잠재력만 훼손시킬 뿐이다. 변화를 가져오는 것은 원칙을 제시해 줄 수 있는 합리적인 정책논리이다. 체제는 합리적인 정책논리를 통해 사람들의 생각과 행동이 바뀌어야만 변화할 수 있다. 높은 설득력을 가진 정책논리는 사람들의 지지를 바탕으로 유사한 성격의 제도를 지속적으로 재생산하고 제도들을 서로 결합시킴으로써 체제를 만들어 낸다. 자유주의나 공산주의의 발생과정에서 보듯이 체제는 사람들이 그것을 옳다고 믿고 자발적으로 그것을 실현시키기 위한 행위에 동참할 때 만들어지는 것이다.

경쟁질서를 재편하는 일은 수많은 반대에 부딪히게 될 것임에 틀림없다. 경쟁하지 않고도 많은 이익을 챙기면서 살아갈 수 있었던 사람들이 경쟁 환경에 직면하게 될 것이기 때문이다. 개혁에 반대하는 사람들은 온갖 논리로 정책을 비난하면서 자신의 이익을 지키려고 할 것이다. 그리고 그럴듯한 말로 자신들의 이익을 포장하고 공포를 조장하면서 우리의 기회를 빼앗으려 들 것이다. 개혁을 좌절시키려는 시도에 맞설 수 있는 유일한 방법은 원칙을 용기 있게 지켜나가는 일이다. 처음에는 어려울지 몰라도 경쟁 기회를 확대하기 위해 지속적으로 노력한다면 더 많은 사람들을 시장으로 끌어들이고 소외된 사람들이 재기할 수 있게 만들어 줄 수 있을 것이다. 그리고 더 많은 사람들에게 기회가 부여되면 시장은 보다 경쟁적인 곳으로 바뀔 수 일을 것이다. 그렇게 되면 사람들은 자유화정책이 만들어 냈던 허울뿐인 자유가 아니라 노력에 따라 삶을 만들어나갈 수 있는 진정한 자유를 누릴 수 있게 될 것이다.